D1754078

MIX
Papier aus verantwortungsvollen Quellen
Paper from responsible sources
FSC® C105338

Ulrike Hager

Metaphern in der Wissensvermittlung

Kognitive Metaphernkonzepte in Sach- und Fachtexten zum Web 2.0

Diplomica Verlag GmbH

Hager, Ulrike: Metaphern in der Wissensvermittlung: Kognitive Metaphernkonzepte in Sach- und Fachtexten zum Web 2.0. Hamburg, Diplomica Verlag GmbH 2013

Buch-ISBN: 978-3-8428-9349-8
PDF-eBook-ISBN: 978-3-8428-4349-3
Druck/Herstellung: Diplomica® Verlag GmbH, Hamburg, 2013

Bibliografische Information der Deutschen Nationalbibliothek:
Die Deutsche Nationalbibliothek verzeichnet diese Publikation in der Deutschen Nationalbibliografie; detaillierte bibliografische Daten sind im Internet über http://dnb.d-nb.de abrufbar.

Das Werk einschließlich aller seiner Teile ist urheberrechtlich geschützt. Jede Verwertung außerhalb der Grenzen des Urheberrechtsgesetzes ist ohne Zustimmung des Verlages unzulässig und strafbar. Dies gilt insbesondere für Vervielfältigungen, Übersetzungen, Mikroverfilmungen und die Einspeicherung und Bearbeitung in elektronischen Systemen.

Die Wiedergabe von Gebrauchsnamen, Handelsnamen, Warenbezeichnungen usw. in diesem Werk berechtigt auch ohne besondere Kennzeichnung nicht zu der Annahme, dass solche Namen im Sinne der Warenzeichen- und Markenschutz-Gesetzgebung als frei zu betrachten wären und daher von jedermann benutzt werden dürften.

Die Informationen in diesem Werk wurden mit Sorgfalt erarbeitet. Dennoch können Fehler nicht vollständig ausgeschlossen werden und die Diplomica Verlag GmbH, die Autoren oder Übersetzer übernehmen keine juristische Verantwortung oder irgendeine Haftung für evtl. verbliebene fehlerhafte Angaben und deren Folgen.

Alle Rechte vorbehalten

© Diplomica Verlag GmbH
Hermannstal 119k, 22119 Hamburg
http://www.diplomica-verlag.de, Hamburg 2013
Printed in Germany

Inhaltsverzeichnis

Abbildungs- und Tabellenverzeichnis .... **IV**

1 Einleitung **1**

2 Theoretische Annäherung an die Metapher: Begriffsbestimmung, Typen und Funktionen **4**

2.1 Begriffsbestimmung „Metapher" im Allgemeinen 4
2.2 Der klassische Metaphernbegriff nach Aristoteles 6
2.3 Die Bildfeldtheorie nach Harald Weinrich 7
2.4 Klassifizierung der Metapher nach dem Konventionalitätsgrad 8
2.4.1 Konventionelle Metaphern 9
2.4.2 Neue Metaphern 10
2.5 Funktionen von Metaphern 11

3 Metaphern und Kognition **14**

3.1 Die kognitive Linguistik und Semantik als Rahmen der kognitiven Metapherntheorie 14
3.2 Die kognitive Metapherntheorie: Einleitung 16
3.3 Komponenten und der Prozess der Übertragung einer konzeptuellen Metapher 19
3.3.1 Ursprungs- und Zielbereich der konzeptuellen Metapher 19
3.3.2 Ursachen und Motivierung für Ursprungs- und Zielbereich 21
3.3.3 Mapping – Eigenschaften und Prinzipien der metaphorischen Übertragung 22
3.4 Klassifikation von konzeptuellen Metaphern 26
3.4.1 Die Klassifikation nach Lakoff und Johnson (1980, 2008) 26
3.4.2 Die Klassifikation der kognitiven Metapher nach Christa Baldauf (1997) 28
3.5 Kritik an der kognitiven Metapherntheorie 31

4 Metaphern und Wissensvermittlung **34**

4.1 Metaphern und Modelle des Wissens 34
4.1.1 Wissensformen und die Verortung der Metapher 35
4.1.2 Speicherformen von Wissen: Konzepte und Schemata 37
4.2 Verstehen von Metaphern: Analogiebildung und mentale Modelle 39
4.3 Vermittlung von semantischem Wissen mit Texten 40
4.4 Arten und Prinzipien des Wissenstransfers 41
4.5 Spezifika fachinternen und fachexternen Wissenstransfers 44
4.5.1 Merkmale des fachinternen Wissenstransfers 44
4.5.2 Merkmale des fachexternen Wissenstransfers 48
4.6 Zur Rolle von Metaphern in der Wissensvermittlung 50

5		Metaphernkonzepte in der fachinternen und fachexternen Wissensvermittlung	53
5.1		Fragestellung	53
5.2		Das Korpus	53
	5.2.1	Texte der Hochschul- und Expertenkommunikation: Lehrbücher und wissenschaftliche Artikel	54
	5.2.2	Texte der Experten-Laien-Kommunikation: Sachbücher	55
5.3		Zum Untersuchungsgegenstand Web 2.0	56
5.4		Methodisches Vorgehen für die Metaphernanalyse	57
6		**Darstellung der Ergebnisse**	**59**
6.1		Quantitative Aspekte zum Auftreten der Metapherntypen	59
6.2		Gemeinsam verwendete Ursprungsbereiche	62
	6.2.1	Die Netz-Metapher als Ausgangspunkt verschiedener Metaphernkonzepte	62
	6.2.2	Attributsmetaphern	63
	6.2.3	Ontologische Metaphern	64
	6.2.4	Bildschematische Metaphern	65
		Behälter-Metapher	66
		Weg-Metapher	67
		Skalen-, Distanz- und Gleichgewichtsmetapher	69
	6.2.5	Konstellationsmetaphern	69
		Metaphorik des Sehens	70
		Wert-Metapher	70
		Fahrzeug-Metapher	71
		Transport-Metapher	73
		Werkzeug-Metapher	74
		Theater-Metapher	75
		Bauwerk-Metapher: Plattform	78
		Personifikation/Animation	80
		Kriegs-Metapher	82
	6.2.6	Kreative Metaphern	83
		Lagerhaus-Metapher	84
		Krankheits-Metapher	85
		Blogs und die Blogosphäre	86
6.3		Unterschiedlich verwendete Konstellationsmetaphern	87
		Sport-Metapher	87
		Handels-Metapher	88

		Bürotätigkeiten-Metapher	89
		Wasser- und Flut-Metapher	89
		Maschinen-Metapher	91
	6.4	Diskussion der Ergebnisse	91
7		**Zusammenfassung und Ausblick**	**99**
Literatur			**102**
Anhang			**107**
	I.	Übersicht zum Verhältnis der konzeptuellen Metaphern zur Gesamtanzahl der Sätze	108
	II.	Übersicht zu den konzeptuellen Metaphern im analysierten Korpus	109
	III	Nummerierte Zuordnung der identifizierten Metaphern	111

Abbildungs- und Tabellenverzeichnis

Abbildungsverzeichnis

Abbildung 1 - Übersicht sprachliche und konzeptuelle Metapher 18

Abbildung 2 - Übersicht zur konzeptuellen Metapher mit Ursprungs- und Zielbereich 20

Abbildung 3 - Die Metapher und das menschliche Gedächtnis 37

Abbildung 4 - Metaphernverhältnis Sachtexte 60

Abbildung 5 - Metaphernverhältnis Lehrbücher 60

Abbildung 6 - Metaphernverhältnis wissenschaftliche Artikel 60

Abbildung 7 - Verteilung der Metapherntypen nach Textsorte 61

Abbildung 8 - Ursprungsbereiche fachinterne und fachexterne Konstellationsmetaphern 97

Tabellenverzeichnis

Tabelle 1 - Theater-Metapher in fachexternen Texten 77

Tabelle 2 - Theater-Metapher in fachinternen Texten 78

Tabelle 3 - Zielbereiche für Personifikation/Animation 93

1 Einleitung

> There seem to be two main views of the role of metaphor in education.
> On the one hand, there is the idea that metaphors are primarily of aesthetic value, with perhaps secondary utility as heuristic aids. [...]
> On the other hand, metaphors occasionally receive a bad press in education. Metaphors are used when one is too lazy to do the hard, analytic work of determining precisely what one wants to say. Consequently, metaphors encourage sloppy thought.
>
> Petrie & Oshlag (1993, S. 579)

Innerhalb wissenschaftlicher und populärwissenschaftlicher Textproduktion ist eine Wissensdarstellung gefragt, die den jeweiligen Sachverhalt hinsichtlich des adressierten Rezipienten in angemessener Länge, Explizitheit und Genauigkeit darstellt. Für die Förderung des Verständnisses beim Rezipienten werden verschiedene sprachliche Mittel eingesetzt, sodass der dargestellte Sachverhalt in seiner Komplexität begriffen werden kann. Als ein solches Mittel wird seit dem Durchbruch der kognitiven Linguistik zu Anfang der 1980er Jahre auch die Metapher anerkannt. Wie Petrie und Oshlag (1993, S. 579) zum Bildungsbereich im Allgemeinen zusammenfassen, würde die Metapher dabei einerseits als ästhetisches Sprachwerkzeug gesehen und sollte nicht entscheidend für das Verständnis sein. Andererseits seien Metaphern ein bequemes Mittel für die Erklärung neuer Wissensbereiche, könnten vor allem aber in die Irre führen. Die bedeutende Rolle der Metapher für kognitive Prozesse wie Denken, Sprechen und Handeln heben der Linguist George Lakoff und der Philosoph Mark Johnson hervor. Deren Werk „Metaphors we live by" (1980) bildet die Grundlage der kognitiven Metapherntheorie. Nach ihrer Theorie basieren die kognitiven Prozesse auf metaphorischen Konzepten, die zur Strukturierung des Alltags aber auch anderen Lebensbereichen dienen. Neues Wissen wird in Analogie zu bekannten Konzepten verstanden. Das allgemeine Verständnis der Metapher als nicht-wörtlichen Gebrauch eines Lexems wird in dieser Theorie deutlich erweitert auf ihre Rolle beim alltäglichen Verstehensprozess.

Die Metapher gilt in der kognitiven Linguistik als ein wesentliches Werkzeug des Denkens. So ist eine beträchtliche Zahl an Publikationen zur Metapher und ihrer

Bedeutung in verschiedenen Bereichen zu finden. Neben den gemeinsamen Arbeiten von Lakoff und Johnson zur Metaphorik in der Sprache des Alltags („Metaphors we live by", 1980), und der Philosophie („Philosophy in the flesh", 1999), widmete sich Lakoff auch der Sprache der Politik („Moral Politics", 1996) sowie in Zusammenarbeit mit dem Linguisten Mark Turner der poetischen Metapher („More than cool reason", 1989). Seit den 1990er Jahren wird auch die Metaphorik in Fachsprachen untersucht und Forschungsarbeiten zu populärwissenschaftlichen Diskursen haben gezeigt, dass in diesem Bereich eine Fülle von Metaphern zur Verständnisförderung eingesetzt wird. Dazu sind die Arbeiten von Liebert und Biere zur Metaphorik in der Wissenschaft und den Medien (1997) zu nennen, Jäkels Ausführungen zur Metapher in den Bereichen Geistestätigkeit, Wirtschaft, Wissenschaft und Religion (2003) sowie Baldaufs Werk zur Alltagsmetapher (1997).

Die vorliegende Studie geht der Frage nach, ob korrespondierende Metaphernkonzepte in Fachtexten und Sachbüchern eingesetzt werden, um konkrete Wissensbereiche von Experten an Experten und von Experten an Laien zu vermitteln. Das Korpus für die Bearbeitung dieser Fragen setzt sich aus jeweils drei Sachbüchern, Kapiteln aus Lehrbüchern der Wirtschaftsinformatik und wissenschaftlichen Artikeln zusammen. Sämtliche untersuchten Texte thematisieren das Gebiet des Web 2.0 und stellen dazu einführende Informationen für den jeweils adressierten Leser dar. Diese Texte eignen sich für den Vergleich von Metaphernkonzepten zum Web 2.0, weil sie adäquate Repräsentanten der fachinternen und fachexternen Wissensvermittlung sind. Fachinterne Texte werden von Experten an Experten adressiert, während fachexterne Texte der Informierung eines Laien respektive eines Nicht-Experten durch einen Vermittler dienen, der selbst nicht vom Fach sein muss, aber ebenso ein Experte sein kann. Die Ergebnisse der Korpusanalyse werden im empirischen Teil der Arbeit vorgestellt und anschließend im Sinne der Fragestellung diskutiert. Ein Metaphernkonzept ist im Verständnis der kognitiven Linguistik ein im Gedächtnis des Sprechers gespeichertes, abstrahiertes Muster, das im Moment einer Äußerung aktualisiert wird.[1]

---

[1] Neben „Metaphernkonzept" verwenden Lakoff und Johnson auch „konzeptuelle Metapher".

Die Arbeit[2] beginnt mit einem Theorieteil (Kapitel 2), der sich zunächst den dominanten Theorien zur Metapher, die Substitutionstheorie und Bildfeldtheorie, widmet. Die Darstellung der Klassifizierung nach dem Lexikalisierungsgrad von Metaphern, die auf den Charakter einer kognitiven Metapher hinführt, folgt. Der Abschnitt „Funktionen von Metaphern" schließt das erste Kapitel zur theoretischen Annäherung an die Metapher ab und weist auf die Aufgaben von Metaphern in der Wissensvermittlung hin. Kapitel 3 erläutert die für die Korpusanalyse zugrunde liegende kognitive Metapherntheorie nach George Lakoff und Mark Johnson, indem es die Theorie in ihrem Forschungsumfeld vorstellt und die grundlegenden Prinzipien sowie den Kern der Theorie, die konzeptuelle Metapher und deren Bestandteile, erörtert. Es folgt die Darstellung der Klassifikation der konzeptuellen Metapher nach Lakoff und Johnson und der Erweiterung dieser Typologie nach Christa Baldauf. Eine kritische Revision der kognitiven Metapherntheorie schließt das Kapitel ab. Da in der vorliegenden Arbeit die Rolle der Metapher in der Wissensvermittlung analysiert wird, zeichnet Kapitel 4 die Grundlagen der Speicherung des Wissens nach, um im weiteren Abschnitt die Arten und Prinzipien des Wissenstransfers zu erläutern. Darauffolgend sind die Merkmale des Wissenstransfers in fachinternen und fachexternen Texten zusammengefasst. Im Anschluss wird die Metapher als kognitives Werkzeug in diesen Zusammenhang eingeordnet. Dem Theorieteil wird der Analyseteil (Kapitel 5 und 6) angeschlossen, der die Fragestellung der Arbeit mit Bezug auf die theoretischen Ausführungen bearbeitet und schließlich die Ergebnisse in einer Diskussion interpretiert.

Das Korpus ist in drei Teilen aufgeteilt, die mit folgenden Bezeichnungen im fortlaufenden Text genannt werden:

> Teil **A**: Sachbücher – „A, (fortlaufende Nr. der Metapher nach Auftreten im Originaltext)"
>
> Teil **B**: Lehrbücher – „B, (fortlaufende Nr. der Metapher nach Auftreten im Originaltext)"
>
> Teil **C**: wissenschaftliche Artikel – „C, (fortlaufende Nr. der Metapher nach Auftreten im Originaltext)"

---

[2] Aus Gründen der besseren Lesbarkeit wird im Text nur die männliche Form verwendet.

2 Theoretische Annäherung an die Metapher: Begriffsbestimmung, Typen und Funktionen

Dieses Kapitel bildet einen Einstieg in die für die vorliegende Arbeit bedeutsame Metaphernforschung. Dazu werden zunächst der Begriff der Metapher erläutert und anschließend zwei grundlegende Denkansätze vorgestellt: die Metapherntheorie nach Aristoteles sowie die Bildfeldtheorie von Weinrich. Beide spielen eine wichtige Rolle für das Verständnis der in Kapitel 3 thematisierten kognitiven Metapherntheorie, da Letztere unter anderem in Diskussion mit der klassischen aristotelischen Metapherntheorie entstand. Der Abschluss dieses Kapitels stellt die Einteilung der Metaphern nach lexikalischen Gesichtspunkten vor und erläutert die Funktionen, die Metaphern im Text erfüllen.

2.1 Begriffsbestimmung „Metapher" im Allgemeinen

Die Metapher wird im laienhaften Verständnis meist vereinfacht als „bildlicher Vergleich" verstanden - eine vage Begriffsbestimmung, die für diese Arbeit mit Blick auf die Wissensvermittlung mithilfe von Metaphern nicht ausreichend ist. Generell kann aber formuliert werden, dass eine Metapher darin besteht, einen Begriff in einem bestimmten Kontext zu benutzen, sodass der Begriff in seiner wörtlichen Bedeutung nicht verstanden werden oder zu Fehldeutungen führen kann. Dabei findet aufgrund einer Ähnlichkeitsbeziehung zwischen zwei Bereichen die Übertragung von Aspekten des Quellbereichs auf einen Zielbereich statt. „Dein Mann ist ein Löwe" impliziert die Ähnlichkeit des Mannes mit einem Löwen aufgrund der Eigenschaft „stark, kräftig sein" und setzt so bildlich eine Beziehung zwischen den Eigenschaften des Quellbereichs „Löwe" und denen des Zielbereichs „dein Mann".

Die Metapher ist in dieser klassischen Sichtweise ein Phänomen des nichtwörtlichen Sprachgebrauchs, welcher sowohl auf Rezipienten- als auch auf Produzentenseite verschiedene Wirkungen bei den Beteiligten erzielt wie Motivierung, Überzeugung oder ein besseres Verständnis eines abstrakten Sachverhalts. Während beim sogenannten wörtlichen Sprachgebrauch die einzelnen Lexeme entsprechend ihrer im Sprachsystem verankerten Bedeutung verwendet werden, liegt der Nutzen der Metapher für den Sprecher vor allem darin, diesen wörtlichen Sprachgebrauch aufzubrechen. So können konventionelle, alltägliche und automatisierte Wortverwendungen ausgebaut und verändert werden, indes bei rein wörtlichem Gebrauch schnell Lücken auffallen für die Benennung neuer, schwer verständlicher und/oder abstrakter Sachverhalte und Objekte (vgl. Schwarz-Friesel & Skirl, 2007, S. 1 f.). „Wörtlicher" Sprachgebrauch bedeutet dabei idealisiert umschrieben, den Abruf der im Sprachsystem verankerten Bedeutung eines Lexems (vgl. ebd., S. 1). Voraussetzung für eine metaphorische Äußerung ist im allgemeinen Verständnis die Ähnlichkeit zwischen zwei Gegenständen beziehungsweise Begriffen, sodass die Bedeutungsübertragung dank „gleicher oder ähnlicher Bedeutungsmerkmale [stattfindet]" (Bußmann, 2002, S. 432). Bezüglich der kognitiven Metapherntheorie soll hier nur kurz angerissen werden, dass dort eine Unterscheidung von „wörtlich" und „metaphorisch" als problematisch angesehen wird, da das eine das andere terminologisch ausschließen würde. Dass dies jedoch nicht der Fall ist, sondern dass das eine auch als das andere verstanden werden kann, wird mit der kognitiven Metapherntheorie klargestellt (vgl. Lakoff, 1993, S. 204).

Die sprachliche Ausformulierung der Metapher kann durch unterschiedliche Wortarten manifestiert werden (z. B. Substantiv, Adjektiv, Verb). Sie beschränkt sich dabei nicht auf einzelne Lexeme, sondern kann auch aus einer ganzen Wortgruppe bestehen. Der Kontext hat in diesem Sinne eine besondere Bedeutung, ohne den eine Metapher keine Metapher mehr ist, oder wenigstens ein Widerspruch in der Bedeutung der Aussage entsteht. Die metaphorische Verwendung des Begriffs „Löwe" im Satz „Dein Mann ist ein Löwe" kann je nach Kontext unterschiedliche Bedeutungen erzielen. Wörtlich betrachtet wird der Bezug zum Tier „Löwe" als dem katzenartigen Raubtier, das in Afrika lebt, assoziiert. Das ist für den Rezipienten eine fragwürdige Aussage. Metaphorisch gesehen werden hier wohl die Eigenschaften des Löwen, wie Kraft, Stärke und seine dominante Stellung auf den Begriff „Mann" übertragen.

Die bedeutsame Rolle der Metapher in vielen Gebrauchssituationen und Kontexten führt zu zahlreichen Definitionen, Theorien und Modellen in den unterschiedlichsten Disziplinen. Für den theoretischen Teil dieser Arbeit sind die aristotelische Theorie als „Ursprungskonzeption" zur Metapher, die auch das allgemeine Metaphernverständnis geprägt hat, sowie die Bildfeldtheorie nach Weinrich von Interesse. Unter praktischen Gesichtspunkten ist die kognitive Metapherntheorie von Lakoff und Johnson aus der kognitiven Linguistik für die spätere Metaphernanalyse von Belang. Aus diesem Grund wird Lakoffs und Johnsons Theorie in Kapitel 3 gesondert erläutert.

2.2 Der klassische Metaphernbegriff nach Aristoteles

Trotz ihrer Entwicklung vor mehr als 2000 Jahren spielt die klassische Metapherntheorie bis heute weiterhin eine große Rolle, besonders in den Bereichen der Literaturdidaktik und dem rhetorischen Gebrauch sprachlicher Stilmittel. Die aristotelische Metaphernbestimmung prägt ebenso die auf sie folgenden Theorien, sei es, dass sie sich daran orientieren oder sie kritisieren.

Das griechische Wort „metaphorá" bedeutet „Übertragung" oder „woandershin tragen" *(metaphérein)*, der Begriff wird demnach selbst in einem bildlichen Gebrauch verwendet.[3] Aristoteles (384-322 v. Chr.) zählt die Metapher zu den sogenannten Tropen, einer Gattung rhetorischer Mittel, zu denen unter anderem auch der Vergleich und die Metonymie gehören.[4] Seine Definition der Metapher führt er in den Werken „Poetik" und „Rhetorik" aus:

> „Eine Metapher ist eine Übertragung eines Wortes, das somit in uneigentlicher Bedeutung verwendet wird, und zwar entweder von der Gattung auf die Art oder von der Art auf die Gattung, oder von einer Art auf eine andere, oder nach den Regeln der Analogie."
>
> (Aristoteles, Poetik, 21)

Die Metapher beruht auf der Letzten der im Zitat genannten Möglichkeiten der Bedeutungsübertragung. Voraussetzung für eine Analogie ist, und diese Bedin-

---

[3] Diese Tatsache offenbart eine innewohnende Problematik für sämtliche Definitionen und Theoriebildungen zur Metapher: der Begriff „Metapher" selbst ist eine Metapher. Diese Problematik kann aber hier nicht betrachtet werden.
[4] Vergleich: „Achill ist stark *wie* ein Löwe", Metonymie: „Ich habe heute *Mozart* gehört." (ein Stück von Mozart).

gung sieht Aristoteles in der Sprache als erfüllt an, dass „jedes Ding prinzipiell durch ein allgemein gebräuchliches ‚eigentliches Wort' […] bezeichnet wird." (Kohl, 2007, S. 109).[5] Für die aristotelische Metapherntheorie gilt grundlegend, dass das tatsächliche Wort durch ein anderes ersetzt (substituiert) wird. Er begründet mit dieser Aussage die sogenannte Substitutionstheorie, der zufolge ein Wort ein anderes substituiert aufgrund einer vorhandenen Ähnlichkeitsbeziehung zwischen den beiden Begriffen (vgl. Kurz, 2009, S. 7).

Aristoteles (Rhetorik, III, 2, 6) versteht seine Definition als gültig für die Bereiche der Rhetorik, Poetik und der Alltagssprache. Er zeigt, dass „alle […] in der Unterredung Metaphern [gebrauchen]", sowohl als „eigentümliche" als auch als „allgemein gebräuchliche Ausdrücke" (ebd.). Die Metapher ist für ihn aber vor allem das wichtigste sprachliche Mittel in der Poetik. Daraus entstand, wie Kurz (2009, S. 8) es nennt, „die Tendenz, die poetische, damit die metaphorische Redeweise aus einer Differenz zur alltäglichen zu erklären". Dass Aristoteles aber auch die Alltagssprache als einen Träger für Metaphern begreift, ist aufschlussreich, da dieser Aspekt teilweise in der Literatur unerwähnt bleibt. Der Aspekt ist hier besonders bedeutsam, da eine erste Parallele zu Lakoff und Johnson gezogen werden kann, deren kognitive Metapherntheorie auf der Alltagsmetapher aufbaut.

2.3 Die Bildfeldtheorie nach Harald Weinrich

Die im Allgemeinen der Metapher zugewiesene „Bildhaftigkeit" wird in der Bildfeldtheorie von Harald Weinrich buchstäblich. Seine Theorie entstand aus der Beobachtung einer Anzahl isolierter Einzelmetaphern und isolierter Einzelwörter in einer Sprache (vgl. Weinrich, 1976, S. 282 f.). Beide treten in einer ähnlich geringen Zahl auf, wenn sie überhaupt existieren. Nach Weinrich (1976, 287), der von einer europäischen „Bildfeldgemeinschaft" ausgeht, gibt es zu jeder Einzelmetapher ein übergeordnetes Bildfeld. Zur Einzelmetapher „In gewisser Weise ist Web 2.0 *kein Schritt vorwärts*, […]." (A, 78) gehört das übergeordnete Bildfeld

---

[5] Kohl weist hier aber auch auf die inne liegende Problematik einer möglichen *nicht* arbiträren Zuweisung von Inhalt und Ausdruck eines sprachlichen Zeichens hin, die mit der genannten Aussage Aristoteles verbunden ist. Seine Ansicht wird mit der Saussureschen Sprachtheorie (die Arbitrarität zwischen Inhalt und Ausdruck bestimmt) entkräftet.

FORTSCHRITT IST VORWÄRTSBEWEGUNG AUF EINEM WEG, zu welchem aber auch die Einzelmetapher gezählt werden kann: „[…] der Aufbau einer technischen Plattform kann nur *der erste Schritt auf dem Weg* der erfolgreichen Social Software-Nutzung sein […]." (A, 221).[6]

In der Bildfeldtheorie besteht eine Metapher aus den beiden Elementen Bildspender und Bildempfänger. Der Bildspender liefert für den Bildempfänger ein prädikatives Schema, eine sogenannte „Dies-ist-das-Beziehung". So wird beziehungsweise werden mithilfe von semantischen Merkmalen des Bildspenders dem Bildempfänger neue Bedeutung(en) zugeordnet. Die semantische Entfernung zwischen Bildspender und Bildempfänger nennt Weinrich die „Bildspanne", die er als „Oberbegriff" in folgender Äußerung verdeutlicht:

> „Semantische Nähe und Ferne sind grob danach bestimmbar, ob sich ein Oberbegriff leicht und einleuchtend einstellt. Bei einem Kreis und einem Quadrat liegt der Oberbegriff ‚geometrische Figur' auf der Hand und gibt den Rahmen für einen gewissen Verifizierungszwang ab […]."

(Weinrich, 1996, S. 329)

Der Begriff des übergeordneten Bildfelds entspricht dem sogenannten metaphorischen Konzept, welches im dritten Kapitel dieser Arbeit im Rahmen der kognitiven Metapherntheorie eingehender erläutert wird.

2.4 Klassifizierung der Metapher nach dem Konventionalitätsgrad

Im folgenden Abschnitt wird die sprachliche Metapher nach dem Grad ihrer Lexikalisierung respektive Konventionalisierung klassifiziert. Man unterscheidet Metaphern folglich nach ihrer Gebräuchlichkeit beziehungsweise Neuartigkeit in der Lexik einer Sprache. Dazu werden zwei Typen unterschieden: die konventionellen Metaphern (auch: lexikalisierte Metaphern) und die neuen Metaphern.

---

[6] Hier und im Folgenden werden die aus dem Korpus zitierten Beispiele im Original wiedergegeben. Eventuelle Unstimmigkeiten in der Grammatik und Rechtschreibung bleiben bestehen. Hervorhebungen in Kursivschrift stammen von der Verfasserin dieser Arbeit zur Verdeutlichung der metaphorischen Ausdrücke.

Konventionelle und neue Metaphern liegen jeweils auf den äußeren Enden eines Spektrums, das in der Metaphernforschung bisher ohne befriedigendes Ergebnis immer wieder auszudifferenzieren versucht wird (vgl. Kohl, 2007, S. 56). In den folgenden Ausführungen wird der Unterteilung und Erläuterung von Schwarz-Friesel & Skirl (2007, S. 28 ff.) gefolgt, deren Ursprünge wiederum bei Gerhard Kurz zu finden sind. Von Kurz (2009, S. 9) stammt die Unterteilung in „lebendige, innovative Metaphern" und „klischeehafte Metaphern". Der Vorteil dieser feingliedrigen Unterscheidung liegt darin, dass das Korpus der vorliegenden Arbeit auf bestimmte Phänomene hin exakter analysiert werden kann.

2.4.1 Konventionelle Metaphern

Konventionelle, lexikalisierte Metaphern sind bereits Bestandteil im alltäglichen Sprachgebrauch und im Lexikon abgespeichert. In diesem Sinne werden sie (meist) unbewusst eingesetzt, und ihre stilistische Wirkung ist in manchen Fällen weniger offensichtlich als in anderen.

Zu den *konventionellen, lexikalisierten* Metaphern zählen:
- Tote Metaphern,
- Konventionalisierte, lexikalisierte Metaphern und
- Klischeehafte Metaphern.

Eine als tot bezeichnete Metapher kann vom normalen Sprachbenutzer kaum noch als solche erkannt werden, wenn die etymologische Bedeutung nicht bewusst präsent ist. Hierzu zählt zum Beispiel ‚Zweck' von ‚Zwecke' mit der ursprünglichen Bedeutung ‚Nagel' beziehungsweise ‚Pflock in der Zielscheibe'.

Konventionalisierte, lexikalisierte Metaphern sind zwar aus synchroner Perspektive noch erkennbar, aber sie werden parallel sowohl als Metaphern als auch in ihrer ursprünglichen, wörtlichen Bedeutung genutzt. Ein Beispiel einer konventionalisierten Metapher, die auch im Korpus als grundlegender Begriff verwendet wird, ist die des „Netzes". Im ursprünglichen Sinne steht es für etwas „Geknüpftes" aus dem Bereich des Nähens, das im Laufe der Zeit für ein Fangnetz in der Fischerei genutzt wurde. Seit der 2. Hälfte des 20. Jahrhunderts steht es auch für ein „System von Verteilungsleitungen für die Versorgung mit Strom, Wasser, Gas

u. Ä."[7] und schließlich für das Internet. Lakoff und Johnson zählen zur Veranschaulichung ihrer Theorie zur Alltagsmetapher eine beträchtliche Zahl konventionalisierter Metaphern in ihrem Werk „Metaphors we live by" auf.

Als *klischeehafte* Metaphern werden schließlich solche bezeichnet, die sich „im Übergangsbereich von lexikalisierten und neuen Metaphern" befinden (Schwarz-Friesel & Skirl, 2007, S. 29). Dazu zählen zum Beispiel die „rosarote Brille" und „ein hohes Tier".

2.4.2 Neue Metaphern

Neuartige Metaphern werden durch den bewussten Einsatz des Sprechers deutlich und meist auch vom Rezipienten bewusst als solche wahrgenommen (vgl. ebd., S. 29 f.). Man unterscheidet dabei zwei Typen:

- Kreative Metaphern und
- Innovative Metaphern

Die *kreativen* Metaphern deuten auf bereits bekannte konzeptuelle Kombinationen[8] hin (z. B. GELD ALS WASSER), die in lexikalisierten Metaphern belegt werden können (z. B. ‚Geldquelle') und diese „entweder erweitern oder zumindest mit unkonventionellen lexikalischen Mitteln benennen (wie z. B. durch ‚Geldbächlein')" (ebd., S. 30).

Innovative Metaphern hingegen sind so „neu", dass man sie nicht von bereits bekannten Konzeptualisierungen herleiten kann. Sie erstellen somit neue „Konzeptkopplungen" (z. B. ‚Geldhaar', ‚Finanzfussel') (ebd.).

Es muss an dieser Stelle noch einmal auf die Bedeutung des Kontexts, in dem die jeweilige Metapher verwendet wird, verwiesen werden. Denn erst im Zusammenhang kann entschieden werden – sofern dies möglich ist, ob eine Metapher z. B. eher als „tot", „lexikalisiert" oder „innovativ" einzuordnen ist. Auch in der Analyse des Korpus kommt dem jeweiligen Kontext eine große Bedeutung zu. Zudem kann sich auch eine innovative Metapher zu einer toten Metapher entwickeln, je

---

[7] Duden Herkunftswörterbuch, 2001, S. 555. Vgl. auch Kohl, 2007, S. 60 f.
[8] Mit dem Begriff „Konzept" wird sich in Kapitel 3.1 näher beschäftigen. Im Wesentlichen stellt ein Konzept in der kognitiven Linguistik eine „mentale Informationseinheit im Langzeitgedächtnis" des Menschen dar. Darin und mithilfe eines Konzepts wird das „Wissen über die Welt [abgespeichert], organisier[t] und kategorisier[t]". (Metzler, 2010, S. 367) Vereinfacht wird ein Konzept mit „Begriff" gleichgesetzt.

nachdem, wie stark sie in den Sprachgebrauch eindringt. Auch eine bereits lexikalisierte Metapher kann in einem neuartigen Zusammenhang wieder innovativ wirken. Man sollte demnach eher von einer Tendenz einer Metapher hin zur Alltagssprache beziehungsweise zur Rhetorik sprechen. Kohl (2007, S. 57) geht eher von einer Verbindung Alltagssprache – konventionelle Metaphorik aus, während Schwarz-Friesel & Skirl (2007, S. 30 f.) zum Zusammenhang Alltagssprache – innovative Metaphorik tendieren.

2.5 Funktionen von Metaphern

Sowohl für den Autor als auch den Lernenden erfüllen Metaphern in Texten, die der Wissensvermittlung dienen, wichtige Funktionen. Je nach Kontext der jeweiligen Metapher, aber auch beeinflusst von der Intention des Autors, können gleichzeitig mehrere Funktionen realisiert werden. In der Literatur zur Metapher werden die Funktionen von Metaphern grob eingeteilt in rhetorische und kognitive Arten (vgl. Jäkel, 2003, S. 31 ff.).

Eine Metapher wird vor allem dann als *rhetorisches Mittel* eingesetzt, wenn sie den Leser überzeugen oder überraschen will oder auch eine Bewertung hinzufügen soll. Zum Beispiel beinhaltet die Metapher des „Computervirus" in Assoziation zum biologischen Ursprung eine Infizierungsgefahr und damit eine Bewertung des Sachverhalts. Auch Sätze wie das folgende Beispiel beinhalten bereits wertende metaphorische Ausdrücke, die derart zumindest in dem speziellen Kontext entstehen können. Die Begriffe „beherrschen" sowie „Revolution" fungieren hier als rhetorische Mittel:

> „Google *beherrscht* nicht nur den Markt für Suchanfragen im Internet, sondern könnte mit seinen Angeboten von Online-Anwendungen (Google Mail oder die Office-Anwendungen Text & Tabellen) sogar die *nächste Revolution auf dem IT-Markt beginnen.*" (B, 34)

Neben der rhetorischen Funktion haben Metaphern aber vor allem kognitive Aufgaben, sodass ihre Verwendung die kognitiven Prozesse wie Denken, Sprechen und Handeln des Lesers beziehungsweise Lernenden beeinflussen kann. In diesem Sinne sind sie besonders interessant im Zusammenhang mit Texten zur Wissensvermittlung, wie sie in der vorliegenden Arbeit untersucht werden.

Nach Jäkel (ebd.) wird die „Funktionsweise der Metapher [in der Betrachtungsweise des kognitiven Ansatzes] als eine primär kognitive bestimmt." Diese Äußerung formuliert zugleich die Grundannahme, die hinter der Fragestellung dieser Arbeit steht: dass Metaphern grundsätzlich kognitiver Natur sind und folglich mit ihnen kognitive Vorgänge wie Denken und Lernen gestaltet werden können. Jäkel räumt der Metapher als maßgebliche Aufgabe die *Erklärungs- beziehungsweise Verständnisfunktion* ein, die, wie er bemerkt, bereits in der Definition nach Lakoff und Johnson festgehalten ist.[9] Mithilfe eines „Explanans X" wird das „Explanandum Y" erklärt, der Ursprungsbereich X erklärt den Zielbereich Y (ebd.). Die Metapher ist hierbei von großem Nutzen in der Didaktik und Pädagogik, da Lerninhalte existieren, die nur über metaphorische Konzepte erklärt werden können. Der Begriff „Netz" für den weltweiten Verbund von Computern steht beispielhaft für die Übertragung aus einem bekannten Erfahrungsbereich des Menschen (die Natur) auf einen neuen, noch zu erschließenden Bereich (neuartiges Medium). Die Metapher hilft so bei der Strukturierung ganzer Bereiche, um dem Lernenden Zugang zu diesem Wissen zu verschaffen. Für den Lernenden bietet die Metapher im didaktischen Zusammenhang viele Vorteile. Zum einen ist sie durch ihre Bildhaftigkeit behilflich bei der Memorisierung neuer Lerninhalte und ist besonders für visuelle Lerntypen eine Stütze. Zum anderen können durch übergeordnete Bildfelder, wie sie Weinrich schon erkannte[10], einzelne unbekannte Metaphern erschlossen werden (vgl. Koch, 2010, S. 45 f.). Ein Bildfeld wie WEB 2.0 IST EINE BÜHNE beinhaltet unterschiedliche sprachliche Metaphern wie zum Beispiel:

> Selbst den *Protagonisten* des Web 2.0-Trends dürfte es schwer fallen, eine genaue Definition dessen zu geben, wofür der Begriff ganz genau steht. (B, 7)
>
> Mit nur wenig Aufwand können Sie langsam, quasi *als Zuschauer von der Tribüne*, die Funktionsweise des Netzwerks beobachten – und lernen. (B, 171)
>
> Die *Rolle* des Einzelnen *wandelt* sich dabei vom Informationskonsumenten hin zum Informationsproduzenten. (A, 217)

Diese Einzelmetaphern können durch Rekurs auf das höhere Konzept des Web 2.0 als Bühne erschlossen werden.

---

[9] „The essence of metaphor is understanding and experiencing one kind of thing in terms of another." (Lakoff & Johnson, 1980, S. 5). Mehr dazu folgt in Kapitel 2.

[10] Bildfelder entsprechen den in Kapitel 2 erläuterten konzeptuellen Metaphern beziehungsweise Metaphernkonzepten.

Eine weitere Aufgabe der Metapher besteht in ihrer *heuristischen* beziehungsweise *konstitutiven Funktion*, die auf dem „kreativen Potential" (Jäkel, 2003, S. 35 f.) der Metapher beruht. Dank dieser Eigenschaft spielen Metaphern vor allem in der Wissenschaft, und hier besonders in der Theoriebildung, eine wesentliche Rolle. Metaphern können die Ausarbeitung einer Theorie unterstützen, indem ein metaphorisches Grundgerüst erschaffen wird. Auch Theorien selbst sind, wie Lakoff und Johnson feststellen, Metaphern. THEORIEN SIND BAUWERKE ist eines der metaphorischen Konzepte, welches sie in „Metaphors we live by" erläutern. „Diese Theorie ist aus verschiedenen Teilen zusammengebaut" verdeutlicht dies als sprachliches Metaphernbeispiel. Die Metapher dient im Sinne der heuristischen Funktion nicht zur direkten Erklärung eines Sachverhalts, sondern ist selbst die Basis für eine Theorie oder einen anderen Gegenstand.

Die Analyse der Korpora sowie die Erläuterung der kognitiven Metapherntheorie werden noch einmal präzisieren, wie wichtig die metaphorischen Funktionen und ihr Zusammenspiel in der Wissensvermittlung sind.

3 Metaphern und Kognition

Dieses Kapitel skizziert die Herkunft der kognitiven Metapherntheorie, ihre Kernaussage sowie terminologische Aspekte. Anschließend wird auf die Ursprungs- und Zielbereiche der so genannten konzeptuellen Metapher und die Klassifikation dieser aus der kognitiven Sichtweise eingegangen. Den Abschluss bildet eine kritische Stellungnahme zur kognitiven Metapherntheorie.

3.1 Die kognitive Linguistik und Semantik als Rahmen der kognitiven Metapherntheorie

Die kognitive Metapherntheorie entstand innerhalb des Forschungsansatzes der kognitiven Linguistik, die sich seit der Mitte des 20. Jahrhunderts entwickelt hat. Zuvor lieferte vor allem die generative Linguistik die Leitlinien für sprachwissenschaftliche Auseinandersetzungen. Auch sie kann selbstverständlich als eine kognitive Wissenschaft gelten, da sie sich doch ebenfalls mit der kognitiven Fähigkeit ‚Sprache' auseinandersetzt. Doch das generative Paradigma sieht die Sprache als eigenständiges Modul mit eigenen Regeln. Die kognitive Linguistik versteht sich als „Alternative zur generativen Theorietradition" (Jäkel, 2003, S. 20, dort Verweis auf Langacker, 1987, S. 4). Sie betrachtet die Sprache als eine wichtige Manifestation unserer allgemeinen kognitiven Fähigkeiten (vgl. Tendahl, 2009, S. 113). Es geht ihr nicht um die Aufstellung von Regeln oder die Feststellung von Sprachformalismen. Stattdessen wird die Empirie, der Sprachgebrauch selbst, fokussiert, um daraus zumindest Tendenzen feststellen zu können. Eine grundlegende Charakteristik der kognitiven Linguistik ist die Kritik an der Annahme der Trennung von Syntax und Semantik sowie der Trennung von wörtlicher und bildlicher Sprache (vgl. Jäkel, 2003, S. 20), welche in direktem Zusammenhang mit der kognitiven Metapherntheorie und deren Annahmen steht.

Die kognitive Linguistik untersucht die sprachliche Fähigkeit als Teil der Kognition, um „inhärente Eigenschaften des mentalen Kenntnissystems" und seine „Interaktionsweise mit anderen kognitiven Subsystemen" erklären zu können (Schwarz, 2008, S. 42).

Als Teilgebiet der kognitiven Linguistik setzt die kognitive Semantik die Bedeutungen sprachlicher Einheiten mit kognitiven Einheiten gleich und untersucht sie mit den Mitteln der Kognitionswissenschaften. Dabei geht sie von den außersprachlichen Konzepten aus und gelangt von dort hin zu den Wörtern (vgl. Blühdorn, 2001, S. 61). Innerhalb der kognitiven Linguistik werden zwei Ausprägungsformen unterschieden, die auch die kognitive Semantik betreffen: Holismus und Modularismus. Da die kognitive Metapherntheorie dem Holismus zugeordnet wird, soll dieser kurz thematisiert werden.

Im holistischen Ansatz erfolgt „keine Trennung zwischen Welt und Sprachwissen bei der Repräsentation von Bedeutungen" (Schwarz, 2002, S. 277). Bedeutungen entsprechen den kognitiven Kategorien aufgrund ihrer Repräsentation im Lexikon und ihrer Aktivierung im Sprachverarbeitungsprozess (ebd.). Zur Beschreibung der Bedeutungen beziehungsweise kognitiven Kategorien werden allgemeine Kognitionsprinzipien zurate gezogen, wie Konzeptualisierung, Mustererkennung, Kategorisierung. Dabei soll die untrennbare Verflechtung von allgemeinen kognitiven und sprachlichen Regeln und Prinzipien herausgearbeitet werden.

Die kognitive Metapherntheorie ist Bestandteil der kognitiven Semantik, da auch aus klassischer Sicht Metaphern ein semantisches Phänomen sind, wenn es um die aktuelle Bedeutung in einer sprachlichen Äußerung geht. In einem größeren Zusammenhang ist sie aber im Allgemeinen der kognitiven Linguistik zuzuordnen, da es nicht nur um die übertragenen Bedeutungen (besser: Konzepte) geht, sondern vor allem um die Strukturierung unseres Wissens und Bewusstsein, unserer Kognition.

Seit einiger Zeit wird in der Kognitionswissenschaft des Öfteren mit dem Begriff „Embodiment" (dt.: „Verkörperung") gearbeitet. Unsere kognitiven Fähigkeiten wie Sprache und Denken sind nicht unabhängig von unserem Körper, wie es von der generativen Linguistik angenommen wird. Kognitive Linguisten sind von der Abhängigkeit von Kognition und Körper überzeugt und sind demzufolge vor allem an der Art der Zusammenarbeit von Denken, Körper und Sprache interessiert (vgl. Tendahl, 2009, S. 113). Die Verankerung von sprachlichen Strukturen in schematisierten Körpererfahrungen zeigt sich laut kognitiver Linguistik unter anderem in den „konzeptuellen Metaphern" nach Lakoff und Johnson (1980). Sie werden der Gegenstand der nächsten Kapitel sein.

Die kognitive Metapherntheorie entstand folglich in einem Paradigma, das die untrennbare Verflechtung der kognitiven Fähigkeiten des Menschen – darunter Sprache und Erfahrung – geltend macht. Zudem liefert die kognitive Metapherntheorie weitere Indizien, dass diese Verbindung tatsächlich existiert, indem sie aus der Empirie Tendenzen aufzeigt, wie der Mensch die Welt konzeptualisiert und wie er neue Erfahrungen in diese Konzepte einbaut. Es erfolgt keine Erklärung mehr für eine sprachsystematische Auffälligkeit der Metapher (zumindest nicht intendiert), sondern eine Erklärung für die Struktur unserer Kognition, für welche die Metapher ein wesentliches Hilfsmittel darstellt.

3.2 Die kognitive Metapherntheorie: Einleitung

Die kognitive Metapherntheorie bildet die theoretische Grundlage dieser Arbeit, da sie mit den mentalen Leistungen des Menschen beim Metaphernverstehen arbeitet und die Verortung der Metapher auf der konzeptuellen Ebene betont. Damit dient die Theorie als Analysemuster für die Herausarbeitung von Metaphern, die zur Wissensvermittlung in Texten zum Web 2.0 eingesetzt werden. Metaphern stellen hier ein Mittel und Werkzeug des menschlichen Denkens dar und dienen als Träger von Informationen und Wissen. Wie auch in der aristotelischen Theorie und der Bildfeldtheorie nach Weinrich wird davon ausgegangen, dass eine Metapher aus einem Quellbereich und einem damit zu erklärenden Zielbereich besteht. Die Benennungen dieser Bereiche sind jedoch unterschiedlich. Da die kognitive Theorie die Verankerung der Metapher im Denken und nicht in der Sprache des Menschen hervorhebt, spielt der rhetorische Wert in dieser Theorie eine vergleichsweise geringe Rolle.

Mit „Metaphors we live by" (1980) schufen George Lakoff und Mark Johnson ein grundlegendes Werk zur kognitiven Metapherntheorie, welches dieser zum Durchbruch verhalf. Viele Aspekte lassen sich schon vor Lakoffs und Johnsons Hauptwerk in anderen wissenschaftlichen Auseinandersetzungen zur Metapher finden.[11] Doch die kognitive Metapherntheorie stellt ein „Modell der mentalen Repräsentation metaphorischer Strukturen" (Stöckl, 204, S. 21) dar, in dem es nicht vorrangig darum geht, die Metapher als stilistisches Phänomen zu betrachten und die jeweiligen semantischen Inhalte zu erläutern. Die kognitive Metapherntheorie sieht die Metapher stattdessen als einen Bestandteil der konzeptuellen Struktur der Kognition des Menschen. Dahinter steht die Annahme der Unzulänglichkeit des traditionellen, aristotelischen Metaphernverständnisses und der damit verbundenen Begriffsbestimmung.

Lakoff und Johnson sehen neben der stilistischen Leistung der Metapher in erster Linie ihre Funktion, den alltäglichen Sprachgebrauch zu gliedern. Für sie „durchdringt [die Metapher] unser Alltagsleben" und gleichzeitig „[ist] unser alltägliches Konzeptsystem, nach dem wir sowohl denken als auch handeln, […] im Kern und grundsätzlich metaphorisch" (Lakoff & Johnson, 2008, S. 11). Nicht nur unsere Sprache ist demnach metaphorisch, sondern auch unsere Konzepte von der Welt selbst sind es. Die Sprache nutzen sie dabei als „Erkenntnisquelle", die Struktur des unbewussten Konzeptsystems des Menschen herauszuarbeiten, da die „Kommunikation auf dem gleichen Konzeptsystem beruht, nach dem wir denken und handeln" (ebd.). Lakoff und Johnsons Definition impliziert den Ursprung einer Metapher in der Kognition des Menschen:

> „Das Wesen der Metapher besteht darin, daß wir durch sie eine Sache oder einen Vorgang in Begriffen einer anderen Sache beziehungsweise eines anderen Vorgangs verstehen und erfahren können."
> (Lakoff & Johnson, 2008, S. 13)

Die kognitive Metapherntheorie differenziert dazu in eine kognitive Verankerung der Metapher und in eine jeweils aktuelle sprachliche Realisierung einer Metapher. Kognitiv verankert wird sie als *konzeptuelle Metapher* bezeichnet. In Ergänzung dazu steht die konkret sprachlich realisierte Metapher, die von Lakoff und Johnson als „*konventionelle Metapher*" genannt wird. Die konzeptuelle Metapher ist eine abstrakte Größe, eine höher liegende Instanz, die in einer konkreten Situation schließlich mit einer „sprachlichen Metapher" manifestiert wird. Der Satz

---

[11] S. vor allem Weinrichs Bildfeldtheorie.

„Wir stehen am Scheideweg", geäußert von einem Ehepartner bezüglich der ehelichen Situation, stellt solch eine konkret sprachliche Metapher dar. Die entsprechende konzeptuelle Metapher lautet LIEBE IST EINE REISE. Dies erklärt die häufig leichte Verständlichkeit selbst einer neuartigen Metapher (vgl. Gibbs, 1994, S. 251). Ihr Wesen als „Werkzeug des Denkens"[12] hilft dem Menschen, mit schwer verständlichen und schwer fassbaren Sachverhalten und Objekten sprachlich umgehen zu können.[13]

Abbildung 1 verdeutlicht die Beziehung der beiden Seiten der Metapher: Während die konzeptuelle Metapher in der Kognition liegt, wird sie von der sprachlichen im Moment der Äußerung aktualisiert und somit wiederum die Existenz der konzeptuellen Metapher nachgewiesen.

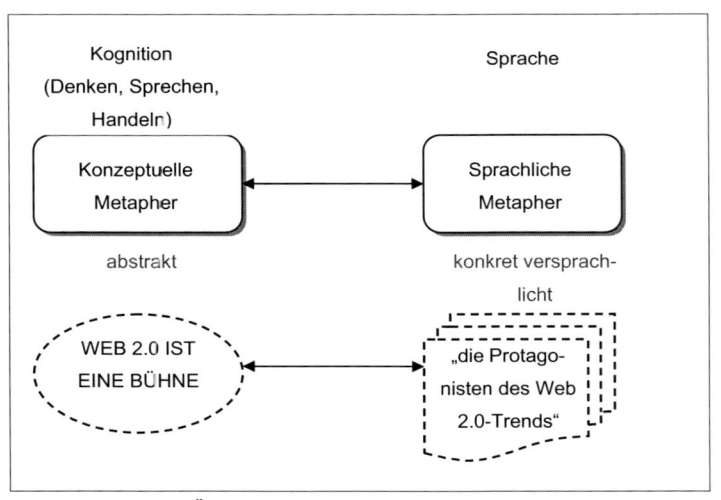

Abbildung 1 - Übersicht sprachliche und konzeptuelle Metapher

---

[12] S. Drewer (2003): „Die kognitive Metapher als Werkzeug des Denkens".
[13] Es wird in der gesamten Arbeit der üblichen Notation gefolgt, indem sprachliche Metaphern in Normalschrift gedruckt werden, während die konzeptuellen Metaphern in Großbuchstaben geschrieben werden.

3.3 Komponenten und der Prozess der Übertragung einer konzeptuellen Metapher

Ein gemeinsamer Aspekt von traditioneller und kognitiver Metapherntheorie sind die Komponenten des Ursprungs- und Zielbereichs der Metapher. Lakoff und Johnson sprechen davon in ihrer Definition des Wesens der Metapher, Aristoteles benennt es als die „Übertragung eines Wortes (das somit in uneigentlicher Bedeutung verwendet wird) […] von einer Art auf eine andere, oder nach den Regeln der Analogie" (Aristoteles, Poetik, 21; 67). In beiden Definitionen geht es um den Ursprungs- und den Zielbereich einer Metapher. Lakoff und Johnson nennen diese Bereiche „source domain" (Ursprungsbereich) und „target domain" (Zielbereich). Der Zielbereich wird von dem Begriff abgedeckt, der in der jeweiligen Aussage verwendet und der mit dem Ursprungsbereich verknüpft wird. Die Verknüpfung erfolgt dabei über die Metapher, die Teile des Ursprungs- auf den Zielbereich projiziert. Im Folgenden soll es um diese beiden Bereiche im Sinne der kognitiven Theorie sowie um den Übertragungsprozess (Mapping) zwischen den Bereichen gehen.

3.3.1 Ursprungs- und Zielbereich der konzeptuellen Metapher

Bei der erneuten Betrachtung des bereits erwähnten Satzes „Wir stehen am Scheideweg" und der korrespondierenden konzeptuellen Metapher LIEBE IST EINE REISE werden der Ursprungsbereich (Reise) und der Zielbereich (Liebe) der Metapher leicht erkennbar. Bestimmte Aspekte, die konzeptuell unter dem Begriff „Reise" gespeichert sind, werden auf den Bereich „Liebe" übertragen, da dieser schwer fassbar, abstrakt und nicht genau abgrenzbar ist. Ursprungs- und Zielbereich sind grundsätzlich konzeptuell repräsentiert, sodass auch von „konzeptuellen Domänen" gesprochen wird (Jäkel, 2003, S. 22).

Der *Ursprungsbereich* ist nach Lakoff und Johnson in den meisten Fällen ein „konkreter, sinnlich erfahrbarer und verifizierbarer Gegenstandsbereich" (Jäkel, 1998, S. 100). Es sind damit meist die erfahrungs- und körpernahen Bereiche, die als Ursprung für eine Metapher dienen. Hier spielt vor allem die sinnliche Wahrnehmung der Umwelt des Menschen eine wichtige Rolle. Die Sprachgemeinschaft und so auch der individuelle Sprecher verfügen über sogenannte „ganzheitliche

Wissensbestände" zu diesem Bereich.[14] Strukturen des Ursprungsbereichs werden dann mithilfe der Metapher auf den Zielbereich projiziert. Die kognitive Metapher ist in Jäkels (2003, S. 32) Sinne eine „X ist Y"-Relation, wobei X den Herkunftsbereich und Y den Zielbereich darstellt. Nach dem Linguisten Kövecses (2002, S. 6) besteht das Wissen um eine Metapher daraus, dass jene Menge von festen Übereinstimmungen zwischen einem Ziel- und Ursprungsbereich einer konzeptuellen Metapher bewusst ist. Dieses Verständnis der metaphorischen Leistung haben wir bereits bei Kurz unter dem „prädikativen Schema" kennengelernt.

Der *Zielbereich* lässt im Gegensatz zum Ursprungsbereich in einem bestimmten Kontext eine eindeutige, oder wenigstens eine grobe Struktur vermissen, ist unter Umständen nur mittelbar erfahrbar und dadurch schwer fassbar und abstrakt. Der Zielbereich Liebe ist ein subjektives, abstraktes Gefühl (oder ein Zustand?), für dessen Strukturierung der Mensch ein konkretes Bezugssystem wie eine „Reise" benötigt. An dieser Stelle wirkt die Metapher als Bindeglied, wie Abbildung 2 zeigen wird. Abbildung 1 zur Unterscheidung von konzeptueller und sprachlicher Metapher kann also um einige Aspekte erweitert werden:

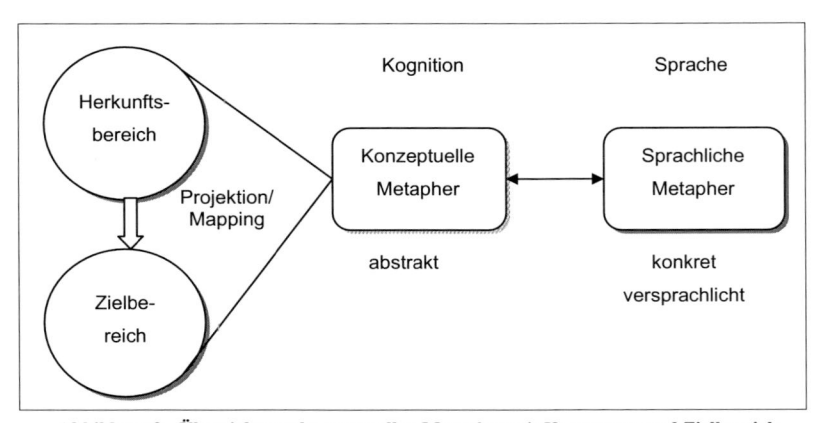

Abbildung 2 - Übersicht zur konzeptuellen Metapher mit Ursprungs- und Zielbereich

---

[14] Auch: Skripts, Frames, Szenarios. Eine nähere Erläuterung in Bezug zur Thematik dieser Arbeit wird in Kapitel 4 gegeben.

So werden im Korpus beispielsweise die sozialen Netzwerke als Bauwerke metaphorisiert, sodass der Leser die Netzwerke analog zu einem Bauwerk verstehen kann:

> Ein weiteres wichtiges charakteristisches Element von MySpace ist der *Aufbau* von Netzwerken, zu denen man Freunde oder Bekannte einlädt. (A, 79)

3.3.2 Ursachen und Motivierung für Ursprungs- und Zielbereich

Das Beziehungssystem zwischen Herkunfts- und Zielbereich verdeutlicht die Beweggründe und Motive der eingesetzten Metaphern in der Wissensvermittlung. Kövecses (2002, S. 68 f.) listet verschiedene Ursachen aus der traditionellen und kognitiven Sichtweise auf, die dazu führen, dass zwischen zwei Domänen Beziehungen gesehen werden, aufgrund derer eine metaphorische Projektion möglich ist. Die traditionelle Sichtweise wird an dieser Stelle ausgeklammert.

In der kognitiven Linguistik wird eine Vielzahl von Faktoren aufgezählt, die einzeln, aber auch im Zusammenspiel, über die Basis der Metapher bestimmen können. Aufgrund der Verbindung konzeptueller Metaphern mit dem menschlichen Erleben werden die Ursachen auch als erfahrungsbasiert *(experiential basis)* bezeichnet. Im Folgenden werden einige Aspekte erläutert, die im Zusammenhang mit den gesammelten Metaphern im Korpus stehen.

Zunächst wird eine *Korrelation in der Erfahrung der beiden Bereiche* vermutet („correlations in experience"). Korrelation bedeutet im Verständnis der Semiotik eine indexikalische Beziehung zwischen den Ereignissen A und B. Kövecses (ebd.) verweist auf ein Ereignis 1 „sich ärgern", das Ereignis 2 „die Körpertemperatur steigt an" zur Folge hat. Aus dieser Korrelation entsteht die konzeptuelle Metapher WUT IST HITZE und die sprachliche Metapher „das Blut zum Kochen bringen."

Außerdem können *wahrgenommene strukturelle Ähnlichkeiten* zwischen den Bereichen auftreten. Beispielhaft hierfür wird die konzeptuelle Metapher DAS LEBEN IST EIN GLÜCKSSPIEL genannt, die aus dem Verglich, dass wir unser Leben mit seinen Abschnitten und Erfolgs- beziehungsweise Misserfolgserlebnissen im Verständnis eines Spiels betrachten, entsteht.

Eine weitere Möglichkeit besteht in *wahrgenommenen Ähnlichkeiten*, die auf der Kategorie der ontologischen Metaphern beruhen. Ontologische Metaphern liefern, wie in Kapitel 3.4 noch näher erläutert wird, eine Konzipierung von abstrakten Objekten und Sachverhalten und stellen selbst meistens die Basis für Metaphern mit einer größeren Struktur dar („strukturelle Metaphern"). Durch sie werden Entitäten und Ereignisse, die nicht physikalisch sind, als Objekt, Substanz oder auch Behälter gesehen (vgl. ebd., S. 72). Sofern dann zwei Bereiche diese Eigenschaft teilen, kann die Wahrnehmung zu bestimmten strukturellen Ähnlichkeiten führen. Dazu zählt zum Beispiel GEDANKEN SIND ESSEN und alle dazu gehörenden sprachlichen Metaphern, die darauf beruhen, dass DER VERSTAND EIN BEHÄLTER IST und GEDANKEN SIND OBJEKTE/ENTITÄTEN (ebd.).

3.3.3 Mapping – Eigenschaften und Prinzipien der metaphorischen Übertragung

Aus der mathematischen Terminologie führt Lakoff (1987, S. 225) den Begriff des *Mapping* (deutsch: Abbildung) ein, der ab diesem Zeitpunkt zur Bezeichnung des Prozesses der metaphorischen Übertragung verwendet wurde.[15] Statt Mapping oder metaphorischer Übertragung gebrauchen Lakoff und Johnson selbst auch synonym dazu „metaphorical projection" (vgl. Lakoff, 1987, S. 268; Johnson, 1996, S. XX). In dieser Arbeit wird die deutsche Entsprechung „metaphorische Übertragung" bevorzugt.

Aus den bisherigen Erläuterungen zu Ursprungs- und Zielbereich einer Metapher wird klar, dass es offensichtlich ein System von festen, konventionellen metaphorischen Übertragungen gibt, auf die vor allem in der Alltagssprache immer wieder zurückgegriffen wird. Vor allem bei konventionellen Metaphern, die im Sprachgebrauch verankert sind, werden konkrete, physische Erfahrungen auf abstraktere, nicht-physische übertragen. Es findet dabei eine sogenannte Verkörperung der Erfahrung („embodiment", s. Abschn. 2.1) statt. Generell sind Mappings dadurch charakterisiert, dass eine Übertragung entsprechend des Modells und der vorstel-

---

[15] Eine Abbildung im mathematischen Sinne ist eine Zuordnung, durch die für jedes Element einer Menge x genau ein zugeordnetes Element einer Menge y festgelegt wird.

lungsschematischen[16] Struktur des Quellbereichs stattfindet (vgl. Lakoff, 2008, S. 24). „Vorstellungsschemata" sind inkorporierte Muster von Erfahrungen, die mittels senso-motorischer Wahrnehmung entstanden sind. Dazu gehören zum Beispiel das WEG-Schema und das BEHÄLTER-Schema, die aus der Erfahrung gebildet werden, wenn sich der menschliche Körper in einer Vorwärtsbewegung befindet (WEG) oder der Mensch die Erfahrung eines ihn umgebenden Raumes beziehungsweise seines Körpers als Behälter von etwas macht. Das verdeutlicht die Nutzung der Strukturen des Quellbereichs (z. B. Höhe, Form) für das Denken über den Zielbereich mithilfe der metaphorischen Projektion:

> *Auf die Spitze* treibt es Amazon mit seinem Mechanical Turk. (B, 478).[17]

Dadurch entstehen zwischen den Ursprungs- und Zielbereichen ontologische Übereinstimmungen, entsprechend der Systematik der übertragenen Entitäten zwischen Quelle und Ziel.[18] Jäkel (1998, S. 101) erklärt, dass diese „präkonzeptuellen Vorstellungsschemata" für die „erfahrungsgemäße Verankerung auch der abstraktesten Begriffsdomänen [sorgen]".

Für metaphorische Übertragungen gelten nach Lakoff und Johnson bestimmte Gesetzmäßigkeiten:

Die These der *Unidirektionalität* besagt, dass eine metaphorische Übertragung in asymmetrischer Richtung verläuft: vom konkreteren Ursprungs- zum abstrakteren Zielbereich und nicht umgekehrt. Jäkel (ebd.) spricht von einer „X ist Y"-Relation, nach der das Explanans X als konkreteren, einfacher strukturierten Ursprungsbereich, den komplizierteren Zielbereich, das Explandandum Y, erklärt. Beispielhaft gilt folgender Satz:

> Blogs sind keine *Einbahnstraßen* der Kommunikation. (B, 411)

Während es möglich ist, von einem Blog als einer Einbahnstraße zu sprechen, ist es andersherum so gut wie unmöglich, ein Blog metaphorisch auf eine Einbahn-

---

[16] Lakoffs (1987, S. 267) und Johnsons (1987, S. 29) Bezeichnung lautet „image-schemata". Als Übersetzung wird auch „Bildschemata" verwendet, Jäkel kritisiert jedoch die fälschliche Assoziation eines „Bildes", um das es hier aber nicht geht (2003, S. 30).
[17] „Mechanical Turk" ist ein Portal des Online-Händlers Amazon, auf dem Menschen (anstatt von Maschinen) einfache bis komplexere Arbeiten über das Internet erledigen, z. B. Adressen zu Personen heraussuchen.
[18] „There are ontological correspondences, according to which entities in the domain of love […] correspond systematically to entities in the domain of a journey […].", Lakoff, 1993, S. 190.

straße zu übertragen. „Eine Einbahnstraße ist ein Blog" ist deutlich schwieriger zu verstehen, besonders wenn der Begriff „Blog" unklar ist.

Das *Prinzip der Invarianz* erstreckt sich auf die Strukturen des Ursprungs- und des Zielbereichs. Nach dem Invarianzprinzip wird die kognitive bildschematische Struktur des Ursprungsbereichs so übertragen, dass sie die Struktur des Zielbereichs nicht verletzt (Lakoff, 1993, S. 199). Für die Metapher des Behälters bedeutet dies etwa, dass Inneres auf Inneres beziehungsweise Äußeres auf Äußeres übertragen wird. Die inhärenten Strukturen des Zielbereichs begrenzen damit die Möglichkeiten der Übertragung automatisch. So kann man auch sagen, dass man ausgehend vom Zielbereich und dessen Strukturen (Lakoff: „topology") die metaphorische Übertragung vom Ursprungsbereich vollzieht, indem nur die Strukturen des Ursprungsbereichs auf den Zielbereich übertragen werden, die mit dessen Strukturen übereinstimmen. Damit gestalten sich nach Lakoff (2008, S. 24) Mappings immer nur partiell und das Invarianzprinzip beschränkt ein Mapping strukturell. Kövecses (2002, S. 12) beschreibt Mapping als ein dem Verstehensprozess zugrunde liegendes „set of fixed correspondences" („ein Satz von festen Übereinstimmungen" [Übersetz. d. Verf.]), das heißt, nur ein Teil wird metaphorisch von einem auf den anderen Bereich übertragen. Partielle Übertragung betrifft dabei beide Bereiche einer Metapher. Im Falle des Zielbereichs spricht man vom *Highlighting* beziehungsweise *Hiding* bestimmter Aspekte des Bereichs („Beleuchten" und „Verbergen", vgl. Lakoff & Johnson, 2008, S. 18 f., S. 66 f.). Verschiedene Metaphern beleuchten einzelne Aspekte des gleichen Zielbereichs und verbergen dadurch gleichzeitig andere Aspekte. Darüber hinaus wird nur ein Teil beziehungsweise zwei oder drei Teile des Ursprungsbereichs für die metaphorische Übertragung verwendet (vgl. Kövecses, 2002, S. 81 f.). Die folgenden Beispiele zur BAUWERKS-Metapher verdeutlichen dies, es liegen unterschiedliche Zielbereiche vor, aber der gleiche Ursprungsbereich „Bauwerk":

a) Es gibt hier keine statischen Webseiten mehr, sondern bestenfalls noch *Gerüste*. (A, 21)
b) *Webbaustellen* sind bei Google unerwünscht (A, 376)
c) Diese ersten Gründerjahre legten schließlich den *Grundstein* für das Aufkommen weiterer populärer Online Social Networks […], die seit dem Jahr 2003 nachhaltig das Geschehen um Online Social Networks prägen. (A, 384)

Im Zielbereich *Webseiten* wie in a) wird auf den Aspekt der Struktur (Gerüst) fokussiert, während für den Zielbereich Internet in b) der Prozess der Konstruktion hervorgehoben wird.

Die Verwendung von bestimmten Aspekten des Ursprungsbereichs findet in allen aufgeführten Metaphern statt. Einmal wird der Aspekt der Struktur eines Bauwerks (a), schließlich auf die Errichtung eines Bauwerks (b, c) fokussiert.

Neben den beiden Prinzipien der Unidirektionalität und der Invarianz sieht Lakoff (1993, S. 195) noch eine weitere Eigenschaft von metaphorischen Übertragungen. Er erklärt, dass Mappings im Sinne der Prototypentheorie auf der übergeordneten Ebene eines Konzepts liegen, die sprachlichen Metaphern dann schließlich auf der Basisebene realisiert werden. Er wählt das Beispiel LIEBE IST EINE REISE, bei dem Liebe als Fahrzeug konzeptualisiert wird, in einer einzelnen Sprachmetapher so zum Beispiel als ‚Auto'. Lakoff sieht die Ursache in den größeren Möglichkeiten, vielfältige konzeptuelle Übertragungen auszuführen:

> „A mapping at the superordinate level maximizes the possibilities for mapping rich conceptual structures in the source domain onto the target domain, since it permits many basic level instances, each of which is information rich."
>
> (Lakoff, ebd.)

Der Linguist Grady (2007, S. 191) führt bezüglich der metaphorischen Übertragung weiter aus, dass die systematische Projektion von Elementen des Ursprungsbereichs auf den Zielbereich nicht nur die Objekte und Eigenschaften der Bereiche betrifft, sondern ebenfalls die Beziehungen, Ereignisse und Schemata, die der Bereich beinhaltet. Damit betont er die Eigenschaft konzeptueller Metaphern, Inferenzen zu übertragen und somit als Mittel der Informations- und Wissenserschließung zu dienen. Bisher bekannte und erlernte Schlussfolgerungen werden von dem Ursprungsbereich zum Verstehen des metaphorischen Zielbereichs genutzt.

Als Ergebnis einer metaphorischen Übertragung entsteht neben einer sprachlichen Metapher aber vor allem ein neues Konzept, das sich aus der Kopplung von Aspekten eines Ursprungskonzepts auf ein Zielkonzept ergibt. Ohne das Beleuchten und Verbergen bestimmter Aspekte würde sonst das eine Konzept auf das andere übertragen werden und diese wären so identisch miteinander (vgl. Lakoff

& Johnson, 2008, S. 21). Das „völlig neu generiert[e] Konzept" kann im Anschluss wie jedes andere Konzept „erweitert" werden (Drößiger, 2002, S. 15). Nach dem Rezipieren der sprachlichen Metaphern im Korpus muss nicht immer wieder neu auf die jeweils verwendeten Ursprungsbereiche verwiesen werden, da mit dem Verständnis der Metapher auch ein neuer Wissensbereich geschaffen wurde, über den der Rezipient schließlich verfügt. Die kognitive Metapherntheorie liefert demnach neben der Systematisierung von Konzepten auch einen eigenständigen kognitionswissenschaftlichen Beitrag zur Erfassung kognitiver Strukturen der Wissensorganisation. Somit ist die metaphorische Übertragung einer der grundlegenden Prozesse, die bei der Arbeit mit Metaphern im Wissenstransfer abläuft.

3.4 Klassifikation von konzeptuellen Metaphern

Es lässt sich bereits feststellen, dass konzeptuelle Metaphern in unterschiedlich starker Strukturierung auftreten. Lakoff und Johnson haben in ihrem Werk „Metaphors we live by" eine Klassifizierung ausgearbeitet, die auf diesen Strukturdifferenzen beruht, welche selbst aus der Wahrnehmung des Menschen von seiner Umwelt basieren. Die nachfolgenden Abschnitte stellen zunächst die Einteilung der konzeptuellen Metaphern nach Lakoff und Johnson vor, und anschließend eine Erweiterung dieser Klassifizierung von Christa Baldauf (1997).

3.4.1 Die Klassifikation nach Lakoff und Johnson (1980, 2008)

Lakoff und Johnson haben mit ihrer Theorie zur kognitiven (resp. konzeptuellen) Metapher 1980 eine Klassifizierung entwickelt, die der „grundlegenden kulturellen und physischen Erfahrung des Menschen" entspricht (Baldauf, 1997, S. 20). Nach ihnen kann die Metapher in drei Gruppen unterteilt werden: die ontologischen Metaphern, die strukturellen Metaphern und die Orientierungsmetaphern.

Die *ontologischen* Metaphern beruhen auf unserer direkten Erfahrung mit Objekten und mit der Materie. Ihre Grundlage sind „bestimmte Sichtweisen von Ereignissen, Aktivitäten, Emotionen, Ideen usw." (Lakoff & Johnson, 2008, S. 36). Zu den ontologischen Metaphern gehört die GEFÄSS-Metapher (so die Bezeichnung bei Lakoff & Johnson, 2008; im Folgenden: BEHÄLTER-Metapher), bei der die Erfahrung der Innen-Außen-Orientierung des menschlichen Körpers als Ursprungsbereich dient. Damit liefern ontologische Metaphern äußerst fundamentale Anhaltspunkte für das Verstehen abstrakter Begriffe. Kövecses (2002, S. 34) äußert, dass diese Metaphern dazu befähigen, eine klarere Struktur am Zielbereich zu erkennen, die dort nicht oder kaum wahrnehmbar wäre. In diesem Sinne werden auch Personifizierungen zu den ontologischen Metaphern gezählt, da mit ihnen „das physische Objekt näher spezifiziert wird in Gestalt einer Person" (Lakoff & Johnson, 2008, S. 44).

Ontologische Metaphern dienen vielmals als Basis für reichere *strukturelle* Metaphern. Strukturelle Metaphern haben eine relativ umfangreiche Wissensstruktur, die vom Ursprungs- auf den Zielbereich übertragen wird. Sie sind dementsprechend jene, in denen ein („prototypisches") Mapping, eine metaphorische Übertragung der Struktur eines Konzepts auf ein anderes, stattfindet. Zu ihnen zählen die ZEIT IST GELD-Metapher und THEORIEN SIND BAUWERKE-Metapher.

Die dritte Art konzeptueller Metaphern sind die *Orientierungsmetaphern*. Sie bieten eine noch geringere konzeptuelle Struktur als die ontologischen Metaphern, da sie eine Vielzahl der Zielbereiche kohärent zu den Ursprungsbereichen machen (vgl. Kövecses, 2002, S. 35). Orientierung ist hier der grundlegende Bezug: „Die meisten unserer basalen Konzepte werden nach einer oder mehreren Metaphern der räumlichen Orientierung organisiert" (Lakoff & Johnson, 2008, S. 26).

Es muss an dieser Stelle erwähnt werden, dass Lakoff und Johnson in der weiteren Forschungsarbeit selbst nicht mehr explizit diese Einteilung vertreten und seit Lakoff (1987) in dieser Weise nicht mehr eingesetzt haben. Lakoff fasst in einem aktuelleren Aufsatz von 2008 lediglich zwei große Metaphernklassen zusammen: *konventionelle* Metaphern und *neuartige* Metaphern[19]. Im Sinne der oben bereits erklärten metaphorischen Übertragung zwischen einem konkreten, nichtmetaphorischen und einem abstrakten, schwer verständlichen Bereich stellen die ersten Metaphern die bereits bestehenden, hochgradig konventionellen Metaphern dar. Neuartige Metaphern liegen noch nicht im Lexikon der jeweiligen Sprache vor,

---

[19] Im Original: ‚novel metaphors' (Lakoff & Johnson, 1980; Johnson, 1980; Lakoff, 1993; Lakoff & Turner, 1989/2001).

wie zum Beispiel THEORIEN SIND VÄTER. Neuartige Metaphern können einmal Erweiterungen von bereits existierenden konventionellen Metaphern sein. Lakoff und Johnson (1980, S. 139 f.) sprechen von völlig neuartigen Metaphern, bei denen analog zu den konventionellen eine systematische Übertragung der Struktur des Ursprungsbereichs auf den Zielbereich stattfindet. Neben diesen beiden Typen fassen die sogenannten ‚image metaphors' nunmehr ontologische und Orientierungsmetaphern zusammen. Nach Lakoff und Turner (1989, S. 90 f.) beschränken sich die *image metaphors* auf die Übertragung spezifischer mentaler Bilder. Sie unterscheiden sich von den oben schon beschriebenen konventionellen bildschematischen Metaphern, die aus den Vorstellungsschemata des Menschen entstehen und somit reichhaltige Wissensbestände und Inferenzstrukturen übertragen (vgl. Croft & Cruse, 2004, S. 203).

3.4.2 Die Klassifikation der kognitiven Metapher nach Christa Baldauf (1997)

Nach der Veröffentlichung von „Metaphors we live by" haben sich trotz des großen Einflusses der Theorie viele Kritiker gefunden, sodass im Laufe der Zeit immer wieder neue Gliederungsvorschläge entwickelt wurden. Ein Vorschlag stammt von Christa Baldauf (1997), die aufbauend auf der Klassifikation von Lakoff und Johnson eine weitere konstruktive Kategorisierung der Metaphern liefert. Mit Baldaufs Klassifikation zeigt sich die Komplexität der metaphorischen Ausdrücke des Korpus dieser Arbeit besonders prägnant.

Baldauf (1997, S. 79) spricht von einer „Renovierung" der Theorie von Lakoff und Johnson, wodurch die bisherige Klassifikation in die drei Gruppen differenzierter werden soll. Baldauf kritisiert die zu geringe Beachtung der Struktur in der Klassifikation von Lakoff und Johnson. Sie begründet ihre Version damit, dass die von Lakoff und Johnson vorgeschlagene Dreiteilung unbefriedigend sei und keinem einheitlichen Kriterium folgen würde – ein wesentlicher Kritikpunkt zur Arbeit von Lakoff und Johnson.

Ihre Klassifikation sieht wie folgt aus (ebd., 79 ff.):

1) Attributsmetaphern

Mit Hilfe von Attributsmetaphern wird aus dem Ursprungsbereich einer „unmittelbaren, physischen Wahrnehmung projiziert" (ebd., S. 83). Aus der Wahrnehmung gehen wertende Eigenschaften hervor, die auf Personen, Objekte oder Sachverhalte übertragen werden, z. B.:

> VERANTWORTUNG IST SCHWER:
> „Verantwortung tragen" und
> MANGEL AN EINFLUSS IST PHYSISCHE SCHWÄCHE:
> „Schwache Verbindungen zwischen den Nutzern."

Diese Metaphernklasse bildet eine relativ kleine Gruppe, die zudem keiner anderen Klasse im Sinne Lakoffs und Johnsons zugeordnet werden kann (ebd., S. 85).

2) Ontologische Metaphern:

Mit diesen Metaphern werden abstrakte Bereiche als Objekt oder Substanz konzeptualisiert. Indem sie als quantifizierbar und/oder lokalisierbar erachtet werden, kann der Sprecher sie im metaphorischen Sinne greifen, z. B.:

> ABSTRAKTA SIND DINGE:
> „Eine Reihe von Fragen", „Zugriff auf das Internet haben"

3) Bildschematische Metaphern:

Bildschematische Metaphern projizieren gestalthafte, bildschematische Strukturen in abstrakte Bereiche. Dazu zählt unter anderem die sehr häufige Behälter-Metapher. Die Selbstwahrnehmung des Menschen und die Wahrnehmung von Gegenständen als Behälter werden hier auf abstrakte Sachverhalte übertragen. Lakoff und Johnson bezeichneten diese Metapher als „Gefäß-Metapher" (engl.: *container*).

> Z. B. EXISTENZ IST PRÄSENZ IN EINEM BEHÄLTER:
> „Eintreten", „hereinbrechen"

Zu den bildschematischen Metaphern zählt Baldauf (ebd.) schließlich noch die *Weg-Metapher*:

> DAS LEBEN IST EIN WEG
> „Lebenslauf", „Lebensgefährte"

Ebenso gehören die *Skalen-, Distanz- und Gleichgewichts-Metaphern* in diese Kategorie.

Skalen-Metapher:

> NEGATIV IST UNTEN
> „Die Tiefen des Lebens", „Rückfall"

Distanz-Metapher:

> VERTRAUTHEIT IST RÄUMLICHE NÄHE
> „Sich näherkommen", „sich voneinander entfernen"

Gleichgewichts-Metapher:

> ABSTRAKTA SIND SCHWER
> „Der Ausschlag gebende Punkt", „einander die Waage halten"

4) Konstellationsmetaphern:

Die Konstellationsmetaphern werden vermutlich vom Sprecher als die „bildhaftesten" wahrgenommen, da sie ganze, gestalthafte Konstellationen in abstrakte Bereiche übertragen. Von Lakoff und Johnson als „strukturelle Metaphern" bezeichnet, vermitteln sie die meisten Informationen auf den Zielbereich im Gegensatz zu den vorher genannten Metaphern. Baldauf (1997, S. 84) bewertet sie als einen zu „tiefgreifenden Konsequenzen" führenden „Komplex von Implikationen [auf unser Denken und Handeln]". Zu den Konstellationsmetaphern zählen zum Beispiel die Kriegs-Metapher, die Bauwerk-Metapher und die Personifikation. Daneben lassen sich besonders in dieser Gruppe immer wieder neue Metaphernkonzepte abstrahieren.

Kriegs-Metapher:

    z.B. POLITIK IST KRIEG

    „Wahlkampf", „Kampfdemonstration"

Bauwerk-Metapher:

    z.B. THEORIEN SIND BAUWERKE

    „Der Aufbau der Theorie", „die Theorie hat kein solides Fundament"

Personifikation:

    ABSTRAKTA SIND LEBEWESEN

    „Das Internet war geboren", „die Märkte wachsen"

Personifikations- und Animationsmetaphern sprechen sowohl Abstrakta als auch Konkreta menschliche oder tierähnliche Eigenschaften zu. Lakoff und Johnson (2008, S. 45) verstehen Personifikationen als „Verlängerungen von ontologischen Metaphern", da der Mensch als strukturgebender Ursprungsbereich den Zielbereich metaphorisiert. Aufgrund der Fülle von Erfahrungen, die der Mensch sammelt, sowie äußerlichen und charakterlichen Differenzen zwischen den Individuen arbeitet die Personifikation mit einer Bandbreite von Metaphern. So zählt Baldauf (1997, S. 192) hierzu auch Metaphern, die als Ursprungsbereich die Pflanzen- und Tierwelt haben.

Im zweiten Teil dieser Arbeit, der Analyse von fachinternen und fachexternen Texten zum Web 2.0, wird diese Einteilung der kognitiven Metapher zugrunde gelegt, da sie wesentlich differenzierter ist als die Kategorisierung von Lakoff und Johnson. Dadurch kann eine detaillierte Analyse erarbeitet werden.

3.5 Kritik an der kognitiven Metapherntheorie

Zunächst sollte erwähnt werden, dass die Kritik der kognitiven Metapherntheorie am traditionellen Verständnis teilweise nicht angebracht ist. Die Auffassung der Metapher als rhetorisches Mittel schließt nicht ihre kognitive Leistung aus. Beides sind Aspekte der Metapher an sich, die auf vielen Ebenen verschiedene Funktionen erfüllt. Beide Theorien haben ihren jeweiligen Schwerpunkt. In der neueren Forschung spricht man auch von einem „ganzheitlichen Ansatz", in dem sowohl traditionelle als auch kognitive Modelle ihren Platz finden und zur Erkenntnisgewinnung beitragen können (Kohl, 2007, S. 3 ff.). So werden auch im Korpus zum einen Metaphern zu finden sein, die der Leser (der sich nicht mit Metapherntheorien beschäftigt) nicht als solche wahrnimmt, weil sie schon im Sprachgebrauch verankert sind. Zum anderen wird der Leser vielleicht sprachliche Ausdrücke finden, die für ihn innovativ, unkonventionell oder auch unverständlich erscheinen. In beiden Fällen können es Metaphern sein, die lexikalisiert sind oder solche, die neu „entworfen" wurden, um die Aufmerksamkeit des Lesers auf sich zu ziehen. Letzten Endes tragen beide auf der konzeptuellen und somit kognitiven Ebene zur Verständnisförderung bei.

Jäkel kritisiert in seinen Ausführungen immer wieder die inkonsequente Unterscheidung von „literal metaphor" und „imaginative metaphor" der Ausführungen Lakoffs und Johnsons in „Metaphors we live by". So legen Lakoff und Johnson eine nicht nachweisbare Gegenüberstellung einer wörtlichen und bildhaften Metapher fest, obwohl der Begriff ‚wörtlich' „dringend für andere Zwecke benötigt [wird]" (Jäkel, 1998, S. 103). Ohne eine Bestimmung wörtlicher Ausdrücke könne auch eine Metapher nicht existieren. So kann man besonders dann von wörtlicher Verwendung sprechen, wenn es um physische Sachverhalte geht, beziehungsweise um genau die konkreten Bereiche, an denen sich die Metapher bediene und aus denen das Verständnis für abstrakte Bereiche geschöpft wird. Jäkel bemerkt abschließend, dass dieser Kritikpunkt zwar angebracht und nötig sei, aber die kognitive Metapherntheorie deshalb nicht neu erfunden werden muss (ebd., S. 107). Später definieren Lakoff und Turner (vgl. 2001, S. 57) selbst, was nicht metaphorisch sei: wenn ein Konzept in seinen eigenen Begriffen verstanden und strukturiert wird, ohne Gebrauch von der Struktur eines völlig anderen Bereichs zu machen.

Wie im Abschnitt zur Klassifizierung erwähnt, wird die Klassifizierung so nicht mehr von Lakoff und Johnson in den Folgejahren der Veröffentlichung von „Metaphors we live by" ausnahmslos vertreten. Aber auch die später folgende Zweiteilung der konzeptuellen Metapher in neuartige und kreative Metaphern ist nicht ausreichend, da sie für die hier erzielten Analyseschritte zu unscharf erscheint. So wird wieder auf die ursprüngliche Klassifizierung respektive der Erweiterung von

Christa Baldauf zurückgegriffen, um eine differenzierte Analyse durchführen zu können.

Die mangelnde Spezifizität der Klassifizierung beruht auch auf der fehlenden klar explizierten Methodik, die Lakoff und Johnson zur Ableitung der einzelnen Metaphernkategorien in ihrer Analyse verwendet haben.

4 Metaphern und Wissensvermittlung

Dass Alltagssprache stark von Metaphern Gebrauch macht, haben die bisherigen Ausführungen und Beispiele verdeutlicht. Insbesondere lexikalisierte Metaphern, die kaum noch erkennbar sind, lassen sich im alltäglichen Sprachgebrauch wiederfinden. Aber auch in der Fachsprache ist es kaum möglich, ohne metaphorische Ausdrücke zu arbeiten, sei es in mündlicher oder schriftlicher Form. Dabei enthalten die verwendeten Metaphern implizites Wissen, das durch eine Analyse und Interpretation von metaphorischen Konzepten zum Vorschein gebracht werden kann.[20]

Die Wissensbereiche, die für konzeptuelle Metaphern als Ursprungs- und Zielbereiche dienen, werden in der kognitiven Terminologie als Konzepte bezeichnet. In diesem Sinne sind metaphorische Konzepte (respektive konzeptuelle Metaphern) ein Mittel für die Speicherung von Informationen. Mit Metaphern werden bestimmte Strukturen von einem Konzept auf ein anderes Konzept übertragen. Diese Strukturen repräsentieren Wissensbestände. Mapping sowie konzeptuelle Metaphorik gehört damit zu den Möglichkeiten der Vermittlung von Wissen zwischen Experten und/oder Laien.

Dieses Kapitel untersucht zunächst die Begriffe Wissen, Konzepte und Schemata und die Stellung der Metapher in diesem Zusammenhang. Es wird erläutert, wie Metaphern dank Analogiebildung verstanden werden. Der zweite Teil des Kapitels betrachtet die Wissensvermittlung in Fach- und Sachbüchern.

4.1 Metaphern und Modelle des Wissens

Wissen bildet als eine grundlegende Fähigkeit des Menschen einen wesentlichen Untersuchungsgegenstand in der Kognitionswissenschaft. Nach Schwarz (2008, S. 99) ist Wissen „die Menge aller Informationen, die ein Mensch intern gespeichert hat." Dabei ist Wissen einerseits eine statische Größe, da es Erfahrungsinhalte

---

[20] Eine Analyse der vermittelten objektiven Informationen durch Metaphern kann in dieser Arbeit nicht angestrebt werden, sie beschränkt sich stattdessen auf die Analyse der Ursprungs- und Zielbereiche der auftretenden Metaphern.

abbildet. Andererseits ist Wissen aber auch eine dynamische Größe, da die Strukturen, mit denen Informationen mental gespeichert sind, weitere Verarbeitungsprozesse wie komplexe Verhaltens- und Denkweisen zulassen (vgl. ebd.). Die Speicherung des Wissens erfolgt nach zeitlichen Aspekten im Kurzzeit- und im Langzeitgedächtnis. Da es in dieser Arbeit um die Vermittlung von Fachinformationen geht, die der Wissensvermehrung des Adressaten und damit langfristiger Speicherung dient, sind bestimmte Prozesse des Langzeitgedächtnisses von besonderem Interesse. In den nachfolgenden Ausführungen wird der Begriff „Wissen" thematisiert. Anschließend werden die Begriffe Konzept und Schema erläutert. Dabei stellen die folgenden Abschnitte keine Diskussion kognitionswissenschaftlicher Abhandlungen dar, sondern es werden jene Terminologien beleuchten, die für die Bearbeitung der Frage nach der Wissensvermittlung mit Metaphern von Bedeutung sind.

4.1.1 Wissensformen und die Verortung der Metapher

Im Allgemeinen wird Wissen, das im Gedächtnis gespeichert wird, in drei Arten unterschieden, die als „prozedurales", „deklaratives" und „konzeptuelles Wissen" bezeichnet werden.[21] Es geht hier einerseits um Wissen für die Anwendung kognitiver Fähigkeiten (prozedural), und andererseits um Wissen über Sachverhalte (deklarativ). Das prozedurale Wissen ist Grundlage für die Ausführung kognitiver Prozesse („Wissen, wie") (vgl. Schnotz, 1994, S. 36). Das deklarative Wissen hingegen stellt die „Fakten, Methoden, Prozesse usw." (ebd.) dar, es ist dementsprechendes „Wissen, dass". Das konzeptuelle Wissen repräsentiert wie nach der menschlichen Auslegung die Welt strukturiert ist. Es besteht aus nichtsprachlichen Konzepten und Verknüpfungen der Konzepte. Diese Begriffe werden im nächsten Abschnitt erklärt, da sie im Hinblick auf den Metapherngebrauch eine wesentliche Rolle spielen.

---

[21] Nach Markowitsch (1992, S. 9) wird das Langzeitgedächtnis in deklaratives und nichtdeklaratives („reflexives", Markowitsch, ebd.; „implizites", Nonaka/Takeuchi, 1997, S. 71 ff.) Gedächtnis unterteilt. In diesem Sinne ist das prozedurale Gedächtnis Teil des nichtdeklarativen. Da es hier aber nicht um die detaillierte Darstellung des nicht-deklarativen Gedächtnisses geht und die Unterteilung in der Literatur immer wieder anderen Autoren folgt, soll es bei der Bezeichnung „prozedural" bleiben.

Es wird innerhalb des deklarativen Gedächtnisses, das faktisches Wissen speichert, noch zwischen episodischem und semantischem Gedächtnis unterschieden. Das episodische Gedächtnis speichert persönliche Erlebnisse und mit diesen zusammenhängende Faktoren wie Ort und Zeit. Die gespeicherten Informationen stellen die Grundlage für die Bildung von Kategorien dar, die selbst wiederum durch die Abstrahierung bestimmter Merkmale entstehen. Diese aus Erfahrung und Lernen entstandenen Kategorien sind generiertes Wissen, das separat im semantischen Gedächtnis gespeichert wird. Fakten zum Internet wie zum Beispiel verschiedene Verbindungsarten und benötigte Komponenten zum Verbindungsaufbau gehören dazu. Sie können aus der eigenen Erfahrung mit dem World Wide Web entstehen, die wiederum Teil des episodischen Gedächtnisses sind. Das semantische Gedächtnis umfasst allgemeines, kategoriales Wissen, aber auch das sogenannte mentale Lexikon. Das mentale Lexikon ist als Teil des semantischen Gedächtnisses die psychische Repräsentationsebene der Wortbedeutungen. Die gespeicherten Informationen zu den Bedeutungen der Wörter sind phonologischer, morphologischer, syntaktischer und semantischer Natur. Umstritten ist dabei die Art und Weise der Verbindung dieser Informationen, möglich ist sie über Merkmalsbündel, Prototypen oder in Netzwerken (vgl. Schwarz, 2008, S. 105).

Die Metapher wird als ein sprachliches Instrument der übertragenen Bedeutung sowohl in der traditionellen Linguistik als auch nach der kognitiven Wende als ein Phänomen der Semantik angesehen. Daher ist sie zum einen als ausgeformte sprachliche Erscheinung im semantischen Gedächtnis (und dort im mentalen Lexikon) gespeichert. Dies betrifft lexikalisierte Metaphern, die, wie bereits erwähnt, im Gedächtnis der Sprachgemeinschaft, so wie andere Lexeme auch verankert sind. Zum anderen liegt auch das Wissen um die Bildung von Metaphern im semantischen Gedächtnis des Menschen vor (vgl. Stöckl, 2004, S. 210).

Es lässt sich zusammenfassen, dass die Metapher, neben der Eigenschaft als kognitives Werkzeug zu fungieren, selbst Teil des semantischen Gedächtnisses ist und lexikalisierte Metaphern dort ihren Speicherort gefunden haben. Die folgende Abbildung zeigt die Beziehungen der Gedächtnisformen, ihre gespeicherten Informationen und an welcher Stelle (lexikalisierte) Metaphern repräsentiert werden. Es ist anzumerken, dass im Sinne einer holistischen Auffassung[22] semantisches und konzeptuelles Wissen auf die gleichen Prinzipien zurückzuführen und nicht getrennt voneinander zu betrachten sind. Es fallen die Bedeutungsrepräsentationen des semantischen Wissens mit den Konzeptinhalten zusammen (vgl. Skirl, 2009, S. 56). Der Standpunkt des sogenannten Mehrebenen-Modells ist vermittelnder: Konzeptuelles und semantisches Wissen liegen einzeln vor, aber zwischen ihnen existiert eine Verknüpfung (ebd.). Diesem Modell soll in der vorliegenden Arbeit der Vorzug gegeben werden. Abbildung 3 fasst diese Annahmen zur Verortung der Metapher im menschlichen Gedächtnis zusammen:

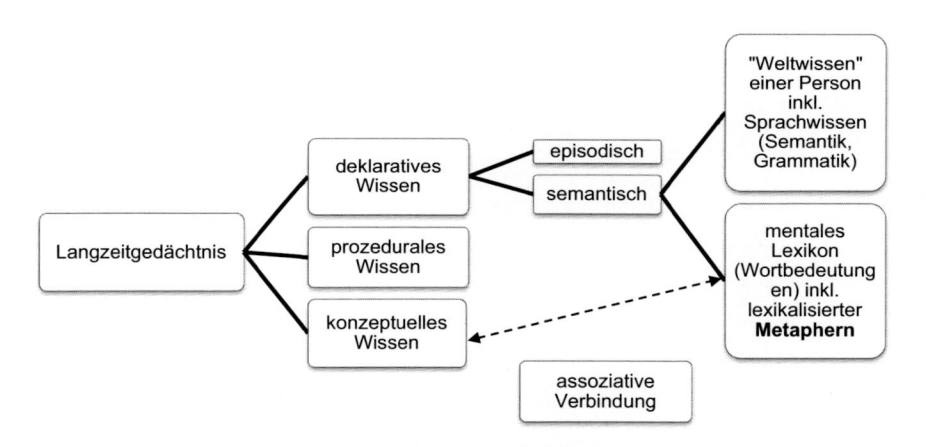

Abbildung 3 - Die Metapher und das menschliche Gedächtnis

4.1.2 Speicherformen von Wissen: Konzepte und Schemata

Durch Lernen und Erfahrung angeeignetes Wissen wird mental in Form von Konzepten gespeichert. Konzepte sind die grundlegenden Bausteine des Wissens und bilden zugleich, wie schon erwähnt, die Basis für metaphorische Übertragungen. Konzepten werden in der Kognitionswissenschaft verschiedene Eigenschaften zugesprochen, die im Folgenden erläutert werden. Neben Konzepten spielen Schemata eine große Rolle bei der Informationsverarbeitung und insbesondere bei

---

[22] S. Abschnitt 2.1. Lakoff vertritt die holistische Auffassung, da er die Metapher als ein universales Werkzeug des menschlichen Gedächtnisses sieht.

der Inferenzbildung im Rahmen teilweise unbekannter Sachverhalte einer mündlichen oder schriftlichen Kommunikationssituation.

Die Kategorisierung ist eine angeborene Fähigkeit des Menschen, Personen, Dinge und Sachverhalte differenzierten Klassen zuzuordnen (vgl. Metzler, 2010, S. 325) und so die Welt in Begriffen zu gliedern. Die Basis zur Kategorienbildung bezieht der Mensch aus seiner Abstraktionsfähigkeit, von individuellen auf allgemeine Merkmale zu schließen. Die interne Struktur einer Kategorie wird im Sinne der Prototypentheorie[23] in Prototypen und periphere Mitglieder eingeteilt, wobei die Übergänge zwischen Kategorien als fließend angesehen werden. Neben dieser horizontalen Dimension haben Kategorien ebenso eine hierarchische vertikale Ausprägung. Diese Hierarchisierung entsteht durch unterschiedliche Abstraktionsstufen. Es wird in die untergeordnete Ebene, die Basisebene und die übergeordnete Ebene *(Dackel, Hund, Tier)* unterteilt. Die Basisebene erlaubt sowohl die höchste Abstraktion als auch eine bildhafte Repräsentation der Kategorie. Vertreter dieser Ebene haben eine signifikante Anzahl von Attributen gemeinsam, verfügen über ähnliche motorische Programme, besitzen eine ähnliche Form und können innerhalb ihrer Klasse anhand der durchschnittlichen Form identifiziert werden (vgl. Rosch et al., 1976, S. 382. Übersetz. nach Kleiber, 1993, S. 59). Die Basisebene wird als die Ebene verstanden, auf der alle Vertreter eine relativ einheitlich wahrnehmbare Form besitzen (vgl. Müsseler, 2008, S. 379 ff.). Die Kategorie „Hund" lässt neben möglichen individuellen Abstraktionen auch die Vorstellung eines bestimmten Hundes zu, was bei „Dackel" und „Tier" nicht möglich ist.

Konzepte können als „mentale Organisationseinheiten" (Schwarz, 2008, S. 108) zusammengefasst werden, die als Speicher für das Wissen über die Welt fungieren. Sie entstehen durch menschliche Erfahrungen und soziale Beziehungen und werden mithilfe von Kategorien organisiert, wobei „individuelle[...] Objektexemplare abstrahier[t] und nur deren gemeinsame Merkmale extrahier[t]" (ebd.) werden.

---

[23] Die Prototypentheorie dient hier aufgrund ihrer Verbreitung und Akzeptanz sowie ihrer Verflechtung in der Kognitionswissenschaft als Basis für theoretische Erklärungen.

Konzepte können aber auch als Variablen für Schemata[24] fungieren, die je nach Kontext beziehungsweise Situation unterschiedlich besetzt werden können. Häufig genanntes Beispiel ist das Restaurant-Schema, das die Konzepte Speisekarte lesen, bestellen, Nahrungsaufnahme sowie Rechnung ordern als Variablen nutzt. Schemata sind somit komplexe Wissensstrukturen, die die Erfahrungen des Menschen repräsentieren (vgl. Schwarz, 2008, S. 116 f). Jedes Schema stellt die konzeptuellen Einheiten, aus denen es besteht, als Variablen dar, die in der jeweiligen Situation besetzt werden. Das INSTALLIEREN-Schema zum Beispiel besitzt die Variablen Installierender "X", Installationsdatei/Programm "Y" und Installationszielort "Z". Mit besetzten Variablen könnte es im Sprachgebrauch als „Martina (X) installiert die neue Sprachsoftware (Y) auf ihrer Festplatte (Z)." wiedergegeben werden.

Schemata steuern Prozesse der Wahrnehmung, der Wissensspeicherung und der Sprachverarbeitung. Dabei wird bei der Verarbeitung von Informationen ein passendes Schema ausgewählt, mit dem die neue Information verarbeitet werden kann. In Schemata können neuartige Informationen und damit folgende Veränderungen flexibel aufgenommen werden.

4.2 Verstehen von Metaphern: Analogiebildung und mentale Modelle

Für die Bildung und das Verstehen können keine festen Regelungen angegeben werden, da eine Metapher erst in Kombination mit der jeweiligen Kommunikationssituation und des geltenden Sprachgebrauchs gültig wird (vgl. Kurz, 2009, S. 14 f.).

In der kognitiven Linguistik wird der Metapher, wenn es um deren Verstehen geht, ein sogenanntes mentales Modell als kognitives Gebilde übergeordnet. Ein mentales Modell ist konzeptionell sehr ähnlich zu den oben erwähnten Schemata. Der Begriff stammt von Johnson-Laird (1983) und beschreibt ein Gerüst mit zu besetzenden Leerstellen, das für das Verstehen von Äußerungen zugrunde gelegt

---

[24] Je nach terminologischer Abgrenzung auch: mentales Modell (Schnotz, 1994), Frame, Domäne, Skript, Szenario, Szene.

wird. Dabei besteht zwischen einem mentalen Modell und einem Original eine Analogiebeziehung, die auf dem Verhalten, der Funktion oder der Struktur beruht. Nach Schnotz (2006, S. 228) ist ein mentales Modell eine „analoge Repräsentation des gemeinten Sachverhalts", wodurch es über die Analogiebildung eine sprachliche Äußerung konkretisiert und kontextualisiert (vgl. Moser, 2003, S. 185).

Eine Metapher ist in der kognitiven Linguistik in diesem Sinne ein Werkzeug der Analogieanwendung, indem zwischen einem Ursprungs- und Zielbereich eben jene Analogiebeziehung gesucht und angewendet wird, wobei die Struktur des Ursprungsbereichs mitsamt ihren Leerstellen auf den Zielbereich abgebildet wird (Mapping). In Analogie zu einem dem Sprecher bekannten Ursprungsbereich wird der Zielbereich mithilfe dessen Struktur verstanden.

Die Fähigkeit, Analogien zu bilden, gehört zu den wichtigsten Mechanismen, um Wissen zu generieren und zu speichern. Das Zugrundelegen von bekannten Sachverhalten und Strukturen im Prozess des Verstehens von Unbekanntem ist somit essenziell bei der Vermittlung und Rezeption von Wissensbeständen. Die Metapher ist ein wichtiges Werkzeug zur Strukturierung neuen Wissens. Interessant ist auch, dass mentale Modelle durch ihre offene Strukturierung mit zunehmendem Grad und Umfang des Wissensstandes eines Sprechers differenzierter werden. Laien haben so im Gegensatz zu Experten einer bestimmten Wissensdomäne meist inkohärente mentale Modelle, während der Experte ein differenziertes, feingliedriges mentales Modell konstruiert hat (vgl. Weidenmann, 1994, S. 38). So können mentale Modelle mit dem Erwerb von neuem Wissen über Metaphern immer weiter ausgebaut werden.

4.3 Vermittlung von semantischem Wissen mit Texten

Semantisches, d. h. faktisches, Wissen als Hauptgegenstand der Wissensvermittlung, kann durch verschiedene begriffliche Relationen zum Adressaten übertragen werden. Eine entscheidende Relation ist die kognitive Verknüpfung neuer Informationen, die an bereits bekannte Informationen angeschlossen werden. Nach Schnotz (1994, S. 37 f.) können mit Hilfe von Texten drei Arten von semantischem Wissen transferiert werden. Eine Möglichkeit besteht über eine GRUND-FOLGE-Relation von Regelhaftigkeiten innerhalb der Realität. In diesem Fall wird sogenanntes „Prozesswissen" verarbeitet. Über MITTEL-ZWECK-Relationen kann Methodenwissen vermittelt werden, sodass mögliche Handlungsweisen beziehungsweise Prozeduren zur Erreichung bestimmter Ziele verdeutlicht werden. Eine für die Wissensvermittlung mithilfe von Metaphern wesentliche Variante stellt die sogenannte IST-EIN-Relation dar. Es erfolgt dabei die Verknüpfung von Begriffen „über Gemeinsamkeiten und Unterschiede zwischen realen Gegebenheiten und der entsprechenden Möglichkeiten ihrer Kategorisierung" (ebd.). Eine solche Verbindung zweier Begriffe, genauer zweier Konzepte, ist bereits von der metaphorischen Übertragung bekannt. Eine Metapher ist demnach ein Typus von Vermittler semantischen Wissens.

Bei den untersuchten Texten zum Web 2.0 handelt es sich zum einen um Textsorten der Bereiche Wissenschaft und Hochschule und zum anderen um Texte, die sich an interessierte Laien richten. Die folgenden Abschnitte gehen auf den fachinternen und fachexternen Wissenstransfer ein, welchen Prinzipien er folgt und welche Aufgaben er im Zusammenhang mit Hochschulausbildung sowie in der Experten-Laien-Kommunikation erfüllt. Es werden dabei auch die jeweiligen Textsorten vorgestellt, die im Korpus untersucht wurden. Damit sollen nicht andere Textsorten und deren Eigenschaften unsauber übergangen werden, doch eine umfassendere Darstellung ist an dieser Stelle weder Sinn gebend noch im Rahmen der Analyse notwendig.

4.4 Arten und Prinzipien des Wissenstransfers

Der Begriff „Wissenstransfer"[25] wird als die „Übertragung" von Wissen von einer Person, Gruppe oder Institution auf eine andere Person, Gruppe oder Institution verstanden, wobei das zu übertragende Wissen auch bei der das Wissen „besitzenden" Instanz verbleibt. In diesem Sinne wird gewissermaßen eine Kopie des Wissens übertragen (vgl. Kesseler, 2004, S. 137). Wissenstransfer wird in dieser

---

[25] Wissenstransfer und Wissensvermittlung werden hier als komplementär verstanden. Wenn von „Wissenstransfer" die Rede ist, wird zugleich „Wissensvermittlung" gemeint und umgekehrt.

Arbeit in einem extensiven Verständnis verwendet, sodass der Begriff auf die Transfersituationen zwischen Experten und Laien gebraucht wird, sowie auf jene Transfersituation, die unter den Experten selbst entsteht, wenn es zur Übertragung von Wissenseinheiten kommt.

Die Übertragung von Wissen findet als eine Folge von Kommunikation und Handeln fortlaufend statt. Grund dafür ist die beständige Differenz von Kenntnissen zwischen Individuen und Gruppen, mit dem Wunsch, bestehende Wissenslücken zu füllen (vgl. Möhn, 2000, S. 561). Wissenstransfer setzt demnach im Allgemeinen ein Defizit des jeweiligen Wissens auf der einen Seite und ein Übermaß des Wissens auf der anderen Seite voraus. Dieses ungleiche Verhältnis wird mithilfe des Wissenstransfers einer Angleichung unterzogen. Eine solche Angleichung kann annähernd nur im fachinternen Austausch vollzogen werden, da die Differenz im fachexternen immer noch zu hoch bleibt (vgl. Weinreich, 2010, S. 24). Daher kann Wissenstransfer grundsätzlich kaum vollständig zu einer Harmonisierung der unterschiedlichen Wissensbestände zwischen den beteiligten Partnern führen, doch das Verständnis um einen bestimmten Sachverhalt oder einen Gegenstandsbereich kann mithilfe verschiedener Strategien der Wissensvermittlung gesteigert werden. In diesem Sinne geht mit Wissenstransfer auch immer eine Optimierung der (hier: schriftlichen) Kommunikation einher, die an verschiedenen Punkten ansetzt. Laut Antos (2001, S. 21 f.) gelten für einen erfolgreichen Wissenstransfer zwölf Prinzipien, von denen die wichtigsten drei sind: das Prinzip des kommunizierbaren Wissens, der Adressatenspezifik und der Eingängigkeit. Diese Prinzipien sind demnach besonders in der schriftlichen Kommunikation zu beachten, da im Gegensatz zur mündlichen Wissensübertragung keine nachträgliche Erklärung möglich ist.

Der Adressatenbezug spielt insbesondere im Kontinuum von Expertenwissen zum Laienwissen eine Rolle. Je nach Kommunikationsbereich (Hochschule, Ausbildung, Weiterbildung, etc.) werden andere Anforderungen an die textuelle und sprachliche Ausarbeitung des zu vermittelnden Wissens gestellt. Auch die Art des Wissens muss beachtet werden, soll doch grundlegendes Wissen auf andere Weise übertragen werden als Spezial- und Fachwissen. Damit einher geht schließlich das Vorwissen der Rezipienten, an das das neue Wissen angeknüpft werden kann (vgl.

Jahr, 2001, S. 240 f.). Die Eingängigkeit des vermittelten Wissens kann auch über sprachliche Wendungen wie Metaphern erreicht werden, die das Vorwissen des Rezipienten ansprechen und mit dem neuen Wissen verbinden.

Als Ursache für die Existenz von Wissenslücken wird die Differenzierung zwischen verschiedenen Wissensarten angenommen. Die Unterscheidung von sogenanntem „Allgemeinwissen" und „Spezialwissen" sorgt für die Annahme eines Gefälles von Kenntnisständen zwischen individuellen Personen oder Gruppen. Allgemeinwissen wird als „notwendiges [...] Grundwissen" betrachtet, das bei allen Mitgliedern einer Gemeinschaft vorliegt (Möhn, 2000, S. 561 f.). Spezialwissen hingegen ist „zusätzliches Wissen", das dank „individuelle[r] oder gruppenzentrierte[r] Sozialisation erworben" wurde (ebd.). Ein Wissenstransfer findet nun auf allen Ebenen statt und betrifft sowohl laienhafte als auch fachliche Diskurse sowie insbesondere jene Kommunikation, die zwischen Experten und Laien stattfindet. Wissenstransfer stellt eine wichtige Möglichkeit dar, Demokratisierungsprozesse zu verwirklichen, um Expertenwissen auch für „fachlich weniger Wissende" verständlich zu machen (Jahr, 2001, S. 239). Durch Wissenstransfer kann professionelles Wissen (Fachwissen) über „Übersetzungsprozesse" in semiprofessionelles, allgemeines wissenschaftliches Wissen oder sogar Alltagswissen (vgl. Rehbein, 1998, S. 693 ff.) übertragen werden.

Für die vorliegende Arbeit sind die Bereiche des wissenschaftlichen Wissenstransfers sowie der Experten-Laien-Kommunikation von Interesse. Beide stellen verschiedene Arten der Wissensvermittlung dar und erfordern unterschiedliche Ansprüche und Faktoren an die sprachliche Gestaltung. In Bezug auf das Thema „Web 2.0" stehen jedoch beide Bereiche im Zusammenhang. Lediglich die Transferprozesse unterscheiden sich. Zum einen gehören die Fachtexte der Wissenschaft, die sich an Experten sowie „Semi-Experten" wie Studenten richten, zur fachinternen Kommunikation. Zur fachexternen Kommunikation schließlich zählen die Ratgeber-Texte, da sie von Experten geschrieben, aber an (interessierte) Laien adressiert sind. Auf die daraus resultierenden Aspekte wird im nächsten Absatz eingegangen.

4.5 Spezifika fachinternen und fachexternen Wissenstransfers

Die im Korpus untersuchten Texte stammen aus der fachinternen Kommunikation unter Experten sowie aus der fachexternen Kommunikation zwischen Experten und Laien. Die Textsorten wissenschaftlicher Artikel, Hochschullehrbücher und Sachbücher stehen jeweils stellvertretend für die unterschiedlichen Kommunikationsarten. Fachinterne Kommunikation wird auch als „horizontal" bezeichnet, während Texte von Experten, die sich an Laien richten, wie zum Beispiel Sachbücher, der „vertikalen" Kommunikation zugeordnet werden (vgl. Wichter, 1995, S. 284). Beide Textsorten haben charakteristische Eigenschaften, die im Rahmen einer Wissensvermittlung bedacht werden müssen. Zudem spielt die Offenheit für metaphorische Sprache und deren Adäquatheit für den Austausch von Wissen eine Rolle. Diese Aspekte werden in den folgenden Abschnitten betrachtet.

4.5.1 Merkmale des fachinternen Wissenstransfers

Die im Korpus analysierten Texte der fachinternen Kommunikation sind zum einen Ausschnitte aus Hochschullehrbüchern und zum anderen wissenschaftliche Artikel. In den folgenden Ausführungen wird zunächst die Varietät der Fachsprache als die Wissenschaftssprache umschließende Varietät erläutert.[26] Daran schließt sich die Darstellung Letzterer als „komplementäre Einheit" (Heinemann, 2000, S. 704) zur Fachsprache und zu den Merkmalen von Texten an, die mit dieser Varietät arbeiten. Im Speziellen soll dabei auch die Computerfachsprache berücksichtigt werden. Zum Abschluss folgen Erörterungen zum fachinternen Wissenstransfer.

Fachsprachliche Texte dienen „der Erkenntnis- und begrifflichen Bestimmung fachspezifischer Gegebenheiten sowie der Verständigung über sie" (Möhn, Pelka, 1984, S. 26) und weisen aus diesem Grund insbesondere im Bereich der Lexik spezielle Eigenschaften auf. Der Wortschatz fachsprachlicher Texte enthält terminologische Begriffe, die für eine gewisse Prägnanz und Bestimmtheit sorgen

---

[26] Fach- und Wissenschaftssprache werden häufig gemeinsam behandelt, da die Abgrenzung voneinander und die extensionale Begriffsbestimmung in der Literatur uneinheitlich geschieht. Eine weitere Klassifikation besteht in der Unterordnung der Wissenschaftssprache (neben Technik- und Institutionenvarietät) in die allgemeinere Varietät Fachsprache. Hier wird dem Verständnis nach Heinemann (2000, S. 704) der „komplementären Einheit" gefolgt.

sollen. Dadurch werden Kunst- und Fremdwörter gehäuft eingesetzt, aber auch eine vermenschlichende Metaphorik dient der fachsprachlichen Verständigung (wie noch zu sehen sein wird). Durch die Verwendung von gemeinsprachlichen und allgemeinen Wörtern sind die Übergänge zur Gemeinsprache fließend (vgl. Fluck, 1996, S. 12). Zu den weiteren sprachlichen Merkmalen gehören ein hoher Anteil an Nomina, Definitionen, Univerbierungen, Abkürzungen, Neologismen sowie eine Tendenz zur Passivierung und einer starken Gliederung (vgl. Löffler, 2010, S. 114). Neben dem oft betonten Merkmal des spezifischen Fachwortschatzes haben Fachsprachen aber vor allem eine Handlungsfunktion, die durch eigene Darstellungsformen und textlinguistische Merkmale realisiert wird. Fachtexte weisen einen hohen Spezialisierungs- und Fachlichkeitsgrad auf, sodass vom Rezipienten ein gewisses fachliches Vorwissen beziehungsweise eine fachliche Kompetenz erwartet wird. Ihre Aufgabe ist die Gewährleistung einer eindeutigen und informationsökonomischen Kommunikation über einen Gegenstand oder Sachverhalt des jeweiligen Fachs. Gläser (1990, S. 18) fasst die kommunikativen Merkmale eines Fachtextes zusammen:

> „[Der Fachtext ist] eine zusammenhängende, sachlogisch gegliederte und abgeschlossene komplexe sprachliche Äußerung, die einen tätigkeitsspezifischen Sachverhalt widerspiegelt, situativ adäquate sprachliche Mittel verwendet und durch visuelle Mittel, wie Symbole, Formeln, Gleichungen, Graphika und Abbildungen ergänzt sein kann."

Zu den weiteren textlinguistischen Eigenschaften eines Fachtexts gehören eine spezifische Mikro- und Makrostruktur, die durch viele Kohärenz stiftende sprachliche und gestalterische Mittel verwirklicht wird, sowie Verweisformen und Gliederungssignale (vgl. Fluck, 1996, S. 248).

Wissenschaftssprache als komplementäre Einheit zur Fachsprache basiert auf den wissenschaftlichen Handlungen des „Eruierens, Erfassens und Beschreibens von Phänomenen der Welt und des Lösens von Problemen" (Heinemann, 2000, S. 703). Daraus folgende (text-) linguistische Merkmale sind unter anderem (ebd.):

- Ein inhaltlicher Bezug auf die wissenschaftliche Problematik,
- Expertencharakter der Darstellung und Orientierung auf Wissenschaftler,
- Eindeutige Strukturiertheit der Texte,
- Häufige Zitationen als Autoritätsargument.

Die beschriebenen sprachlichen Eigenschaften von Fachsprachen treffen in dieser Form auch auf die Wissenschaftssprache zu. Die Aufgabe dieser Varietät ist dabei die Befriedigung der kommunikativen Bedürfnisse der jeweiligen wissenschaftlichen Disziplin, um die erlangten Erkenntnisse zu speichern, zu vermitteln und einer weiteren Verwendung zugänglich zu machen.

Dabei werden bei der Verschriftlichung der gewonnenen Erkenntnisse verschiedene Prinzipien in den Fokus gerückt:

Wissenschaftliche Publikationen sollten als wissenschaftliche Erkenntniswiedergaben anerkannt werden, indem die erforschten Ergebnisse nach den an Hochschulen gelehrten Prinzipien ausgearbeitet werden. Dazu wird der eigene Text in den Forschungsrahmen eingeordnet, seine Existenz demnach für gültig bewiesen. Zum wissenschaftlichen Schreiben gehört auch das Argumentieren, das Beweise vorlegen und Thesen aufstellen. Jede neuartige Aussage muss mit Beweisen untermauert werden. Zu diesem Zweck dient auch ein wissenschaftlicher Apparat von Anhängen, Fußnoten, eine Bibliografie sowie eine Gliederungsgestaltung.

Neben der Einordnung der untersuchten Texte des Korpus in die Wissenschaftssprache lassen sie sich außerdem in den Bereich der *Computer- und Internetsprache* eingliedern. So wird an diese Texte der Anspruch der semantischen Präzision gestellt, um eine ökonomische und systematische Ausdruckweise zu ermöglichen (vgl. Wichter, 1998, S. 1175). Texte der Didaktik haben dabei noch größere Gestaltungsmöglichkeiten, was die Metaphernanalyse noch zeigen wird. Wichter (ebd.) spricht im Zusammenhang mit der Wissensvermittlung von einer tropischen Beziehung zwischen Computertechnologie und Gemeinsprache mittels einer sogenannten „Import-" und „Exportmetaphorik". Durch eine Importmetaphorik werden Begriffe aus der Gemeinsprache in den Wortschatz der Computertechnologie übernommen, während durch Exportmetaphorik Begriffe aus den Computertechnologien in die Gemeinsprache übertragen werden. Lexikalisch betrachtet gibt es in der Computer- und Internetsprache eine hohe Anzahl bildlicher, bildhafter und ikonischer Ausdrucksmittel. Da viele Vorgänge sehr abstrakt und im Vergleich mit senso-motorischer Erfahrung kaum greifbar sind (im wörtlichen Sinne), bedient man sich häufig metaphorischer Konzepte, die zum Verständnis solcher Prozesse führen sollen. Ursprungsbereiche sind in der Computerfachsprache vor allem die Tier- und Pflanzenwelt, Wasser, Bürotätigkeiten und -gegenstände, menschliche Eigenschaften und Handlungen sowie andere Wissenschaften wie die Mathematik oder die Biologie. Häufig genanntes Beispiel ist die Hardware-Komponente „Maus", deren Ursprungsbereich biologisch ist. Sicherheitsbedrohungen für den Computer wie „Viren" und „Würmer" kommen aus dem gleichen Bereich. Solche Übertragungsvorgänge sind derart nützlich, dass Metaphern als alltägliches Verständigungsmittel in der Fach- und Wissenschaftssprache für Computertechnologien und das Internet eingesetzt werden. Mit der Einführung grafischer Benutzeroberflächen, also Schnittstellen zur Interaktion zwischen Mensch und Computer wie Schaltflächen, grafischen Elementen, Fenstern usw., stützt sich die Erfahrung des Computers vor allem auf visuell-räumliche Metaphern (vgl. Puschmann, 2009, k. A.).

In einer Wissensgesellschaft können dank wissenschaftlicher Publikationen die gesellschaftlichen Zwecke der jeweiligen wissensvermittelnden Institutionen erfüllt werden. Zunächst wird neues Wissen erzeugt, das durch wissenschaftliche Forschung generiert wurde. Schließlich findet durch die Veröffentlichung unter wissenschaftlichen Kriterien eine Weitergabe des Wissens vor allem über schriftliche Publikationen statt und der Wissenstransfer kann so vollzogen werden. Dabei kann die Weitergabe des Wissens je nach Zielgruppe mittels fachinterner oder interfachlicher Transferprozesse realisiert werden. Aber es muss auch das Vorhaben umgesetzt werden, dass wissenschaftliche Erkenntnisse der Öffentlichkeit zugänglich gemacht werden müssen, um überhaupt als Wissenschaft zu gelten (vgl. Niederhauser, 1999, S. 102). Dies geschieht durch fachexternen Transfer, der im folgenden Abschnitt erläutert wird. Im fachinternen Wissenstransfer geht es um die Darstellung „(fach)gruppentypisch sachorientierte[n], teilweise sprachmanifeste[n] Handeln[s]" (Möhn, 2000, S. 563). Diese Darstellung dient unter anderem der Ausbildung von Fachanfängern wie Studenten der Wirtschaftsinformatik etc., die sich mit fachinternen Lehrbuchtexten auseinandersetzen. Gläser (1990, S. 50) ordnet Hochschullehrbücher in die Gruppe der fachinternen didaktisierenden Texte ein, während der wissenschaftliche Artikel sowie Monografien zu den fachinformationsvermittelnden Primärtextsorten gehören.

Hochschullehrbücher sind aufgrund ihres didaktischen Einsatzes in ihrem Fachlichkeitsgrad vor allem an das Ausbildungsziel und die fachlichen Vorkenntnisse des Lernenden angepasst. Sie stellen für ein Fachgebiet einen Speicher von „systematisierte[m], gesicherte[m] theoretische[n] und faktengestützte[n] Wissen" dar (ebd., S. 150). Ein Hochschullehrbuch vermittelt demnach abgesicherte wissenschaftliche Erkenntnisse, die auf die Zielgruppe des Studenten eines bestimmten (Fach-) Wissensstandes orientiert ist. Da es um die Vermittlung von Wissen geht, das zum Teil grundlegend neu oder auch spezialisierend für den studentischen Leser ist, werden im Lehrbuchtext neben Beispielen und Vergleichen auch Metaphern eingesetzt, die eine Analogie zu alltäglichen Erfahrungen bilden. Dies steht nicht im Widerspruch zum eindeutigen Wortschatz der Fachsprache, müssen doch die eingeführten Termini auf eine verständliche Weise vermittelt werden, damit sie von den Lesern auch in einer fachsprachlich gültigen Bedeutung in einem späteren Kontext Gebrauch finden.

Der wissenschaftliche Artikel als zweite untersuchte Textsorte des Korpus hat im Gegensatz zum Hochschullehrbuch und zur wissenschaftlichen Monografie den Vorteil, relativ zeitnah die neuen Erkenntnisse in verschriftlichter Form zu veröffentlichen. Gemeinsam ist Hochschullehrbüchern und wissenschaftliche Artikeln der hohe Fachlichkeitsgrad. Auch beim wissenschaftlichen Artikel wird eine gewisse Kenntnis des fachlichen Wortschatzes vom Rezipienten vorausgesetzt, um die dargestellten Sachverhalte, die meist an bereits vorhandenes Fachwissen anknüpfen, erfassen zu können. Da ein inhärentes Merkmal des wissenschaftlichen Artikels zudem der Wissensvorsprung des Autors gegenüber den Rezipienten ist, zielt der Artikel auf den „gesellschaftlich notwendige[n] Ausgleich" von durch Forschung resultierenden Unterschieden zwischen Autorenwissen und Rezipientenwissen (Graefen, 1997, S. 57). Dabei werden für neue wissenschaftliche Begriffe oft metaphorische Ausdrücke verwendet, die im Verständnis der in Kapitel 2 genannten Funktionen heuristischen Wert haben.

4.5.2 Merkmale des fachexternen Wissenstransfers

In der Literatur der Textlinguistik herrscht keine einheitliche Meinung zur Definition eines Sachbuches, wie es im hier analysierten Korpus verwendet wird. Stattdessen werden grob umschreibende Eigenschaften aufgeführt, die je nach Thema, Zielgruppe und Zielsetzung unterschiedlich spezialisiert werden können. Im Folgenden werden diese Merkmale in ähnlicher, skizzierender Weise erläutert.

Fachexterne Kommunikation umfasst die Bereiche fachlicher und fachspezifischer Sprache bis hin zur Gemeinsprache des Laien. Diese Spanne soll dank Wissensvermittlern wie Journalisten, Sachbuchautoren, Experten oder Institutionsmitarbeitern überwunden werden, um den Demokratisierungsprozess der Zugänglichkeit von Expertenwissen voranzutreiben. Die Vermittler sind dabei nicht immer identisch mit den Produzenten des Wissens, weshalb der Vermittler glaubhaft machen sollte, dass er dazu fähig ist, das Wissen im angemessen Rahmen und sachgerecht zu übertragen, sodass der Rezipient der Kompetenz des Vermittlers vertrauen kann. Je mehr Bezug ein Vermittler zu dem dargestellten Wissen hat, zum Beispiel durch berufliche Erfahrungen, umso glaubhafter sind die Inhalte seines Textes. Darüber hinaus muss das unterschiedliche Vorwissen der Rezipienten, deren sprachliche Ausbildung (insbesondere die Bedeutung von Begriffen) sowie die Notwendigkeit, das jeweilige Wissen erlernen zu wollen, beachtet werden. In diesem Sinne herrschen durch die intendierte Eindeutigkeit der Fachsprache und der Allgemeinverständlichkeit der Gemeinsprache sowohl eine „Informations-" als auch eine „Sprach- und Handlungsbarriere" (Fluck, 1996, S. 37 f.). Fluck mahnt, dass ohne einen adäquaten Wissenstransfer Fachsprachen zur „elitären, demokratiefeindlichen Herrschaftssprache" (ebd.) werden können. Im fachexternen Wissenstransfer wird so besonderer Wert auf die Vermittlung der fachlichen Informationen gelegt und nicht auf die Vermittlung der Fachsprache an sich. Gegenstand einer fachexternen Wissensvermittlung sind nicht gemeinhin alle Themen und Erkenntnisse, die in den Wissenschaften gewonnen werden. Es sind vor allem solche Sachverhalte, die ein breites Publikum interessieren, wie alltägliche Gegebenheiten, aktuelle Ereignisse oder solche, die durch die Massenmedien in den Blickpunkt rücken. Die erzielte korrekte, aber auch verständliche Sachverhaltsdarstellung wird jedoch von einer Verringerung und Veränderung der Informationen begleitet. Eine vollständige Übertragung des Expertenwissens ist demnach kaum möglich. Es wird im Zusammenhang mit der „wissenschaftlichen Öffentlichkeit", die sich das Expertenwissen aneignen will, auch von „Populärwissenschaft" gesprochen, von welcher eine Ausrichtung an ein breites Publikum und eine verständliche Formulierung sowie Darstellung der Wissensinhalte erwartet wird (vgl. Petrus, 1995, S. 300 f.). Eine fachexterne Wissensvermittlung muss die Ebene des Fachgebiets sowie die Position der homogenen Leserschaft verbinden. Niederhauser (1999, S. 120) betont, dass bei einer populärwissenschaftlichen Darstellung das zu vermittelnde Wissen aus der fachinternen Kommunikation in einen fachexternen Kommunikationsbereich „ausgegliedert" wird, was neben dem Verlust einzelner Informationen auch zu einer Änderung der Textgestalt führt. So kommen in populärwissenschaftlichen Texten wie zum Beispiel Sachbüchern Literaturhinweise und Anmerkungen nur in wenigen Fällen vor.

Der Verlust bestimmter Informationen kann und wird als Werkzeug der Wissensvermittlung eingesetzt, um den zu erklärenden Sachverhalt vereinfacht darstellen zu können. Niederhauser (ebd.) spricht von einer „Reduktion der Informationsfülle". An Texten des Korpus wird dies bei der Erläuterung der verschiedenen Web 2.0-Anwendungen als Bauwerke oder auch Personen deutlich, wodurch die Sachverhalte zwar leichter verständlich werden, aber eben auch an semantischer Präzision verlieren. Neben der Verringerung der Anzahl von Informationen kann als Technik auch eine „Reduktion der Informationsdichte" angewandt werden (ebd.). Dazu werden jene Informationen, die nicht außer Acht gelassen wurden, besonders hervorgehoben und erläutert. Dies stärkt das Verständnis des Laien, der mit einer Fülle von Informationen, deren Zusammenhang er kaum begreift, nur schlecht umgehen könnte.

4.6 Zur Rolle von Metaphern in der Wissensvermittlung

Nach der Darlegung der Anforderungen fachinterner und fachexterner Kommunikation an die verschiedenen Textsorten, soll die Metapher als sprachliches Hilfsmittel in diesem Kontext betrachtet werden. Eine Metapher ist im Sinne der kognitiven Linguistik eine Übertragung eines Konzepts aus einem konkreteren auf einen abstrakteren Bereich. Sie ist somit ein nützliches Werkzeug für die Vermittlung von schwer verständlichen und/oder neuartigen Wissensbeständen, die in fach- und populärwissenschaftlichen Texten dargestellt werden.

Über die Bedeutung von Metaphern in der Fach- und Wissenschaftssprache wurden fast zeitgleich mit dem Durchbruch der kognitiven Metapherntheorie in den 1980er Jahren inzwischen zahlreiche wissenschaftliche Arbeiten veröffentlicht.[27] Haben Wissenschaftler neue Erkenntnisse entdeckt, verwenden sie häufig neue metaphorische Begriffe für deren Bezeichnung. Diese treten zunächst nur in der jeweiligen Verwendung bei den einzelnen Autoren auf, sodass sie mit häufigerem Gebrauch schließlich heuristischen Charakter erhalten und in ihrer Funktion die Theoriekonstitution fördern. Nach Gläser (1990, S.60 f.) betrifft dies vor allem Monografien und wissenschaftliche Artikel, deren Aufgabe wie schon erläutert der Transport neuer Erkenntnisse in die Wissenschaftsgemeinschaft ist.

Die Rolle der Metapher kann insbesondere im Bereich der Experten-Laien-Kommunikation als essenziell angesehen werden. Hier wird sie sozusagen in ihrer prototypischen Funktion der Verständnissicherung angewandt. Laut Petrus (1995, S. 301) sind Metaphern ein „prominentes ‚Qualitätszeichen'" populärwissenschaftlicher Texte. Der Rezipient zieht mithilfe des Begriffs, der metaphorisch in einem neuen Kontext steht, Inferenzen zum neuen, unbekannten Sachverhalt. In Anlehnung an Jäkel (2003, S. 32) und Drewer (2003, S. 90 ff.) wird der Metapher aufgrund ihrer „Erklärungs- und Verständnisfunktion" in der fachexternen Wissensvermittlung ein „didaktischer Wert" zugeschrieben. Drewer (ebd.) betont zusätzlich, dass die Metapher nicht nur diesen Zweck erfüllt, sondern auch zur Motivierung des Rezipienten beiträgt, den Sachverhalt verstehen zu wollen. Der Rezipient kann durch das mit der Metapher referierte Vorwissen eine Brücke zur Bedeutung der neuen Informationen bauen und die Informationen zudem „langfristig behalten". Metaphernverstehen ist letztendlich, Analogien zwischen den alten und neuen Konzepten herzustellen und das neue Wissen in einer kognitiven Repräsentation abzuspeichern. Häufig finden sich in vermittelnden Texten nicht einzelne sprachliche Metaphern, sondern ganze hierarchisch organisierte Systeme von Metaphern, sodass der lernende Rezipient die neuen Informationen auch in

---

[27] S. Beitrag von Kuhn, Thomas S. (1979): Metapher in Science. In: Ortony, Andrew (Hrsg.): Metaphor and Thought. Cambridge University Press, London, S. 409-419.

Relation zueinander in bereits vorhandenen Wissensstrukturen wie Schemata verbinden kann. Das Verständnis solcher Metaphernsysteme hängt allerdings von „der Quantität und der Qualität des Wissens über den Herkunftsbereich des Metaphernmodells ab" (ebd.).

Zusammenfassend lässt sich festhalten, dass die Metapher in einer fachinternen Kommunikation neue Wissensbestände deutlich macht, während sie in einer fachexternen Situation vor allem gesichertes Wissen transportiert. Im zweiten Fall dienen Erkenntnisse fachwissenschaftlicher Art als Grundlage. Das Ziel, eine Varietät der Umgangssprache, ist dabei aber in der individuellen Textoptimierung zu präzisieren (vgl. Petrus, 1995, S. 303). Metaphern können auf beiden Ebenen des Wissenstransfers helfen, die „Anschaulichkeit eines Problems oder Sachverhalts und damit auch seine Kommunizierbarkeit und Transferierbarkeit wesentlich [zu] erhöhen" (Moser, 2001, S. 21).

Interessant scheinen in diesem Zusammenhang auch verschiedene Ebenen von metaphorischen Modellen, wie sie zum Beispiel Biere und Liebert (1996) zum AIDS-Diskurs in fachsprachlichen und populärwissenschaftlichen Texten analysieren. Sie ermittelten konzeptuelle Metaphern superordinierter Ebene in Wissenschaftstexten auf der Basisebene populärwissenschaftlicher Texten. Die wissenschaftliche Metapher KAMPF wird in vermittelnden Texten ausgebaut zur BOX-KAMPF- oder auch KRIEGS-Metapher. Ob solche Taxonomien auch in den Texten zum Web 2.0 aufzufinden sind, wird sich zeigen.

5 Metaphernkonzepte in der fachinternen und fachexternen Wissensvermittlung

Zu den bisherigen theoretischen Überlegungen zur kognitiven Metapher bildet dieses Kapitel den Übergang hin zur praktischen Analyse fachinterner und fachexterner Texte. Es wird zunächst die Forschungsfrage wiederholt und anschließend die verwendete Methodik zur Metaphernanalyse vorgestellt.

5.1 Fragestellung

Auf der Basis der im ersten Teil dargestellten theoretischen Erkenntnisse und Grundlagen werden folgende Fragen an die zu untersuchenden Texte gestellt:

1. Aus welchen Ursprungsbereichen werden Metaphern vorzugsweise geschöpft?
2. Lassen sich unterschiedliche Verwendungsweisen in den verschiedenen Textsorten feststellen?
    a. Gibt es dabei allgemeingültige Metaphernkonzepte?
    b. Frage nach der Quantität der verwendeten Metaphern beziehungsweise Metaphernkonzepte
3. Welche Funktionen erfüllen die verwendeten Metaphern in den untersuchten Texten?

5.2 Das Korpus

Die praktische Textanalyse dieser Arbeit stützt sich auf die Bereiche der Hochschul- und Expertenkommunikation und der Experten-Laien-Kommunikation wie sie im vorherigen Kapitel erläutert wurde. Für den Bereich der Hochschulkommunikation wurden jeweils drei Texte beziehungsweise Textabschnitte der Sorten Lehrbuch und wissenschaftlicher Artikel untersucht. Die Experten-Laien-Kommunikation wird durch drei Texte der Sorte Sachbuch repräsentiert. Damit wird eine ausreichende Basis für eine Analyse geschaffen. Da die Sachbuchtexte einen größeren Umfang als die Hochschultexte aufweisen, wurden Letztere in die zwei erwähnten Gruppen unterteilt. An dieser Stelle soll darauf hingewiesen werden, dass mit der vorliegenden Arbeit eine repräsentative Untersuchung weder beabsichtigt noch realisiert werden kann.

5.2.1 Texte der Hochschul- und Expertenkommunikation: Lehrbücher und wissenschaftliche Artikel

Die Texte zur Hochschulkommunikation stammen zum Ersten aus Lehrbüchern und zum Zweiten aus wissenschaftlichen Artikeln zur Wirtschaftsinformatik. Folgende monografische Lehrbücher sind Gegenstand der Analyse:

1. Kenneth Laudon geht in seinem Einführungswerk „Wirtschaftsinformatik" (2010) in einem 10-seitigen Abschnitt auf das Web 2.0 ein. Dabei werden Eigenschaften und Anwendungsbeispiele vorgestellt.
2. Tobias Kollmann stellt in „E-Business", einem Grundlagenwerk zum Bereich Online-Handel der Wirtschaftsinformatik, das Web 2.0 auf etwa sieben Seiten explizit vor.
3. Paul Alpars Lehrbuch „Anwendungsorientierte Wirtschaftsinformatik" (2011) bietet einen Einblick in das Thema Web 2.0 auf acht Seiten.

In den Lehrbuchtexten weisen die Textabschnitte zu den jeweiligen Unterpunkten eine durchschnittliche Seitenzahl pro Unterpunkt ca. 0,81 auf, sodass auf fast jeder Seite ein neuer Abschnitt beginnt.

Für die Textsorte wissenschaftliche Artikel wurden folgende Texte analysiert:

1. „Online Social Networks" (2010) von Julia Heidemann bietet einen sozialen und technischen Überblick zum Themenbereich der sozialen Netzwerke im Web 2.0. Der Aufsatz umfasst neun Seiten und erschien in der Zeitschrift „Informatik-Spektrum", die „aktuelle, praktisch verwertbare Informationen über technische und wissenschaftliche Fortschritte aus allen Bereichen der Informatik und ihrer Anwendungen" veröffentlicht.[28] Zu diesem Zweck werden von Fachleuten Übersichtsartikel, Einführungen und Berichte zu Fallstudien und Projekten verfasst.
2. „Web 2.0: Konzepte, Technologie, Anwendungen" (2007) der Informatikerin Astrid Beck erschien als Grundlagenbeitrag in der Reihe „HMD – Praxis der Wirtschaftsinformatik", die zum einen „IT-Fach – und Führungskräften Lösungsideen für ihre Probleme [liefert]" und zum anderen

---

[28] Zitiert nach: http://www.springer.com/computer/journal/287 (Letzter Zugriff: 12.05.2012).

Studenten und Lehrenden der Wirtschaftsinformatik herausfordernde Themen der Praxis darstellt und diskutiert.[29] Die Bände bearbeiten jeweils schwerpunktartig aus unterschiedlichen Blickwinkeln einen umfassenden Themenbereich, nachdem ein „Grundlagenbeitrag" den Entwicklungsstand des Themenbereichs darstellt. Becks Aufsatz umfasst zwölf Seiten.

3. „Social Software" (2006) von Michael Bächle führt grundlegend in den Bereich der sogenannten sozialen Software ein, die Grundlage für sämtliche Anwendungen des Web 2.0 ist. Dieser Aufsatz erschien ebenfalls in der Zeitschrift „Informatik-Spektrum" und umfasst vier Seiten.

5.2.2 Texte der Experten-Laien-Kommunikation: Sachbücher

Die drei Texte zur Experten-Laien-Kommunikation richten sich an den interessierten Leser, der sich auf dem Gebiet des Web 2.0 weiterbilden will. Es sind kompakt geschriebene Sachbücher, die die grundlegenden Eigenschaften und Hintergründe des Web 2.0 vor allem an Beispielen erklären. Folgende Sachbücher wurden in der Analyse verwendet:

1. „Twitter, Facebook, XING & Co." (2010) von Tim Schlüter und Michael Münz ist ein Sachbuch, das laut Titelbeschreibung in „30 Minuten" lesbar sei und erklärt die wichtigsten Plattformen des Web 2.0 und deren Verwendung im privaten und beruflichen Kontext. Der Autor Tim Schlüter ist freier Journalist und TV-Moderator, Michael Münz ist gelernter Print- und Onlinejournalist.

2. Andreas Hein bietet mit seinem Sachbuch „Web 2.0 – das müssen Sie wissen" (2007) als ehemaliger Diplom-Kaufmann und später freiberuflicher Autor und Fachjournalist für den IT-Bereich einen Einstieg ins Thema Web 2.0.

3. Mit „Social Software" (2006) wollen Martin Szugat, Jan Erik Gewehr und Cordula Lochmann dem Leser „Social Software in kompakter Form und durch viele Beispiele [nahe bringen]" (Szugat et al., 10).

Wegen geringer inhaltlicher Relevanz und um auf eine einheitliche Länge der Texte zu kommen, wurde das Kapitel „Web X.0 - Die Entwicklung geht weiter" aus Hein (2007) für die Analyse gestrichen. Ebenso wurde der Teil „Social Apps" bei Szugat et al. (2006) nicht in die Untersuchung einbezogen. Den Texten zugeordnet sind neben dem analysierbaren Text auch eine Vielzahl von Abbildungen und praktischen Anweisungen („Gehen Sie folgendermaßen vor"), sodass sich eine Durchschnittslänge von 84,3 Seiten addiert. Die Texte sind in kurze Kapitel mit je ca. 17-20 Seiten aufgeteilt, die selbst noch einmal aus Abschnitten von im

---

[29] Zitiert nach: http://hmd.dpunkt.de/ueber.php (letzter Zugriff 12.05.2012).

Schnitt 3,2 Seiten (Schlüter & Münz), 3,3 Seiten (Szugat et al.) bis 8,7 Seiten (Hein) bestehen. Der Textaufbau wird durch viele Absätze und Hervorhebungen mittels Kursiv- und Fettschrift gestaltet. Alle drei Bücher thematisieren die verschiedenen sogenannten Plattformen des Web 2.0, wie soziale Netzwerke, Blogs, Wikis und Mashups und stellen einzelne Vertreter beispielhaft vor.

5.3 Zum Untersuchungsgegenstand Web 2.0

Der Begriff „Web 2.0" geht auf den Verleger und Softwareentwickler Tim O'Reilly zurück, der ihn für eine Konferenz 2004 als griffiges Konzept für die Weiterentwicklung des Internet und seiner Komponenten prägte.[30] Neben Web 2.0 werden häufig auch die Begriffe „Social Web" und „Social Media" verwendet. Web 2.0 steht für eine neue Internetgeneration, die vorrangig durch die Einbeziehung des Nutzers charakterisiert ist. Die Darstellung von reinen Informationen wird durch diverse Zusatzelemente, die Teil des Web 2.0 sind, erweitert. Der Zusatz 2.0 stammt aus dem Bereich der Softwareprogrammierung und steht für eine neue Versionsnummerierung, die die vorherige Generation („Web 1.0") ersetzt oder wie auf das Web 2.0 zutreffend, eine grundlegende Änderung der alten Version ist. Der Unterschied zwischen diesen beiden Versionen liegt vor allem in der interaktiven Rolle des Internetbenutzers, der nicht mehr statische Webseiten zur bloßen Informationsgewinnung betrachtet, sondern dynamische Webseiten, die die Aktionen des Benutzers integrieren. Dadurch können Informationen unter den Benutzern, die zumeist auf den neuartigen Plattformen wie Facebook, Twitter und YouTube über Online-Freundschaften miteinander vernetzt sind, ausgetauscht werden. Es liegt keine grundsätzliche technische Änderung vor, denn die verwendeten Mechanismen wie AJAX und Flash waren auch schon im „Web 1.0" vorhanden. Durch eine unterschiedliche Kombination der Technologien können immer wieder neue Web 2.0-Anwendungen geschaffen werden, wie soziale Netzwerke, Social Bookmarking-Dienste etc. Voraussetzungen für den Erfolg des Web 2.0 sind die infrastrukturellen Veränderungen, dass

---

[30] O'Reillys Artikel zum Web 2.0 ist im Internet einsehbar: http://oreilly.com/web2/archive/what-is-web-20.html. (Letzter Zugriff: 27. März 2012).

immer mehr Menschen Zugang zu schnellem und günstigen Internet haben und dieses auch gemeinsam nutzen wollen. Zusätzlich sind die grundlegenden Werkzeuge, mit denen Web 2.0-Anwendungen programmiert werden, weitestgehend kostenlos verfügbar. Es wird angenommen, dass die einfache Handhabbarkeit des Web 2.0 die Bereitschaft des Nutzers steigert, selbst Inhalte ins Netz zu stellen (der sog. User Generated Content) (vgl. Fisch, Gscheidle, 2008, S. 356). Als Produzent von User Generated Content wird der Internetnutzer selbst zum Mittelpunkt von Web 2.0-Anwendungen. Sein Handlungsspielraum hat sich über das alleinige Konsumieren von Informationen stark erweitert. In diesem Verständnis wird der Nutzer nun auch mit dem Kofferwort „Prosument" aus „Produzent" und „Konsument" betitelt.

5.4 Methodisches Vorgehen für die Metaphernanalyse

Die methodische Erschließung der metaphorischen Konzepte besteht aus mehreren aufeinanderfolgenden Phasen. In Anlehnung an das Vorgehen Jäkels (2003)[31] und Drewers (2003) zur Metaphernanalyse wurden folgende Schritte durchgeführt:

I. Wahl eines Themas und Zusammenstellung eines Korpus für die Metaphernanalyse (Web 2.0, Texte der Wissensvermittlung).
II. Zusammenstellung diverser Metaphernkonzepte, die bereits in anderen Forschungsarbeiten analysiert wurden als erste Übersicht über mögliche metaphorische Konzepte.
III. Identifikation und Sammlung aller sprachlichen Metaphern. Dokumentation in einer externen Datei, welche die Metaphern enthaltenden Äußerungen geordnet nach Text und Textsorte beinhaltet.
IV. Systematische Analyse der Metaphern:
    a. Eine erste Systematisierung trennt konventionelle und kreative Metaphern.
    b. Der nächste Schritt ist die Einordnung in Subgruppen (auch „Metapherntypen" genannt), welche aus den Metaphernkategorien nach Baldauf (1997) bestehen.
    c. Im Sinne Lakoffs und Johnsons Metapherntheorie werden dahinter stehende Konzepte, im Sinne Weinrichs Bildfelder, aus den einzelnen herausgearbeiteten Metaphern zusammengefügt. Dies ge-

---

[31] Jäkel (2003, S. 132 f.) bezeichnet die in seinem Werk und in dieser Arbeit verwendete Metaphernanalyse als „onomasiolgisch", da sie von einem Begriff ausgeht und untersucht, wie über diesen in ausgewählten Texten kommuniziert wird.

schieht, indem übereinstimmende Ursprungs- und Quellbereiche analysiert werden.
   d. Sämtliche Metaphern werden, soweit dies möglich ist, einem Ursprungsbereich und anschließend einem Konzept zugeordnet.
   e. Sofern es nötig ist, werden die konzeptuellen Metaphern angepasst.

Auf der Grundlage dieser Methodik ergab sich je Textsorte eine Liste, die die gefundenen Metaphern pro Text beinhaltet. Jeweils eine weitere Liste dokumentiert die den Konzepten zugeordneten sprachlichen Metaphern der Sachbücher, Lehrbücher und wissenschaftlichen Artikel. Dabei wurden die sprachlichen Metaphern zusammen mit dem unmittelbaren Text-Kontext festgehalten. Im weiteren Verlauf wird hier häufig der Begriff „Satz" verwendet. Ein Satz wird hier als eine „aus kleineren Einheiten konstruierte Redeeinheit, die hinsichtlich Inhalt, grammatischer Struktur und Intonation relativ vollständig und unabhängig ist", verstanden (Bußmann, 2002, S. 578).

Die sprachlichen Metaphern zum Thema „Web 2.0" können sowohl als einzelne Lexeme, als auch in Form von Wortgruppen und ganzen Sätzen auftreten.

Die praktische Analyse dieser Arbeit widmet sich nicht der metaphorischen Darstellung des konkreten Begriffs „Web 2.0", sondern nutzt diesen Begriff ebenfalls in Anlehnung an Jäkel (2003) als „abstrakte Begriffsdomäne". In der Notation der kognitiven Metapherntheorie sollte es demzufolge WEB 2.0 lauten.

6 Darstellung der Ergebnisse

In diesem Kapitel werden die Ergebnisse der kognitiven Metaphernanalyse nach dem vorgestellten methodischen Schema aufgezeigt. Da neben der inhaltlichen Analyse auch statistische Werte interessante Aussagen zulassen, werden diese am Anfang dieses Kapitels näher betrachtet. Es folgt die Wiedergabe der extrahierten Metaphernkonzepte. Die Ergebnisse werden abschließend im Sinne der Fragestellung dieser Arbeit diskutiert. An dieser Stelle sei noch einmal erwähnt, welche drei Textsorten untersucht werden und wie im Folgenden auf sie verwiesen wird:

    Sachbücher: Teil A – „A, (Nr. der Metapher im fortlaufenden Text)"

    Lehrbücher: Teil B – „B, (Nr. der Metapher im fortlaufenden Text)"

    Wissenschaftliche Artikel: Teil C – „C, (Nr. der Metapher im fortlaufenden Text)"

Die einzelnen statistischen Werte sind in den Tabellen nachgewiesen, die sich im Anhang befinden. Es wird das Verhältnis der Sätze mit Metaphern zur Gesamtzahl der Sätze in den einzelnen Texten dargestellt. Eine weitere Tabelle listet alle identifizierten Metaphernkonzepte und ihr Auftreten in der jeweiligen Transfersituation auf.

6.1 Quantitative Aspekte zum Auftreten der Metapherntypen

Die Analyse der Sätze in den Texten zeigt, dass Metaphern in unterschiedlicher Anzahl zum Einsatz kommen. Auffällig ist dabei die relativ niedrige Zahl von Metaphern in den Sachbuchtexten, wenn man von der in Abschnitt 4.6 beschriebenen Annahme ausgeht, dass Metaphern in Texten, die vom Experten an den Laien gerichtet sind, eine wesentliche Rolle für die Informations- und Wissensvermittlung spielen. Wie im genannten Abschnitt zur fachexternen Wissensvermittlung bereits dargelegt, sind Metaphern in der Experten-Laien-Kommunikation essenzielles Hilfsmittel der Verständnissicherung, wodurch die geringere Verwendung im Vergleich zur Metaphernanzahl der fachinternen Texte auffällig ist. Die Abbildungen 4 bis 6 zeigen das Verhältnis von Sätzen, die keine Metaphern zum Web 2.0 enthalten, und Sätzen, welche Metaphern enthalten in den untersuchten Textsorten.

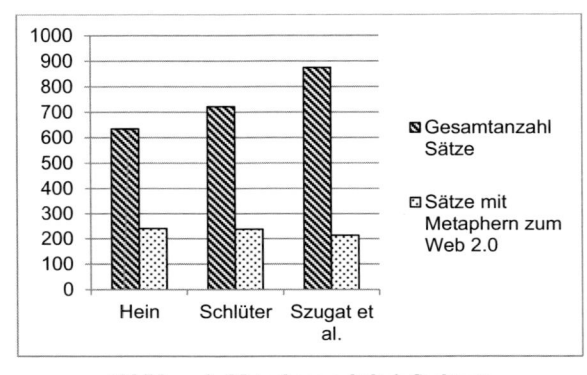

Abbildung 4 - Metaphernverhältnis Sachtexte

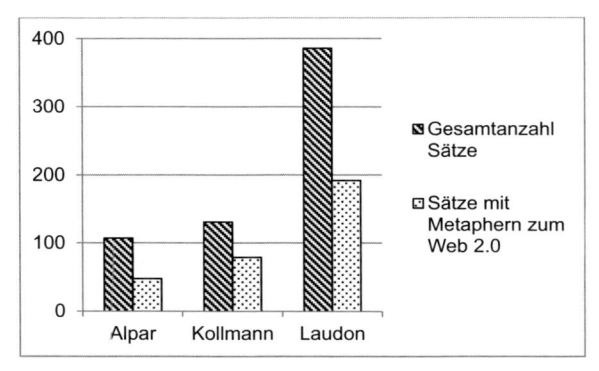

Abbildung 5 - Metaphernverhältnis Lehrbücher

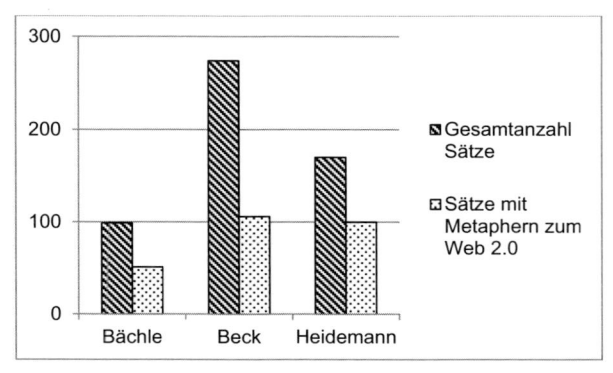

Abbildung 6 - Metaphernverhältnis wissenschaftliche Artikel

Die durchschnittliche Anzahl an Metaphern in Sachtexten beträgt 31,16 %, während die Lehrbücher insgesamt durchschnittlich 51,59 % und wissenschaftliche

Artikel im Durchschnitt 49,67 % metaphorische Ausdrücke zum Web 2.0 enthalten. Ein möglicher Grund für die deutliche Differenz zwischen den Sachtexten einerseits und den Lehrbüchern und wissenschaftlichen Artikeln andererseits könnte die sehr praktische Ausrichtung der Sachtexte sein, die vor allem konkrete Ratschläge für den Anwender bieten und daher auch Lexeme mit ihrer wörtlichen Bedeutung verwenden, sodass sie bereits Konkretes darstellen und nicht unter Verwendung von Metaphern auf Abstraktes verweisen.

Allen drei Textsorten ist gemein, dass die übergeordneten Metapherntypen[32] in einer annähernd gleichen Verteilung auftreten.

Dies zeigt die folgende Abbildung 7:

	Attributsmetaphern	Ontologische Metaphern	Bildschematische Metaphern	Konstellationsmetaphern
Sachbücher	1,34%	8,94%	17,29%	66,62%
Lehrbücher	0,94%	6,58%	15,99%	69,91%
Wissenschaftliche Artikel	1,17%	7,00%	15,56%	66,54%

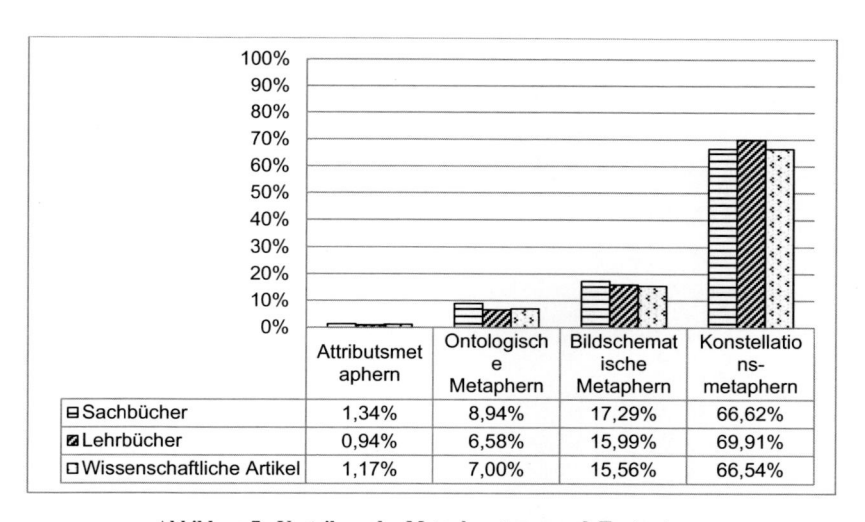

Abbildung 7 - Verteilung der Metapherntypen nach Textsorte

Dabei werden *Attributsmetaphern* typischerweise (vgl. Baldauf, 1997, S. 85 f.) in einer sehr geringen Häufigkeit von 0,94 % in den Lehrbüchern und 1,34 % in den Sachbüchern benutzt. Auch die *ontologischen Metaphern*, die nur eine schwache Strukturierung auf den zu verdeutlichenden Sachverhalt übertragen, werden in einem Prozentsatz von 6,58 % (Lehrbücher) über 7,00 % (wissenschaftliche Artikel) bis 8,94 % (Sachbücher) verwendet. Die *bildschematischen Metaphern*

---

[32] Attributsmetaphern, ontologische Metaphern, bildschematische Metaphern und Konstellationsmetaphern.

sind etwas häufiger vorhanden: In den Sachbüchern sind dies 17,29 %, während in den Lehrbüchern 15,99 % und in den wissenschaftlichen Artikeln 15,56 % bildschematische Metaphern ermittelt wurden. Mit durchschnittlich 67,52 % stellen die *Konstellationsmetaphern* die am häufigsten verwendeten Metapherntypen dar, die sich selbst in viele verschiedene Metaphernkonzepte unterteilen lassen. Diese Konzepte werden in den folgenden Abschnitten erläutert und auch auf deren statistische Verteilung eingegangen.

6.2 Gemeinsam verwendete Ursprungsbereiche

In diesem Kapitel werden jene Metaphernkonzepte zusammengefasst, die auf gemeinsamen Ursprungsbereichen beruhen und in beiden untersuchten Wissensvermittlungsbereichen auftreten. Die anschließenden Abschnitte sind nach den vier Metapherntypen Attributsmetaphern, ontologische Metaphern, bildschematische Metaphern und Konstellationsmetaphern gegliedert. Es werden die jeweils zugehörigen Metaphernkonzepte untergeordnet und in Beispielen verdeutlicht.

Zunächst wird jedoch der Begriff des Netzes beziehungsweise Netzwerks erläutert, da er seit der Nutzung des Internets metaphorisch verwendet wurde, nun aber so konventionalisiert ist, dass er für den Internetnutzer von konkretem Charakter zu sein scheint.

6.2.1 Die Netz-Metapher als Ausgangspunkt verschiedener Metaphernkonzepte

Die Netz-Metapher wird seit der ersten Nutzung des Internets, wie es schon das englische Lehnwort „Internet" verdeutlicht, für das „Netz", den weltweiten Verbund von Rechnern, benutzt. Ein Netz ist laut Duden Universalwörterbuch (2011) ein „Gebilde aus geknüpften Fäden, Schnüren oder Ähnlichem, deren Verknüpfungen meist rautenförmige Maschen bilden. Das Netz beziehungsweise Netzwerk wird in den untersuchten Texten gar personifiziert und als Bauwerk oder Behälter umschrieben (vgl. dazu die Abschnitte 6.2.2, 6.2.4 und 6.2.5). Ein Netzwerk ist ein spezieller Dienst im eigentlichen Netz, dem Internet. So ist das Internet ein Behälter, der selbst behälterartige Netze beinhaltet. Ein „offenes Netzwerk", zu welchem jeder Nutzer potenziell Zugang hat, ermöglicht sowohl im metaphorischen als auch im wörtlichen Sinne unzählige Netzwerke im Internet. Die Netz-Metapher ist häufig eine sehr komplexe, vielschichtige Konstellationsmetapher, der verschiedene Metaphernkonzepte untergeordnet werden können. Jene, die im Korpus gefunden wurden, werden unter der Personifikation, der Behälter- und Bauwerk-Metapher erläutert. Die Netz-Konstellationsmetapher kann zudem als Erweiterung der ontologischen Metapher des „(Ver-)Knüpfens" betrachtet werden. Sie wird im folgenden Abschnitt untersucht.

6.2.2 Attributsmetaphern

Attributsmetaphern wie das Konzept ABSTRAKTA SIND SCHWER beruhen auf Basisstrukturierungen, die aus der physischen Wahrnehmung des Menschen von seiner Umwelt entstehen. Aus diesem Grund sind sie wie viele andere konventionalisierte Metaphern meist tief im Sprachgebrauch verankert. Dennoch können auch mit ihnen neuartige, kreative Metaphern geschaffen werden, wie der Ausdruck „leichtgewichtige Formate", der für Teile von Prozessen ausgeführter Programme auf einem Rechner stehen, die wenig Verarbeitungsaufwand verursachen und oft auch als „agil" bezeichnet werden. Der Begriff „leichtgewichtig" wird aber nicht nur für diesen technischen Vorgang, sondern auch für Architekturen von Softwareprogrammen verwendet. Hier lässt sich eine Motivierung, auf den jeweiligen Ursprungsbereich zu verweisen, durch eine Korrelation der Erfahrung zwischen den Bereiche feststellen (s. Kap. 2.3.2). In allen untersuchten Texten werden verschiedene sprachliche Metaphern zu drei Metaphernkonzepten analysiert:

NEGATIV IST DUNKEL:

(1) Auch wenn hiervon nur ein kleiner Teil über längere Zeit überdauert und nochmals ein deutlich kleinerer Teil wirklich über ein *Schattendasein* hinauskommt, so zeigt sich dennoch das Potenzial dieser Web-Komponente. (A, 57)

(2) Wie im richtigen Leben gibt es auch im oft erwähnten Cyberspace *Licht und Schatten*. (A, 545)

ABSTRAKTA SIND SCHWER:

(3) Es ist nämlich gerade die Vielfalt an verfügbarem Material, die das Finden der gewünschten Information bzw. des gewünschten Produktangebots letztendlich *erschwert*. (B, 35)

(4) Dabei setzt die Initiative auf Microformats, das heißt, auf einfache und *leichtgewichtige* Formate für die Strukturierung von alltäglichen Informationen in einer XHTML-Seite. (A, 448)

MANGEL AN EINFLUSS IST PHYSISCHE SCHWÄCHE:

(5) Er begründet dies damit, dass eine größere Wahrscheinlichkeit dafür besteht, dass *schwache* Verbindungen (‚weak ties') in anderen Kreisen verkehren als enge Kontakte (‚strong ties'). (C, 33)

6.2.3 Ontologische Metaphern

Ontologische Metaphern konzeptualisieren Abstrakta als Objekte beziehungsweise Substanz, sodass sie quasi metaphorisch „greifbar" werden. Abstrakte Begriffe erhalten so zum Beispiel eine (bildhafte) körperliche Struktur, die aus Erfahrungen des Menschen mit seiner Umwelt entsteht.

Eine prozentual gleiche Anzahl von ontologischen Metaphern war in den Lehrbüchern (6,58 %) und wissenschaftlichen Artikeln (7,00 %) zu finden. Die untersuchten Sachtexte weisen 8,94 % an ontologischen Metaphern auf. Auffällig an den verwendeten ontologischen Metaphern in den Sachbüchern ist, dass sich viele in der Tat auf das metaphorische „Greifen" eines abstrakten Sachverhalts rekonstruieren lassen. So beinhalten elf von 60 (18,33 %) gefundenen ontologischen Metaphern den Wortstamm *–greif* oder *–griff*: Die übertragene Bedeutung von ‚greifen' ist fest im deutschen Sprachgebrauch verankert und wird nun auch auf das Web 2.0 angewandt, um das Verständnis dieses abstrakten Konzepts zu erleichtern. Die Beispiele (6) und (7) verweisen auf das Web 2.0 und Blogs als etwas mit den Händen Fassbares:

DAS WEB 2.0 IST EIN OBJEKT

(6) Die Anwender müssen keine speziellen Zusatzprogramme nutzen, um auf das Web 2.0 zugreifen zu können. (A, 10)

(7) Dies liegt primär daran, dass gerade Journalisten und andere Medien-Macher zunehmend für ihre Recherchen auf die neuen Informationsquellen im Internet und hier wiederum besonders oft auf die Blogs zugreifen. (A, 61)

Daneben scheint das „Knüpfen" und „Verknüpfen" von Informationen, Personen, Inhalten, Webseiten, also prinzipiell allem, was im Internet zu finden ist, eine der beliebtesten ontologischen Metaphern in Sachbüchern zu sein, da 26,67 % von diesen Lexemen Gebrauch machen. Beide Lexeme sind in ihrer übertragenen Bedeutung bereits im Sprachgebrauch fixiert, scheinen aber für den Wortschatz des Web 2.0 eine zentrale Bedeutung zu haben. Das virtuelle Verknüpfen von Menschen untereinander oder von Menschen mit Informationen gilt als Hauptmerkmal jeglicher Web-2.0-Anwendungen.

> (8) Wie andere Netzwerke auch bietet Facebook zunächst einmal die Möglichkeit, nach dem Registrieren eine Profilseite auf www.facebook.com zu erstellen und Kontakt zu anderen Menschen zu *knüpfen*. (A, 320)
>
> (9) Hierfür enthält jede Seite eine *Verknüpfung*, welche die Seite in einem speziellen Bearbeitungsmodus öffnet. (A, 463)

Das Lexem ‚verknüpfen' taucht im fachinternen Wissenstransfer zum Thema Web 2.0 ebenfalls auf. In den untersuchten Lehrbuchtexten wurde es vier Mal genutzt, das sind circa 19,05 % der ontologischen Metaphern. Die wissenschaftlichen Artikel weisen eine Quote von 11,11 % auf, denn „knüpfen" und „verknüpfen" werden jeweils nur einmal verwendet.

Alle untersuchten Texte arbeiten sowohl mit der Quantifizierung als auch mit der Lokalisierbarkeit von Abstrakta:

> (10) Auch an neuen Programmiertechniken, Funktionen oder innovativen Diensten allein lässt sich das Web 2.0 nicht *festmachen*. (A, 11)
>
> (11) All das passiert an einem zentralen *Ort*, der jeweiligen Social-Media-*Plattform* eben. (A, 218)
>
> (12) Eine *Reihe* von neuen Trends und Technologien hat in den letzten zwei Jahren dazu geführt, dass sich Wahrnehmung des Internets zu verändern beginnt. (B, 2)
>
> (13) Unternehmen, die zuvor keine Werbung in diesen Diensten *platzieren* wollten oder eine Investition gescheut haben, geraten zunehmend unter Zugzwang und beginnen, mit einer Reihe neuer Formate zu *experimentieren*. (B, 159)
>
> (14) Leser können durch *angehängte* Kommentarbeiträge einen Artikel des Bloggers kommentieren. (B, 184)

6.2.4 Bildschematische Metaphern

Die bildschematischen Metaphern kommen in ähnlicher Verteilung mit durchschnittlich 16,28 % von allen gefundenen Metaphern in den Texten vor. Von Lakoff und Johnson „Orientierungsmetaphern" genannt, projizieren die bildschematischen Metaphern gestalthafte Strukturen in abstrakte Bereiche.

Behälter-Metapher

Eine der von Lakoff und Johnson und in anderen Publikationen vor allem zur Alltagsmetapher am häufigsten zitierten bildschematischen Metaphern ist die sogenannte Behälter-Metapher, bei der die Wahrnehmung des Menschen von seinem Körper und ihn umgebenden Objekten die Struktur abstrakter Sachverhalte formt. In den untersuchten Texten ist die Behälter-Metapher die am häufigsten vorkommende bildschematische Metapher. So wird das Web 2.0 in den Texten als ein Behälter, mit einer äußerlich und innerlich abgrenzbaren Form, verstanden. Man kann als Nutzer des Web 2.0 „drinnen" oder „draußen" sein, das Web 2.0 „beinhaltet" verschiedene Anwendungen. Zusätzlich werden auch die Anwendungen und Netzwerke, die das Web 2.0 umfasst, als Behälter betrachtet. Neben „offenen" und „geschlossenen" Netzwerken haben manche Social Media-Anwendungen „Grenzen", an die sie stoßen:

DAS WEB 2.0 IST EIN BEHÄLTER

(15) *Innerhalb* der Blogosphäre verbreiten sich Nachrichten bzw. Meldungen dann recht schnell. (A, 53)

(16) Die jüngsten Probleme bei „Wikipedia" zeigen die *Grenzen von Social Software* auf. (C, 179)

(17) Web 2.0 *umfasst* neben der sozialen Software noch weitere Angebote, die sich unter dem Begriff browserbasierte Applikationen zusammenfassen lassen. (C, 116)

EXISTENZ IST PRÄSENZ IN EINEM BEHÄLTER

(18) Stellt sich die Frage, welche Nutzer zukünftig *„drin"* und welche *„draußen"* sein werden. (C, 159)

Auf die Behälter-Metapher greifen besonders häufig die Lehrbuchtexte zurück, mit 80,39 % der bildschematischen Metaphern liegen sie um circa 26 Prozentpunkte über denen der Sachbücher (56,90 %) und denen der wissenschaftlichen Artikel (50,00 %). Die verwendeten Metaphern beziehen sich wie bei den oben genannten Behälter-Metaphern auf die Innen-Außen-Relation des Web 2.0.

Ein weiterer Begriff, als Teil des Internet-Vokabulars, ist das „Netzwerk". Das metaphorisch verwendete „Netz" wird in seiner Erweiterung zum Netzwerk ebenfalls als ein Behälter verstanden. Damit hat ein Netzwerk einerseits die ihm innewohnende Struktur eines Netzes, nämlich einem „Gebilde aus verknüpften Fäden, Schnüren o. ä." (Duden Universalwörterbuch, 2011) und andererseits die Struktur eines Gefäßes, Behälters, wodurch ihm eine Kontur mit Außenkanten und einem inneren Raum gegeben wird. Die Begriffe „Netz" und „Netzwerk" als Metaphern für das Internet wurden schon beschrieben. Folgende sprachliche Metaphern assoziieren das Netz und das Netzwerk als einen Behälter:

DAS NETZ IST EIN BEHÄLTER/EIN NETZWERK IST EIN BEHÄLTER

(19) Wenn Sie umgekehrt Facebook als reinen Privat-Account nutzen wollen, sollten Sie erwägen dann auch konsequent dabei zu beliben, und Businesspartner nichts *ins Netzwerk zu lassen*. (A, 330)

(20) Gleichgültig, welches soziale *Netzwerk* Sie sich anschauen, das *dahinterstehende* Prinzip ist fast immer dasselbe. (A, 210)

(21) Wenn Sie ständig unaufgefordert *in ein Netzwerk „hineinrufen"*, laufen Sie Gefahr, irgendwann ignoriert zu werden. (A, 267)

(22) Niemand ist gezwungen, sein Privatleben *im Netz* zu veröffentlichen. (A, 204)

(23) Mit diesem Ansatz kann analysiert werden, welche Teilnehmer Einfluss auf andere Teilnehmer ausüben, wie sich Informationen *im betrachteten Netz ausbreiten* usw. (B, 195)

(24) *Innerhalb des Netzwerkes* bilden sich Teilnetzwerke nach Studienort, Schule, Beruf oder Hobbys. (B, 204)

(25) Eine andere Unterscheidungsmöglichkeit ist zwischen für alle Menschen *offenen Netzwerken* und nur für bestimmte Personen zugänglichen Netzwerken. (B, 205)

(26) Über den Zielgruppenfokus hinaus lassen sich Online Social Networks zudem danach differenzieren, ob es sich um *offene Netzwerke* handelt [...], oder um *geschlossene*, d. h. Online Social Networks, die i. d. R. nur für Mitarbeiter innerhalb eines Unternehmens aufrufbar sind. (C, 19)

(27) Im Gegensatz zu traditionellen sozialen Netzwerken, die in der Regel eine kleine Anzahl relativ homogene Mitglieder *umfassen*, sind Online Social Networks in ihrer Nutzerstruktur wesentlich heterogener und zeichnen sich durch komplexe Netzwerkstrukturen aus. (C, 37)

Weg-Metapher

Zu den bildschematischen Metaphern zählt ferner die Weg-Metapher, die eine gerichtete Bewegung auf einen abstrakten Sachverhalt überträgt und dessen Verlauf verdeutlicht. Wie die Behälter-Metaphern treten metaphorische Wendungen dieser Art in etwa gleichen Anteilen innerhalb der ontologischen Metaphern in den Sachbuchtexten (36,21 %) und den wissenschaftlichen Artikeln (30,00 %) auf. In den Lehrbuchtexten werden hingegen deutlich weniger (9,80 %) Weg-Metaphern verwendet.

Die Weg-Metapher wird in den Sachbüchern und wissenschaftlichen Artikeln vorwiegend eingesetzt, um darzustellen, dass sich das Internet in einer Vorwärtsbewegung befindet, die auf einem Entwicklungspfad verläuft, der von Meilensteinen und Wendepunkten gekennzeichnet ist. Auf diesem Weg befinden sich einige

Internet- beziehungsweise Web 2.0-Anwendungen auf den vorderen Wegabschnitten und werden dann als „Pioniere" oder „Vorläufer" bezeichnet:

DIE ENTWICKLUNG DES INTERNET IST VORWÄRTSBEWEGUNG AUF EINEM WEG

(28) Spreeblick – deutschsprachiger Web-Blog-*Pionier* mit breit gefächerten Inhalten. (A, 65)

(29) O'Reilly sieht im Platzen der Dotcom-Blase einen *Wendepunkt für das Web*. (A, 378)

(30) Niemand anderes als Tim O'Reilly, der ja den Begriff Web 2.0 mitgeprägt hat, sieht in dieser einfachen Art der Informationszusammenstellung über Yahoo Pipes sogar einen weiteren *Meilenstein in der Entwicklung des Web*. (A, 122)

(31) Weitere *Vorläufer*, z. B. Fidonet, leisteten ebenfalls einen wichtigen Beitrag *auf dem Weg zu Social Software*. (C, 175)

Ein zweites Metaphernkonzept, das Lehrbücher und Sachbücher gemein haben, ist die Bewegung des Nutzers durch das Internet über diverse Wege und Pfade. Mit jeder Seite, die ein Nutzer aufruft, wird ein neuer Abschnitt des Weges durch das Internet betreten. Dieses Konzept konnte in den wissenschaftlichen Artikeln nicht gefunden werden.

INTERNETNUTZUNG IST EINE GERICHTETE BEWEGUNG AUF EINEM WEG

(32) Um die Bedienung eines Wikis zu erlernen, empfiehlt es sich, die ersten *Gehversuche* auf einer solchen Seite durchzuführen. (A, 476)

(33) Und so gehen Sie weiter vor: *Gehen Sie* zur Leiste ganz oben rechts und klicken Sie auf „Search people". (A, 286)

(34) Um einer Social-Networking-Community *beizutreten*, besteht der *erste Schritt* darin, ein eigenes Profil zu erstellen; dieses ist eigentlich eine Webseite, die (meistens) kostenlos vom Netzwerkdienst zur Verfügung gestellt wird. (B, 85)

Neben diesen Metaphernkonzepten wird zudem das „Klicken" als eine Bewegung durch das Internet verstanden. „Klickt" der Nutzer etwas an, einen Link oder Button, so vollzieht er einen bildlich verstandenen Schritt vorwärts oder rückwärts von einer Webseite zu einer anderen. Schlüter (2010, S. 64) setzt den Begriff ‚hochklicken' selbst in Anführungszeichen, um den ungewöhnlichen Gebrauch zu verdeutlichen:

(35) Über dieses Schlupfloch können sich auch Ihnen unbekannte Personen *„hochklicken"* in das Album, das das Foto enthält und so auch weitere Fotos von Ihnen sehen. (A, 327)

Weitere Beispiele für den metaphorischen Gebrauch des Begriffs „Klicken" in allen untersuchten Texten sind:

KLICKEN IST EINE BEWEGUNG AUF EINEM WEG

(36) Auch andere „Fettnäpfchen" lassen sich *durch ein paar Klicks* vermeiden. (A, 250)

(37) Andererseits besuchen Benutzer von Netzwerk-Sites diese Seiten nicht, um sich die Werbung anzusehen, sondern neigen stark dazu, die Werbung *wegzuklicken*. (B, 100)

(38) Jeder kann aktiv werden, und es braucht nur wenige *Klicks*. (C, 85)

Skalen-, Distanz- und Gleichgewichtsmetapher

Mithilfe der Skalenmetapher können Größen- oder Höhendifferenzen eines abstrakten Konzepts verdeutlicht werden. Distanzmetaphern spiegeln wiederum räumliche Abstände auf Abstrakta wieder, während der Gleichgewichtsmetapher eine unterschiedliche physische Größe zugrundeliegt. Diese drei Metaphernkonzepte findet man in den untersuchten Texten nur in sehr geringer Zahl (insgesamt 20 Mal). Einige Beispiele sollen zur Veranschaulichung der Konzepte dienen:

Skalen-Metapher:

ZUNAHME IST EINE AUFWÄRTSBEWEGUNG

(39) Andererseits bietet sich hierdurch die Möglichkeit, auch jetzt noch durch ein gut gemachtes Blog vergleichsweise schnell *in die oberen Ränge* von Blog-Ranglisten *aufzusteigen*. (A, 140)

(40) Weltweit *stieg* die Zahl der Nutzer von Online Social Networks im Jahr 2008 im Vergleich zum Vorjahr um 25 % auf über 580 Mio. (C, 4)

Distanz-Metapher:

MANGEL AN ÜBEREINSTIMMUNG IST RÄUMLICHE DISTANZ

(41) Daher ist zu vermuten, dass sich die *digitale Kluft* durch Web 2.0 – trotz vielgepriesener Kommunikation und Kollaboration - weltweit noch vergrößern wird. (C, 160)

Die *Gleichgewichtsmetapher* konnte allein in den Sachbüchern gefunden werden:

ABSTRAKTA SIND SCHWER

(42) Es lohnt sich also, vor dem Engagement in einem Netzwerk Vor- und Nachteile *abzuwägen*. (A, 222)

(43) *Wägen* Sie von Anfang an *ab* zwischen dem Schutz der Privatsphäre und der Veröffentlichung von Daten. (A, 243)

6.2.5 Konstellationsmetaphern

Konstellationsmetaphern haben, wie in Abschnitt 3.4.2 erläutert, den höchsten Komplexitätsgrad der Metapherntypen, da sie ganze, gestalthafte Konstellationen in abstrakte Bereiche übertragen.

Die Konstellationsmetaphern sind die am häufigsten verwendeten Metaphernkonzepte in allen untersuchten Texten. Ihr Gesamtanteil beträgt in den Sachbüchern 66,62 %, in den Lehrbüchern 69,91 % und in den wissenschaftlichen Artikeln 66,54 %.

In den untersuchten Texten sind bestimmte konzeptuelle Konstellationsmetaphern gehäuft aufzufinden, während andere in allen Texten gleichermaßen in geringer Zahl auftreten. Zu den besonders häufig zu findenden Metaphernkonzepten gehören die Personifikation beziehungsweise Animation, die Theater-Metapher und die Bauwerk-Metapher. Hingegen werden in allen Texten in einer sehr geringen Zahl folgende Metaphernkonzepte genutzt: Metaphorik des Sehens, Sport-Metapher, Handels-Metapher, Wert-Metapher, Krankheits-Metapher, Fahrzeug-Metapher, Transport-Metapher, Maschinen-Metapher sowie die Lagerhaus-Metapher.

Im Weiteren werden die seltener vorkommenden Metaphernkonzepte vorgestellt. Es folgt eine Darstellung der vermehrt auftretenden Konzepte, auch weil diese als bedeutungsvoll für die Wissensvermittlung angenommen werden.

Metaphorik des Sehens

Das Metaphernkonzept des Sehens wird nur in den Sachbüchern und wissenschaftlichen Artikeln gefunden, dabei in beiden Textsorten in geringer Anzahl: die Sachbücher weisen insgesamt fünf Hinweise auf, die wissenschaftlichen Artikel eine Metapher. Mit den Metaphern wird in den Sachbüchern auf die „Sichtbarkeit" einer Person im Internet referiert, das heißt, wie stark der Nutzer in Abhängigkeit seiner Aktivität im Internet von anderen Nutzern wahrgenommen werden kann:

HOHE AKTIVITÄT IM INTERNET IST HOHE SICHTBARKEIT

(44) Ob und wie Sie in einem sozialen Netz *sichtbar* sein wollen, liegt ganz bei Ihnen. (A, 225)

(45) Ein Effekt der Mitgliedschaft in Gruppen ist Ihre erhöhte *Sichtbarkeit*. (A, 263)

Wert-Metapher

Die Wert-Metapher findet in allen Textsorten Verwendung, jedoch nur in geringer Anzahl. Mit dem Lexem ‚*-reich*' ist die Wert-Metapher in verschiedenen Varianten vertreten. Vor allem die Begriffe „anreichern" und „bereichern" häufen sich. „Anreichern" wird in den Texten als „verbessern, vermehren; gehaltvoller machen" verstanden, „bereichern" als „reichhaltiger machen; vergrößern, erweitern".[33] Die Web 2.0-Anwendungen, als agierende Subjekte gesehen, reichern einen Zielbereich an, womit eine Internetseite eines Unternehmens oder einer Privatperson informativer, interessanter, relevanter usw. gemacht wird:

WEB 2.0 IST EIN WERTVOLLES GUT

(46) Wenn Sie nun der Meinung sind, dass ein eigenes Blog bzw. ein Unternehmensblog eine *Bereicherung* für ihr Web-Angebot ist, müssen zunächst die technischen Vorkehrungen dafür getroffen werden. (A, 141)

(47) Der Benutzer kann sein Profil durch Einstellen von Fotos, Videos und Musikdateien *anreichern*. (B, 86)

(48) Etablierte Anbieter werden ihre Web-Auftritte mit Web 2.0-Services *anreichern* müssen […]. (C, 151)

Fahrzeug-Metapher

Auch die Fahrzeug-Metapher findet man nur in geringer Anzahl, sie wird aber in allen Texten verwendet. Dabei werden die Metaphernkonzepte, die nur jeweils in den Lehrbüchern und wissenschaftlichen Artikeln zu finden sind, beide in den Sachbuchtexten eingesetzt. In den Lehrbüchern wird lediglich auf Aktivitäten eines Fahrers eingegangen, in den wissenschaftlichen Artikel wird auf das Verkehrsnetz Bezug genommen:

HANDELN EINES INTERNETNUTZERS IST FÜHREN EINES FAHRZEUGES:

(49) Die meisten Websites sind auch heute noch einfache Anzeigeseiten, die es dem Benutzer nicht erlauben, *steuernd* einzugreifen. (B, 58)

(50) Zu diesen Funktionen gehört unter anderem, dass Benutzer Inhalte erstellen, veröffentlichen und verteilen, sich über ihre Vorlieben und Ansichten austauschen und ihre eigenen Online-Umgebungen *steuern* oder "programmieren" können. (B, 141)

DAS INTERNET IST EIN VERKEHRSNETZ:

(51) So konnten 2003 Dodds et al. die "small world"-Hypothese in einem Experiment auch für das Internet bestätigen, indem sie den E-Mail-*Verkehr* von rund 60.000 Personen ausgewertet haben. (C, 30)

(52) Er begründet dies damit, dass eine größere Wahrscheinlichkeit dafür besteht, dass schwache Verbindungen („weak ties") in anderen *Kreisen verkehren* als *enge* Kontakte („strong ties"). (C, 33)

---

[33] Duden - Deutsches Universalwörterbuch, 7. Aufl. Mannheim 2011 [CD-ROM].

Die Sachbücher nutzen beide Konzepte:

(53) Aus der *Einbahnstraße* klassischer Massenmedien wird bei Social Media ein *Mehr-Wege*-System. (A, 203)

(54) Neben den Blogs können ebenso die bereits erwähnten Wikis die interne Kommunikation deutlich vereinfachen und *beschleunigen*. (A, 145)

(55) So können Sie auch *gegensteuern*, wenn Sie nach einem vielleicht falsch verstandenen Tweet besonders viele Menschen verlassen sollten. (A, 314)

(56) Bis auf wenige *Steuerungselemente* oder ein paar Grafiken bestehen die HTML-Seiten der Blogs überwiegend aus Text, der von den meisten Suchmaschinen optimal erfasst werden kann. (A, 56)

Ein weiteres Konzept lässt sich in beiden Vermittlungsarten finden: Sowohl die fachinternen als auch die fachexternen Texte greifen auf die *Seefahrts*-Metapher zurück, die seit der weltweiten Nutzung des Internets zum festen Vokabular für Handlungen, die im Internet vollzogen werden, gehört. Die Seefahrts-Metapher ist Teil der Fahrzeug-Metapher, da hier gleichsam die Steuerung eines Fahrzeugs expliziert wird. So wird das Aufrufen von Internetseiten, des E-Mail-Postfaches usw. als „navigieren" bezeichnet. Neben diesem Handlungsverb wurden in den Texten auch neuartige Komposita mit dem Nomen ‚Navigation' gefunden. Folgende Metaphern aus den untersuchten Texten dienen als Beispiel:

(57) Über diesen *Navigationspunkt* können Sie Kollegen- und Branchentreffen leicht organisieren. (A, 261)

(58) Amazon hat zudem als einer der ersten großen Anbieter die sogenannte *Social Navigation* eingeführt. (A, 524)

(59) Das World Wide Web, kurz das Web, war die erste Möglichkeit, das Internet zum Anzeigen einfacher Seiten zu nutzen, und es gestattet dem Benutzer, zwischen den einzelnen Seiten zu *navigieren*; dazu wurden die Seiten elektronisch verknüpft. (B, 57)

(60) In der zitierten Studie wird festgestellt, dass dagegen zwei andere *Navigationsaktionen* immens an Bedeutung gewonnen haben: Mit über 15 % stellt das Übermitteln von Formulardaten inzwischen die zweitbedeutendste Aktivität dar, und das Öffnen von Dokumenten in einem neuen Fenster oder Tab ist von unter 1 % auf über 10 % angewachsen. (C, 130)

Interessant ist dabei besonders der Begriff „Social Navigation", der in Anknüpfung an das „Social Web" für die Navigation eines Benutzers steht, der sich „am Verhalten und den Hinweisen anderer Nutzer orientier[t]" (Baier, Weinreich, Wollenweber, 2004, S. 2).

Transport-Metapher

Im Internet tauschen Nutzer Daten und Informationen, die in sogenannten Datenpaketen über Leitungen transportiert werden. Dieser Transportprozess wird auch in den fachinternen und fachexternen Texten metaphorisch verarbeitet, sodass der Transportvorgang für den Leser verständlicher wird. Die in den Sachbüchern und wissenschaftlichen Artikeln gefundenen metaphorischen Ausdrücke zum Transportprozess beziehen sich vor allem auf das Handlungsverb ‚liefern':

INFORMATIONEN SIND EIN TRANSPORTGUT

(61) Um neue Podcast-Beiträge direkt an die Empfänger *auszuliefern* wird diese Technik mit einem weiteren typischen Web 2.0-Element kombiniert, dem so genannten Feed. (A, 94)

(62) Sie können dies übrigens nicht nur auf twitter.com tun. Auch die Seite twazzup.com *liefert* Ihnen Ergebnisse von Twitter. (A, 280)

(63) Sie [die Plattformen] *transportieren* und multiplizieren Informationen von einzelnen Sendern zu vielen Empfängern. (A, 201)

(64) Stattdessen *liefern* OSN aufgrund der Masse an Nutzerprofilen eine riesige Datenbasis, die die Anzahl der Opfer von Webangriffen auf einen Schlag wesentlich erhöht hat. (C, 64)

Neben dem Liefern von Informationen oder Daten können diese ebenso auf oder von einem Rechner eines Nutzers oder Anbieters „geladen" werden, wie dies unter anderem mit einer zum Transport bestimmten Fracht auf ein Transportmittel geschieht. Hierfür wurden folgende Wendungen gefunden:

(65) Neben dem herkömmlichen *Hochladen* über die Website können die Bilder auch per E-Mail oder vom Fotohandy aus übertragen werden und später von anderen Web-Auftritten aus verlinkt werden. (A, 349)

(66) Fotos *auf den Rechner laden*, aussortieren, bearbeiten, umbenennen oder in aussagekräftige Ordner kopieren, für die Diaschau oder den Kalender zu Weihnachten die richtigen Bilder zusammensuchen - doch wo waren die gleich? (A, 567)

(67) Really Simple Syndication (RSS) ist ein XML-Format, mit dem Benutzer digitalen Inhalt, einschließlich Text, Artikel, Bilder und Podcast-Audiodateien abonnieren und über das Internet automatisch auf ihre Rechner *laden* können. (B, 153)

Wie schon das Seefahrtskonzept gehört auch das Laden-Konzept zum festen Wortschatz des Internets. Als ursprünglich englische Lehnübersetzung von "to download", welches vom englischen Verb "to load" (dt.: laden) abgeleitet ist, steht es hier für das Platzieren eines Objektes auf oder in ein Vehikel. Dass Informationen und Daten hoch- und heruntergeladen werden können, liegt an der Wahrnehmung des Internets als Raum, auf welcher die Behälter-Metapher basiert (s. o.). Bereits hier ist erkennbar, dass die Metaphernkonzepte ein System bilden, bei denen vor allem die bildschematischen Metaphern die Grundlage für einige Konstellationsmetaphern darstellen.

Werkzeug-Metapher

Teile von Web 2.0-Anwendungen, aber auch die Anwendungen selbst, werden an mehreren Stellen auch als „Werkzeug", „Instrument", oder in der englischen Version, als „Tool" bezeichnet. Damit wird das Werkzeug zum Zwecke der Hilfestellung, Unterstützung und zur Verständnissicherung für einen Zielbereich herangezogen. Ein Web 2.0-Werkzeug, wie es ein Wiki[34] darstellt, hilft dem Anwender beispielsweise bei der Entwicklung einer Software, indem es als Planungshilfe für das weitere Vorgehen verwendet werden kann. Sowohl in den fachinternen als auch in den fachexternen Texten wurden die gleichen Lexeme gefunden, wobei vor allem in den Lehrbuchtexten das Lexem „Tool" gehäuft auftrat (zwölf Mal).

WEB 2.0-ANWENDUNGEN SIND WERKZEUGE

(68) Neue *Instrumente* im Rahmen der Kommunikationspolitik, wie etwa über Podcasts, ermöglichen ebenfalls mit vergleichsweise geringem Aufwand eine professionelle Präsentation. (A, 195)

(69) Blogs bieten zudem mit der Blogroll ein hervorragendes *Instrument* für eine gute Verlinkung. (A, 431)

(70) *Tools* und Dienste des Web 2.0 haben in hohem Maß zur Bildung sozialer Netze und anderer Online-Communitys beigetragen, in denen die Benutzer nach eigenem Belieben mit anderen kommunizieren können. (B, 66)

(71) Google Apps ist eine Gruppe von webbasierten Diensten, die kostenlose Büroaufgaben-*Tools* anbietet, wie beispielsweise Google Docs, Kalender, Tabellenkalkulation und gemeinschaftlich nutzbare *Tools*. (B, 112)

(72) Social-Media-*Werkzeuge* ermöglichen den einfachen Austausch von Nachrichten, Daten oder Meinungen. (B, 216)

(73) Auf technischer Ebene bleibt abzuwarten, welche *Entwicklungstools,* Frameworks und Programmierparadigmen für Web 2.0 sich durchsetzen werden. (C, 161)

(74) Blogs gelten als geeignetes *Marketinginstrument* zur Zielgruppenansprache. (C, 187)

---

[34] Ein „Wiki" ist eine Webseite, die mit Text gefüllt wird, der von jedem Besucher geändert werden kann. „Wikipedia" ist das bekannteste Beispiel (www.wikipedia.org).

Die Lehrbuch- und Sachbuchtexte verdeutlichen neben der Wahrnehmung von Web 2.0-Anwendungen auch, dass das Internet als Ganzes als ein Hilfsmittel für die Anwender und Entwickler gesehen wird:

DAS INTERNET IST EIN WERKZEUG

(75) Sie zeigen, dass das Internet ein inzwischen weit verbreitetes *Hilfsmittel* ist, um Kontakte auch über weite Entfernungen hinweg aufrechtzuerhalten. (A, 507)

(76) Web 2.0 wurde später dann auch als Konferenzleitthema proklamiert, um damit die neuen Methoden der Softwareentwickler, das Web als Plattform für die Anwendungsentwicklung zu nutzen, sowie neue, von Endbenutzern genutzte Einsatzmöglichkeiten zu bezeichnen, die das Web vorwiegend als *Tool* zum Aufbau von Communitys einsetzen. (B, 68)

(77) Letztendlich ist das Internet so auch zu einem *Werkzeug* zur Selbstverwirklichung im Sinne der letzten Stufe der Maslow'schen Bedürfnispyramide geworden. (B, 189)

Theater-Metapher

Bei den Konstellationsmetaphern stellt die Theater-Metapher ein in allen untersuchten Texten sehr häufig vorkommendes Konzept dar. Mit Zunahme des Fachlichkeitsgrades vom Sachbuch über das Lehrbuch bis hin zum wissenschaftlichen Artikel steigt auch die Anzahl der einzelnen types. So lassen sich in den Sachbüchern 24 verschiedene Wörter finden, in den Lehrbüchern 14 und in den wissenschaftlichen Artikeln elf. Dies liegt wahrscheinlich hauptsächlich an der Länge der Texte, haben die Sachbücher doch deutlich mehr Raum zur Verfügung. Die hier verwendeten Metaphern sind sämtlich konventionalisierte Metaphern, die sowohl im Allgemeinwortschatz als auch im Wortschatz des Internets gebräuchlich sind und kaum noch als metaphorische Verwendungsweisen auffallen. Dabei dienen vor allem die Rollenverteilung bei einem Theaterstück und der Bühnenaufbau als Ursprungsbereiche. In allen untersuchten Texten stellt das Web 2.0 die Bühne für diverse Akteure dar und bildet den Rahmen für Aktionen, die auf den verschiedenen Ebenen der Bühne stattfinden.

Neben einer ungefähr gleichen Verteilung der Theater-Metapher in allen Texten gibt es Differenzen bei den semantischen Aspekten, entsprechend der Rollenverteilung der einzelnen metaphorisch verwendeten Wortgruppen, was wiederum auf der unterschiedlichen Ausrichtung und Zielgruppe der Texte beruhen könnte. So spielen in den fachinternen Texten der Artikel und Lehrbücher vor allem die einzelnen Anwendungen die Hauptrolle, während in den Sachbüchern vor allem der individuelle Anwender selbst im Vordergrund steht. Dabei sind die Metaphern in den Sachtexten detaillierter als jene in den fachinternen Texten. Es lässt sich demnach folgendes übergeordnetes Metaphernkonzept herausfiltern:

WEB 2.0 IST EINE BÜHNE

(78) Selbst den Protagonisten des Web 2.0-Trends dürfte es schwer fallen, eine genaue Definition dessen zu geben, wofür der Begriff ganz genau steht. (A, 9)

(79) Häufig werden daher die Beiträge für Video-Podcasts von Medien-Profis in Szene gesetzt und komplett erstellt. (A, 149)

(80) Content Management Systeme kommen heute schon bei der Realisierung kleinerer Web-Präsenzen anstellte einfacher HTML-Editoren zum Einsatz. (A, 176)

(81) Mit nur wenig Aufwand können Sie langsam, quasi als Zuschauer von der Tribüne, die Funktionsweise des Netzwerks beobachten – und lernen. (A, 228)

(82) Ihnen allen ist gemeinsam, dass die einstigen Medienkonsumenten nunmehr als Produzenten auftreten. (A, 399)

(83) Datengetriebene Plattformen: Im Mittelpunkt elektronischer Wertschöpfungsprozesse im Web 2.0 stehen Datenbanken, deren Daten wichtiger sind als die Anwendungen bzw. Plattformen, die diese nutzen. (B, 19)

(84) Dies führt dazu, dass viele Beobachter vom Web 2.0 reden, das eine ganz neue (Web-) Welt darstellt, obwohl die technischen und organisatorischen Grundlagen bereits im "Web 1.0" gelegt waren. (B, 128)

(85) Bei diesen Anwendungen stehen die Individuen und die Kommunikation untereinander im Vordergrund. (B, 201)

(86) Im Gegensatz zu traditionellen Social Networks ermöglicht die IT-gestützte Vernetzung einzelner Akteure eine wesentlich höhere Transparenz des Beziehungsgeflechts. (C, 29)

(87) Wobei die Trennung dieser zwei Rollen [Internetmacher und Internetnutzer] überwunden werden soll. (C, 77)

(88) Diese Aktivitäten bringen Imagegewinn und viel Presse: die beste Methode also, seine Produkte und Services einem breiten Publikum bekannt zu machen. (C, 136)

Das Konzept WEB 2.0 IST EINE BÜHNE kann weiterhin noch untergliedert werden. Es wird ein untergeordnetes Konzept zur Rollenverteilung in einem Theaterstück herausgefiltert wie WEB 2.0-NUTZER SIND THEATERAKTEURE. Dabei werden, wie von Lakoff und Johnson erläutert, bestimmte Aspekte hervorgehoben und andere verborgen. Hervorgehoben wird hier die Verteilung von Rollen an einzelne Nutzer und Anwendungen, denen damit bestimmte Aufgaben und Funktionen zukommen wie beispielsweise das Bereitstellen einer Blog-Software durch eine Anwendung oder das Produzieren von Blog-Inhalten durch individuelle Nutzer. Im Gegensatz dazu wird das Merkmal des Schauspielerns von einem Bühnenprotagonisten verborgen.

Zugleich sind die Web-2.0-Nutzer auch selbst das Publikum, das anderen Nutzern und Anbietern bei der Teilnahme am Web 2.0 zuschaut. Aus den gefundenen Metaphern lässt sich das Konzept WEB-2.0-NUTZER SIND ZUSCHAUER VOR DER BÜHNE herausarbeiten. In den Sachbüchern wurden folgende Wörter und Wortgruppen in metaphorischer Verwendungsweise gefunden:

Präsentation auf einer Bühne	Rollenverteilung auf den verschiedenen Ebenen einer Bühne	Publikum
Sich darstellen	Akteure	Publikum (5x)
	Protagonisten	
Sich präsentieren (2x)		Zuschauer von der Tribüne
Internet-Präsenz	Untergeordnete Rolle spielen	
Webpräsenz (3x)		
Präsentieren (3x)	Aus der passiven Rolle herausgeholt	
Präsentation (2x)		
Präsenz	Nicht dieselbe Rolle spielen	
Präsent sein	Eine besondere Rolle	
	Immer wichtigere Rolle spielen	
Web-Auftritt (2x)	Eine wichtige Rolle spielen (3x)	
Auftritt		
Auftreten (4x)	Keine Rolle spielen	
In Szene gesetzt	Im Vordergrund stehen (2x)	
	In den Vordergrund stellen (2x)	
	In den Mittelpunkt gerückt	
	Im Mittelpunkt stehen.	

Tabelle 1 - Theater-Metapher in fachexternen Texten

Obwohl die Theater-Metapher in den fachexternen Texten variiert auftritt, wird sie in den fachinternen Texten mit sehr ähnlichen Lexemen bedient:

Präsentation auf einer Bühne	Rollenverteilung auf den verschiedenen Ebenen einer Bühne	Publikum
Darstellen (4x)	Akteur (7x)	Publikum (7x)
Darstellung	Protagonisten (2x)	
Sich präsentieren	Rollenverteilung (2x)	
Präsentieren	Rollen (2x)	
Audio-, Videopräsentation	Eine untergeordnete Rolle spielen	
Präsenz	Eine Rolle spielen	
Web-Auftritt		
	Vor diesem Hintergrund (2x)	
	Im Vordergrund stehen (5x)	
	Im Mittelpunkt stehen (3x)	
	In den Vordergrund rücken	
	In den Mittelpunkt rücken	

Tabelle 2 - Theater-Metapher in fachinternen Texten

Bauwerk-Metapher: Plattform

Lakoff und Johnson nennen als Beispiel für die Bauwerk-Metapher das Konzept THEORIEN SIND BAUWERKE, weil Theorien aus einem Fundament bestehen, welches auf Argumente gestützt die Theorie „untermauern". Die Bauwerk-Metapher ist in den untersuchten Texten eine der häufigsten, sie dient vor allem dazu, die Konzeption des Web 2.0 und dessen Anwendungen zu verbildlichen. In den fachexternen und fachinternen Texten werden Web 2.0-Anwendungen primär mit der Bauwerks-Metapher umschrieben:

WEB 2.0 ANWENDUNGEN SIND BAUWERKE

(89) Derartige Dienste leben ausschließlich von den Aktivitäten der Teilnehmer, sie selbst stellen im Grunde nur das technische *Grundgerüst* zur Verfügung und übernehmen Kontrollfunktionen. (A, 27)

(90) Die *Erstellung* eines Blogs setzt nur minimale technische Kenntnisse voraus. (A, 42)

(91) Nutzer, die auf diese Weise solche *Pipes erstellt* haben, können die *Konstruktionspläne* ebenfalls veröffentlichen und anderen Nutzern zur Verfügung stellen, die dann über einfache Anpassungen ihre eigenen Mashups erstellen können. (A, 120)

(92) XING bietet zusätzlich sogenannte „Applikationen" (unter dem Menüpunkt „Start") an, die Sie in Ihr *Profil* oder Ihre Startseite *einbauen* können. (A, 268)

(93) Eine *Architektur* der Beteiligung: Aus Nutzern werden Entwickler, Betreiber von Websites oder Autoren. (A, 383)

(94) Aus Sicht der beteiligten Unternehmen erfordert dies vor allem offene, auf leichtgewichtige Technologien basierende Programmierschnittstellen und *Architekturen*, die

(95) eine schnelle *Erstellung* eigener Dienste (sog. Mashups) und eine einfache Nutzung fremder Dienste ermöglichen. (B, 24)

(95) Das Web 2.0 lässt sich in etwa so charakterisieren: Es ist eine Ansammlung von Anwendungen und Technologien, mit denen Benutzer *Inhalte erstellen*, bearbeiten und verteilen, gemeinsame Vorlieben, Lesezeichen und Online-Rollen teilen, an virtuellen *Leben* teilnehmen und Online-Communitys *aufbauen* können. (B, 67)

(96) Es unterschied sich sehr stark vom Web 1.0, in dem jede vom Benutzer angeforderte Änderung dazu führte, dass die Seitenanzeige neu *aufgebaut* werden musste. (B, 137)

(97) Weitestgehend anerkannt ist die Auffassung, dass Online Social Networks eine besondere Form von Gemeinschaft sind, bei denen die Interaktion und die Kommunikation der Akteure durch eine technische *Plattform* und die *Infrastruktur* des Internets unterstützt wird. (C, 12)

Es lassen sich diesem Konzept weitere subordinieren:

NETZWERKE SIND BAUWERKE

(98) Ein weiteres wichtiges charakteristisches Element von MySpace ist der *Aufbau* von Netzwerken, zu denen man Freunde oder Bekannte einlädt. (A, 79)

(99) Das Web 2.0 lässt sich in etwa so charakterisieren: Es ist eine Ansammlung von Anwendungen und Technologien, mit denen Benutzer Inhalte *erstellen*, bearbeiten und verteilen, gemeinsame Vorlieben, Lesezeichen und Online-Rollen teilen, an virtuellen Leben teilnehmen und Online-Communitys *aufbauen* können. (B, 67)

(100) Blogs, Wikis, Flickr und YouTube sowie Services zum Chatten ziehen viele Benutzer an, doch Millionen von Benutzern strömen vor allem in die Netzwerk*plattformen*. (C, 106)

WEBSEITEN SIND BAUWERKE

(101) Es gibt hier keine statischen Webseiten mehr, sondern bestenfalls noch Gerüste, die mit immer neuen Inhalten aktualisiert und auf die individuellen Bedürfnisse der Nutzer zugeschnitten werden können. (A, 23)

(102) Es unterschied sich sehr stark vom Web 1.0, in dem jede vom Benutzer angeforderte Änderung dazu führte, dass die Seitenanzeige neu aufgebaut werden musste. (B, 137)

KONTAKTAUFNAHME IST ERRICHTUNG EINES BAUWERKS

(103) Durch die Einfachheit dieser Rückmeldung werden sonst bestehende *Barrieren* für eine Kontaktaufnahme weitgehend abgebaut.(A, 46)

(104) Im Jahr 2001 entstand mit Ryze.com das erste Business Network, welches den *Aufbau* und die Pflege von geschäftlichen Kontakten unterstützt […]. (C, 39)

Auffällig in allen Texten, und damit auch im Vokabular zum Internet, sind die Bezeichnungen „Plattform" und „Portal" für die verschiedenen Dienste und Anwendungen, die im Web 2.0 angeboten werden. Plattformen sind hier zum Beispiel soziale Netzwerke wie Facebook und StudiVZ, auf denen eine Vernetzung zwischen den Nutzern stattfindet. Portale sind Webseiten wie YouTube, hier findet der Nutzer vor allem Inhalte und Informationen. Eine Plattform ist laut Duden Rechtschreibung (2011):

> **Plątt|form, die:**
> 1. [frz. plate-forme, aus: plat (platt) u. forme < lat. forma, Form] *(mit einem Geländer gesicherte) ebene Fläche auf hohen Gebäuden, Türmen o. Ä. (von der aus man einen guten Ausblick hat).*
> 2. [frz. plate-forme, aus: plat (platt) u. forme < lat. forma, Form]
>   a) *Fläche am vorderen od. hinteren Ende älterer Straßen- od. Eisenbahnwagen zum Ein- u. Aussteigen;*
>   b) *(bei Wagen, die dem Gütertransport dienen) einer Laderampe ähnliche, aufklappbare Fläche zum leichteren Be- u. Entladen.*
> 3. *Basis, Standpunkt, von dem bei Überlegungen, Absichten, Handlungen, politischen Zielsetzungen o. Ä. ausgegangen wird:*
>   eine gemeinsame P. finden.
> 4. (EDV) *Betriebssystem o. Ä. als Voraussetzung für die Anwendung bestimmter Computerprogramme.*

„Plattform" wird hier auch bereits für den EDV-Bereich definiert, allerdings wird dabei auf verschiedene Computersysteme bezüglich der Systemarchitektur verwiesen wie PC-Plattformen oder Mac-Plattformen.[35] Für das Web 2.0 wird der Begriff Plattform im Sinne einer Basis verstanden, auf der Dienste bereitgestellt werden und auf der verschiedene Aufgaben getätigt werden können.

Personifikation/Animation

Die Personifikations- beziehungsweise Animationsmetapher tritt in den untersuchten Texten in ähnlicher Häufigkeit mit durchschnittlich 12,91 % aller Metaphern auf. Sie kommen im Durchschnitt in den fachinternen Texten mit 13,20 % und in den fachexternen Texten mit 11,86 % vor. Dabei sind die gefundenen sprachlichen Metaphern sehr heterogen, wie schon in Kapitel 3.4.2 zur Erläuterung der Metaphernkategorien verdeutlicht. Der Hauptteil der gefundenen Metaphern beruht auf menschlichen Eigenschaften, vor allem jedoch geht es um die Entwicklung eines Abstraktums, die mit der Entwicklung des Menschen verglichen wird. So wird sowohl in den fachinternen als auch in den fachexternen

---

[35] PC-Plattformen haben meist ein Betriebssystem von Windows oder Linux. Mac-Plattformen laufen meist mit MacOS-Betriebssystemen (vgl. Prevezanos, 2011, S. 673).

Texten vor allem auf das Internet beziehungsweise Web 2.0 im weiteren Sinne eingegangen und diesem der menschliche Lebenszyklus metaphorisch gegenübergestellt:

WEB 2.0 IST EIN LEBEWESEN

(105) Auch das Web ist dank Social Software *menschlicher* geworden. (A, 550)

(106) In nur gut 10 Jahren hat sich das Internet von einer Spielwiese für einige wenige Wissenschaftler und Technikfreaks zu einem echten Massenmedium in allen technisierten Ländern rund um den Globus *entwickelt*. (A, 29)

(107) Web 2.0 war *geboren*. (B, 5)

(108) Im Jahr 2000 begannen Internet und Web sich zu einem Modell *weiterzuentwickeln*, das sich sehr von den ursprünglichen Modellen unterschied, die auf die E-Mail-Kommunikation zwischen Einzelpersonen und die Anzeige von statischen Webseiten ausgerichtet waren. (B, 60)

(109) Das Internet *kommt in die Jahre*. (C, 150)

(110) Dies zeigt auf, dass der Gemeinschaftsgedanke an sich […] ein bereits seit langem bekanntes und viel untersuchtes Phänomen ist, welches allerdings mit der *Entwicklung* des Internets und dem *Aufkommen* von Online Social Networks eine neue Dimension erhielt. (C, 35)

Die fachexternen Texte hingegen enthalten weitere Metaphern, die sich auf die Entwicklung der Dienste und Anwendungen des Web 2.0 im Allgemeinen konzentrieren:

WEB 2.0-DIENSTE SIND LEBEWESEN

(111) Derartige Dienste *leben* ausschließlich von den Aktivitäten der Teilnehmer, sie selbst stellen im Grunde nur das technische Grundgerüst zur Verfügung und übernehmen Kontrollfunktionen. (A, 27)

(112) Während niemand weiß, welche einzelnen Dienste *überleben* und welche neuen *kommen* werden, kann man davon ausgehen, dass die Grundprinzipien und Funktionen von Social Media auf lange Zeit erhalten bleiben. (A, 365)

(113) Der Nachteil an den so genannten Desktop-*Feed-Readern* ist, dass sie die Nachrichten nur von denjenigen PCs aus *abholen* können, auf denen sie installiert sind. (A, 444)

(114) So lässt sich iTunes mit RSS-Feeds *füttern*, wobei Enclosures automatisch auf den angeschlossenen MP3-Player kopiert werden. (A, 452)

Zu den Anwendungen im Einzelnen lassen sich schließlich in den Sachbüchern und den wissenschaftlichen Artikeln Metaphern finden, die Spezifizierungen der eben genannten sind:

BLOGS SIND LEBEWESEN

(115) Die vielfältigen Verknüpfungen der Blogs untereinander (Kommentare, Verweise auf andere Blogs, Trackbacks etc.) lassen die Blogs als einen speziellen Teil des Web *zusammenwachsen*. (A, 52)

(116) Ein Blog wird erst durch die aktive Teilnahme der Leser richtig *lebendig*. (A, 138)

(117) Viel Zuspruch erhalten Blogs, die *sich* kritisch mit gesellschaftlichen Themen und Entwicklungen *auseinandersetzen*. (C, 87)

WIKIS SIND LEBEWESEN

(118) Die Benutzer der Wikipedia sind auch ihre Erfolgsmacher, denn sie haben die freie Online-Enzyklopädie *mit Leben gefüllt*, genauer gesagt, mit 1.064.000 englischsprachigen und 380.000 deutschsprachigen Artikeln.(A, 456)

(119) Das Prinzip der Software, Websites für die Änderungen der Benutzer zu öffnen, war so erfolgreich, dass es bald Nachahmer fand – die *Geburtsstunde* der Wikis.(A, 467)

(120) Hieraus entsteht im ersten Schritt ein *Klon*. So ist die populäre Wiki-Software Use-ModWiki ein (indirekter) *Abkömmling* des WikiWikiWebs.(A, 480)

(121) Neben Blogs sind es vor allem Wikis, die als Plattform für den Austausch von Information *dienen*. (C, 89)

Das folgende spezielle Metaphernkonzept konnte wiederum in allen Texten aufgefunden werden:

NETZWERKE SIND LEBEWESEN

(122) Niemand kann sagen, welche Netzwerke dauerhaft *überleben* werden – die Prinzipien dahinter werden aber bleiben. (A, 209)

(123) Einer der *Urahnen* solcher Social-Network-Websites mit mittlerweile weit über zwanzig Millionen registrierten Nutzern ist Friendster. (A, 513)

(124) Das Internet begann als einfaches Netzwerk, das die Übertragung von E-Mails und Dateien zwischen entfernten Communitys *unterstützte*. (B, 56)

(125) Soziale Netze *hoffen*, zu einem "sozialen Betriebssystem" bzw. einer Plattform zu werden, die E-Mails der Benutzer, Tweets, andere sozial orientierte Sites, Videos und Musik koordiniert. (B, 103)

(126) Viertens zieht das *Wachstum* von Online Social Networks eine Reihe von neuen Anwendungen nach sich. (C, 54)

Der Begriff des „Netzwerks" ist selbst wiederum eine metaphorische Wortschöpfung, die sich auf die Bedeutung eines „Netzes" als einem verknüpften Gebilde bezieht, wie in Abschnitt 6.2.1 zur Netz-Metapher bereits dargestellt.

Kriegs-Metapher

Die Kriegs-Metaphorik wird im Alltag vor allem bei Diskussionen und im politischen Zusammenhang eingesetzt (ARGUMENTIREN IST KRIEG, vgl. Lakoff & Johnson, 2008, S. 11 f.). Auch in den hier untersuchten Texten werden sprachliche Äußerungen dieser Art angewendet, mit einer Prozentzahl an Konstellationsmetaphern von 6,04 % in den fachinternen und durchschnittlich 6,26 % der Konstellationsmetaphern in den fachexternen Texten. Mit den verwendeten Kriegs-Metaphern wird vor allem auf die Offensive eines Kriegsgeschehens verwiesen. So „erobern" die verschiedenen Anwendungen des Web 2.0 die Internetgemeinde und führen damit eine „Revolution" an, die begründet ist auf den „Strategien" der Anwendungsbetreiber. Die folgenden Beispiele verdeutlichen die „Angriffs-Mentalität", die mit dem Fortschreiten des Internet und damit des Web 2.0 einhergeht:

FORTSCHRITT IM INTERNET IST KRIEG

(127) Google *beherrscht* nicht nur den Markt für Suchanfragen im Internet, sondern könnte mit seinen Angeboten von Online-Anwendungen (Google Mail oder die Office-Anwendungen Text & Tabellen) sogar die nächste *Revolution* auf dem IT-Markt beginnen. (A, 36)

(128) Erst dann konnten die Social-Software-Anwendungen ihren *Siegeszug antreten*, auf dem sie sich derzeit befinden. (A, 374)

(129) Doch bis zum *Durchbruch* der Blogs war es noch ein weiter Weg. (A, 401)

(130) Und doch sind so genannte standortbezogene Dienste *auf dem Vormarsch*. (A, 530)

(131) Das aktuelle Web 2.0 ist – einfach betrachtet – in erster Linie eine Sammlung von Informationen, die von unterschiedlichen Organisationen und, mit dem *Einzug* von Web 2.0-Konzepten, verstärkt auch von Privatpersonen veröffentlicht werden. (B, 32)

(132) Ihre Offenheit musste allerdings etwas eingeschränkt werden, weil die Qualität von Wikipedia von *böswilligen Attacken* und politischen Auseinandersetzungen *bedroht* wird. (B, 219)

(133) Blogs sind außerdem als *Frühwarnsysteme* zur Erkennung neuer Kundentrends nutzbar. (C, 189)

(134) Es ist deshalb damit zu rechnen, dass der *Einsatz* von Social Software auf absehbare Zeit so selbstverständlich sein wird, wie es heute E-Mail ist. (C, 199)

Wie bei vielen der bereits vorgestellten Metaphernkonzepte sind die sprachlichen Metaphern hier eher konventionalisierter Natur, das heißt, ihre Verwendung ist für den Sprecher im Laufe der Zeit nicht mehr bewusst metaphorisch. Dennoch beeinflussen sie die Wirkung der Darstellung auf den Leser, der das vermehrte Auftreten und die schnelle Entwicklung der Web 2.0-Anwendungen mit einer angriffsähnlichen Situation verbindet. Es werden in den Texten zudem keine Begriffe verwendet, die auf ein defensives Verhalten schließen lassen, es geht schließlich um das „Voranschreiten" und das „Erobern" eines vielversprechenden Marktes im Internetsektor.

6.2.6 Kreative Metaphern

Die in den vorherigen Abschnitten erläuterten Metaphernkonzepte werden vor allem durch konventionalisierte sprachliche Metaphern realisiert. Im Korpus wurden aber auch einige neuartige, kreative Metaphern gefunden, die im Folgenden dargestellt werden.

Lagerhaus-Metapher

Die Lagerhaus-Metapher, die zunächst als Vergleich eingeführt wird, findet explizite Verwendung im Sachbuch von Schlüter und Münz (2006), um die Funktionsweise von sozialen Anwendungen des Web 2.0 näherzubringen. Dabei werden die einzelnen Anwendungen wie Facebook, Twitter und XING in Kontext zum Begriff des Lagerhauses gestellt, in dessen Regalen Informationen gelagert werden. Die Informationen stammen von den Anbietern und den Nutzern der Dienste:

> WEB 2.0-ANWENDUNGEN SIND LAGERHÄUSER
>
> (135) Natürlich ist es im Interesse der Betreiber, dass möglichst viele Menschen mit möglichst vielen Informationen die *Regale eines Lagerhauses* befüllen. (A, 224)
>
> (136) Alle, die bei dem jeweiligen *Lagerhausbetreiber*, den Unternehmen XING AG, Facebook Corp. Etc., mitmachen, können dort zunächst einmal Informationen abholen. Der *Lagerhalter* stellt dabei viele Dienste an der *Laderampe* zur Verfügung. Er lässt sozusagen viele *Gabelstapler* schnell durch das *Lager* fahren, um uns alle immer blitzschnell bei dem, was wir *abholen* wollen, zu bedienen. (A, 212)
>
> (137) Die Webanwendungen *speichern* die Ergebnisse dieser Aktivitäten dauerhaft. (A, 385)
>
> (138) Die Möglichkeit, eine Seite zu bearbeiten und zu *speichern*, sind die wesentlichen Funktionen eines Wikis. (A, 564)

Die Beispiele (135) und (136) zeigen die explizit verwendeten Metaphern bei Schlüter und Münz, während die Beispiele (137) und (138) in den beiden anderen Sachbüchern benutzt wurden, ohne explizit auf den Begriff des „Lagerhauses" zu verweisen.

Von der Lagerhaus-Metapher wird implizit in den fachinternen Texten Gebrauch gemacht, vor allem jedoch in den Lehrbuchtexten. Dabei entsteht ein spezifischeres Metaphernkonzept:

> WEBSEITEN SIND LAGERHÄUSER
>
> (139) Die Site wurde mit mehr als 5 Milliarden benutzergenerierter Bilder und Videos die beliebteste Website zum *Einstellen* von Fotos. (B, 73)
>
> (140) Heute *speichert* jede dieser Sites für ihre Kunden kostenlos mehr als 5 Milliarden Fotos. (B, 76)
>
> (141) Social-Tagging-Websites ermöglichen es Millionen von Benutzern, ihre Lesezeichen oder Browser-"Favoriten" *in eine Website zu stellen*, in der andere Benutzer die Links bewerten können. (B, 169)

(142) Ursprünglich nur auf dem PC als Rich Client laufende Software wird nun als browserbasierte Anwendung *ins Netz gestellt*. (C, 119)

Krankheits-Metapher

Zu den in den untersuchten Texten seltener vorkommenden Metaphern zählt die Krankheits-Metapher. Sie wird dabei durch zwei kreative Metaphern vertreten: „virales Marketing" und „Wikidemie".

Die kreative Metapher des „viralen Marketing" bezieht sich auf die Eigenschaften eines Virus, der sich durch Übertragung verbreitet und die betreffenden Wirte infiziert. Diese Metaphorik ist bereits vom „Computervirus" bekannt, dem die gleichen Merkmale zugeschrieben werden, um dessen Vorgehensweise verständlicher zu machen. In den untersuchten Texten wird auf das neuartige Phänomen des „viralen Marketing" jeweils ein Mal verwiesen. Diese Metapher steht für Werbemaßnahmen von Unternehmen, die soziale Netzwerke und Medien einsetzen, um eine Information über ein Produkt oder eine Dienstleistung ähnlich wie ein Virus innerhalb kürzester Zeit zu verbreiten. Dadurch entstehen sogenannte „soziale Epidemien", in denen die Information von Mensch zu Mensch übertragen wird (Langner, 2009, S. 27).

Die zweite Metapher „Wikidemie" scheint eine von den Autoren Szugat, Gewehr und Lochmann (2006) selbst kreierte Metapher zu sein. Eine deutsche Stichwort-Suche sowohl im Duden als auch im Internet führt zu keinem Ergebnis, nur einem Hinweis auf das Werk der Autoren. Es gibt einzelne Verweise auf englischsprachige Internetseiten. „Wikidemie" scheint hier erneut eines der vielen Lehnwörter aus dem Englischen für Begriffe des Internets zu sein. Wie die metaphorische Verwendung des Virus wird mit der Epidemie auf eine in starkem Maße auftretende, ansteckende Massenerkrankung hingewiesen. In diesem Sinne treten Wiki-Anwendungen in einer großen Anzahl im Web auf und werden innerhalb kürzester Zeit von vielen Nutzern verwendet. Allein das einmalige Auftreten des Begriffs „Wikidemie" und drei Fundstellen zum Begriff „virales Marketing" erlaubt hier nur die Formulierung eines vorläufigen Metaphernkonzepts, dass weiter durch keine weiteren sprachlichen Metaphern bestätigt werden kann:

WIKI-ANWENDUNGEN SIND EINE EPIDEMIE

(143) *Wikidemie* (A, 459)

(144) Anders ist die Lage dagegen beim so genannten *viralen* Marketing. (A, 155)

(145) Dabei können die Werbebotschaften *viralen* Charakter entwickeln: Ein Videoclip wird auf einem Videoportal veröffentlicht, der von ein paar Nutzern in ihre Webseite eingebunden wird. (B, 160)

(146) Wichtig ist, dass erst das Verständnis der Struktur von Online Social Networks es ermöglicht, Nutzenpotenziale, z.B. im *viralen* Marketing, zu erschließen sowie nachhaltige Geschäftsmodelle zu etablieren. (C, 34)

Blogs und die Blogosphäre

Der Begriff „Blog" ist die Kurzform des Begriffs „Weblog", welcher aus ‚web' und ‚logbook' (Logbuch) zusammengesetzt ist. Der Begriff Logbuch kommt ursprünglich aus der Seefahrt und beschreibt die Dokumentation wichtiger Ereignisse in einem Buch. Ein Blog im Internet ist eine tagebuchartig geführte Webseite, deren neuester Eintrag an erster Stelle angezeigt wird und die ständig um Kommentare oder Notizen ergänzt werden kann. Meist widmet sich ein Blog einem speziellen Thema, manche Nutzer „bloggen" auch ihrem Leben oder unterstützen andere Nutzer bei Problemen.

Der Begriff ist eine metaphorische Wendung, indem das Logbuch, ein Tagebuch auf Seeschiffen, projiziert wird. Mehrere Blogs können über Verlinkungen miteinander vernetzt werden und bilden dann die sogenannte „Blogosphäre". Die Blogosphäre wiederum ist somit eine neue Form eines Netzes im Internet, mit dem Begriff „Sphäre" wird allerdings weniger die netzartige Verbindung über physische Teilstücke wie Kabel angesprochen, sondern eher der große Bereich der verlinkten Blogs, der jeden einzelnen Blog umgibt:

(147) Durch alle diese Querbezüge entsteht ein *dichtes Netzwerk*, das als *Blogosphäre* bezeichnet wird und in Abb. 5-5 dargestellt ist. (B, 211)

In den untersuchten Texten werden den Blogs und der Blogosphäre Eigenschaften zugeschrieben, die dazu führen, dass beide weiter differenziert werden, wodurch sie als Behälter und Person verstanden werden. Solche Sätze sind in die Personifikationsmetapher einzuordnen. Zur Veranschaulichung dienen folgende sprachliche Metaphern aus dem Korpus:

DIE BLOGOSPHÄRE IST EIN BEHÄLTER

(148) *Innerhalb der Blogosphäre* verbreiten sich Nachrichten bzw. Meldungen dann recht schnell. (A, 53)

(149) *Innerhalb der Blog-Szene* ist es heftig umstritten, ob man Unternehmensblogs überhaupt als vollwertige *Bestandteile der Blogosphäre* betrachten soll. (A, 132)

DIE BLOGOSPHÄRE IST EIN LEBEWESEN

(150) Die Blogosphäre (die komplette Blogger-Community im Internet) ist gegenüber Blogs, die nur zum Zweck der persönlichen finanziellen Bereicherung erstellt werden, *oft feinselig gesinnt.* (B, 165)

(151) *Die Szene – die Blogosphäre - kennt sich*, man kommentiert sich gegenseitig und interessante Meldungen verbreiten sich wie Lauffeuer. (C, 86)

6.3 Unterschiedlich verwendete Konstellationsmetaphern

Die folgenden Metaphernkonzepte treten nicht gemeinsam in allen untersuchten Texten auf. Sie sind entweder nur in einer Textsorte (Sachbuch, Lehrbuch oder wissenschaftlicher Artikel) oder nur in Texten der fachinternen oder fachexternen Kommunikation. Neben dieser quantitativen Ungleichverteilung kommt es vor, dass die Metaphernkonzepte innerhalb einer Metapherngruppe, wie zum Beispiel der Sport-Metapher, unterschiedlich sind. Die Metapherngruppe ist in allen Texten vertreten, jedoch durch jeweils andere Konzepte versprachlicht. Grund dafür ist ein unterschiedlicher Ursprungsbereich. Auf diese Ergebnisse in Bezug zur Fragestellung wird am Ende der Arbeit eingegangen.

Sport-Metapher

Die Sport-Metapher tritt in allen Textsorten mit einer ähnlich geringen Anzahl auf. In den Sachbüchern liegt sie mit 3,13 % aller Metaphern etwa 1,35 Prozentpunkte über dem Wert der Funde in den fachinternen Texten. Dennoch werden in der fachinternen und fachexternen Kommunikation unterschiedliche Konzepte zugrunde gelegt. Es werden in den Sachbüchern zwei Bilder assoziiert. Ein Bild stellt den Nutzer als Surfer darstellt, was bereits eine in den Sprachgebrauch fest verankerte Metapher darstellt.

DER INTERNETNUTZER IST EIN SURFER

(1) Die Internet-*Surfer* wollen nicht mehr nur ausschließlich (bebilderte) Texte vorgesetzt bekommen, sondern auch bewegte Bilder (Videos) oder Audiobeiträge abrufen können. (A, 91)

(2) *Surfen* Sie einfach mal zur Twitter-Webseite: http://twitter.com. (A, 277)

Zum anderen werden in den Sachbüchern die Anbieter von Leistungen im Web 2.0 als sportliche Gegner veranschaulicht, die in einem Wettkampf stehen. In den vorliegenden Texten ist der sportliche Wettkampf im Speziellen ein Rennen, dessen Startphase einen entscheidenden Abschnitt für die Anbieter darstellt. Der Begriff „Startphase" steht im Projektmanagement für den Zeitraum, in dem ein Unternehmen mit seinem Projekt „an den Start geht", das heißt in den jeweiligen Markt einsteigt. In den analysierten Sätzen wird auf diesen Zeitabschnitt eines Projekts im Web 2.0 eingegangen.

UNTERNEHMERISCHES HANDELN IST (KOMPETETIVER) SPORT

(3) Häufig wird der Fehler gemacht, dass Blogs zwar mit viel Enthusiasmus *gestartet* werden, nach einiger Zeit *dieser Schwung jedoch erlahmt*. (A, 139)

(4) Der Werbetreibende *gibt* gewissermaßen nur *den Startschuss*, die weitere Verbreitung der Inhalte übernehmen die Verbraucher selbst, indem sie andere Personen auf diese Inhalte hinweisen bzw. diese empfehlen. (A, 156)

(5) Neuer *Anlauf* mit Second Life (A, 165)

In den Lehrbüchern und wissenschaftlichen Artikeln lässt sich kein durchgängig konsequentes Metaphernkonzept finden. Es wird stattdessen eher Bezug auf vereinzelte Spielereignisse genommen, sodass kein übergeordnetes Metaphernkonzept extrahierbar ist:

(6) Mehrwerte entstehen erst durch das *Zusammenspiel* verschiedener, spezialisierter Informationsdienste. (B, 25)

(7) Gelingt dies nicht, so wird dies für einige OSN *das Aus* bedeuten. (C, 72)

(8) […] indem es auch bei älteren Altersgruppen *punktet* und sich infolgedessen in einer attraktiven *Nische* etabliert hat. (C, 62)

Handels-Metapher

Die Handels-Metapher wurde in geringer Anzahl und nur in den Sachbuch- und Lehrbuchtexten gefunden. In den gesichteten Metaphern ließ sich kein zusammenhängendes spezialisiertes Konzept ausmachen, alle verweisen lediglich auf den großen Bereich des Handels und heben bestimmte Aspekte dessen hervor und verbergen dadurch andere. Drei Sätze seien als Beispiel genannt:

(9) Vorangetrieben werden die aktuellen Entwicklungen dabei zu einem großen Teil vom *sozialen Kapital*, von dem eine Person umso mehr besitzt, je mehr Beziehungen sie zu anderen Personen unterhält, die untereinander wiederum möglichst unverbunden sind. (B, 10)

(10) Blogs gelten als Wachstumsmarkt und Blogger sind deshalb ein heiß umkämpftes Klientel. (A, 418)

(11) Zeit, Bilanz zu ziehen und sich zu fragen, was den Erfolg oder Misserfolg vieler Social-Software-Anwendungen ausmacht. (A, 546)

Bürotätigkeiten-Metapher

Wie die Seefahrtsmetapher gehören die metaphorischen Wendungen mit dem Quellbereich der Bürotätigkeiten zum ursprünglichen Internetvokabular, um die neuen Vorgänge zu Anfang der Internetnutzung für den Anwender explizit zu machen. Dafür wurden Begriffe wie „Posteingang", „Benutzeroberfläche", „Desktop" (dt. Schreibtisch), „Dokument", „ablegen" und viele andere auf die elektronischen Prozesse übertragen, um dem Nutzer Funktionen und Anwendungen zu veranschaulichen. Trotz ihrer Allgegenwärtigkeit bei der Arbeit mit Computern kommen sie bei dieser Analyse nur in den Sachbüchern gehäuft vor und werden durch verschiedene sprachliche Metaphern realisiert. Darüber hinaus wurden viele weitere Begriffe gefunden, die ursprünglich auf Tätigkeiten im Büro beruhen. So wird in den Texten unter anderem auf „Ordner" verwiesen, auf den „Posteingang", die „Pinnwand" und auch auf „Registerkarten":

(12) Auch im Hinblick auf das Layout unterscheidet das Erscheinungsbild des E-Mail-Dienstes im Web dann nichts mehr vom gewohnten Bild des Mail-Clients mit der *Ordnerleiste*, dem *Posteingang* und dem Vorschaufenster. (A, 106)

(13) Der zweifellos interessanteste Punkt für die Verfeinerung Ihres Profils findet sich unter der *Registerkarte* „Businessdaten". (A, 259)

(14) Auch wenn kommerzielle Nachrichtenanbieter zunehmend dazu übergehen, Werbung in ihre Newsfeeds einzubetten, gelangt auf diesem Weg kein Spam in den *Posteingang*. (A, 441)

(15) Auf der *Karteikarte* „*Pinnwand*" können Sie und die *Besucher* Ihres *Profils* Beiträge hinterlassen und Beiträge von anderen kommentieren/diskutieren. (A, 336)

Die fachinternen Texte bedienen sich selten, aber dann vor allem der Begriffe „Desktop", „Benutzeroberflächen" und „Dokumente":

(16) Reichhaltige *Benutzeroberflächen*: Webapplikationen im Web 2.0 präsentieren sich dem Nutzer nicht länger nur in Form von einfachen *Hypertext-Dokumenten*, sondern vereinen interaktive Elemente, die zuvor nur *Desktopanwendungen* vorbehalten waren. (B, 27)

(17) Erstens das große Bedürfnis von Menschen, sich mithilfe des Internets auszutauschen, sowie zweitens der Ansatzpunkt, das WWW nicht mehr vorrangig als Informationsplattform, sondern als interaktive Plattform ähnlich dem PC-*Desktop* zu konzipieren. (C, 75)

(18) Unabhängig von Zeit und Ort können *Dokumente* bearbeitet, wieder gespeichert (auch als PDF) und gedruckt werden. (C, 118)

Wasser- und Flut-Metapher

Die Wasser-Flut-Metapher wird in ähnlich niedriger Häufigkeit in beiden untersuchten Wissensvermittlungsarten eingesetzt. Der Wert der fachexternen Kommunikation liegt mit 10,07 % nur um 5,76 % höher als in der fachinternen Kommunikation. Wie bereits im Theorieteil zur Computersprache erörtert, gehört Wasser zu den am häufigsten verwendeten Quellbereichen für Begriffe in der Informatik. Aus den analysierten Metaphern lassen sich so bereits verankerte Begriffe finden, die für die Art der Informationsverbreitung verwendet werden. Informationen werden nicht einzeln und überschaubar versendet, sondern werden strom- oder flutartig massenhaft vom Sender zum Empfänger übertragen. Charakteristisch dafür sind Metaphern wie „Informationsflut", „Informationsfluss" und „Nachrichtenstrom", die auch in den untersuchten Texten auftreten. Daraus lässt sich folgendes Metaphernkonzept erschließen:

MASSE IST WASSER/FLUT

(19) Stets geht es darum, den Informations*fluss* zwischen vielen Personen zu organisieren. (A, 490)

(20) Sobald man einmal damit begonnen hat, Blogs zu abonnieren, wächst die Zahl der Blogs, News und sonstigen Informations*quellen* schnell an und es entsteht das Bedürfnis, Ordnung in die Informations*flut* zu bringen. (A, 445)

(21) Sieht man allerdings genauer hin, finden sich die Einflüsse der Social-Software-*Welle* durchaus auch bei bekannten, kommerziell orientierten Anbietern wieder. (A, 523)

(22) Und ebenso resultiert aus dieser Angebots*schwemme* auch für die Anbieter von Reisen und Urlaub ein Weniger an (Wieder-)Erkennungswert - denn sie werden mitunter schlichtweg übersehen. (B, 53)

(23) RSS-Feed: Damit die Daten online laufend aktualisiert werden, muss der *Datenstrom* abonniert werden. (C, 125)

Auffallend bei der Verwendung der Wasser-Flut-Metapher ist, dass in den fachexternen Texten vor allem die positiven Eigenschaften von Wasser betont werden, während sie in den fachinternen Texten nicht angesprochen und stattdessen eher die negativen Merkmale als Wertung verwendet werden. Die „hereinströmenden" Informationen scheinen in den Sachbüchern vorteilig für das Web 2.0 und seine Nutzer und Anbieter zu sein, während in den Lehrbüchern und wissenschaftlichen Artikeln vor allem der zerstörerische Aspekt einer Wassermasse hervorgehoben wird. Die beiden Textsorten wenden das Beleuchten und Verbergen bestimmter Eigenschaften demnach auf gegensätzliche Aspekte an (*Highlighting* und *Hiding*). Neben diesem Konzept lässt sich noch ein weiteres Konzept extrahieren, das vor allem in den fachexternen Texten eingesetzt wird:

WEB 2.0 IST EIN GEWÄSSER

(24) Dies liegt primär daran, dass gerade Journalisten und andere Medien-Macher zunehmend für ihre Recherchen auf die neuen *Informationsquellen* im Internet und hier wiederum besonders oft auf die Blogs zugreifen. (A, 61)

(25) Auch aktuelle Nachrichten zu bestimmten Regionen oder Städten lassen sich auf diesem Wege aus verschiedenen Quellen zusammenstellen. Ebenso können etwa lokale Nachrichten aus verschiedenen Quellen in einem Feed zusammengetragen werden. (A, 117)

(26) Wenn Sie diese Option aktivieren, wird Ihr Facebook-Profil künftig hoch gelistet auftauchen, wenn man nach Ihnen – etwa bei Google – sucht. (A, 335)

Dieses Konzept verdeutlicht die Eigenschaft des Web 2.0 als fließendes Element, Objekte und Gegenstände zu „tragen" oder auch zu umschließen. In diesem Sinne „tauchen" schließlich immer wieder neue Anwendungen im Internet „auf".

Maschinen-Metapher

In den fachexternen Texten wurde weiterhin das Metaphernkonzept mit dem Ursprungsbereich MASCHINE identifiziert. Es dient der Bezeichnung von Eingabe- beziehungsweise Dialog-Einrichtungen per Mausklick auf einer Webseite. Dafür wurden Begriffe genutzt, die aus dem Bereich der Geräte-Technik stammen und Vorrichtungen zum Herstellen oder Unterbrechen einer Verbindung bezeichnen, wie „Schaltfläche", „Schalterfeld", „Aus-Knopf" oder „Betrieb" und „Einrichtung":

EINE INTERNETSEITE IST EINE MASCHINE

(27) Wenn Sie einen neuen Kontakt gefunden haben, finden Sie auf dessen Profilseite die *Schaltfläche* „Als Kontakt hinzufügen". (A, 255)

(28) Durch das Anklicken der *Schaltfläche* „Anhängen" aktiviert man die Verlinkung. (A, 338)

(29) Das Ergebnis: Nutzer fragen nun über andere Social Media nach den *„Aus-Knopf"* von „Buzz". (A, 361)

(30) Auch wenn die Programme mittlerweile recht intuitiv zu bedienen sind, sind für die *Einrichtung* und den *Betrieb* derartiger Anwendungen nach wie vor einige Grundkenntnisse notwendig. (A, 175)

6.4 Diskussion der Ergebnisse

Die im vorhergehenden Abschnitt wiedergegebenen Ergebnisse werden nun in Hinblick auf die gestellten Fragen diskutiert. Die erste Frage lautet, inwiefern in fachexterner und fachinterner Wissensvermittlung Metaphernkonzepte zum Thema Web 2.0 eingesetzt werden, und ob dafür unter anderem unterschiedliche

Ursprungsbereiche herangezogen werden oder ob die verschiedenen Kommunikationsarten gleiche Ursprungsbereiche nutzen. Es wird zudem der Aspekt hinterfragt, mit welcher Quantität metaphorische Ausdrücke in den einzelnen Texten verwendet werden. Schließlich kann die übergeordnete Frage nach den Funktionen der Metaphern in den Texten mit Rückblick auf den theoretischen Teil dieser Arbeit beantwortet werden.

Mit der Aufstellung der Ergebnisse im vorherigen Abschnitt wird offensichtlich, dass sowohl gemeinsam als auch unterschiedlich angewendete Ursprungsbereiche zu finden sind. Dennoch werden deutlich mehr korrespondierende Ursprungsbereiche in beiden untersuchten Wissensvermittlungsarten eingesetzt. Da für die Wissensvermittlung vor allem die Konstellations- und bildschematischen Metaphern von Interesse sind, weil mit ihnen umfangreiche Strukturzusammenhänge projiziert werden, sind diese von besonderer Bedeutung in der folgenden Diskussion. Auch dass die Attributs- und ontologischen Metaphern im Allgemeinen und im Speziellen in den untersuchten Texten zu den stark konventionalisierten Metaphern gehören. Es kann ihnen kaum eine bewusst eingesetzte Wirkung zugeschrieben werden, zumindest nicht im Rahmen dieser Arbeit, da dazu andere Forschungszweige vertiefende Erkenntnisse liefern können. Die Konstellations- und bildschematischen Metaphern hingegen beinhalten unter Umständen nachvollziehbare bildliche Verweise, die auch für einen Laien verständlich sind.

Geht man weiterhin davon aus, ein häufig eingesetztes Metaphernkonzept habe nachhaltigen Charakter auf das Verständnis des Rezipienten hat, wächst demzufolge die Bedeutung der in den untersuchten Texten häufig vertretenen Konstellations- und bildschematischen Metaphern.

Die am häufigsten zusammen vorkommenden Konstellationsmetaphern sind die Personifikations-/Animations-, Theater- sowie die Bauwerk-Metapher. Diese drei werden sehr oft in allen Texten eingesetzt, um das Web 2.0 und dessen Bestandteile und Eigenschaften verständlich zu machen. Um Informationen und damit Wissen über diese Aspekte zu vermitteln, werden verschiedene sprachliche Metaphern genutzt, die bestimmte Merkmale des Ursprungsbereichs auf den Zielbereich abbilden und dabei gewisse Aspekte verbergen oder beleuchten (*Highlighting* und *Hiding*).

Mithilfe der *Personifikations-* beziehungsweise *Animationsmetapher* werden dem Web 2.0 und den damit verbundenen Komponenten menschliche beziehungsweise tierische oder auch pflanzliche Eigenschaften zugeschrieben. So wird das Web 2.0 insgesamt, einschließlich seiner Bestandteile, als ein Lebewesen gesehen. Auch Teile des Web 2.0, wie Blogs, Wikis und Netzwerke sind lebende Wesen. Die sprachlichen Metaphern, die diese Konzepte aktualisieren, sind dabei zum großen Teil konventionalisierte Metaphern, wobei dem Leser deren Verwendung selten bewusst ist. Der Rezipient hat diese bereits in seinem mentalen Lexikon gespeichert und ruft mit dem Verarbeiten des jeweiligen Satzes die relevanten Informationen/Bedeutungen ab und weist den Subjekten Web 2.0, Blog, Wiki oder Netzwerk jene Eigenschaften zu, die mit der Metapher vom Ursprungsbereich auf den Zielbereich übertragen werden sollen und den Zielbereich dementsprechend als Lebewesen strukturieren. Tabelle 3 zeigt, welche Zielbereiche in den fachinternen und fachexternen Texten mit dem Ursprungsbereich Mensch, Tier oder Pflanze metaphorisiert werden:

Fachintern		Fachextern
Lehrbücher	Wissenschaftliche Artikel	Sachbücher
Web 2.0 ...		Web 2.0-Dienste ...
		Blogs ...
		Wikis ...
Netzwerke ...		
... IST/SIND LEBEWESEN (MENSCH/TIER)		

Tabelle 3 - Zielbereiche für Personifikation/Animation

Aus den individuellen Erfahrungen, die die Rezipienten der hier untersuchten Texte mit den Ursprungsbereichen Mensch, Tier und Pflanzenwelt gemacht haben, können darauf basierende Analogien gebildet werden. Die zu den Ursprungsbereichen gespeicherten mentalen Modelle im Gedächtnis des Rezipienten helfen schließlich beim Verstehen des jeweiligen Zielbereichs, weil die in den sprachlichen Metaphern angesprochenen Merkmale auf den Ursprungsbereich abgebildet werden. In der Äußerung „Auch das Web ist dank Social Software menschlicher geworden" (A, 550) werden die zum Lexem „menschlich" abgespeicherten Merkmale und Bedeutungen wie „den Menschen betreffend", „sozial" oder auch „zu bewusstem Handeln fähig" sowie mögliche weitere oder andere Merkmale auf den Zielbereich des Webs projiziert. Je nach Kotext und Kontext werden die passenden Bedeutungen abgerufen und das Web in dieser Analogie verstanden. Anthropomorphisierende Metaphern werden in der Computer- und Internetsprache sehr häufig eingesetzt, um die Prozesse und Zusammenhänge der sehr technischen Phänomene des Internets und Computers nachvollziehen zu können. Die personifizierende Metaphorik dient sowohl dem Laien als auch dem Experten als Verständigungshilfe. So hat auch Busch (1998) mit der Analyse von Metaphern in der Informatik festgestellt:

> „Sowohl Computer-‚Laien' als auch –‚Freaks' neigen dazu, Computer, ihre Funktionen und Programme metaphorisch mit den ihnen Vertrautesten in Vergleich zu setzen – mit sich selbst und ihren eigenen Handlungen."
>
> Busch (1998, S. 235)

Die *Theater-Metapher* wandelt das Web 2.0 zu einer Bühne, auf der die (passiven) Teilnehmer und (aktiven) Nutzer, aber auch Dienste und Anwendungen, als Akteure handeln. Gleichzeitig sind die menschlichen Teilnehmer ihr eigenes Publikum. Die Bühne des Web 2.0 präsentiert auf ihren verschiedenen Bereichen jeweils verschieden wichtige Rollen, die je nach Gesichtspunkt, das heißt hier auch fachintern oder fachextern, von anderen Akteuren besetzt werden. In diesem Sinne können auch die einzelnen Anwendungen des Web 2.0 in Analogie einer Bühne verstanden werden, da je nach Anwendung andere Sachverhalte und Dienste „im Vordergrund stehen" und „eine bedeutende Rolle spielen", um nur auf zwei von vielen möglichen (konventionalisierten) sprachlichen Metaphern hinzuweisen. Dem Rezipienten werden damit indirekt die Bedeutungen der einzelnen besetzten Rollen klar, die er von Bühnenaufführungen kennt, und er weist so den Zielbereichen aufgrund der Gewichtung aus dem Ursprungsbereich die jeweilig analoge Gewichtung zu.

Neben der Personifizierung von Web 2.0-Anwendungen und der Theater-Metapher wird in allen Texten die *Bauwerk-Metapher* am häufigsten eingesetzt. Diese Metapher projiziert vor allem die Konstruktion, die verschiedenen Teile und deren Bedeutung, mit derer sich vielmals die „Stabilität" und „Standhaftigkeit" des zu erklärenden Abstraktums (Sachverhalt, Objekt) ableiten lässt und auch auf andere Eigenschaften, die einem Bauwerk zugeschrieben werden. Die Bauwerks-Metapher wird in allen im Korpus untersuchten Texten für die Zusammensetzung des Web 2.0 verwendet, so lässt sich in sämtlichen Texten das Metaphernkonzept WEB 2.0 ANWENDUNGEN SIND BAUWERKE extrahieren, dem sich weitere Konzepte unterordnen lassen. Das Web 2.0 wird als ein Gebilde aus verschiedenen Teilen metaphorisiert, die alle zusammen wiederum das Web 2.0 konstruieren. Dabei geht es in der Darstellung der Web 2.0-Dienste vor allem darum, den äußeren Aufbau zu verbildlichen. Es wird in den untersuchten Texten mit der Bauwerk-Metapher nicht auf den inneren Aufbau der Anwendungen eingegangen. „Netzwerke" lassen sich „aufbauen", in ein Profil kann etwas „eingebaut" werden und „Webseiten" stellen das Grundgerüst für verschiedene Aktivitäten bereit. Dies verdeutlicht, dass die Anwendungen selbst die Bausteine des Web 2.0 sind. Kleinere Komponenten, eben jene, aus denen die Anwendungen wiederum bestehen, werden in den Texten des Korpus nicht erläutert.[36] Zugleich existiert die neuartige Metapher der „Plattform", die sehr schnell in den Sprachgebrauch verankert wurde, als Bezeichnung einer Internetseite, die zur Vernetzung von Nutzern dient. Der Begriff wird in den Texten und in der Allgemeinsprache nicht konsequent definiert und eine Plattform wird so als „architektonische Basis" betrachtet, auf der die einzelnen Anwendungen aufsetzen.

Die Verwendung von konventionalisierten Metaphern ist aufgrund ihres subtilen, aber wirkungsvollen Einsatzes in der Wissensvermittlung von großer Bedeutung. Kreative Metaphern mögen auffälliger sein, doch können sie gerade wegen ihrer Neuartigkeit eher zu Verständigungsschwierigkeiten führen, wenn keine ausreichend adäquate Wissensbasis über die verwendeten Ursprungsbereiche vorliegt. Kann ein Rezipient von der Metapher projizierte Eigenschaften nicht zuordnen, finden auch keine zum Verständnis führenden Inferenzen statt, folglich kann die Metapher nicht als erfolgreich und wissensvermittelnd betrachtet werden.

Konventionalisierte Metaphern, die in der kognitiven Linguistik einen hohen Stellenwert besitzen, und die Teil der Alltagssprache sind, dienen aufgrund eines

---

[36] Dies würde vermutlich in Texten getan werden, die nicht explizit „einführend" sind.

gemeinsamen Vorwissens zwischen den Sprechern als ein einfaches und effektives Mittel zur Verständigung über schwer fassbare Begriffe und Konzepte.

Dass neuartige Metaphern besonders auffällig sind, und dem Rezipienten so stärker im Gedächtnis behaftet bleiben – sofern er die Metapher nachvollziehen kann, das heißt, den Ursprungsbereich erkennt und die nötigen Inferenzen zieht – werden nun schließlich in Wiederholung von Abschnitt 3.4 auch die in den Texten identifizierten kreativen Metaphern wichtig für die Diskussion.

Das „Lagerhaus" ist eine der kreativen Metaphern in den Korpustexten, wobei diese Metapher explizit im Sachbuch von Schlüter und Münz (2006) eingeführt wird, um die Funktionsweise von sozialen Internetanwendungen zu erklären. Auch die fachinternen Texte nutzen Begriffe eines Lagerhauses und wenden sie auf Aktionen (speichern, laden, stellen) im Web 2.0 an. Durch die explizite Verwendungsweise im Sachbuch sprechen die Autoren direkt ein im Gedächtnis des Rezipienten gespeichertes mentales Modell an, das als Gerüst für die weiteren Analogien im Zielbereich SOZIALE DIENSTE dient. Merkmale wie der Aufbau eines Lagerhauses, dessen Mitarbeiter und deren Handlungen werden direkt auf analoge Vorgänge im Web 2.0 angewendet, sodass der Rezipient das ihm noch unverständliche soziale Netz rekursiv zum Lagerhaus begreifen kann. Jene Begriffe, die in der fachinternen Literatur implizit genutzt werden, sind wie viele der hier gefundenen Metaphern bereits Teil des deutschen Sprachgebrauchs, aber ihre ursprünglich nicht-metaphorische Verwendungsweise existiert parallel weiter. „Speichern", „laden" und „stellen" werden weiterhin in ihrer wörtlichen Bedeutung verwendet. Die Metapher des Lagerhauses hingegen ist zumindest in den analysierten Texten eine einmalige metaphorisch-kreative Beschreibung bei Schlüter und Münz.

Sehr kreative, wenn auch nur sehr selten eingesetzte Metaphern, sind die des „viralen Marketing" und der „Wikidemie", die beide noch sehr junge Phänomene darstellen. Beide sprechen die Eigenschaft der schnellen Verbreitung eines biologischen Virus an und ziehen so Analogien zum einen zwischen der Form des Marketing innerhalb des Web 2.0 und zum anderen zur Ausbreitung von Wiki-Anwendungen.

Die Begriffe „Blog" und „Blogosphäre" sind analoge Verweise auf konkrete Gegenstände respektive Erscheinungen, auf die metaphorisch verwiesen wird. Während „Blog", auf den Begriffen „Web" und „Logbuch" basierend, auf ein Tagebuch der Seefahrt verweist, wird mit der „Blogosphäre" die dichte Vernetzung der Blogs untereinander metaphorisiert.
Abbildung 8 zeigt überblicksartig die verwendeten Konstellationsmetaphern:

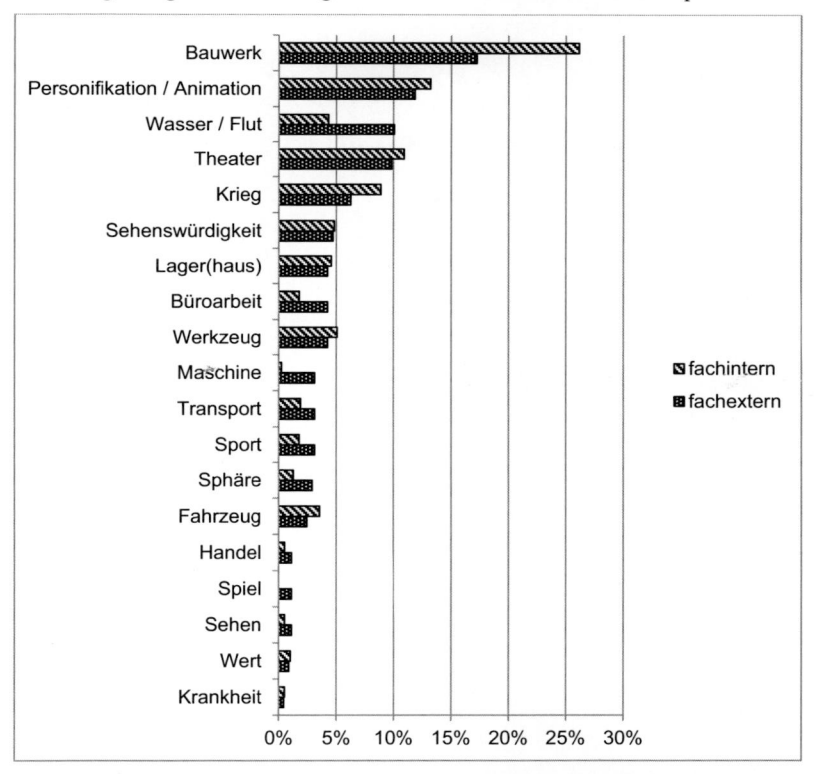

Abbildung 8 - Ursprungsbereiche fachinterne und fachexterne Konstellationsmetaphern

Auch wenn der Fokus auf den zuvor aufgezählten Metapherngruppen liegt, sollen am Ende der Diskussion kurz die hoch lexikalisierten Attributs- und ontologischen Metaphern betrachtet werden. Metaphern wie die Weg- oder Behälter-Metapher sind so elementare Konzepte, dass sie, wenn sie durch konventionalisierte sprachliche Metaphern aktualisiert werden, eher unbewusst im Sprachgebrauch sind. Sie dienen dabei vor allem der grundsätzlichen Orientierung des Sprechers (und Hörers) und liefern damit die Grundlage für die weitere Einordnung des Geäußerten. Aber auch die Attributs- und ontologischen Metaphern sind nicht rein konventionalisiert, auch hier sind kreative Anwendungen möglich, wie auch Lakoff (1993, S. 210) bezüglich der LIEBE IST EINE REISE-Metapher deutlich macht, die als konventionalisierte Metapher mit neuartigen Metaphern erweitert werden kann, was er mit der Liedzeile „We're driving in the fast lane on the freeway of love." aufzeigt. Solche neuartigen Metaphern, die die konventionalisierten im Bereich der Attributs- und ontologischen Metaphern erweitern, konnten in den untersuchten Texten jedoch nicht gefunden werden.

7 Zusammenfassung und Ausblick

Zur Erinnerung wird die Fragestellung dieser Arbeit wiederholt. Es wurde zunächst die übergeordnete Frage gestellt, aus welchen Ursprungsbereichen Metaphern vorzugsweise geschöpft werden. Im Speziellen waren schließlich die Verwendungsweise und das Vorliegen von allgemeingültigen Metaphernkonzepten zu untersuchen. Letztendlich sollte geprüft werden, ob anhand der identifizierten Metaphern die genannten Funktionen erfüllt werden.

Die Ergebnisse der Analyse beantworten die übergeordnete Fragestellung der Arbeit. Es konnte aufgezeigt werden, dass in den unterschiedlichen Arten der Wissensvermittlung zum Thema Web 2.0 auf korrespondierende Ursprungsbereiche zurückgegriffen wird. In Hinblick auf die Fragestellungen dieser Arbeit lässt sich folgendes Resümee ziehen:

- Vorzugsweise werden folgende Metapherngruppen gemeinsam eingesetzt: Behälter-Metapher, Weg-Metapher, Theater-Metapher, Bauwerk-Metapher und Personifikation/Animation.
- In den Sachbüchern werden im Vergleich zu den fachinternen Texten vorwiegend mehr Konzepte durch sprachliche Metaphern aktualisiert, zudem sind die sprachlichen Metaphern wesentlich vielfältiger.
- Unterschiedliche Verwendungsweisen der gleichen Metaphernkonzepte kommen nur bei der Subjektivierung von verschiedenen Sachverhalten vor. Während in fachexternen Texten die Web 2.0-Anwendungen personifiziert werden, wird in den fachinternen Texten das Web 2.0 als Einheit vermenschlicht.
- In Bezug auf die Quantität fallen besonders die Werte zu den bildschematischen Metaphern mit 17,92 % aller Metaphern der fachexternen Texte und 15,72 % der fachinternen Metaphern auf. Vor allem die Behälter-Metapher dieser Gruppe wird überdurchschnittlich oft eingesetzt – mit 56,90 % in den Sachbüchern und 67,03 % in den fachinternen Texten.
- Die verwendeten Metaphern erfüllen in der Wissensvermittlung und in den konkreten Texten alle der in Abschnitt 2.5 genannten Funktionen:
    - Die rhetorische Wirkung wird hierbei hauptsächlich durch die kreativen Metaphern wie „Wikidemie" und „Lagerhaus" verstärkt, die konventio-

nalisierten Metaphern tragen durch ihre Unauffälligkeit kaum dem rhetorischen Stil Rechnung.

- Durch den metaphorischen Gebrauch der Begriffen „Netz", „Blog", und „Plattform" wird ein System von Metaphern aufgebaut, das zur Erklärungs- und Verständnisfunktion beiträgt, mit dem der Rezipient ein mentales Modell erstellt und das ihm zur Verständnissicherung im weiteren Leseprozess dienen kann.
- Eine heuristische beziehungsweise konstitutive Funktion kann an den Texten insoweit festgemacht werden, dass durch die Systemmetaphern ein dichtes Netz entsteht, dass das Web 2.0 in seinen Grundprinzipien verbildlicht und so eine Basis für den weiteren Wissensaufbau schafft.

In beiden Wissensvermittlungsebenen lassen sich somit die konzeptuellen Metaphern als Hilfsmittel zur Veranschaulichung der dargestellten Sachverhalte bewerten. Nicht zuletzt kann in diesem Sinne von einer (konzeptuellen) Metaphorik in der Wissensvermittlung gesprochen werden. Die meisten der im Korpus identifizierten konventionalisierten Metaphern sind längst Bestandteil des (deutschen) Wortschatzes, und mit Nutzung des Internets äußerst schnell verbreitet worden. Dabei fokussieren die konzeptuellen Metaphern jedoch stark das Personifizierte des Web 2.0 und deuten auf die Interaktivität zwischen Internet und Internetnutzer hin. Die verwendeten Ursprungsbereiche existieren bereits als mentale Modelle im Gedächtnis des Rezipienten und des Produzenten und es wird im Laufe der Wissensvermittlung auf diese Bereiche referiert, um neue Wissensbereiche verstehen und erarbeiten zu können. Mit der Metaphernanalyse konnten zwei weitere Annahmen bestätigt werden. Zunächst ist, wie Wichter (1998, S. 1175) zur Computersprache definierte, eine Metaphorik in dieser Fachsprache aufzufinden, die am didaktischen Ziel des jeweiligen Textes ausgerichtet ist. In den untersuchten Texten betrifft dies vor allem konventionalisierte Metaphern, die gerade wegen ihrer Verankerung im Sprachgebrauch nützlich für die Wissensvermittlung sind. Weiterhin kann in Bezug auf die wissenschaftlichen Artikel und Lehrbücher belegt werden, dass die heuristische Verwendung von Metaphern zur Umrahmung der dargestellten Informationen dient. In den Sachbüchern kann ebenso die didaktische Funktion nachgewiesen werden, weil die verwendeten metaphorischen

Wendungen das Verständnis des Lesers ansprechen und sichern. Ebenso lässt sich mit der vorgenommenen Analyse bekräftigen, dass die Fachsprache der Wirtschaftsinformatik vorzugsweise auf Personifizierungs- und Animationsmetaphern zurückgreift, wie bereits im Theorieteil ausgeführt.

Die mögliche Irreführung durch eine Metapher beim Verstehen von Details, wie sie Petrie & Oshlag (vgl.1993, S. 579) vermuten, kann hier nicht bestätigt und auch nicht negiert werden. Die identifizierten kreativen Metaphern hingegen haben durchaus einen ästhetischen Wert, den die Autoren als zweite Sichtweise zur Metapher in der Bildung anführten.

Metaphorische Ausdrücke werden im Wortschatz des Web 2.0 bevorzugt als universelle Kommunikationsinstrumente benutzt. Das Web 2.0 erfordert sprachliche Bezeichnungen, die eine schnelle Verständlichkeit ermöglichen. Auch die Wissensvermittlung nutzt für eine effiziente Kommunikation Begriffe, die im alltäglichen Leben Anwendung finden und sofort verständlich sind. Der Gebrauch von Metaphern ist eine wesentliche kognitive Methode, ein Kommunikationskonzept, um auf prägnante Weise, flexibel und schnell neu entworfene Konzepte des Web 2.0 zu erschließen und zu vermitteln.

Wie in der Kritik zur kognitiven Metapherntheorie dargelegt, zeigt die Theorie nicht, wie die kognitive Metaphernanalyse praktisch realisiert wird. Es kann keine erschöpfende Aufstellung von konzeptuellen Metaphern belegt werden, da auch deren Rekonstruktion nicht automatisierbar ist. Subjektive Einflüsse des Rezipienten wie das soziale Umfeld, Lebenserfahrungen und angeeignetes Wissen prägen das Verstehen von Metaphern.

Die vorliegende Analyse sollte/könnte durch weitere praktische Untersuchungen erforscht und bestätigt werden. Aus den gewonnenen Erkenntnissen ergibt sich unter entsprechenden Rahmenbedingungen (zeitlich und personell) ein reichhaltiges Potenzial der Metaphernanalyse für zukünftige Studien. Vorzugsweise wären computergestützte Korpusanalysen oder wissenschaftliche Forschungen in den Bereichen der Psycholinguistik und der Transferwissenschaften geeignet, um den Stellenwert der Metapher in der Wissensvermittlung zu belegen.

Literatur

Primärliteratur

Alpar, Paul (2011): *Anwendungsorientierte Wirtschaftsinformatik: strategische Planung, Entwicklung und Nutzung von Informationssystemen; mit 21 Tabellen.* Vieweg und Teubner, Wiesbaden.

Bächle, Michael (2006): „Social Software", in: *Informatik-Spektrum.* Band 29, Heft 2, S. 121-124.

Beck, Astrid (2007): „Web 2.0: Konzepte, Technologie, Anwendungen", in: HMD – *Praxis der Wirtschaftsinformatik.* Band 44, Heft 255, S. 5-16.

Heidemann, Julia (2010): „Online Social Networks – Ein sozialer und technischer Überblick", in: *Informatik-Spektrum.* Band 33, Heft 3, S. 262-271.

Hein, Andreas (2007): *Web 2.0 – Das müssen Sie wissen.* Haufe, München.

Kollmann, Tobias (2011): *E-Business: Grundlagen elektronischer Geschäftsprozesse in der Net Economy.* Gabler, Wiesbaden.

Laudon, Kenneth (2010): *Wirtschaftsinformatik: eine Einführung.* Pearson Studium, München.

Schlüter, Tim; Münz, Michael (2010): *30 Minuten. Twitter, Facebook, XING & Co.* Gabal, Offenbach.

Szugat, Martin; Gewehr, Jan Erik; Lochmann, Cordula (2006): *Social Software – Blogs, Wikis & Co.* Entwickler.press, Frankfurt a. M.

Sekundärliteratur

Aristoteles (2002): *Poetik: Griechisch – deutsch.* Übers. U. hrsg. von Manfred Fuhrmann, Reclam, Stuttgart.

Aristoteles (2002): *Rhetorik.* Werke in deutscher Übersetzung. Übers. u. erl. Von Christoph Rapp. Akademie-Verlag, Berlin.

Baier, Tobias; Weinreich, Harald; Wollenweber, Frank (2004): „Verbesserung von Social Navigation durch Identitätsmanagement", in: Keil-Slawik, Reinhard; Selke, Harald; Szwillus, Gerd (Hrsg.): *Mensch & Computer 2004: Allgegenwärtige Interaktion.* Oldenbourg, München, S. 189-198.

Baldauf, Christa (1997): *Metapher und Kognition. Grundlagen einer neuen Theorie der Alltagsmetapher.* Peter Lang, Frankfurt a. M., New York.

Biere, Bernd Ulrich; Liebert, Wolf-Andreas (Hrsg.) (1997): *Metaphern, Medien, Wissenschaft. Zur Vermittlung der AIDS-Forschung in Presse und Rundfunk.* Westdeutscher Verlag, Opladen.

Blühdorn, Hardarik (2001): *Hauptseminar Kognitive Linguistik,* www.ids-mannheim.de/gra/texte/KogLin.pdf [Letzter Zugriff: 18.03.2012]

Busch, Carsten (1998): *Metaphern in der Informatik - Modellbildung, Formalisierung, Anwendung.* Deutscher Universitätsverlag, Wiesbaden.

Croft, William; Cruse, Allan (2004): *Cognitive linguistics.* Cambridge University Press, Cambridge.

Drewer, Petra (2003): *Die kognitive Metapher als Werkzeug des Denkens. Zur Rolle der Analogie bei der Gewinnung und Vermittlung wissenschaftlicher Erkenntnisse.* Narr, Tübingen.

Drößiger, Hans-Harry (2002): „Zu kognitionslinguistischen Aspekten der Metaphorik", in: *Kalbų studijos, 3,* Kaunas, Frankfurt a. M., S. 10-17.

Fisch, Martin; Gscheidle, Christoph (2008): „Mitmachnetz Web 2.0: Rege Beteiligung nur in Communitys", in: *Media Perspektiven 7/2008.* ARD Werbung, Frankfurt a. M.

Fluck, Hans-Rüdiger (1996): *Fachsprachen: Einführung und Bibliographie.* Francke, Tübingen.

Gibbs, Raymond (1994): *The Poetics of mind. Figurative thought, language and understanding.* Cambridge University Press, Cambridge.

Gläser, Rosemarie (1990): *Fachtextsorten im Englischen.* Narr, Tübingen.

Glück, Helmut (Hrsg.) (2010): *Metzler Lexikon Sprache.* Metzler, Stuttgart.

Grady, Joseph E. (2007): „Metaphor", in: Geeraerts, Dirk (Hrsg.): *The Oxford handbook of cognitive linguistics.* Oxford University Press, New York, S. 188-213.

Heinemann, Margot (2000): „Textsorten des Bereichs Hochschule und Wissenschaft", in: Brinker, Klaus (Hrsg.): *Text- und Gesprächslinguistik. Handbücher zur Kommunikations- und Sprachwissenschaft, Bd. 16.1,* Mouton de Gruyter, Berlin, S. 702-709.

Jahr, Silke (2001): „Adressatenspezifische Aspekte des Transfers von Wissen im wissenschaftlichen Bereich", in: Antos, Gerd; Wichter, Sigurd (Hrsg.): *Wissenstransfer zwischen Experten und Laien. Umriss einer Transferwissenschaft.* Lang, Frankfurt am Main.

Jäkel, Olaf (1998): „Diachronie und Wörtlichkeit: Problembereiche der kognitiven Metapherntheorie", in: Ungerer, Friedrich (Hrsg.): *Kognitive Lexikologie und Syntax.* Universität Rostock. S. 98-117.

Jäkel, Olaf (2003): *Wie Metaphern Wissen schaffen – die kognitive Metapherntheorie und ihre Anwendung in Modell-Analysen der Diskursbereiche Geistestätigkeit, Wirtschaft, Wissenschaft und Religion.* Kovac, Hamburg.

Johnson, Mark (1996): *The body in the mind. The bodily basis of meaning, imagination and reasoning.* Nachdruck. University of Chicago Press, Chicago.

Johnson-Laird, Philip Nicholas (1983): *Mental models. Towards a cognitive science of language, inference, and consciousness.* Cambridge University Press, Cambridge.

Kesseler, Hansjoachim (2004): *Didaktische Strategien beim Wissenstransfer im Spannungsfeld von bildungsdidaktischen und kommunikationswissenschaftlichen Ansprüchen.* Dissertation an der Fakultät für Psychologie und Pädagogik der Ludwig-Maximilians-Universität, München. Online einsehbar unter: http://edoc.ub.uni-muenchen.de/3246/1/Kesseler_Hansjoachim.pdf. [Letzter Zugriff: 08.04.2012].

Kleiber, Georges (1993): *Prototypensemantik. Eine Einführung.* Narr, Tübingen.

Koch, Corinna (2010): *Lexikalisierte Metaphern als Herausforderung im Fremdsprachenunterricht.* Online einsehbar unter: http://www.metaphorik.de/18/koch.pdf [Letzter Zugriff: 02.03.2012].

Kohl, Katrin (2007): *Metapher.* Metzler, Stuttgart.

Kövecses, Zoltán (2002): *Metaphor. A practical introduction.* Oxford University Press, New York.

Kurz, Gerhard (1997): *Metapher, Allegorie, Symbol.* Vandenhoeck & Ruprecht, Göttingen.

Lakoff, George (1987): Wo*men, fire and dangerous things. What categories reveal about the mind.* University of Chicago Press, Chicago.

Lakoff, George (1993): „The contemporary theory of metaphor", in: Ortony, Andrew (Hrsg.): *Metaphor and thought.* Cambridge University Press, Cambridge. 202-251.

Lakoff, George (1996): *Moral politics.* University of Chicago Press, Chicago.

Lakoff, George (1999); *Philosophy in the flesh.* Basic Books, New York.

Lakoff, George (2008): „The neural theory of metaphor", in: Gibbs, Raymond W. (Hrsg.): *The Cambridge handbook of metaphor and thought.* Cambridge University Press, Cambridge. S. 17-38.

Lakoff, George; Johnson, Mark (1980): *Metaphors we live by.* University of Chicago Press, Chicago.

Lakoff, George; Johnson, Mark (2008): *Leben in Metaphern. Konstruktion und Gebrauch von Sprachbildern.* Carl-Auer Verlag, Heidelberg.

Lakoff, George; Turner, Mark (1989, Nachdruck 2001): *More than cool reason. A field guide to poetic metaphor.* University of Chicago Press, Chicago.

Langner, Sascha (2009): *Viral Marketing. Wie Sie Mundpropaganda und gezielt auslösen und gewinnbringend nutzen.* Gabler, Wiesbaden.

Löffler, Heinrich (2010): *Germanistische Soziolinguistik.* Erich Schmidt, Berlin.

Markowitsch, Hans J. (1992): *Neuropsychologie des Gedächtnisses.* Hogrefe, Göttingen.

Möhn, Dieter (2000): „Textsorten und Wissenstransfer", in: Brinker, Klaus (Hrsg.): *Text- und Gesprächslinguistik. Handbücher zur Kommunikations- und Sprachwissenschaft, Bd. 16.1,* Mouton de Gruyter, Berlin, S. 561-574.

Möhn, Dieter; Pelka, Roland (1984): *Fachsprachen. Eine Einführung.* Niemeyer, Tübingen.

Moser, Karin S. (2001): „Metaphernforschung in der Kognitiven Psychologie und in der Sozialpsychologie - eine Review", in: *Journal für Psychologie, 9 (4),* 17-34. Online einsehbar unter: http://nbn-resolving.de/urn:nbn:de:0168-ssoar-28257 [Letzter Zugriff: 01.04.2012].

Moser, Karin S. (2003): „Mentale Modelle und ihre Bedeutung", in: Ganz-Blättler, Ursula; Michel, Paul (Hrsg.): *Sinnbildlich schief. Schriften zur Symbolforschung, Bd. 13.* Peter Lang, Bern u.a., S. 181-205.

Müsseler, Jochen (Hrsg.) (2008): *Allgemeine Psychologie.* Spektrum, Berlin.

Niederhauser, Jürg (1999): *Wissenschaftssprache und populärwissenschaftliche Vermittlung.* Narr, Tübingen.

Nonaka, Ikujiro; Takeuchi, Hirotaka (1997): *Die Organisation des Wissens. Wie japanische Unternehmen eine brachliegende Ressource nutzbar machen.* Campus, Frankfurt a. M.

Petrie, Hugh G., Oshlag, Rebecca S. (1993): „Metaphor and learning", in: Ortony, Andrew (Hrsg.): *Metaphor and thought*. Cambridge University Press, Cambridge, S. 579-609.

Petrus, Klaus (1995): „Metapher, Verständlichkeit, Wissenschaft", in: Danneberg, Lutz u. a. (Hrsg.): *Metapher und Innovation*. Haupt, Bern, 299-314.

Puschmann, Cornelius (2009): „Vom Object Web zum Discourse Web. Metaphern der digitalen Kommunikation im Wandel und ihre Auswirkungen auf die Wissenschaft", in: *LIBREAS.Library Ideas*, Jg. 5, H. 2 (15). Online einsehbar unter: http://libreas.eu/ausgabe15/texte/003.htm. [Letzter Zugriff: 20.03.2012].

Rehbein, Jochen (1998): „Austauschprozesse zwischen unterschiedlichen fachlichen Kommunikationsbereichen", in: Hoffmann, Lothar (Hrsg.): *Fachsprachen. Handbücher zur Kommunikations- und Sprachwissenschaft, Bd. 14.1*, De Gruyter, Berlin, S. 689-710.

Schnotz, Wolfgang (1994): *Aufbau von Wissensstrukturen. Untersuchungen zur Kohärenzbildung beim Wissenserwerb mit Texten*. Beltz, Weinheim.

Schnotz, Wolfgang (2006): „Was geschieht im Kopf beim Textverstehen?", in: Blühdorn, Hardarik (Hrsg.): *Text – Verstehen. Grammatik und darüber hinaus*. De Gruyter, Berlin, S. 222-238.

Schwarz, Monika (2002): „Einebenen-Ansatz vs. Mehrebenen-Ansatz", in: Cruse, David A.; Ungeheuer, Gerold; Wiegand, Herbert Ernst (Hrsg.): *Lexikologie. Handbücher zur Kommunikations- und Sprachwissenschaft, Bd. 21.1*, Mouton de Gruyter, S. 277-283.

Schwarz, Monika (2008): *Einführung in die Kognitive Linguistik*. Francke, Tübingen.

Schwarz-Friesel, Monika; Skirl, Helge (2007): *Metapher*. Universitätsverlag Winter, Heidelberg.

Skirl, Helge (2009): *Emergenz als Phänomen der Semantik am Beispiel des Metaphernverstehens. Emergente konzeptuelle Merkmale an der Schnittstelle von Semantik und Pragmatik*. Narr, Tübingen.

Stöckl, Hartmut (2004): *Die Sprache im Bild – das Bild in der Sprache: Zur Verknüpfung von Sprache und Bild im massenmedialen Text; Konzepte, Theorien, Analysemethoden*. De Gruyter, Berlin.

Tendahl, Markus (2009): *A hybrid theory of metaphor. Relevance theory and cognitive linguistics*. Palgrave McMillan, Basingstoke.

Weidenmann, Bernd (1994): „Informierende Bilder", in: Ders. (Hrsg.): *Wissenserwerb mit Bildern. Instruktionale Bilder in Printmedien, Film/Video und Computerprogrammen*. Huber, Bern, 9-58.

Weinreich, Cornelia (2010): Das *Textsortenspektrum im fachinternen Wissenstransfer. Untersuchung anhand von Fachzeitschriften der Medizin*. De Gruyter, Berlin, New York.

Weinrich, Harald (1976): *Sprache in Texten*. Klett, Stuttgart.

Weinrich, Harald (1996): „Semantik der kühnen Metapher", in: Haverkamp, Anselm (Hrsg.): *Theorie der Metapher*. Wissenschaftliche Buchgesellschaft, Darmstadt. S. 316-339.

Wichter, Sigurd (1995): „Vertikalität von Wissen. Zur vergleichenden Untersuchung von Wissens- und insbesondere Wortschatzstrukturen bei Experten und Laien", in: *Zeitschrift für germanistische Linguistik*, 23, S. 284-313.

Wichter, Sigurd (1998): „Technische Fachsprachen im Bereich der Informatik", in: Hoffmann, Lothar (Hrsg.): *Fachsprachen*. Handbücher zur Kommunikations- und Sprachwissenschaft, Bd. 14.1, Mouton de Gruyter, Berlin, 1173-1182.

Verwendete Nachschlagewerke

Bußmann, Hadumod (Hrsg.) (2002): *Lexikon der Sprachwissenschaft*. Kröner, Stuttgart.

Duden – *Deutsches Universalwörterbuch* CD-ROM (2011), Bibliographisches Institut & F. A. Brockhaus AG, Mannheim.

Glück, Helmut (Hrsg.) (2010): *Metzler Lexikon Sprache*. Metzler, Stuttgart.

Prevezanos, Christoph (2011): *Computerlexikon 2012*. München, Markt + Technik.

Anhang

I. Übersicht zum Verhältnis der konzeptuellen Metaphern zur Gesamtanzahl der Sätze

Teil A – Sachbücher

Text	Gesamtanzahl Sätze	Gesamtanzahl konzeptuelle Metaphern	Relativer Wert der konzeptuellen Metaphern
Hein (2007)	634	232	36,59 %
Schlüter, Münz (2010)	722	210	29,09 %
Szugat, Gewehr, Lochmann (2006)	875	229	26,17 %

Durchschnitt: 31,16 %

Teil B – Lehrbücher

Text	Gesamtanzahl Sätze	Gesamtanzahl konzeptuelle Metaphern	Relativer Wert der konzeptuellen Metaphern
Alpar (2011)	107	48	44,86 %
Kollmann (2011)	131	79	60,31 %
Laudon (2010)	387	192	49,61 %

Durchschnitt: 51,59 %

Teil C – wissenschaftliche Artikel

Text	Gesamtanzahl Sätze	Gesamtanzahl konzeptuelle Metaphern	Relativer Wert der konzeptuellen Metaphern
Bächle (2006)	99	51	51,52 %
Beck (2007)	274	106	38,69 %
Heidemann (2010)	170	100	61,76 %

Durchschnitt: 49,67 %

II. Übersicht zu den konzeptuellen Metaphern im analysierten Korpus

	Teil A – Fachexterne Texte: Sachbücher			Fachinterne Texte (A & B)			Teil B – Lehrbücher			Teil C – Wissenschaftliche Artikel		
Metaphern insgesamt	671			576			319			257		
Attributsmetaphern (absolut/relativ)	9	1,34 %		6	1,04 %		3	0,94 %		3	1,17 %	
Ontologische Metaphern	60	8,94 %		39	6,77 %		21	6,58 %		18	7,00 %	
Bildschematische Metaphern — Insgesamt	116	17,29 %		91	15,80 %		51	15,99 %		40	15,56 %	
Behälter (insges./rel. zu allen Metaphern in %/rel. zur Metapherngruppe in %)	66	9,84 %	56,90 %	61	10,54 %	67,03 %	41	12,85 %	80,39 %	20	7,78 %	50,00 %
Weg	42	6,26 %	36,21 %	17	2,94 %	18,68 %	5	1,57 %	9,80 %	12	4,67 %	30,00 %
Skalen	5	0,75 %	4,31 %	10	1,73 %	10,99 %	3	0,94 %	5,88 %	7	2,72 %	17,50 %
Distanz	0			3	0,52 %	3,30 %	2	0,63 %	3,92 %	1	0,39 %	2,50 %
Gleichgewicht	3	0,45 %	2,59 %	0			0			0		
Konstellationsmetaphern — Insgesamt	447	66,62 %		394	68,40 %		223	69,91 %		171	66,54 %	
Metaphorik des Sehens	5	0,75 %	1,12 %	2	0,35 %	0,51 %	1	0,31 %	0,45 %	1	0,39 %	0,58 %
Spiel	5	0,75 %	1,12 %	0			0			0		
Theater	44	6,56 %	9,84 %	43	7,43 %	10,91 %	21	6,58 %	9,42 %	22	8,56 %	12,87 %
Sport	14	1,94 %	3,13 %	7	1,21 %	1,78 %	3	0,94 %	1,35 %	4	1,56 %	2,34 %
Handel	5	0,75 %	1,12 %	2	0,35 %	0,51 %	2	0,63 %	0,90 %	0		
Wert	4	0,60 %	0,89 %	4	0,69 %	1,02 %	1	0,31 %	0,45 %	3	1,17 %	1,75 %

Personifikation/Animation	53	7,90 %	11,86 %	52	8,98 %	13,20 %	26	8,15 %	11,66 %	26	10,12 %	15,20 %
Bauwerk	77	11,48 %	17,23 %	103	17,79 %	26,14 %	67	21,00 %	30,04 %	36	14,01 %	21,05 %
Wasser-/Flut	45	6,71 %	10,07 %	17	2,94 %	4,31 %	9	2,82 %	4,04 %	8	3,11 %	4,68 %
Krankheit	2	0,30 %	0,45 %	2	0,35 %	0,51 %	1	0,31 %	0,45 %	1	0,39 %	0,58 %
Fahrzeug	11	1,64 %	2,46 %	14	2,42 %	3,55 %	8	2,51 %	3,59 %	6	2,33 %	3,51 %
Krieg	28	4,17 %	6,26 %	35	6,04 %	8,88 %	13	4,08 %	5,83 %	22	8,56 %	12,87 %
Netz	36	5,37 %	8,05 %	32	5,36 %	8,12 %	10	3,13 %	4,48 %	22	8,56 %	12,87 %
Sphären	13	1,94 %	2,91 %	5	0,86 %	1,27 %	3	0,94 %	1,35 %	2	0,78 %	1,17 %
Ort/Platz/"Sehenswürdigkeit"	21	3,13 %	4,70 %	19	3,28 %	4,82 %	17	5,33 %	7,62 %	2	0,78 %	1,17 %
Transport	14	2,09 %	3,13 %	11	1,90 %	2,79 %	7	2,19 %	3,14 %	4	1,56 %	2,34 %
Werkzeug	19	2,83 %	4,25 %	20	3,45 %	5,08 %	14	4,39 %	6,28 %	6	2,33 %	3,51 %
Büroarbeit	19	2,83 %	4,25 %	7	1,21 %	1,79 %	4	1,25 %	1,79 %	3	1,17 %	1,75 %
Maschine	14	2,09 %	3,13 %	1	0,17 %	0,25 %	1	0,31 %	0,45 %		0	
Lager(haus)-Metapher	19	2,83 %	4,25 %	18	3,11 %	4,57 %	15	4,70 %	6,73 %	3	1,17 %	1,75 %
Andere (ohne Zuordnung)	39		5,81 %	45		7,81 %	20		6,27 %	25		9,73 %

III. Nummerierte Zuordnung der identifizierten Metaphern

Sachbücher (Teil A)

Kennzeichnung im laufenden Text unter:„A, (Nr. der Metapher im fortlaufenden Text)"

Metaphern mit den Nummern 1-198:
Hein, Andreas (2007): Web 2.0 – Das müssen Sie wissen. Haufe, München.

Metaphern mit den Nummern 199-367:
Schlüter, Tim; Münz, Michael (2010): 30 Minuten Twitter, Facebook, XING & Co. Gabal, Offenbach.

Metaphern mit den Nummern 368-568:
Szugat, Martin; Gewehr, Jan Erik; Lochmann, Cordula (2006): Social Software – Blogs, Wikis & Co. Entwickler.press, Frankfurt a. M.

Lehrbücher (Teil B)

Kennzeichnung im laufenden Text unter:„B, (Nr. der Metapher im fortlaufenden Text)"

Metaphern mit den Nummern 1-55:
Kollmann, Tobias (2010): E-Business. Grundlagen elektronischer Geschäftsprozesse in der Net Economy. Gabler, Wiesbaden, S. 71-81:

Metaphern mit den Nummern 56-189:
Laudon, Kenneth (2010): Wirtschaftsinformatik. Eine Einführung. Pearson, München. S. 386-406, 812 f.

Metaphern mit den Nummern 190 -226:
Alpar, Paul (2011): Anwendungsorientierte Wirtschaftsinformatik. Strategische Planung, Entwicklung und Nutzung von Informationssystemen. Vieweg und Teubner, Wiesbaden. S. 112-119.

Wissenschaftliche Artikel (Teil C)

Kennzeichnung im laufenden Text unter:„C, (Nr. der Metapher im fortlaufenden Text)"

Metaphern mit den Nummern 1-72:
Heidemann: online Social Networks. Informatik-Spektrum 3/2010

Metaphern mit den Nummern 73-162:
> Beck, Möricke, Sauerburger: Web 2.0 (HMD – Praxis der Wirtschaftsinformatik), 2007. Aufsatz: Astrid Beck: Web 2.0: Konzepte, Technologien, Anwendungen.

Metaphern mit den Nummern 163-199:
> Bächle: Social Software. Informatik-Spektrum 2/2006

Hefte zur Zeitschrift „Der Unfallchirurg"

Herausgegeben von:
L. Schweiberer und H. Tscherne

242

L. Kinzl · W. Strecker (Hrsg.)

Tropenchirurgie
Tropical Surgery

1. Tropenchirurgisches Symposium
21. und 22. März 1992 in Ulm

Mit 52 Abbildungen und 26 Tabellen

Springer-Verlag

Berlin Heidelberg New York London Paris Tokyo
HongKong Barcelona Budapest

Reihenherausgeber

Professor Dr. Leonhard Schweiberer
Direktor der Chirurgischen Universitätsklinik München Innenstadt
Nußbaumstraße 20, D-80336 München

Professor Dr. Harald Tscherne
Medizinische Hochschule, Unfallchirurgische Klinik
Konstanty-Gutschow-Straße 8, D-30625 Hannover

Bandherausgeber

Professor Dr. L. Kinzl
Dr. W. Strecker
Universität Ulm, Chirurgische Universitätsklinik und Poliklinik
Abt. für Unfallchirurgie, Hand-, Plastische und Wiederherstellungschirurgie
Steinhövelstraße 9
D-89075 Ulm

ISBN 3-540-58045-X Springer Verlag Berlin Heidelberg New York

Dieses Werk ist urheberrechtlich geschützt. Die dadurch begründeten Rechte, insbesondere die der Übersetzung, des Nachdrucks, des Vortrags, der Entnahme von Abbildungen und Tabellen, der Funksendung, der Mikroverfilmung oder der Vervielfältigung auf anderen Wegen und der Speicherung in Datenverarbeitungsanlagen, bleiben, auch bei nur auszugsweiser Verwertung, vorbehalten. Eine Vervielfältigung dieses Werkes oder von Teilen dieses Werkes ist auch im Einzelfall nur in den Grenzen der gesetzlichen Bestimmungen des Urheberrechtsgesetzes der Bundesrepublik Deutschland vom 9. September 1965 in der jeweils geltenden Fassung zulässig. Sie ist grundsätzlich vergütungspflichtig. Zuwiderhandlungen unterliegen den Strafbestimmungen des Urheberrechtsgesetzes.

© Springer-Verlag Berlin Heidelberg 1994
Printed in Germany

Die Wiedergabe von Gebrauchsnamen, Handelsnamen, Warenbezeichnungen usw. in diesem Werk berechtigt auch ohne besondere Kennzeichnungen nicht zu der Annahme, daß solche Namen im Sinne der Warenzeichen- und Markenschutz-Gesetzgebung als frei zu betrachten wären und daher von jedermann benutzt werden dürften.
Produkthaftung: Für Angaben über Dosierungsanweisungen und Applikationsformen kann vom Verlag keine Gewähr übernommen werden. Derartige Angaben müssen vom jeweiligen Anwender im Einzelfall anhand anderer Literaturstellen auf ihre Richtigkeit überprüft werden.

Satz: FotoSatz Pfeifer GmbH, 82166 Gräfelfing
24-3130-543210 – Gedruckt auf säurefreiem Papier

Vorwort

Tropenchirurgie ist nicht „unsere Chirurgie" in den Tropen.
Tropenchirurgie ist die Chirurgie, die sich an den jeweiligen lokalen und regionalen Besonderheiten in den Ländern der Dritten Welt orientiert – seien diese nun materieller, personeller oder medizinischer Natur.
Um diesen Besonderheiten Rechnung zu tragen, wurde am 21. und 22. März 1992 das 1. Tropenchirurgische Symposium in Ulm veranstaltet. Erfreulicherweise konnten hierfür Referenten gewonnen werden, die sich durch tropenmedizinische und tropenchirurgische Erfahrung vor Ort auszeichnen.
Im einleitenden Abschnitt wird zunächst der medizinische und sozioökonomische Stellenwert der operativen Medizin in den Tropen diskutiert. Der Übersichtsartikel von S.F. Ellis aus Ghana wurde dabei bewußt in seiner ursprünglichen Form belassen.
Die weiteren interessanten und praxisnahen Beiträge bieten eine aktuelle und abgerundete Übersicht über zwei wichtige Themenkomplexe, mit denen sich alle operativ tätigen Kollegen in den Tropen konfrontiert sehen: „Chirurgie und AIDS" und „Frakturbehandlung".
Die Kenntnis der biologischen und epidemiologischen Grundlagen der HIV-Infektion ist Voraussetzung für eine adäquate tropenchirurgische Arbeit. Wertvolle praktische Hinweise zu Hygienemaßnahmen im operativen Bereich und zur Transfusionsmedizin liefern B. Köhler und H. Jäger nach ihren jeweiligen Erfahrungen in Tanzania bzw. Zaire. Weitere praxisorientierte Informationen können darüber hinaus von der WHO angefordert werden (WHO's Global Programme on AIDS and Global Blood Safety Initiative; CH-1211 Geneva 27 – Schweiz).
Verhaltensregeln nach Kontakt mit infektiösem Material werden anschließend von L. Gürtler angegeben. Diese Vorschläge sind unverbindlich und müssen dem aktuellen Wissensstand und den jeweiligen lokalen Möglichkeiten angepaßt werden.
Mit dem Schwerpunkt „Frakturbehandlung" wurde bewußt ein weiter geographischer und methodischer Bogen gespannt, um den jeweiligen lokalen und personellen Möglichkeiten gerecht zu werden. Die Ausführungen von J. Bachmann zur chinesischen Frakturbehandlung erscheinen für die tropenchirurgische Praxis besonders wertvoll. Unserem Freund P. Bewes und dem „Tropical Doctor" danken wir für die Druckerlaubnis des Artikels „Management of fractures in adverse circumstances", der eine langjährige tropentraumatologische Erfahrung widerspiegelt.
Dieser erste Symposiumsband stellt den Auftakt einer Buchreihe mit dem Titel „Tropenchirurgie" dar. Er soll all denjenigen Kollegen Anregung und Hilfestellung bieten, die

im tropenchirurgischen Alltag auf ungewöhnliche Probleme entsprechende ungewöhnliche Antworten finden müssen.

Tropenchirurgie verlangt individuelle Lösungsansätze – wir wünschen, daß diese Beiträge bei deren Realisierung von Nutzen sein werden.

Ulm, im Mai 1994   *L. Kinzl*
W. Strecker

Inhaltsverzeichnis

Teil I. Einführung

Die Rolle der Chirurgie im Rahmen der primären Gesundheitsversorgung/
The Importance of Surgery in Primary Health Care
(S. Post) 3

Surgical Diseases and Their Social Impact in Ghana
(S.F. Ellis) 6

Teil II. Chirurgie und AIDS

Einige immunologische Aspekte der HIV-Infektion/*Some Basic Immunological Aspects of HIV Infection in Brief*
(P. Kern) 17

AIDS und Kofaktoren der HIV-Übertragung in Afrika/*AIDS and Co-factors of HIV Transmission in Africa*
(H. Jäger) 23

Aspects of the Dynamics of Epidemiology of the HIV Infection in Africa
(L.G. Gürtler) 25

Clinical Manifestations of AIDS in Uganda
(E. Schmalzbauer, I. Mugamba and G.G. Frösner) 31

Reduction of the HIV Infection Risk in Surgery – Hygienic Precautions in the Operation Area
(B. Köhler, M. Pöllath, N. von Hassel and K. Fleischer) 44

AIDS and Surgery in a Highly Endemic Region – Aspects of Disease Relevant to Surgery
(M. Pöllath, H. Feustel, B. Köhler and K. Fleischer) 49

Safe Blood Transfusions in Developing Countries
(H. Jäger) 55

Action After Accidental Exposure to Infectious Material
(L.G. Gürtler) 61

Teil III. Frakturbehandlung

Indikationen zur operativen Frakturbehandlung in tropischen Ländern/
Indications for Operative Fracture Treatment in Tropical Countries
(W. Strecker, W. Fleischmann, M. Beyer und L. Kinzl) 65

Management of Fractures in Adverse Circumstances
(P. Bewes) 75

Konservative Frakturbehandlung nach chinesischer Art/*Traditional Chinese Fracture Treatment*
(J. Bachmann und Yang Shu Hua) 87

Der Transfixationsgipsverband/*The Transfixational Plaster Cast Technique*
(W. Strecker, W. Fleischmann und R.G. Thorpe) 103

Der Fixateur externe – Grundlage der operativen Knochenbruchbehandlung in den Tropen/*External Fixator – Basis of Operative Fracture Treatment in Tropical Countries*
(W. Fleischmann, W. Strecker und L. Kinzl) 111

Der Holzfixateur: Herstellung, Montage, Erfahrungen/*The Wooden External Fixator: Manufacture, Instrumentation, Experiences*
(B. Domres, B. Bouakkez und S. Domres) 119

Externe Fixationssysteme in der operativen Therapie in Entwicklungsländern: Der Ilizarov-Ringfixateur/*External Fixators in Traumatology and Orthopedic Surgery in Developing Countries: The Ilizarov External Fixator*
(G. Suger, S. Ramez, W. Fleischmann, M. Bombelli und M. Beyer) 129

Sachverzeichnis 151

Mitarbeiterverzeichnis

Bachmann, J., Dr., Orthopäd. Universitätsklinik
Hufelandstr. 55, D-45157 Essen

Bewes, P. C., Dr., MChir FRCS, 28 Salisbury Road, Moseley
Birmingham B13 8JT, England

Beyer, M., PD Dr., Abt. f. Herzchirurgie, Universitätsklinik Ulm
Steinhövelstr. 9, D-89070 Ulm

Bombelli, M., Dr., Via Lampugnani 1, I-20025 Legnano

Bouakkez, B., Chirurgische Universitätsklinik
Hoppe-Seyler-Str. 3, D-72076 Tübingen

Domres, B., Prof. Dr., Chirurgische Universitätsklinik
Hoppe-Seyler-Str. 3, D-72076 Tübingen

Domres, S., Schwalbenweg 49, D-89081 Ulm

Ellis, S. F., Dr., Social Securitiy and National Insurance Trust
P.O. Box M 139, Accra, Ghana

Feustel, H., Prof. Dr., Chir. Abteilung, Missionsärztliche Klinik
Salvatorstr. 7, D-97074 Würzburg

Fleischer, K., Prof. Dr., Innere u. Tropenmedizinische Abt., Missionsärztliche Klinik
Salvatorstr. 7, D-97074 Würzburg

Fleischmann, W., Dr., Abt. f. Unfallchirurgie, Universitätsklinik
Steinhövelstr. 9, D-89070 Ulm

Frösner, G. G., Prof. Dr., Max-von-Pettenkofer-Institut der Universität München
Pettenkoferstr. 9a, D-80336 München

Gürtler, L., Prof. Dr., Max-von-Pettenkofer-Institut der Universität München,
Pettenkoferstr. 9a, D-80336 München

von Hassel, N., Dr., Innere u. Tropenmedizinische Abt., Missionsärztliche Klinik
Salvatorstr. 7, D-97074 Würzburg

Yan Shu Hua, Dr., Vestische Orthop. Klinik
Am Schloßpark 3, D-45699 Herten

Jäger, H., Dr., MD, Deutscher Entwicklungsdienst
Kladower Damm 299, D-14089 Berlin

Kern, P., Prof. Dr., Medizinische Universitätsklinik
Robert-Koch-Str. 8, D-89070 Ulm

Kinzl, L., Prof. Dr., Chir. Universitätsklinik Ulm
Steinhövelstr. 9, D-89070 Ulm

Köhler, B., Dr., DTM (Hamburg) Missionsärztliche Klinik, Inn. u. Tropenmed. Abt.
Salvatorstr. 7, D-97074 Würzburg

Mugamba, J., Dr., Kabarole Hospital, Fort Portal Area, Uganda

Pöllath, M., Dr., DTM & H (Liverpool) Missionsärztliche Klinik, Chir. Abt.
Salvatorstr. 7, D-97074 Würzburg

Post, S., PD Dr., Chir. Universitätsklinik
Im Neuenheimer Feld 110, D-69120 Heidelberg

Ramez, S., Dr., Department of Orthopedic Surgery and Traumatology
Wazir Akbar Khan Hospital, Kabul, Afghanistan

Schmalzbauer, E., Dr., Abt. f. Allg. Chirurgie, Chir. Universitätsklinik
Oscar-Orth-Str., D-66421 Homburg/Saar

Strecker, W., Dr., Abt. f. Unfallchirurgie, Universitätsklinik
Steinhövelstr. 9, D-89070 Ulm

Suger, G., Dr., Abt. f. Unfallchirurgie, Universitätsklinik
Steinhövelstr. 9, D-89070 Ulm

Thorpe, R. G., Dr., Hôpital Général de Référence
Karawa / C.E.U.M., Equateur, République du Zaïre

Teil I. Einführung

Die Rolle der Chirurgie im Rahmen der primären Gesundheitsversorgung

The Importance of Surgery in Primary Health Care

S. Post
Chirurgische Universitätsklinik, Im Neuenheimer Feld 110, D-69120 Heidelberg

Will man die Rolle der Chirurgie für die Gesundheitsversorgung in ökonomisch wenig entwickelten Ländern, den sog. Entwicklungsländern, definieren, so hängt das Ergebnis entscheidend vom Standpunkt des Betrachters ab. Wie bei allen Arzt-Patient-Interaktionen lassen sich prinzipiell 3 verschiedene Standpunkte unterscheiden, der subjektive des behandelnden Arztes, der objektive, epidemiologisch fundierte eines Gesundheitsplaners und schließlich der subjektive auf der Seite der (potentiellen) Patienten.

Aus der Sicht des Arztes (Entwicklungshelfers)

Da ausgebildete Chirurgen in Entwicklungsländern die Ausnahme und allgemein tätige „Generalisten" die Regel darstellen, sei hiermit die Sicht eines Arztes gemeint, der für alle Spezialdisziplinen zuständig, aber für keine speziell ausgebildet ist. In Ermangelung repräsentativer Untersuchungen kann hier auch nur die persönliche Erfahrung des Autors in der Vorbereitung von zukünftigen Ärzten im Entwicklungsdienst wiedergegeben werden, jedoch dürfte die Situation bei einheimischen Ärzten, vor allem wenn sie in Europa „unangepaßte" Medizin studiert haben, nicht grundsätzlich anders sein.

In der Gruppe dieser angehenden Ärzte im Entwicklungsdienst besteht ein weites Spektrum an subjektiven Einstellungen zur Rolle der Chirurgie. Für viele ist sie eher Angst machend oder gar abschreckend, da – zu Recht – von der Vorstellung ausgegangen wird, daß man im Entwicklungsland operative Notfälle zu versorgen haben wird, die man in Europa nie gesehen, geschweige denn selbst operiert hat. Andere wiederum sehen gerade in der Chirurgie die große Herausforderung; für manche ist Operieren sogar die Hauptmotivation in der Vorstellung, sich „dort einmal als Operateur so richtig ausleben zu können". Diese „geborenen Chirurgen" stellen aber für Entwicklungsländer eine erhebliche Gefahr dar, selbst wenn sie im Einzelfall ihren Patienten keinen Schaden zufügen, denn der Arzt, der sich tagelang im Operationssaal verkriecht, kann im gesundheitspolitischen Sinne schwere Fehler begehen (s. unten).

Aus der Sicht des Gesundheitspolitikers

Die medizinische Situation in Entwicklungsländern ist geprägt von niedriger Lebenserwartung, die v. a. auf eine hohe Säuglings- und Kindersterblichkeit zurückgeht, die wiederum bedingt ist durch vermeidbare Infektionskrankheiten. Da zudem die finanziellen Mittel minimal sind und für viele Patienten selbst bei Existenz medizinischer Einrichtungen diese mangels Infrastruktur unerreichbar sind, können die gesundheitspolitischen Prioritäten nur in Prävention (Impfungen, Wasser-/Abwasser, Hygiene, Erziehung), Basismedikamenten und Aufbau einer dezentralen Infrastruktur liegen.

In dieser Konzeption des „Basisgesundheitsdienstes" hat zunächst einmal die Chirurgie (fast) keinen Platz. Chirurgie kann – selbst in hochtechnisierter Form – nie die Lebenserwartung der Gesamtbevölkerung verbessern, sie hat keinen Einfluß auf die Kindersterblichkeit, vergrößert eher die Infektionsprobleme (z. B. durch Virenübertragung bei Bluttransfusionen) und ist in den peripheren Stationen eines dezentralen Basisgesundheitsdienstes nur in sehr geringem Maße integrierbar (v. a. als Pflege septischer Wunden und Inzision von Abszessen).

Traumatologie speziell hat in den entwickelten Ländern einen hohen Stellenwert, nicht zuletzt deshalb, weil Trauma bei den unter 35jährigen die führende Todesursache darstellt und durch Traumata mehr potentiell produktive Lebensjahre verloren gehen, als durch Herz-Kreislauf-Erkrankungen, Malignome und AIDS zusammen. Zwar ist in den klassischen Entwicklungsländern („least developed countries") noch in allen Altersgruppen die Sterblichkeit an Infektionen höher als an Traumata, doch gerade in „Übergangsländern" (z. B. Südafrika, Zentralamerika) ist die Mortalität an Traumata um ein Vielfaches höher als in den entwickelten Ländern und inzwischen auch dort wichtigste Todesursache zwischen dem 5. und 30. Lebensjahr (Quelle jeweils in den statistischen Jahrbüchern der WHO). Als Gesundheitsplaner mit beschränkten finanziellen Mitteln muß man aber auch hier die Prävention (gegen Verkehrsunfälle, freien Waffenbesitz und soziale Spannungen) als die effektivere Intervention gegenüber einer Förderung traumatologisch-operativer Zentren bevorzugen.

Zusammenfassend kann die Rolle der Chirurgie aus der Sicht des Gesundheitspolitikers in Entwicklungsländern nur als eine untergeordnete definiert werden.

Aus der Sicht des potentiellen Patienten

Hierzu fehlen größere repräsentative Studien aus Entwicklungsländern, so daß die eigenen Erfahrungen in Tansania herangezogen werden müssen. Dort lag die eindeutige Präferenz der städtischen wie ländlichen Bevölkerung im Kurativ-Chirurgischen. Denn jeder – nicht nur die örtlichen Machthaber – kann sich leicht vorstellen, nach einem Unfall, wegen einer Hernie oder bei geburtshilflichen Komplikationen einmal chirurgische Hilfe zu benötigen. Präventivmedizin auf der anderen Seite ist auch in ihren größten Erfolgen für den Einzelnen kaum faßbar, der eher den (chirurgisch therapierten) Impfabszeß als die Statistiken zur Säuglingssterblichkeit kennt.

Integration

Obwohl gesundheitspolitisch in den ärmsten Ländern die Chirurgie keine hohe Priorität haben darf, kann sie doch eine essentielle Reklame- und Sympathieträgerfunktion im Gesamtangebot eines „westlichen" Gesundheitswesens ausfüllen. Allein präventive Ansätze scheitern an ihrer fehlenden Akzeptanz ebenso wie allein kurativ-operativ orientierte an ihrer Ineffektivität. Das Prestige, das ein (erfolgreicher) Operator in kürzester Zeit erwirbt, kann entscheidend zum Erfolg präventiv orientierter Projekte beitragen.

Auch gerade angesichts der Wünsche der Bevölkerung kann die Lösung nicht in einer Ausklammerung operativer Therapieangebote liegen. Entscheidend ist vielmehr, daß die Chirurgen lernen, mit minimalem materiellem und personellem Aufwand unter Verwendung angepaßter Technologien ein Maximum an therapeutischen Erfolgen zu erzielen. Dann kann der Arzt die gesparten finanziellen Ressourcen und die gewonnene Zeit auch im Sinne einer Basisgesundheitsversorgung einsetzen.

Surgical Diseases and Their Social Impact in Ghana

S. F. Ellis

General Manager (Medical), Social Security and National Insurance Trust,
P.O. Box M149, Accra/Ghana

Introduction

Location

The country Ghana is located in the West Coast of Africa, south of the Sahara.

Population

The country has a population of fifteen million, 52% of which is within the younger age-groups (Table 1).

Table 1. Age of population (1984 census)

Age-Group (years)	Percentage of total population
<5	16.51
5– 9	16.28
10–14	12.23
15–19	10.14
20–24	8.59
25–29	7.69
30–34	6.04
35–39	4.75
40–44	3.85
45–49	3.48
50–54	2.87
55–59	1.73
60–64	1.84
65–69	1.18
70–74	1.05
75–79	0.58
80–84	0.57
85–89	0.25
90–94	0.19
>95	0.19

The country's growth rate is 2.6% according to the 1989 census.

Doctor Population

The number of medical doctors is 1200 in the public sector and 300 in the private sector (data from 1990). Thus there is one doctor for every 11000 inhabitants. The total number of nurses is 7000, i.e. one for every 2143 inhabitants.

Health Facilities

The country attaches great importance to good medical care for all and hopes to fulfill this goal by the year 2000 as seen in the UN Declaration of Health. Thus, the continuous improvements in health personnel, equipment and materials are made available for all areas of the country. Medical centres are regularly supplied with all facilities necessary for the efficient running of the hospitals or clinics. The statistical data of Korle Bu Teaching Hospital may allow an idea of the surgical performance of the most important medical centre in Ghana (appendix). However, supplies and distribution of resources are still inadequate. The country has 121 hospitals and 586 health centres, health posts and clinics (data from January 1990; Table 2).

Table 2. Health facilities by region (data from January 1990)

Region	Hospitals (n=121)							Clinics (n=586)					
	Teaching	Regional	District	Special	Quasi-Governmental	Mission	Mines	Health Centre	Health Post	Govern-mental	Quasi-Governmental	Mission	TRG inst
Gt. Accra	1	–	4	3	4	–	–	9	10	11	–	–	7
Volta	–	1	5	1	1	6	–	12	30	64	–	5	4
Eastern	–	1	10	–	1	4	1	10	23	7	–	12	5
Central	–	1	3	2	1	4	1	6	30	9	–	6	3
Western	–	1	8	1	2	3	3	6	29	12	5	4	1
Ashanti	1	–	3	2	2	9	2	16	35	19	1	14	5
B. Ahafo	–	1	1	–	1	9	–	10	17	29	2	4	4
Northern	–	1	2	2	1	3	–	7	21	10	–	7	3
U. East	–	1	1	–	–	1	–	2	10	–	1	10	1
U. West	–	1	2	–	–	2	–	–	28	6	–	2	2
Total	2	8	39	11	13	41	7	78	233	167	9	64	35

Modes of Funding Health Services in Ghana

Health services are funded principally by the Government with resources from taxation and more recently by user charges, which account for a mere 12% of the Ministry of Health's budgetary requirements.

Public health expenditure was 12% of all government expenditure in 1978, but amounted only 7% by the year 1980. This figure increased to 9.3% in 1984.

Surgical Diseases Prevailing in Ghana

Though Malaria is a tropical disease, it tops the list of prevailing diseases in Ghana making up approximately 42.7% of all presenting cases. Other diseases which may need surgery account for 6.9% (Table 3).

Table 3. Ten common diseases seen at Korle Bu Hospital in 1992

Disease	No. of cases	Percentage of total cases
1. Malaria	1 232 882	42.70
2. Diarrhoeal disease	221 992	7.69
3. Upper respiratory infection	205 548	7.12
4. Diseases of skin (including ulcers)	120 829	4.54
5. Accidents (fractures, burns etc.)	103 107	3.88
6. Intestinal worms	92 541	3.48
7. Pregnancy-related complications	87 202	3.28
8. Acute eye infections	56 248	2.12
9. Gynaecological disorders	48 628	1.83
10. Hypertension	47 276	1.78

However, the social effect of surgical diseases cannot be overlooked.

The prevalent surgical diseases in Ghana are ectopic pregnancy, strangulated hernia, acute appendicitis, acute abdomen and injuries due to RTA (Road traffic accident). Caesarian sections are also performed.

To analyse the social effect of these diseases it is necessary to determine the age-groups who suffer from them.

Ectopic pregnancy and pregnancies requiring Ceasarian sections which make up about which make up about 80% of surgical cases, occur frequently in females between the ages of 18 and 20, whilst strangulated hernia is common amongst males between 25 and 58. Acute appendicitis and acute abdomen are commonly found in the 21–50 age-group (Table 3).

Social Implications of Surgical Diseases in Ghana

The basic responsibility of any nation to its people is to provide adequate health care in times of need. Whenever people are unable to obtain appropriate medical care at the right time, very serious implications are bound to occur.

Surgical diseases have a great impact on the population and can be considered under economical, educational, human resource, political, familial, and religious aspects.

Before I proceed to discuss the social implications of surgical diseases under these headings, let me first point out that for any surgical disease that affects an individual in Ghana, certain basic questions have to be asked:

1. Has the diagnosis bee made?
2. Is the diagnosis correct?

3. Are facilities available for the management of the disease?
   a) If yes, are facilities also available for management of any complication of the disease?
   b) If no, what can be done for these patients for whom treatment is not available in the country?
4. Can the patient afford the cost of treatment?
5. Must surgical or medical treatment be continuously funded by the central government?

I hope that, by the end of his lecture, all of us here will have found answers to these vital questions. Let us now consider these implications under the headings I mentioned above.

Economic Aspects

The financial strain on the economy due to the cost involved in curative and preventive medicine is significant. The budgetary allocation for health is the highest after education. Table 4 shows the yearly budgetary allocation to the Ministry of Health from 1986 to 1990.

Table 4. Budgetary allocation of the health sector in Ghana (in millions of cedis)

Year	Total	Administrative	Capital	Drugs	Other
1986	6 480	4 200	640	1200	800
1987	7 170	3 500	870	1400	1400
1988	10 500	5 000	1600	2400	1500
1989	18 000	8 200	3500	3200	3100
1990	24 700	10 600	6400	4200	3500

Source, Ministry of Health, Ghana.

The total expenditure in 1986 increased by 62% in 1988 and by 135% in 1990. Though administrative and capital expenditure seem to carry the bulk of the total budget, the expenditure on drugs/other supplies has been increasing at an average rate of 31% per year.

The heavy expenditure on health can result in the misallocation of resources, since money to be spent on other sectors of the economy such as manufacturing and education is diverted to health. This could therefore result in the reduction of much-needed finance/capital for the manufacturing sector and reduce its output, hence having an effect on national output.

A number of postoperative cases require rehabilitation, especially trauma, and all affected persons are sent to rehabilitation centres, putting a lot of pressure on the country's budget in terms of the provision of drugs, equipment, manpower, food and shelter. In the event that affected persons undergo a rehabilitation programme, placement in the labour market is not easy (Table 5).

Table 5. Rehabilitation programmes 1979–1984

Year	No. of applications	Placement
1979/80	162	61
1980/81	80	24
1981/82	465	100
1982/83	88	44
1983/84	445	38

Despite this apparently high expenditure on health, we are still far from the goal of bringing health facilities within 25 miles of all members of the population.

Provision of adequate facilities for surgery in Ghana cannot be isolated for consideration without paying attention to the need to provide basic economical amenities. This task can be mundane.

In order to reduce central government funding of health services, the Government revised the 1983 hospital-regulating fees, replacing them with the 1985 fees as set down in *Regulating by Legislature Instrument L.I.1313*. This resulted in the deterioration of the infrastructure and services within the public health system.

The rationale behind the hospital fee regulating was to recover costs for drugs and services rendered within the curative system in the health sector. It is estimated that the amount obtained would contribute 12.1% of the 1987 budget for health (Table 6).

Table 6. Income from user charges 1985–1987 (million cedis)

Year	Nominal cost (Budget)	Nominal cost (Recovery Receipts)	Cost recovery as percentage of budget
1985	3765	194	5.2
1986	6497	514	7.9
1987	6942	842	12.1

Educational Aspects

Although the overall doctor to population ratio is about 1:11 000, regionally this ratio can be anything up to 1:25 000, as most of the doctors are based in the national capital and the regional centres.

Medical staff are generally in short supply; hence more health personnel need to be trained.

Health education is very important in Ghana, especially in the prevention of diseases. It is for this and other reasons that the Government has embraced the Alma Alta Declaration of health for all by the year 2000.

As you all will appreciate, early detection of disease – surgical or otherwise – is essential for prompt and appropriate management so as to avoid complications.

In a country in which the illiteracy rate is well above 60%, a conscious attempt has to be made to educate the population; hence education has the highest budgetary allocation. In recent times, adult literacy campaigns have started all over the country as an attempt to reduce the high illiteracy rate.

For all sectors of the economy, budgetary allocations are never enough.

Human Resource Aspects

Despite the huge amounts of money spent on operations, the amount of money spent on hospitalization and its effect on national output in terms of lost manpower cannot go unnoticed. A hernia operation, for instance can result in the hospitalization of a patient. However, a hernia which is treated early enough can be operated upon with the patient returning home the same day. When cases are not detected early and when complications arise, patients are often hospitalized.

Political Aspects

The provision of good health services is essential for any nation or Government. In this regard, there is the need to provide basic amenities that guarantee good health for all. The Government must provide good drinking water, public conveniences and recreational grounds for the citizens.

If the Government fails to provide amenities that promote good health, political unrest is bound to erupt. The provision of such amenities needs to be carried out systematically and on a regional and district basis in an unbiased manner. The distribution of hospital beds by regions in shown in Table 7.

Table 7. Distribution of beds by regions (data from 1990)

Region	Number of beds
Greater Accra	3 558
Volta	2 340
Eastern	2 081
Central	2 279
Western	1 352
Ashanti	2 686
Brong Ahafo	1 453
Northern	924
Upper East	536
Upper West	694
Total	23 903

Source, Ministry of Health, Ghana.

Between 1967 and 1968, health expenditure amounted to 3.6–4.7% of household income. Though many Ghanaians have expressed their willingness and also demonstrated their ability to pay for services, it has to be noted that not all regions in the country are equally able to pay for health and other services. The introduction of user charges had a varying impact on the population. In many cases, service utilisation declined following the introduction of cost recovery measures. While these recovered for the better-off members of population, the level of use remains low among the poor. However, the introduction of a health insurance scheme is being discussed by the Ministry of Health which would help correct disparities.

Familial Aspects

The effect of surgical diseases on family life cannot be overlooked. When the breadwinner is affected by a surgical disease, he may be unable to work for hours, days, months, or even years and hence to support himself and his family. If young children are involved, this situation may affect their growth, thereby causing other diseases and impairing healthy growth. The joy and peace of the family are taken away and in some cases promote dejection and eventual divorce.

Often, a family might spend several thousands of cedis in trying to secure treatment. Some cases are referred abroad, such as hole-in-the heart and plastic surgery. In addition, family might not always accept a member back who has been affected by a particular disease.

Religious Aspects

The treatment of surgical diseases was carried out by traditional methods long before scientific methods were introduced in Ghana. However, ever since the introduction of medical science in the treatment of surgical diseases, Ghanaians have accepted it and prefer it. However, should surgical disease treatment by medical science fail, patients resort to treatment by supernatural or magical means. If a lot of time is spent seeking treatment for diseases that could have been treated by medical science, this is expensive in terms of lost man-hours and money.

However, there are a group of people who would not permit a medical officer to perform an operation on them or accept or give blood on religious grounds. Such people often die or suffer permanent disabilities because of their faith.

Conclusion

Prevention and early detection of surgical diseases could go a long way to reduce their social impact in Ghana. Improved hygiene and sanitation and the provision of basic amenities such as water supply resulted in health improvements in the developed countries in the nineteenth century. Though the Government may undertake the bulk of these responsibilities, certain organisations have a role to play in improving the situation.

Role of the Social Security and National Insurance Trust

To supplement Government efforts in setting up public health curative centres in the rural and urban areas in the country, the Social Security and National Insurance Trust (SSNIT) started a health centre programme in 1983. By 1987, four health centres had been completed and four others were nearing completion, with a total amount of 17.39 million cedis spent up to that point (Table 8).

Table 8. Health centres: amount spent so far (in million cedis)

Region/Town	1983	1984	1985	1986	1987
Greater Accra (Amasaman)	1.75	1.75	1.75	1.75	1.75
Ashanti (Dominase)	1.22	1.22	1.22	14.75	14.75
Eastern (Larteh)	0.20	0.20	0.20	0.20	0.20
Volta (Akatsi)	0.35	0.35	0.35	0.35	0.35
Brong Ahafo (Kwame Danso)	0.08	0.08	0.08	0.08	0.08
Northern (Nyoniri)	0.03	0.03	0.03	0.03	0.03
Central (Enyan Abaasa)	0.15	0.15	0.15	0.15	0.15
Upper (Gbolu)	0.08	0.08	0.08	0.08	0.08
Total	3.86	3.86	3.86	17.39	17.39

A serious debate has also been going on in the country as to the merits and demerits of health insurance as a means of footing patients' hospital bills.

Role of Non-governmental Organisations

The efforts of foreign missions such as „Operation Smile" in collaboration with Ghanaian medical teams to address certain surgical diseases in the country is commendable.

Bilateral Arrangements

Bilateral arrangements between overseas hospitals and Ghanaian hospitals in the area of training and the provision of certain essential inputs can help improve the situation.

Appendix:
Summary of surgical statistics for Korle Bu Teaching Hospital in 1991

General Surgery

Number of beds = 221 (and seven cots)
Number of admissions = 3116
Number of operations performed = 3084
Number of surgeons = 12
Types of surgery:

1. Herniorrhaphy
2. Excisions
3. Appendicectomy
4. Laparotomy
5. Thyroidectomy
6. Cholecystectomy
7. Hydrocelectomy

Allied Surgery

Number of beds = 280 (and eight cots)
Number of admissions = 2092
Number of operations performed = 989
Number of surgeons = 14
Types of surgery:
1. Wound toileting
2. Manipulation under anaesthesia
3. Insertion of Steinmann's pin
4. Insertion of intramedullary nail
5. Aspiration
6. Cataract extraction and other eye surgery
7. Genito-urinary surgery, e.g. prostratectomy

Obstetrics

Number of beds = 202
Number of admissions = 3337
Number of Caesarian sections = 1744
Number of deliveries = 10 301

Gynaecology

Number of beds = 72
Number of admissions = 4412
Number of operations performed = 4523
Number of surgeons = 19
Types of surgery:
1. Evacuation of the uterus
2. Dilatation and curettage
3. Laparoscopy
4. Wedge resection of uterus
5. Total abdominal hysterectomy with conservation of one or both ovaries

Paediatric Surgery

Number of beds = 4 (and 14 big cots, seven small cots and two incubators)
Number of admissions = 520
Number of operations performed = 159
Number of surgeons = 5
Types of surgery:
1. Incision and drainage
2. Laparotomy
3. Colostomy
4. Herniotomy
5. Orchidopexy

Teil II. Chirurgie und AIDS

Einige immunologische Aspekte der HIV-Infektion

Some Basic Immunological Aspects of HIV Infection in Brief

P. KERN

Med. Universitätsklinik, Robert-Koch-Straße 8, D-89070 Ulm

Mit der HIV-Infektion muß sich heute jeder Arzt auseinandersetzen. Gerade im chirurgischen Fachgebiet wird man mehr und mehr mit diesem Problem konfrontiert. Eine besondere Herausforderung ist die Tätigkeit des Chirurgen in tropischen Ländern mit hoher HIV-Verbreitung. Die vorliegende Übersicht versucht äußerst knapp einige Elemente der immunologischen Dysregulation darzustellen. Sie ist die Basis für die nachfolgende zelluläre Abwehrschwäche mit Manifestationen, die unter dem Syndrom AIDS zusammengefaßt sind. Sie finden sehr trefflich ihren Niederschlag in der neuen Falldefinition des Centers for Disease Control, Atlanta USA. Diese Definition (CDC) ist in den USA am 1.1.93 in Kraft getreten.

Historische Meilensteine

Die „Gründerzeit" der neuen Erkrankung AIDS liegt gerade eben 10 Jahre zurück. Erste Erkrankungsfälle wurden 1981 in den Vereinigten Staaten von Amerika gemeldet. Aufgefallen waren dabei interstitielle Lungenentzündungen oder ungewöhnliche Haut-Gefäß-Tumoren bei ansonsten gesunden, homosexuellen Männern. Gemeinsam war diesen Patienten eine zelluläre Abwehrschwäche, die zur Bezeichnung des erworbenen Immundefektsyndroms = AIDS (*A*cquired *I*mmuno *D*eficiency *S*yndrome) geführt hat.
  Zur gleichen Zeit war die neue Technologie der immunologischen Zelltypisierung mit monoklonalen Antikörpern so weit herangereift, daß regelhafte Veränderungen, etwa des zirkulierenden Lymphozytenprofils, festgestellt werden konnten. Auffällig war bei dem neuen Krankheitsbild AIDS die starke Verminderung der den CD4-Marker tragenden T-Helfer-Zellen im peripheren Blut. Diese Helferzellen spielen eine zentrale Rolle bei der Immunantwort. Ihr Verlust beeinträchtigt sekundär die Funktion anderer Zellen, wie etwa der T-Suppressor-Lymphozyten, der B-Lymphozyten, der Monozyten bzw. Makrophagen und anderer Zellen.
  AIDS wird durch das *h*umane *I*mmundefizienz*v*irus (HIV-1 oder HIV-2), aus der Familie der Retroviren, Subfamilie Lentiviren, verursacht. Im Frühjahr 1983 war es gelungen, das Virus aus Lymphknoten von Erkrankten anzuzüchten. Bereits im Sommer 1984 war ein Antikörperscreeningtest entwickelt, der seit 1985 zur Verfügung steht.
  Allen Retroviren gemeinsam ist das Enzym Reverse Transcriptase, mit dessen Hilfe die genetische Information des mitgeführen RNA-Strangs in DNA umgeschrieben wird und damit Eingang in die chromosomale DNA der Wirtszelle findet. Personen, die mit dem HIV-1 infiziert sind, entwickeln als Immunantwort Antikörper gegen viele virale Pro-

teine. Die Antikörper vermitteln, wenn überhaupt, aber nur eine geringe Schutzwirkung. Zudem verbirgt sich das Virus im Kern der Wirtszelle. Ein mit HIV-1 infizierter Mensch kann daher verschiedene Stämme des Virus beherbergen. Die schier unendliche Variabilität, etwa vergleichbar mit derjenigen von Influenzaviren, und die Zerstörung der wichtigen Koordinatorzelle der Zellfunktionen verhindern, daß der Infizierte eine wirksame Immunität aufbaut.

Welche Auswirkungen hat das Virus auf das Immunsystem?

Bekanntlich ist das Virus nicht sehr infektiös, d. h. erst eine relativ große Dosis des Virus führt zu einer erfolgreichen Infektion. Akut erkranken dann nur wenige Menschen. Dieses Krankheitsbild äußert sich wie eine leichte Grippe, manchmal wie eine Mononukleose. Die Mehrzahl der Infizierten wird aber keinerlei Symptome entwickeln. In der frühen Phase der viralen Infektion zirkulieren viele Viruspartikel und virusinfizierte Zellen in der Blutbahn. Sie werden effektiv eliminiert und kontrolliert durch das aktivierte Immunsystem. Hieraus erklärt sich das deutliche Anschwellen sämtlicher Lymphknotenstationen in der frühen Phase der Infektion. Neue Erkenntnisse zeigen, daß hier die wesentliche Auseinandersetzung zwischen Wirt und Viren stattfindet [1]. Langsam, aber sicher – über Jahre! – versagen die Kontrollmechanismen. Dies wird auffällig begleitet durch eine numerische Reduktion der CD4-T-Helfer-Lymphozyten [4]. Als Folge stellt sich ein irreversibler Abwehrdefekt gegenüber bestimmten Infektionserregern (Tabelle 1) und Tumorerkrankungen ein.

Hierfür wurde der Begriff opportunistische Infektionen oder Krankheiten geprägt.

Ein Bündel von Maßnahmen trägt heute dazu bei, das frühe Stadium der HIV-Infektion zu stabilisieren. Primärprophylaxen gegenüber verschiedensten mikrobiellen Erregern, deren Abwehr durch den T-Helfer-Zellverlust empfindlich gestört ist, sind fester Bestandteil im Therapiekonzept. Antivirale Medikamente und immunmodulierende Substanzen sind hinzugekommen, die ebenfalls eine Stabilisierung bei guter Lebensqualität erreichen. Diese Stützungsmaßnahmen können jedoch derzeit nicht verhindern, daß mit dem Fortgang der Erkrankung Zahl und Funktion der wichtigen Immunzellen verändert wird. Gegenwärtig besteht noch keine Aussicht, dem weiteren Verfall des Immunsystems entgegenwirken zu können.

Tabelle 1. Wichtige Erreger und klinische Ausprägung opportunistischer Infektionen bei HIV

	Manifestationsorgane	
Erreger	Lunge	Andere Organe
Pilze		
Aspergillus sp.	+	Karditis
Histoplasma capsalatum	+	Viszeraler Befall
Candida sp.	+	Mundsoor
		Ösophagitis
Cryptococcus neoformans	(+)	Meningitis
Protozoen		
Pneumocystis carinii	+	
Toxoplasma gondii	–	Enzephalitits
Cryptosporidia	(+)	Enteritis
Enterozytozoon bieneusii	(+)	Enteritis
Bakterien		
Atypische Mykobakterien	+	Dissemination,
		Sepsis
Streptococcus pneumoniae	+	
Klebsiellen sp.		
Proteus sp.	+	
Salmonellen sp.	–	Enteritis, Sepsis
Mycobacterium tuberculosis	+	Extrapulmonale
		Manifestationen
Rhodococcus equi	+	–
Rochalimea quintana	–	Peliosis hepatis
Afipia felis		Angiomatose
Viren		
Zytomegalievirus	(+)	Retinitis
		Enteritis
Varicella-zoster-Virus	–	Exanthem
		Retinitis
Papovavirus	–	Enzephalitis

Wie stabil ist heute die immunologische Diagnostik der HIV-Infektion?

Die Diagnostik ist heute klar umrissen. Im Blut sind Antikörper nachweisbar. Die ELISA-Tests sind hochsensitiv und spezifisch. Zur Bestätigung erfolgt der Immunoblot, mit dem die seltene unspezifische Reaktivität im ELISA ausgeschlossen werden kann. In der Kombination reichen diese Untersuchungen heute aus, um eine HIV-Infektion zu belegen.

Zwingend ist die Bestimmung der zirkulierenden T-Lymphozyten-Subpopulationen. Der Nachweis erfolgt fluoreszenzoptisch. Monoklonale Antikörper werden mit der antikoagulierten Blutprobe gemischt. Die Differenzierungsantigene werden auf der Oberfläche der Lymphozyten markiert und damit erkennbar. Häufig erfolgt dies jetzt allerdings in Zellanalyseautomaten. Dabei wird der Anteil von Zellen bestimmt, die z. B. das Merkmal CD4 (cluster of differentiation) aufweisen. Dann erfolgt die Umrechnung auf die Gesamtzahl der im Blut zirkulierenden Lymphozyten. Als weitere Marker werden CD8, CD3, CD8 und CD19 verwendet, um den Anteil von T/B-Lymphozyten sowie von

T-Suppressor-Lymphozyten festzustellen. Der Aktivierungszustand dieser Zellen kann durch die Erfassung der Expression von MHC-Molekülen erfaßt werden [5].

Was heißt Surrogat-Marker?

Nicht nur in der Primärdiagnostik, sondern auch für die Überwachung bei der Langzeitbetreuung von Patienten haben die Bestimmungen der Lymphozytensubpopulationen und anderer Surrogatmarker einen entscheidenden Wert. Für die prognostische Beurteilung und die Einleitung von Therapiemaßnahmen sind sie ebenso unverzichtbar wie das kleine Blutbild im chirurgischen Alltag [6]. Die Langzeitbeobachtung von HIV-Infizierten und AIDS-Erkrankten hat gezeigt, daß die zirkulierenden Lymphozytensubpopulationen auf eine konstante Größe eingestellt sind. Hinzu kommt eine Reihe von Faktoren und Mediatoren, die typischerweise das klinische Bild, neu auftretende opportunistische Infektionen oder opportunistische Tumoren begleiten. Hierzu zählen Neopterin, β-2-Mikroglobulin und andere. Inzwischen kommt auch Zytokinen und deren Rezeptoren nicht nur als Marker, sondern gerade in der Pathogenese eine besondere Bedeutung zu. Tumornekrosefaktor (TNF) ist an der Induktion der viralen Vermehrung beteiligt. Zudem wird diskutiert, daß TNF beteiligt ist beim programmierten Zelltod, der Apoptose. Dieses Phänomen wird derzeit als ein wichtiger Faktor betrachtet, der bei der progredienten Verminderung der CD4-T-Lymphozyten beteiligt ist.

Welche Rolle spielt die neue CDC-Klassifikation aus klinisch-immunologischer Sicht?

Die neue Klassifikation vereinigt immunologische Parameter mit der klinischen Ausprägung, die in der Folge der HIV-Infektion auftreten können [2]. Daher werden klinische Kategorien und immunologische Kategorien unterschieden. Es werden jeweils 3 Grup-

Tabelle 2. Klinische Kategorien der neuen HIV-Klassifikationen des CDC (die angegebenen Erweiterungen werden derzeit in Europa nicht akzeptiert)

Kategorie A
Akute und asymptomatische HIV-Infektion sowie Lymphadenopathiesyndrom (LAS)

Kategorie B
Auf einen zellulären Immundefekt hinweisende oder auf die HIV-Infektion bezogene Erkrankungen. Frühere Bezeichnung AIDS-related complex (ARC). Einige Beispiele:

- bakterielle Endokarditis, Meningitis, Pneumonie und Sepsis
- persistente vulvovaginale oder orale Kandidiasis
- schwere Zervixdysplasie oder -carcinoma in situ
- Fieber und Durchfall länger als 1 Monat
- orale Haarleukoplakie
- rezidivierender oder ausgedehnter Herpes zoster
- idiopathische thrombozytopenische Purpura
- Listeriose, Nokardiose
- periphere Neuropathie
- entzündliche Beckenerkrankung, insbesondere Tuboovarialabszeß
- bazilläre Angiomatose

Kategorie C
Bekannte AIDS-Indikator-Erkrankungen

- Kandidiasis der Bronchien, Trachea oder Lungen
- Kandidiasis des Ösophagus
- Kokzidioidomykose, disseminiert oder extrapulmonal
- Kryptokokkose, extrapulmonal
- Kryptosporidioise, chronisch intestinal (>1 Monat Dauer)
- Zytomegalieviruserkrankung (außer Leber, Milz oder Lymphknoten)
- CMV – Retinitis (mit Sehverlust)
- HIV – Enzephalopathie
- Herpes simplex: chronische Ulzera (>1 Monat Dauer) oder Bronchitis, Pneumonitis oder Ösophagitis
- Histoplasmose, disseminiert oder extrapulmonal
- Isosporiasis, chronisch intestinal (>1 Monat Dauer)
- Kaposi-Sarkom
- Lymphom, Burkitt-Typ
- Lymphom, immunoblastisch
- Lymphom, primär zerebral
- M. avium-Komplex oder M. Kansasii, disseminiert oder extrapulmonal
- M. tuberculosis, disseminiert oder pulmonal (neu)
- Mykobakterium anderer Art oder unidentifiziert, disseminiert oder extrapulmonal
- Pneumocystis-carinii-Pneumonie
- Progressive multifokale Leukenzephalopathie
- Salmonellenseptikämie, rekurrierend
- Toxoplasmose, zerebral
- Wastingsyndrome bei HIV-Infektion
- rezidivierende bakterielle Pneumonie (neu)
- invasives Zervikalkarzinom (neu)

pen gebildet (A, B, C bzw. 1, 2, 3). Klinische Erscheinungen im Verlauf der HIV-Infektion werden graduell unterteilt und folgen im wesentlichen der früheren Klassifikation. Diese Kategorien sind in Tabelle 2 zusammengefaßt.

Die immunologischen Kategorien benutzen ausschließlich die CD4-T-Helferzellzahl. Dies erklärt sich aus der klaren prognostischen Zuordnung zahlreicher publizierter Studien. Es werden dabei die Absolutwerte der CD4-T-Lymphozyten verwendet. Bei Umrechnung in relative Zahlen entsprechen 500 Zellen/µl ≥ 29%, 200–499 Zellen/µl ≥ 14–28% und < 200 Zellen ≤ 14%. Daraus geht hervor, daß bereits bei einer CD4-T-Zellzahl unter 200 und ohne weitere klinische Symptomatik die AIDS-Falldefinition vorliegt. Dies trifft ebenfalls für die klinischen Bedingungen zu, die bei Kategorie B festgestellt werden. In der Kategorie C sind alle diejenigen Krankheitsbilder erfaßt, die bereits seit der ersten CDC-Definition 1986 als AIDS-definierend ausgewiesen sind. Ergänzend wurde die pulmonale Tuberkulose, rezidivierende Pneumonien und das invasive Zervikalkarzinom aufgenommen.

Die vorliegende Falldefinition stellt m. E. ein brauchbares und logisches Raster dar, auch wenn es nicht unmittelbar umsetzbar ist in Ländern, in denen die Technologie der CD4-Zellzahlbestimmung nicht entwickelt ist. Meist ist in diesen Ländern auch die Möglichkeit einer HIV-1- oder HIV-2-Antikörperbestimmung nicht gegeben, so daß die Verdachtsmomente sich alleine auf die klinische Ausprägung stützen. Mit der vorliegenden 3x3-Tafel wird das Prinzip deutlich (Tabelle 3).

Tabelle 3. 3x3-Tafel zur Einteilung der HIV-Infektion nach klinischen Kategorien und Surrogatkategorien

CDC 1993	Klinische Kategorien		
	(A)	(B)	(C)
Surrogatkategorien	Akute Infektion, asymptomatisch	Symptomatisch, aber nicht (A)	**AIDS**-Indikatorerkrankungen
CD4+-Zellen absolut	oder LAS	oder (C)	
(1) $\geq 500/mm^3$	A 1	B 1	*C 1*
(2) $200-499/mm^3$	A 2	B 2	*C 2*
(3) $< 200/mm^3$	A 3	B 2	*C 3*

Dies kann dann auf die individuellen Bedingungen übertragen werden.

Empfehlungen für medizinisches Personal bei längerfristigem Aufenthalt in HIV-endemischen Gebieten

1. Untersuchungen des Blut- und Lymphozytenstatus vor Aufenthalt in diesen Ländern
2. Kreative Entwicklung von möglichen Schutzmaßnahmen unter eingeschränkten Bedingungen
3. Ausreichende Immunisierungen und Auffrischungen gegenüber häufigen und möglichen Infektionserregern in tropischen Ländern
4. Persönliche Expositionsprophylaxe

Ausblick

Die Erkenntnisse über die Abläufe der HIV-Infektion von Infektion bis zur Erkrankung haben eine Sensibilität ausgelöst, die dazu führt, im beruflichen und im privaten Leben noch stärker auf Übertragungswege von Erkrankungen zu achten. Dies ist gerade im Kontext chirurgisch tätiger Kollegen in tropischen Ländern besonders schwer, da dort die Schutzmöglichkeiten gegenüber den bekannten Übertragungsbedingungen insuffizient sind [3]. Die Kenntnis über die Zusammenhänge muß aber zu verschiedenen Konsequenzen führen: persönliche Hygiene, sorgfältige Voruntersuchungen, zwingende Zwischen- und Nachuntersuchungen.

Literatur

1. Pantaleo G, Graziosi C, Fauci AS (1993) The immunopathogenesis of human immundeficiency virus infection. N Engl J Med 328: 327–335
2. Castro KG, Ward JW, Slutsker L, Buehler JW, Jaffe HW, Berkelman R, Curran JW (1992) 1993 revised classification system for HIV infection and expanded surveillance case definition for AIDS among adolescents and adults. MMWR 41/17: 1–19
3. Karon JM, Buehler JW, Byers RH et al. (1992) Projections of the number of persons diagnosed with AIDS and the number of immunosuppressed HIV-infected persons – United States, 1992–1994. MMWR 41/18: 1–29
4. Fahey JL, Taylor JMG, Detels R et al. (1990) The prognostic value of cellular and serologic markers in infection with human immunodeficiency virus type 1. N Engl J Med 322: 166–172
5. Janossy G, Autran B, Thiedema F (1992) Immunodeficiency in HIV infection and AIDS. Karger, Basel
6. Weiss R, Mazade L (1990) Institute of Medicine. Surrogate endpoints in evaluating the effectiveness of drugs against HIV infection and AIDS. National Academic Press, Washington D.C.

AIDS und Kofaktoren der HIV-Übertragung in Afrika

AIDS and Co-factors of HIV Transmission in Africa

H. JÄGER

Deutscher Entwicklungsdienst, Kladower Damm 299, D-14089 Berlin

Die Weltgesundheitsbehörde (WHO) schätzte die Prävalenz der HIV-1-Infektion in Afrika 1991 auf 6 Millionen Infizierte, 800 000 an AIDS erkrankte Erwachsene und 500 000 AIDS-kranke Kinder [7]. Hinzu kommen sog. AIDS-Waisen: Kinder, die von HIV-infizierten Müttern geboren werden, ohne infiziert zu sein, und mit großer Wahrscheinlichkeit wenige Jahre später die Mutter infolge AIDS verlieren. In Afrika sind z. Zt. etwa 2500 pro 100 000 Frauen im Alter von 15-49 Jahren HIV-infiziert [3]. Die HIV-1-Seroprävalenz in Afrika variierte 1990 in städtischen Bevölkerungsgruppen mit niedrigem Risiko zwischen <1% (Nordafrika) und über 10% (Zentralafrika), und in städtischen Bevölkerungsgruppen mit hohem Risiko zwischen <2% und 80% [1, 14]. In zentral- und ostafrikanischen Studien wurden HIV-1-Antikörper bei 5,5-22,5% aller schwangeren Frauen, bei 35,0-80,0% der weiblichen Prostituierten, bei 16,4-42,5% der Sexually-transmitted-diseases-(STD-)Patienten, bei 16,4-62,5% der STD-Patientinnen und 32,2-35,2% der untersuchten Fernlastwagenfahrer nachgewiesen [8]. Blutprodukte und mangelnde Sterilisationstechniken sind in Afrika immer noch für 1/5 der HIV-Übertragungen verantwortlich. Die katastrophalen Zustände in weiten Teilen der afrikanischen Gesundheitsversorgung werden exemplarisch durch Hygienestudien dokumentiert, die in afrikanischen Operationssälen oder in Blutprodukten, die nicht auf HIV-Antikörper untersucht wurden, massenhaft pathogene Keime nachweisen [9, 13]. Die wesentliche Übertragungsform des HIV sind in Afrika heterosexuelle Kontakte. Ob dabei andere sexuell übertragbare Erkrankungen als Kofaktoren der Übertragung oder nur als Marker der gleichen Risikosituation anzusehen sind, wurde 1989-1991 in zahlreichen prospektiven Studien untersucht (kontrolliert hinsichtlich der Anzahl der Sexualpartner, der Infektiosität, der Art und Dauer der Risikosituation). 1989 wurde erstmals bei Klienten von weiblichen Prostituierten in Kenia eine hochsignifikante Beziehung zwischen der Entwicklung eines genitalen Geschwürs und einer späteren HIV-Serokonversion nachgewiesen [2]. Das relative Risiko der HIV-Übertragung bei Vorliegen einer anderen STD betrug in verschiedenen prospektiven Studien 4,7 und 3,3 bei genitalen Geschwüren [2, 11], 4,4 bei Herpes genitalis [4], 2,7 und 3,2 bei zervikalen Chlamydieninfektion [5, 11] und 2,7 bei Trichomonadenkolpitis [5]. Die Rolle von Zervixinfektionen als Kofaktoren der heterosexuellen HIV-Übertragung ist inzwischen durch prospektive Studien bestätigt [6]. Mögliche Ursachen der Beschleunigung der HIV-Übertragung durch andere STD sind die Zerstörung der normalen epithelialen Schranke durch genitale Geschwüre, Mikroulzerationen bei Chlamydien- oder Trichomonaden-Zervizitis und die Erhöhung des Lymphozyten- und Makrophagenpools (HIV-empfängliche oder HIV-infizierte Zellen). Die perinatale HIV-Übertragung wird durch das Vorliegen einer Chorionamnionitis erleichtert [12]. Die HIV-Übertragung verläuft in Afrika beschleunigt in sog. „Coregroups": von der Familie getrennte, mobile, männliche Bevölkerungsgruppen, wie Fernlastwagenfahrer, Soldaten, Funktionäre, Wanderarbeiter und weibliche Prostituierte. Städtische „Coregroups" entstehen in Afrika infolge von Landflucht, männlicher Migration, die zu einem relativen Frauenmangel in Ballungsgebieten führt, zerrissenen Familienstrukturen durch männliche Mobilität, Zerstörung traditioneller Lebensformen, rasanter ökonomischer Verschlechterung und sozialem Elend. Die wesentlichen Strategien zur Eindämmung der sexuellen HIV-Übertragung in Afrika bestehen in der Integration von HIV- und STD-Programmen, einer repressionsfreien Aufklärung, verstärkten medizinischen Angeboten für Personen aus „Coregroups" und der preiswerten Vermarktung von Kondomen [10].

Literatur

1. Amat-Roze M, Coulard JP, Charmot G (1990) La géographie de l'infection par les virus de l'immunodéfience humaine (VIH) en Afrique noire: mise en évidence de facteurs d'épidémisation et de régionalisation. Bull Soc Pathol Exot Filiales 83: 137–148
2. Cameron DW, Lourdes JD, Gregory MM et al. (1989) Female to male transmission of human immunodeficiency virus type 1: risk factors for seroconversion in men. Lancet II: 403–407
3. Chin J (1990) Current and future dimensions of the HIV/AIDS pandemic in women and children. Lancet 336: 221–224
4. Holmberg SD, Stewart JA, Gerber AR et al. (1988) Prior herpes simplex virus type 2 infection as a risk factor for HIV infection. JAMA 259: 1048–1050
5. Laga M, Nzila N, Goeman J (1991) The interrelationship of sexually transmitted diseases and HIV-infection: implications for the control of both epidemics in Africa. AIDS 5 [Suppl]: 55–63
6. Laga M, Monoka A, Kivuvu M et al. (1993) Non-ulzerative sexually transmitted diseases as risk factors for HIV-1 transmission in women: results from a cohort study. AIDS 7: 95–102
7. Merson MH (Director GPA/WHO) (1991) Foreword to AIDS in Africa (ed by Piot P, Kapita BM, Were JBO). AIDS 5 [Suppl 1]
8. Nkowane BM (1991) Prevalence and incidence of HIV infection in Africa: a review of data published in 1990. AIDS 5 [Suppl 1]: 7–15
9. N'tita I, Mulanga K, Dulat C, Lusamba D, Rehle T, Korte R, Jäger H (1991) Risk of transfusion-associated HIV transmission in Kinshasa, Zaire. AIDS 5: 437–440
10. Piot P, Kapita BM, Were JBO, Laga M, Colebunders RL (1991) AIDS in Africa: the first decade and challenges for the 1990s. AIDS 5 [Suppl 1]: 1–5
11. Plummer FA, Simonsen JN, Cameron DW et al. (1991) Co-factors in female to male sexual transmission of HIV. J Infect Dis 163: 233–239
12. Ryder WR, Temmermann M (1991) The effect of HIV-1 infection during pregnancy and the perinatal period on maternal and child health in Africa. AIDS 5 [Suppl 1]: 75–86
13. Scheiber P, Kleinfeld V, Mutwewingabo, Mukamutara J, Heist, Grupe S (1991) Hygieneprobleme in afrikanischen Landkrankenhäusern. Mitt Österr Ges Tropenmed Parasitol 13: 85–100
14. Torrey BB, Way PO (1990) Seroprevalence of HIV in Africa: Winter 1990. US Bureau of the Census, Washington

Aspects of the Dynamics of Epidemiology of the HIV Infection in Africa

L. G. GÜRTLER

Max-von-Pettenkofer-Institut, University of Munich, Pettenkoferstraße 9a, D-80336 München
(WHO Collaborating Centre for Reference and Research on Viral Hepatitis and AIDS)

History

There are several facts to be considered when speculating on the point at which the human immunodeficiency virus (HIV) began to spread in Africa.

The first striking point is that the typical clinical signs of immunodeficiency associated with the HIV infection were never described in ancient times, despite the fact that other diseases such as yellow fever, leprosy, tuberculosis, sleeping sickness and malaria have been described in precise detail, so that identification of these diseases does not cause any problems.

The second point is that only old world monkeys from the African continent harbor immunodeficiency viruses closely related to HIV. Simian immunodeficiency virus type 1 (SIV-1) has been isolated from chimpanzees, and several different SIV-2 strains from sooty mangabey monkeys, African green monkeys and mandrills. SIV-1 is more related to HIV-1, but the SIV-2s are up to 40% divergent among one another, the same percentage as all SIV-2s to HIV-2 [5, 10].

This degree of divergence and the failure to find a vehicle for transmission of this kind of lentivirus from one monkey species to another or from monkey to man as well as the nonexistence of sexual contact between different monkey species are severe hints for the presence of HIV or HIV-related retroviruses in Africa for thousands of years.

The third point is the profile of the present epidemiology. The first HIV antibodies were detected between 1959 and 1974 in results obtained from anti-HIV screening in historical sera from Ebola virus or Epstein-Barr virus studies or from a pneumococcal vaccine study in Central Africa; those sera found positive for anti-HIV were rare at the time [14, 20, 21].

This observation is a clear indication that HIV antibodies at that time had been a seldom event; thus one can conclude that the HIV prevalence at that time in Central Africa was very low.

There are several ongoing studies giving data that HIV antibodies in different African cities, such as Nairobi (Kenia), Kampala (Uganda), Lusaka (Sambia) and Blantyre (Malawi), have been rising rapidly in the time from 1979 until today [16]. The main transmission route (more than 90%) for HIV is sexual contact, and there are several indicators that sexual behaviour in cities has not changed within the past 20 years. Thus it can be concluded again that HIV was introduced to the populations of those cities recently.

Further evidence for the recent introduction of HIV-1 in West African populations comes from prevalence studies in pregnant women from Guinea-Bissau and the Ivory Coast [4]. In the urban and rural areas of Guinea-Bissau, the HIV-2 prevalence is around 4% and has not increased during the last 7 years, when those studies were initiated. HIV-1 was introduced in about 1987 in this country and since then has showed a steady and con-

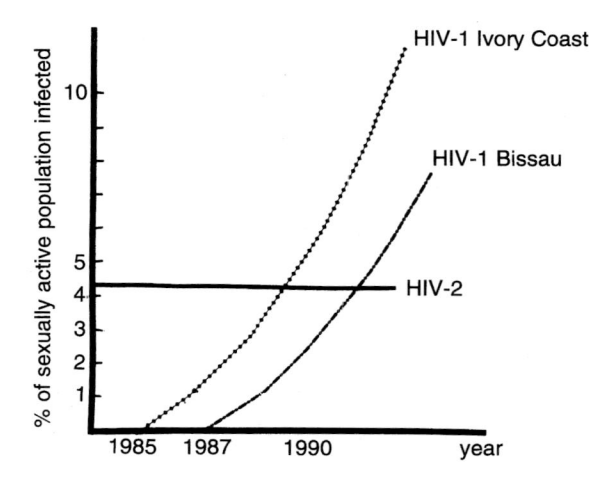

Fig. 1. Increase of the human immunodeficiency virus type 1 (*HIV-1*) prevalence in the sexually active population in Guinea-Bissau and the Ivory Coast after introduction of this virus several years before it became apparent, in contrast to the stability of the prevalence of HIV-2. This epidemiological pattern is a clear indication that HIV-1 is transmitted more efficiently than HIV-2. It also indicates that HIV-2 has been prevalent in the West African region for a relatively longer time period (more than 10 years)

tinuous increase. The prevalence of anti-HIV-1 is now higher than that of anti-HIV-2 (Fig. 1).

The same pattern of rise of the HIV-1 prevalence and constant level of the HIV-2 prevalence was observed in studies performed in the Ivory Coast, where HIV-1 was introduced around 1985 [11]. This is a further indication, too, that HIV-1 has only been spreading in the sexually active population in Africa – to fix it prudently – after the end of the Second World War.

There are two hypotheses to explain the recent spread of HIV in Africa and around the world; both of them, even if correct, will not contribute at all towards finding a solution to reduce the present spread of HIV.

The first hypothesis is the injection of blood from monkeys into man to increase libido, as reported by the anthropologist A. Kashamura in his book in 1973 [12]. Injecting blood immediately circumvents all barriers for the virus that normally exist by the structure of the mucous membrane and by the nonspecific action of the immune system. Once established in man, the HIV may be transmitted like other viruses, for example do hepatitis B or C. Injection of blood is only possible when needles and syringes are available and when clotting of blood can be prevented by anticoagulant. Neither were generally available in rural African regions until the end of the Second World War.

The second hypothesis is the pathogenicity of the HIV itself. Today we regard HIV as a lentivirus, due to the onset of illness after an asymptomatic period of 8–10 years on average. Assuming that an HIV-like retrovirus existed in humans in former times that was much more aggressive than the present one, similar to the PBj14 isolated from sooty mangabeys and leading to acute illness in macaques [6], causing death after an average time of 8–10 weeks, it should have been possible for an infected person to transmit the virus only to one other person before he or she died. This means that the prevalence remained very low within a certain population and that an epidemic such as the present one was impossible. Two further facts support this hypothesis: mutational events in HIV are very frequent and man himself originated in Africa; also, the point of divergence of man and chimpanzee is not longer than 3 million years ago [7].

Present Status of the Epidemic

HIV-1 has spread worldwide and there is nearly no country without this lentivirus. As explained above, the highest prevalences are found in Central Africa, especially the region of the Rift Valley, where plenty of other viruses are found as well. HIV-1 has entered Nigeria and since this country harbors more than one third of the population of Africa, the impact will, in other African countries, be severe on the economic and social affairs of the continent [3].

Typically for a sexually transmitted disease, highest prevalences are found in big cities and, according to the results available, between 20% and 30% of pregnant women, blood donors and army members are infected. There is little hope that HIV-1 has not entered rural areas all over Africa. According to their different sexual behaviour, males are more frequently infected in North and South Africa, while the male to female ratio is equal in Central Africa. A total of more than 6 million HIV-infected and more than 1 million people with acquired immunodeficiency syndrome (AIDS) are estimated to live in Africa, compared to 4 million HIV-infected people in the rest of the world [3]. An increase of HIV prevalence similar to that seen in Africa is now going on in South-East Asia [24].

HIV-2 infections are found in West Africa, a region beginning with Senegal in the North and ending with Benin in the South. As mentioned above, general prevalences are around 4% of the population in high endemic regions, such as Guinea-Bissau, Mali and the Ivory Coast. Transmission of HIV-2 occurs through the same routes as HIV-1, i.e. predominantly by sexual contact, but also by blood (nonsterile instruments and blood transfusions) and further by transmission from mother to child prenatally, perinatally and also postnatally by breastfeeding [4].

HIV-2 seems to be less pathogenic than HIV-1; all available data indicate that life duration is longer, transmission efficiency by sexual contact is lower and transmission to children is less frequent [18]. Virus isolation from HIV-2-infected lymphocytes is less successful compared to HIV-1. Studies are going on to prove this. The most important conclusion should be hints from structural differences in both viruses and thus the relation between structure and pathogenicity [17].

Outside West Africa, HIV-2 has been found in Mozambique, West Europe and India. In Europe, the country with the highest infection rate is Portugal, followed by France. This can be explained by the close relations to their old African colonies. Virus entry to India is thought to have occurred via Goa, a region closely related to the Portuguese culture for centuries [3].

People infected with both viruses have been identified, but even in West Africa double infection has not been found in more than 10% of all HIV-infected subjects [8, 19]. Hybrids between HIV-1 and HIV-2 have not been identified, despite the possibility that a genomic mixup could occur in doubly infected individuals.

A specific confirmation test is necessary for the detection of HIV-2 antibodies. Routine screening is generally recommended in Africa, with tests detecting both HIV-1 and HIV-2; whether a second enzyme-linked immunosorbent assay (ELISA) based on a different principle can replace the immunoblot as a confirming test is the topic of several ongoing studies.

Transmission rate of HIV

The efficiency of sexual transmission is one out of 200 acts of intercourse. There is wide variability of 1 in 1 to 1 in more than 1000. The degree of ineffectivity depends on the agressivity of the virus, the clinical status of the infected partner (the more immunodeficient, the more infectious) and the kind of intercourse (rectal or vaginal).

Transmission rate of maternal HIV infection ist between 10% and 20% in Europe, regardless of the risk of HIV acquisition, be it heterosexual or by intravenous drug administration [15]. When breastfeeding is encouraged, as in Africa, transmission rate can rise to up to 35% [22]. Rates as high as 65% have been reported in Ruanda, explained by the finding that a postnatally infected breastfeeding mother will transmit HIV rapidly to the suckling child in the early course of viraemia.

Transmission by blood may be induced by two ways: the free virus or the virusproducing cell. Volumes of fresh blood as low as 2 µl may be sufficient for transmision. A contaminated blood conserve being transfused carries a 100% risk of onset of infection. Needle sticks are the most frequent ways of HIV transmission in health care settings. The transmission rate by this way is one out of 200 sticks. Transmission efficiency can be reduced drastically by enforcing bleeding and disinfection of the lesion and can perhaps also be reduced by administering inhibitors of the replication of HIV-like azidothymidine.

Especially in Africa there is an urgent need to establish blood donor screening for both HIV viruses nationwide [23] and to check continuously the proper working of the equipment used for sterilizing or disinfecting instruments and to train people to follow the recommendations of action after stick accidents.

In medical care units, transmission of HIV may occur from a blood donor to the patient, from patient to patient by insufficiently disinfected instruments, from patient to the health care worker by sticks and other lesions and from the health care worker doing invasive procedures to the patient, again by stick accidents. This mode of transmission is not unique for HIV, but has been shown to be relevant for the hepatitis B virus as well [2].

Future Prospects

Throughout our known history of mankind, there has never been a sexually transmitted disease that has been eradicated by any means. Therefore it seems to be wise to assume that the HIV epidemic will not be self-limiting either. By taking hygienic measures, especially in the most intimate sphere, it should be easily possible to reduce HIV transmission to a very low level, but it remains doubtful whether this will occur.

The dynamics of the HIV epidemic will no be stabilized in any part of the world [1]. It can be calculated that a certain plateau of saturation will be found in Africa within the next 10 years (Fig. 2).

However, it is by no means sure whether this level, which might be as high as 35% of the sexually active population, will remain constant or according to some economic and political changes rise or fall [13]. Nevertheless, it seems quite clear that the present growth rates of the populations of Africa will be reduced, in places to zero growth.

There have been plenty of efforts to obtain a vaccine against HIV. All trials during the last 10 years to establish a substance suitable for protection and for general use have fail-

Fig. 2. General course of the human immunodeficiency virus type 1 (HIV-1) epidemiology in a country. After a silent period when transmission is not recognized and due to the time delay acquired immunodeficiency syndrome (AIDS) cases cannot be seen, HIV-1 transmission follows an exponential growth. After a certain period a plateau of saturation is reached, caused by the number of people being newly infected and by the number of people dying of the disease. The height of the plateau, i.e. the percentage of people infected, might be different in different countries according to the promiscuity of sexually active persons, the effectiveness of blood donor screening and the hygiene standards in medical treatment settings. The saturation level might remain stable or might increase again due to economic and political movements, changes in sexual behaviour or change of the penetrance of the predominant HIV strain; according to the success of sexual education, the availability of susceptible people and perhaps the immunity induced by a vaccine, the level may decrease. At present, it is hard to believe that the level will decrease to a zero prevalence of HIV, a fact that would mean the successful elimination of the virus

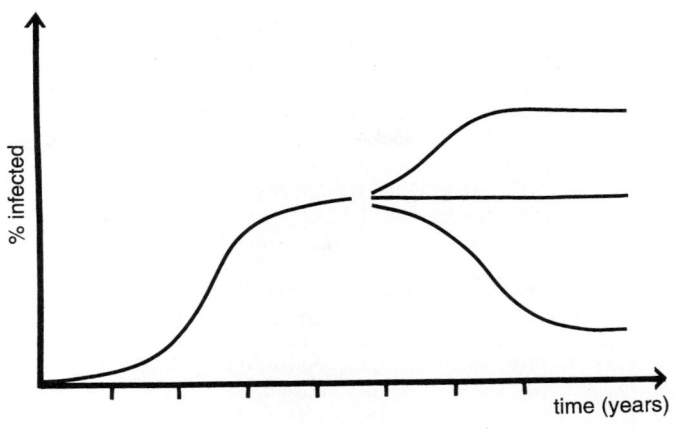

ed. To obtain a vaccine before the year 2000 that fulfills all the requirements that are generally acceptable seems impossible at the present time [9].

Various substances have been tried to cure people with AIDS. Much progress has been made in eliminating infectious agents causing superinfections, which lead to death without any treatment. Progress has also been made in the treatment of cancers, such as the Kaposi sarcoma. Despite this progress, there is little hope of finding a drug capable of stopping the replication of HIV permanently without the risk of drug resistance.

In the long run, we will have to adapt to life with HIV and live with HIV-infected people. According to the rules of ethics, we have to reduce HIV transmission by medical and educational measures in all sectors.

Summary

HIV-1 is distributed all over the world and will continue to spread in the future, especially in Asia. Today in Africa, numerous asymptomatic HIV-carriers will develop AIDS and will need medical support. HIV is in over 90% of the cases transmitted by sexual contact, but infections by contaminated blood transfusions and unsterile medical equipment remain to be relevant.

HIV-transmission may occur from the infected patient to the surgeon and his staff, but also from the infected health care worker to the patient. Both routes must be prevented. Generation of an efficient vaccine and a causally acting drug against the replication of HIV will further implement big problems.

References

1. Anderson RM, May RM, Boily MC, Garnett GP, Rowley JT (1991) The spread of HIV in Africa: sexual contact patterns and the predicted demographic impact on AIDS. Nature 352: 581
2. Brennan TA (1991) Transmission of the HIV in the health care setting – time for action. N Engl J Med 324: 1404
3. Chin J (1991) Global estimates of HIV-infections and AIDS cases: 1991. AIDS 5 [Suppl 2]: S 57
4. De Cock KM, Brun-Vezinet F, Soro B (1991) HIV-1 and HIV-2 infections and AIDS in West Africa. AIDS 5 [Suppl 1]: S 21
5. Desrosiers RC (1990) A finger on the missing link. Nature 345: 288
6. Dewhurst S, Embretson JE, Anderson DC, Mullins JI, Fulz PN (1990) Sequence analysis and acute pathogenicity of molecular cloned SIV smm-PBj14. Nature 345: 636
7. Diamond JM (1988) DNA-based phylogenies of the three chimpanzees. Nature 332: 685
8. Evans LA, Odehouri K, Honnebier GT, Barboza A, Moreau J, Seto D, Legg H, Cheng-Maxer C, Levy JA (1988) Simultaneous isolation of HIV-1 and HIV-2 from an AIDS patient. Lancet II: 1389
9. Gardner MB, Hu SL (1991) SIV vaccines, 1991 – a year in review. AIDS 5 [Suppl 2]: S 115
10. Huet T, Cheynier R, Meyerhans A, Roelants G, Wain-Hobson S (1990) Genetic organisation of a chimpanzee lentivirus related to HIV-1. Nature 345: 356
11. Kanki PJ, M'boup S, Ricard D, Barin F, Denis E, Boye C, Sangare L, Travers K, Albaum M, Marlink R, Lemonne JLR, Essex M (1987) Human T-lymphotropic virus type 4 and the human immunodeficiency virus in West Africa. Science 236: 827
12. Kashamura A (1973) Famille, Sexualité et culture. Payot, Paris
13. Mann JM (1992) AIDS – the second decade: a global perspective. J Infect Dis 165: 245
14. Nahmias AJ, Weiss J, Yao X, Lee F, Kodsi R, Schanfield M, Matthews T, Bolognesi D, Durack D, Motulsky A, Kanki P, Essex M (1986) Evidence for human infection with a HTLV-III-like virus in Central Africa (1959). Lancet I: 1279
15. Newell ML, European Collaborative Study (1992) Risk factors for mother-to-child transmission of HIV-1. Lancet 339: 1007
16. Nkowane BM (1991) Prevalence and incidence of HIV-infection in Afrika: a review of data published in 1990. AIDS 5 [Suppl]: S 7
17. Pepin J, Morgan G, Dunn D, Gevoa S, Mendy M, Gaye I, Scollen N, Tedder R, Whittle H (1991) HIV-2 induced immunosuppression among asymptomatic West African prostitutes: evidence that HIV-2 is pathogenic, but less so than HIV-1. Aids 5: 1165
18. Poulsen AG, Kvinesdal BB, Aaby P, Lisse LM, Gottschau A, Lauritzen E (1992) Lack of evidence of vertical transmission of the general population in Bissau. J AIDS 5: 25
19. Rayfield M, Odehouri K, Honnebier GT, Barboza A, Moreau J, Seto D, Legg H, Cheng-Maxer C, Levy JA (1988) Mixed HIV infection in an individual: demonstration of both type 1 and type 2 proviral sequences by using polymerase chain reaction. J Infect Dis 155: 170
20. Saxinger WC, Levine PH, Dean AG, de The G, Wantzin GL, Moghissi J, Laurent F, Hoh M, Sarngadharan MG, Gallo RC (1985) Evidence for exposure to HLTV-III in Uganda before 1973. Science 227: 1036
21. Sher R, Antunes S, Reid B, Falcke H (1987) Seroepidemiology of HIV in Africa from 1970 to 1974. N Engl J Med 371: 450
22. van de Perre A, van Simonon A, Msellati P, Hitimana DG, Vaira D, Bazubagira A, van Gothem C, Steven AM, Kapita E, Thull DS, Dabis F, Lepage P (1991) Postnatal transmission of HIV type 1 from mother to infant: a prospective cohort study in Kigali, Rwanda. N Engl J Med 325: 593
23. van der Groen G, van Kerckhofen I, Vercauteren G, Piot P (1991) Simplified and less expensive confirmatory HIV testing. Bull WHO 69: 747
24. Weniger BG, Limpakarnjarat K, Ungchusak K, Tanprasertsuk S, Choopanya K, Vanichseni S, Uneklabh T, Thongcharoen P, Wasi C (1991) The epidemiology of HIV-infection and AIDS in Thailland. AIDS 5 [Suppl 2]: S 71

Clinical Manifestations of AIDS in Uganda

E. Schmalzbauer[1], J. Mugamba[2] and G. G. Frösner[3]

[1] Chirurgische Universitätsklinik, Oscar-Orth-Str., D-66421 Homburg/Saar
[2] Kabarole Hospital, Fort Portal Area, Uganda
[3] Max von Pettenkofer-Institut, University of Munich, Pettenkoferstraße 9a, D-80336 München

Introduction

Acquired immunodeficiency syndrome (AIDS) is an increasing clinical problem in many rural areas of sub-Saharan Africa. Because serological tests are usually not available, a clinical definition has to be used for diagnosing AIDS. In 1985 during a WHO meeting in Bangui in the Central African Republic, a clinical definition based on the presence of two major signs and one minor sign was proposed [9]. The specificity of the Bangui definition was evaluated by one of us (E. S.) in patients at the Kabarole Hospital situated in a rural area of Uganda. This study also served to obtain epidemiological data on the prevalence of anti-human immunodeficiency virus (HIV), hepatitis B infection, and syphilis in different groups of patients. Permission to perform the study was given by the Uganda Ministry of Health.

Materials and Methods

Kabarole Hospital

Kabarole Hospital is a small, but well-organized hospital in a rural area in the southwest of Uganda close to the Ruwenzori Mountains. It is run by the Protestant Church of Uganda and has 61 employes: three medical doctors, nine medical assistants, 25 nurses, two laboratory technicians, four midwifes, six administrators, and 12 auxiliary staff. In spite of a capacity of only about 100 beds, a average of about 140 inpatients are treated. During the study period between April and September 1988, about 1500 patients were admitted to the hospital.

Patients Tested

During the study period 183 patients fulfilling the Bangui definition of AIDS were selected for serological testing. In addition, 106 patients not fulfilling the Bangui definition, but having other clinically welldefined diseases were included in the study: 51 patients with tuberculosis confirmed by Ziehl-Neelsen staining, 28 patients with typhoid fever, 16 patients with pyomyositis or multiple abscesses, 12 patients with genital papillomavirus infection, ten patients with tropical ulcers („Buruli ulcers"), ten patients with dermatomycosis, and 14 patients with central or periperal nervous system disorders (14 patients showed two of the above diseases).

Serological Tests

Antibodies against HIV-1 (anti-HIV) were determined by Wellcozyme HIV Recombinant test (Wellcome, Burgwedel, Germany). All test results were confirmed by highly sensitive western blot, using recombinant antigens [7].

Testing for hepatitis B surface antigen (HB_sAg) and antibody to hepatitis core antigen (anti-HB_c) was done using radioimmunoassays (Ausria, Corab; Abbott Diagnostik, Wiesbaden, Germany). Syphilis antibodies were detected by passive treponema pallidum hemagglutination test (Cellognost Syphilis H; Behringwerke, Marburg, Germany). Anti-HTLV-1 was determined by ELISA test (Abbott Diagnostik, Wiesbaden, Germany).

Results

Frequency of Diseases Listed in the Bangui Definition

The frequency of „major" and „minor" signs suggesting HIV infection, as listed in the Bangui clinical AIDS definition, is given in Table 1.

Table 1. Frequency of major signs and minor signs of the Bangui clinical AIDS definition in all patients, in patients fulfilling the Bangui clinical AIDS definition, and in anti-HIV-positive and anti-HIV-negative patients

	All patients ($n = 289$) (n) (%)	Bangui positive ($n = 183$) (n) (%)	Anti-HIV negative ($n = 40$) (n) (%)	Anti-HIV positive ($n = 249$) (n) (%)
Major signs				
Weight loss > 10% of body weight	195 67.5	162 88.5	27 68*	168 67.7*
Chronic diarrhea > 1 month	160 55.4	126 68.9	18 45*	142 57.0*
Persistent fever > 1 month	167 57.8	156 85.2	38 95**	129 51.9**
Disseminated Kaposi's sarcoma	50 17.3	47 25.7	3 8*	47 18.9*
Cryptococcal meningitis[a]	– –	– –	– –	– –
Minor signs				
Persistent cough > 1 month	105 36.3	103 56.3	4 10***	101 40.6***
Generalized itching dermatitis	79 27.3	75 41.0	17 43****	62 24.9****
Herpes zoster	31 10.7	25 13.7	0 0*****	31 12.4*****
Generalized lymphadenopathy	56 19.4	45 24.6	11 28*	45 18.1*
Oral candidiasis	101 34.9	98 53.6	4 10******	94 37.8******
Chronic progressive herpes simplex	28 9.7	25 13.7	3 8*	22 8.8*

[a] Could not be diagnosed.
* Not significant (two-tailed Fisher's exact test in 2 x 2 tables).
** $p < 0.00001$ (extremely significant).
*** $p = 0.00014$ (extremely significant).
**** $p = 0.02349$ (significant).
***** $p = 0.02271$ (significant).
****** $p = 0.00048$ (extremely significant).

Weight loss (67.5%), persistent fever (57.8%) and chronic diarrhea (55.4%) were the most frequently observed signs of the definition. All these signs belong to the „major signs".

Prevalence of Anti-HIV

We investigated the prevalence of anti-HIV in patients not fulfilling the Bangui clinical AIDS definition but with other specific diseases. Major signs were not found more frequently in anti-HIV-positive patients than in anti-HIV-negative patients. In fact, persistent fever was more frequently present in anti-HIV-negative patients.

Table 2. Frequency of anti-HIV-positive test results in patients with and without major signs and minor signs according to the Bangui clinical AIDS definition

	Total patients with sign (n)	Anti-HIV-positive patients with sign (n) (%)	Total patients without sign (n)	Anti-HIV-positive patients without sign (n) (%)
Major signs				
Weight loss > 10% of body weight	195	168 86.2*	94	81 86.2*
Chronic diarrhea > 1 month	160	142 88.8*	129	107 82.9*
Persistent fever > 1 month	167	129 77.2**	122	120 98.4**
Disseminated Kaposi's sarcoma	50	47 94.0*	239	202 84.5*
Cryptococcal meningitis[a]	–	– –	–	– –
Minor signs				
Persistent cough > 1 month	105	101 96.2***	184	148 80.4***
Generalized itching dermatitis	79	62 78.5****	210	187 89.0****
Herpes zoster	31	31 100.0***** 258		218 84.5*****
Generalized lymphadenopathy	56	45 80.0*	233	204 87.6*
Oral candidiasis	101	94 93.1******	188	155 82.4******
Chronic progressive herpes simplex	28	22 79.0*	267	227 85.0*
Patients fulfilling the Bangui AIDS definition	183	164 89.6*******	–	– –
Patients not fulfilling the AIDS definition	–	– –	106	85 80.2*******

[a] Could not be diagnosed.
* Not significant (two-tailed Fisher's exact test in 2x2 tables).
** $p < 0.00001$ (extremely significant).
*** $p = 0.00014$ (extremely significant).
**** $p = 0.02349$ (significant).
***** $p = 0.02271$ (significant).
****** $p = 0.01920$ (significant).
******* $p = 0.03332$ (significant).

HIV infection was most strongly associated with the presence of minor signs. From 249 anti-HIV-positive patients, 101 (40.6%) had a persistent cough, 94 (37.8%) had oral candidiasis, and 31 (12.4%) had herpes zoster. The prevalence of these signs in anti-HIV-negative patients was significantly lower: 10 % ($p=0.00014$), 10% ($p=0.00048$) and 0% ($p=0.02271$), respectively.

Generalized itching dermatitis was present significantly more frequently in anti-HIV-negative patients ($p=0.02349$), and there was a nonsignificant trend towards a higher frequency of generalized lymphadenopathy in these patients.

Similar results were found when the prevalence of anti-HIV was associated with different signs: 100% of patients with herpes zoster, 96.2% of patients with a persistant cough, and 93.1% of patients with oral candidiasis were anti-HIV positive, as compared to 80.5%, 80.4% and 82.4%, respectively, of patients without these signs ($p=0.02271$, $p=0.00014$, and $p=0.00048$, respectively); (Table 2).

In total, 183 of our 289 (63.3%) patients fulfilled the Bangui definition of AIDS in showing at least two major signs and one minor sign. Of these, 164 (89.6%) were anti-HIV positive. The prevalence of anti-HIV was significantly higher ($p=0.03332$) in patients fulfilling the Bangui clinical AIDS definition than in patients not fulfilling the Bangui definition (85 of 106, 80.2%).

Table 3 shows the prevalence of anti-HIV for patients not fulfilling the Bangui clinical AIDS definition but having other specific diseases.

Table 3. Prevalence of anti-HIV in 106 patients not fulfilling the Bangui clinical AIDS definition

Diagnoses	Total patients	Anti-HIV-positive patients		Patients with more than one disease
	(n)	(n)	(%)	(n)
Tuberculosis				
Diagnosed by Ziehl-Neelsen staining	30	27	90	3
Diagnosed by Mendel-Mantoux skin test	21	18	86	3
Typhoid fever diagnosed by Widal test	28	22	79	2
Pyomyositis and multiple abscesses	16	11	69	1
Genital papillomavirus infection	12	9	75	2
Tropical ulcer („Buruli ulcer")	10	8	80	2
Dermatomycosis	10	8	80	1
Central and periphal nervous system disorder	14	13	93	3

Patients were selected for specific diseases which are only in part associated with HIV infection. A total of 85 of 106 patients (80.2%) were anti-HIV positive; 14 anti-HIV-positive patients had more than one of the listed diseases.

A prevalence of anti-HIV well above average was found in 51 patients with tuberculosis (88%) and in 13 patients with central and peripheral nervous system disorders (93%).

Clinical Observations

Symptoms and signs of all patients, whether fulfilling the Bangui clinical AIDS definition or not, were recorded. Interesting case reports on four patients are presented here in detail.

Case 1. As a very obvious major sign of the Bangui classification, multiple skin lesions of Kaposi's sarcoma have frequently been the first indication of HIV infection. There are three different forms of Kaposi's sarcoma: the classical, the endemic African, and the epidemic AIDS-associated one. The morphologic appearance of lesions of AIDS-associated Kaposi's sarcoma varies from flat macular patches to indurated papules and small, elevated nodules. As the disease progresses, lesions gradually increase in size. They may develop into large, nodular, polypoid and painful tumors which have a tendency to ulcerate and become infected.

A 33-year-old HIV-positive male patient attended our outpatient clinic complaining of two large nodular skin tumors located on the palm of his hand (Fig. 1).

On further examination, numerous disseminated cutaneous nodular lesions were found all over his body. A biopsy taken later confirmed the diagnosis of Kaposi's sarcoma. Because of the hindering and disturbing palmar localization of the nodules, a surgical excision was performed.

Even in developed countries, treatment of Kaposi's sarcoma is palliative: for example, radiotherapy is helpful, especially around the face, neck, and oropharynx. If cutaneous lesions are disseminated (as in the above-mentioned case) or if there is visceral involvement, treatment with chemotherapy or interferon-α, if available, may produce a partial remission.

Case 2. Herpes zoster is one of the most common minor opportunistic infections and is also listed in the Bangui classification.

A 15-year-old girl came to the hospital with numerous large vesicular blisters on the left side of the neck, complaining of fever and burning pain (Fig. 2).

Recounting her social history, she said that she had left her home district 3 years ago and had moved to Kampala. There she lived on selling cigarettes for little payment. She did not deny having sexual contact with several partners. She had suffered from diarrhea and continous fever for 3 months. On examination, we diagnosed pustular vesicular eruptions of herpes zoster involving the dermatomes C_3 and C_4. In addition to disorders of sensation, the patient showed slight motor paralysis of the left shoulder. A western blot revealed that she was HIV positive. For pain relief, the vesicles were treated with cool, wet compresses and tepid water baths. Later on, drying powder and lotions were applied with good results. No other treatment was available.

The reactivation of varicella zoster virus, especially in young subjects, should always alert the diagnosing physician to the possibility of an underlying immunodeficiency. Multidermatomal involvement may occur in AIDS patients. In developed countries, the early treatment of varicella zoster virus with high doses of intravenous acyclovir shows some benefit for the patient.

Fig. 1. Palmar Kaposi's sarcoma of a 33-year-old HIV-positive patient who showed this cutaneous tumor disseminated all over his body

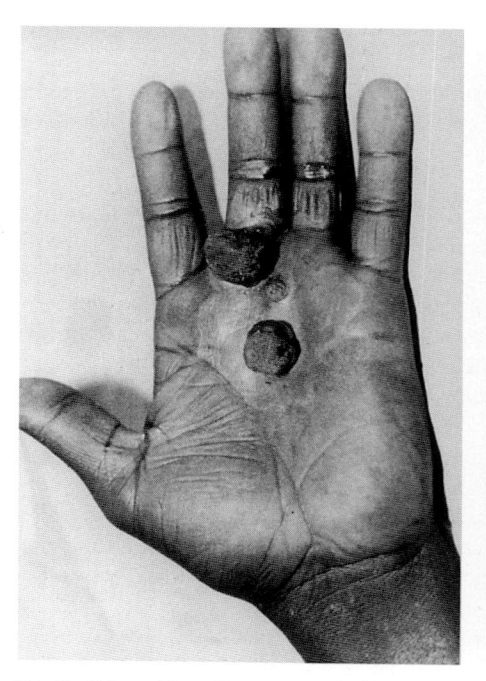

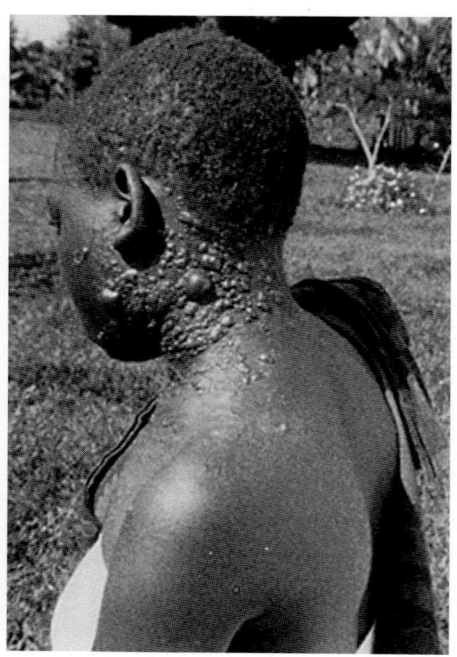

Fig. 2. Pustular vesicular eruptions of herpes zoster involving the dermatomes C_3 and C_4

Case 3. In spite of not being mentioned in the Bangui clinical AIDS definition, tuberculosis is essentially associated with HIV infection and has to be studied thoroughly. There is obviously an increased rate of progression from asymptomatic to overt tuberculosis in subjects coinfected with HIV. The progress of tuberculosis in these patients with suppressed immunosystem is different in that more often other organs besides the lung are involved. The main manifestation of HIV-associated tuberculosis therefore presents itself as extrapulmonary and disseminated. Another difference ist that Mendel-Mantoux skin testing with purified protein derivative (PPD), the standard method of screening for tuberculous infection, is less helpful in HIV-positive patients. They often react anergic because of their low number of circulating effector T-lymphocytes.

A 34-year-old female patient presented at the hospital with low-grade fever and aching, cramplike abdominal pain lasting some weeks. Her past medical history included pulmonary tuberculosis 5 years before, which was treated for 9 months using a regimen of two bacterial drugs, isoniazid and streptomycin. Testing for HIV was not available in our hospital at that time. The history of her present complaints consisted of abnormal vaginal bleeding, pain including dysmenorrhea, hypermenorrhea, and infertility. On examination, a unilateral right-sided pelvic tumor of excessive size was found. Slight lower quadrant tenderness was noticed at palpation. Sacral backache as referred pain was present. Bowel sounds were slightly reduced. A vaginal examination was performed showing purulent discharge on the glove. During the bimanuel pelvic examination, adnexal restriction without abdominal rigidity and slight enlargement and tenderness of the uterus was felt.

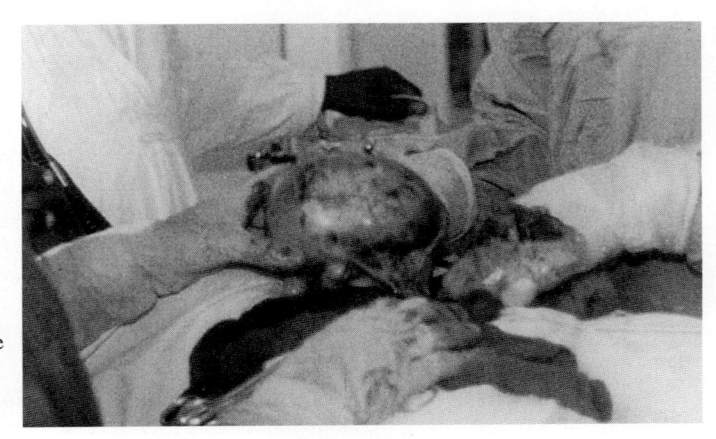

Fig. 3. Urogenital tuberculosis with a huge tubo-ovarian abscess full of acid-fast *Mycobacteria tuberculosis*

A Mendel-Mantoux skin test performed with 5 tuberculine units of PPD was negative. Although a culture for *Mycobacterium tuberculosis* of menstrual discharge was not possible in our laboratory, sanguineous fluid and smear from the uterus, cervix, and vagina were fixed and stained for acid-fast organisms with a positive result. The present possibility of an HIV test was discussed with the patient and carried out. The outcome was anti-HIV positive. Considering the possibility of resistance, a combination of three tuberculostatic drugs (isoniazid, rifampin, and ethambutol) was chosen. As the tubo-ovarian abscess persisted after 3 months of chemotherapy, laparotomy was indicated. Salpingoovariectomy was planned. A large incision was made, so that the huge tuberculous tumor could be brought out of the wound as a whole (Fig. 3) and removed intact by division of its pedicle.

The lateral part of the pedicle, formed by the infundibulopelvic ligament containing the ovarian vessels, which were very dilated, was divided between clamps, two being placed proximal to the level of division. A transfixing ligature was employed. On the uterine side, a clamp was placed across the ovarian ligament and the uterine tube, which was stretched out over the surface of the tumor. The ovary on the opposite side was checked and found to be healthy. After the operation, the tubo-ovarian abscess was opened. Tuberculous calcificated granulomas, caseation containing acid-fast bacilli, and lots of pus was emptied into a basin. Antituberculous therapy was resumed postoperatively.

Unlike nontuberculous salpingitis, genital tuberculosis often occurs in older women and about half are postmenopausal. Tuberculosis occasionally spreads hematogenously to the highly vascular fallopian tube. Symptoms are usually mild and of insidious onset, including abdominal pain, vaginal discharge, metromenorrhagia, and dyspareunia. Systemic symptoms and signs are uncommon, probably because the infection is indolend and localized. As therapy, surgery is only indicated when conservative management fails. In AIDS patients especially, the timing seems to be important when the drug regimen appears to have little advantage to offset the disadvantage of increased toxicity. Small pelvic abscesses should be drained through the vagina or extraperitoneally. Large pelvic masses should be carefully removed intact, being aware of the fatal complication of rupturing.

Case 4. Another interesting symptom we examined that is not included in the Bangui classification was the appearence of genital papillomavirus infections such as verrucae vulgaris, verrucae planae, and condylomata accuminata in correlation to a possible HIV infection. As cellular immunity has been implicated as an important aspect of the host defenses to human papillomaviruses (HPV), genital warts are often seen in patients with AIDS. Warts are benign neoplasms of the skin and contiguous mucous membranes caused by the HPV, a subgroup of the papovaviruses. Papovaviruses are spherical, small, double-stranded DNA-containing viruses which replicate in the nucleus of the cells. Genital warts are most commonly associated with the genome of HPV types 6 and 11. They generally appear as multiple, polymorphic lesions which may coalesce to large masses in the genital or anal area. Only seldom do these warts reach the tumorous size described in the following patient.

A 18-year-old primigravida was admitted to the hospital with large exuberant, tumorous, cauliflower-like plaques of confluent genital warts (Fig. 4).

She said that the warts had increased in size during pregnancy. An HIV test was offered and the result was positive. On examination, condylomata accuminata were found on the fourchette, the adjacent labia majora and minora, the vulva, the cervix, and in the vagina. They aggregated into a large mass, so that a blockage of the introitus during delivery was expected. On palpation, a fundal height of a 35-week pregnancy was measured. Fearing complications during labor, the patient had decided to come to the hospital. The young woman was delivered by Caesarian section of a healthy male baby with Apgar score 9.

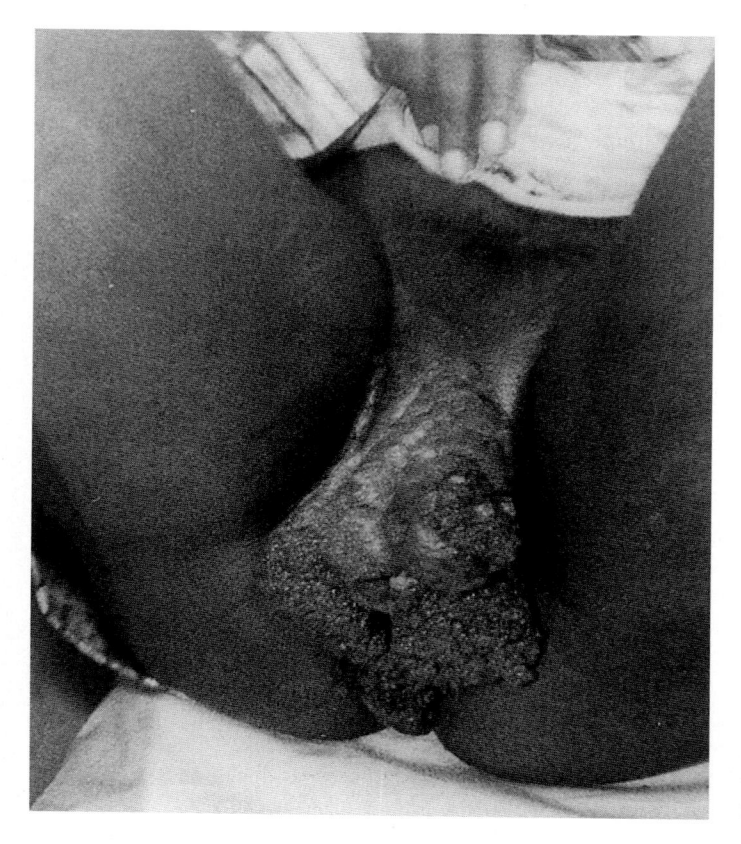

Fig. 4. Multiple tumorous cauliflower-like warts located at the labia majora and minora

After recovering from the operation, treatment of the warts by surgical excision, cryotherapy, or laying on podophyllum resin was planned and offered to the patient, but she and her relatives refused any therapy. They argued that „this mass down there would have been witched to the girl and if anybody removes it, somebody in the family will have to die." The patient left the hospital without being treated for her huge tumorous warts, causing her difficulties in walking.

This case shows a further aggravating problem of medical care in all African countries, namely the deep-rooted occultism in the people, who always first attend the witch doctor before consulting a hospital.

Value of Serological Testing for Anti-HIV

Of 183 patients fulfilling the Bangui definition of AIDS, 164 (89.6%) were anti-HIV positive. Therefore, the positive predictive value of the Bangui clinical AIDS definition (number of patients fulfilling the Bangui definition and having the AIDS diagnosis serologically confirmed by a positive anti-HIV test divided by the total number of patients fulfilling the Bangui definition) was 0.896 in this patient group.

Of 106 patients *not* fulfilling the Bangui definition, 85 (80.2%) were anti-HIV positive. Therefore, the negative predictive value of the Bangui definition (number of patients not fulfilling the Bangui definition and having no serologically detectable HIV infection divided by the total number of patients not fulfilling the Bangui definition) was only 0.198.

Sensitivity and specificity of the Bangui definition cannot be calculated properly in this study because only a selection of patients not fulfilling the Bangui definition were tested for anti-HIV. Patients were selected according to specific diagnoses, as mentioned above. In addition, two of the selected diseases (tuberculosis, nervous system disorders) are known to be strongly associated with the presence of HIV infection. Of 51 patients with tuberculosis and of 14 patients with central nervous system disorders 88% and 93%, respectively, were anti-HIV positive.

Disregarding these methodological limitations, the sensitivity of the Bangui definition in all 289 tested patients (number of serologically confirmed cases fulfilling the Bangui definition divided by the number of serologically confirmed cases fulfilling the Bangui definition + anti-HIV positive patients not fulfilling the Bangui definition) was only 65.9%. The specificity of the Bangui definition (number of anti-HIV negative patients not fulfilling the Bangui definition divided by the number of anti-HIV negative patients not fulfilling the Bangui definition + anti-HIV negative patients fulfilling the Bangui definition) was only 52.5%.

Prevalence of Anti-HIV According to Age and Sex

The prevalence of anti-HIV in different age-groups of male and female patients is given in Table 4.

In all age-groups, including children 0–4 years of age, a high prevalence of HIV infection was found. In total, 78.8% of 113 male patients and 90.0% of 176 female patients were anti-HIV positive ($p=0.0049$).

A total of 106 of our 289 patients did not fulfill the Bangui case definition and had been selected because of other specific diseases which may only in part (tuberculosis, neurological diseases) be associated with HIV infection. From these, 85 (80.2%) were anti-HIV positive (Table 5).

Table 4. Prevalence of anti-HIV in different age-groups of male and female patients

Age-group (years)	Male			Female			All		
	Total (n)	Anti-HIV positive (n)	(%)	Total (n)	Anti-HIV positive (n)	(%)	Total (n)	Anti-HIV positive (n)	(%)
0– 4	7	6	85.7	10	9	90	17	15	
5– 9	–	–	–	–	–	–	–	–	
10–14	–	–	–	3	3	100	3	3	
15–19	7	6	85.7	32	27	84	39	33	85
20–29	68	51	75	69	63	91	137	114	83
30–39	25	21	84	50	48	96	75	69	92
40–49	4	3	75	11	9	82	15	12	80
50–59	2	2	100	1	1	100	3	3	100
Total	113	89	78.8	176	160	90.9	289	249	86.2

Table 5. Prevalence of anti-HIV in different age-groups of male and female patients not fulfilling the Bangui clinical AIDS definition

Age-group (years)	Male		Female		All	
	Total (n)	Anti-HIV positive (n)	Total (n)	Anti-HIV positive (n)	Total (n)	Anti-HIV positive (n)
0– 4	1	1	2	2	3	3
5– 9	–	–	–	–	–	–
10–14	–	–	1	1	1	1
15–19	6	4	14	12	20	16
20–29	27	20	26	20	53	40
30–39	2	1	21	19	23	20
40–49	–	–	5	4	5	4
50–59	1	1	–	–	1	1
Total	37	27	69	58	106	85

Patients were selected on the basis of specific diseases listed in Table 3. A total of 80.2% of all patients were anti-HIV positive.

Table 6. Prevalence of serological markers of hepatitis B, syphilis, and human T-cell leukemia virus type 1 (HTLV-1) infection in different groups of patients

	All Patients (n = 289)		Patients fulfilling the Bangui AIDS definition (n = 185)		Anti-HIV-positive patients (n = 249)		anti-HIV-negative patients (n = 40)	
	(n)	(%)	(n)	(%)	(n)	(%)	(n)	(%)
Syphilis antibody	165	57.1	107	58.5	141	56.6*	24	60*
Hepatitis B marker								
HB_sAg	24	8.3	16	8.7	24	9.6**	0	0**
anti-HB_c	91	31.5	51	27.9	84	33.7***	7	18***
Anti-HTLV-1	14	4.8	12	6.6	14	5.6****	0	0****

*Difference statistically not significant (two-tailed Fisher's exact test in 2x2 tables).
**$p = 0.05632$ (nearly significant).
***$p = 0.06186$ (nearly significant).
****$p = 0.02716$ (significant).

Again, prevalence showed a higher trend in females than in males (84% versus 73%; $p=0.205$), but the difference was not statistically significant.

Prevalence of Serological Markers of Syphilis, Hepatitis B, and HTLV-1-Infection in Anti-HIV-Positive and Anti-HIV-Negative Patients

Nearly 60% of patients had antibody to syphilis, and there was no significant difference in prevalence between anti-HIV-positive and anti-HIV-negative patients (Table 6.)

Markers of hepatitis B infection (HB_sAg, anti-HB_c) were detected more frequently in anti-HIV-positive patients than in anti-HIV-negative patients (9.6% versus 0%, 33.7% versus 18%). The differences were marginally significant ($p=0.05632$; $p=0.06186$).

Anti-HTLV-1 was present significantly more frequently in anti-HIV-positive patients (5.6% versus 0%; $p=0.02716$).

Discussion

Most patients fulfilling the Bangui definition (89.6%) showed serological signs of HIV infection. However, absence of diseases listed in the Bangui definition was not very helpful in excluding HIV infections in our patient group. The negative predictive value of the definition was only 0.198. This is associated with the very high prevalence of HIV infection (80.2% anti-HIV positive) in patients not fulfilling the Bangui definition.

However, 51 of the 106 patients not fulfilling the Bangui definition who had been selected for anti-HIV testing suffered from tuberculosis. Other studies have shown a strong association between tuberculosis and HIV infection. This may explain in part the high prevalence of anti-HIV in patients not fulfilling the Bangui clinical AIDS definition.

Sensitivity of the Bangui definition was only 65.9%, and the specificity was only 52.5%. These values probably would have been even lower if not only a selection of patients, but all patients not fulfilling the Bangui definition had been tested. Therefore, in our patient group the Bangui definition is of very limited help in diagnosing HIV infections and making decisions concerning the clinical management. Persistent fever, a major sign, and generalized itching dermatitis, a minor sign, are even more frequent in anti-HIV-negative patients. Permanent availability of anti-HIV tests in our hospital would increase significantly the number of diagnosed HIV infections. The limited value of the Bangui clinical AIDS definition has been demonstrated in other studies, too [4].

An above average prevalence of anti-HIV was detected in patients with active tuberculosis (90% anit-HIV positive) and in patients with central or peripheral nervous system disorders (93% anti-HIV positive). This is not surprising. Activation of latent tuberculosis infection caused by the HIV-induced immunodeficiency is well known. Therefore, in several studies a high prevalence of tuberculosis has been detected in HIV-infected subjects [3]. There is also an invasion of the central nervous system by HIV early in the course of the infection [6]. This can cause a variety of neurological and psychiatric diseases.

A high prevalence of anti-HIV (average 86.2%) was found in all age-groups of patients. Even in patients not fulfilling the Bangui AIDS definition the prevalence was 80.2%. This high prevalence is in agreement with other studies done in different areas of rural Africa [5, 8]. In contrast, a very low prevalence of anti-HIV (only one out of 254 adult patients were anti-HIV positive) was detected in a rural area in the Rift Valley upland of Kenya [2].

Female patients exhibited a significantly higher prevalence than male patients (90.9% versus 78.8%). This may be associated with a more efficient transmission of HIV from male to female than from female to male [1].

There was no association between presence of anti-HIV and antibody to syphilis. This was unexpected, because for both diseases sexual transmission is the most important mode of infection in Africa.

There was a marginally significant association between presence of anti-HIV and markers of hepatitis B infection (HB_sAg, anti-HB_c). An association with the presence of anti-HTLV-1 was significant. In additional to sexual transmission, these two infections are frequently transmitted parenterally after exposure to infectious blood. Drug addicts sharing syringes exhibit in many parts of the world an elevated prevalence of serological markers for these infections. Further studies should evaluate the epidemiological significance of parenteral transmission of HIV in developing countries. Scarifications by traditional healers or reuse of disposable syringes might contribute to the high prevalence of HIV and hepatitis B infection in rural African populations.

Summary

A high positive predictive value of the Bangui clinical AIDS definition (0.896) was found in a group of 183 patients in a rural hospital in Uganda. However, because of a very high prevalence of anti-HIV in 106 patients not fulfilling the Bangui case definition (80.2%) the negative predictive value was very low (0.198). Lack of signs as defined in the Bangui definition cannot exclude HIV-infection in this epidemiological situation. Most signs are present in similar prevalence in anti-HIV-positive and anti-HIV-negative individuals. Only minor signs like persistent cough, herpes zoster and oral candidiasis are significantly associated with HIV-infection. Prevalence is high in all age groups of patients, and higher in female as compared to male patients (90.9% versus 78.8%). Among 106 patients not fulfilling the Bangui clinical AIDS definition an above average prevalence of anti-HIV was found in patients with active tuberculosis (88%; $n=51$) and in patients with central or peripheral nervous system diseases (93%; $n=14$). The presence of anti-HIV did correlate significantly with the presence of anti-HTLV-1, and marginally with the presence of serological markers of hepatitis B infection (HB_sAg, anti-HB_c), but not with the presence of syphilis antibody.

References

1. Berkley S, Naamara W, Okware S, Downing R, Konde-Lule J, Wawer M, Musagaara M, Musgrave S (1990) AIDS and HIV infection in Uganda – are more women infected than men? AIDS 4: 1237–1242
2. Bücherl HJ, Frösner GG (1988) Low prevalence of HIV-1 infection in a rural area of the Rift-Valley upland of Kenya. AIDS Forsch 3: 502–503
3. Chaisson RE, Slutkin G (1989) Tuberculosis and human immunodeficiency virus infection. J Infect Dis 159/1: 96–100
4. De Cock KM, Colebunders R, Francis H, Nzilambi N, Laga M, Ryder RW, Bondjobo M, McCormick JB, Piot P (1988) Evaluation of the WHO clinical case definition for AIDS in rural Zaire. AIDS 2: 219–221

5. Dolmans MV, van Loon AM, van den Akker R, Mulder DW, Shao JF, Mbena E. Mtey P (1989) Prevalence of HIV-1 antibody among groups of patients and healthy subjects from a rural and urban population in the Mwanza region, Tanzania. AIDS 3: 297–299
6. Howlett WP, Nkya WM, Mmuni KA, Missalek WR (1989) Neurological disorders in AIDS and HIV disease in the northern zone of Tanzania. AIDS 3: 289–296
7. Motz M, Soutschek-Bauer E, Frösner G, Wolf H (1988) Ein HIV-1-Antikörper-Bestätigungstest unter Verwendung gentechnologisch hergestellter HIV-Antigene. AIDS Forsch 3: 10–17
8. Mulder D, Nunn AJ, Wagner HU, Kamali A, Kengeya-Kayondo JF (1992) HIV-1 incidence and mortality in a rural Ugandan cohort: results at one year follow-up. VIII International Conference on AIDS, Amsterdam, 19–24 July 1992. Abstracts, vol 2, p C248
9. World Health Organization (1986) Acquired immunodeficiency syndrome (AIDS). Weekly Epidemiol Rec 61: 69–73

Reduction of the HIV Infection Risk in Surgery – Hygienic Precautions in the Operation Area

B. KÖHLER, M. PÖLLATH, N. VON HASSEL and K. FLEISCHER
Department of Tropical Medicine, Missionsärztliche Klinik Würzburg, Salvatorstraße 7, D-97074 Würzburg

Health care personnel have constant, particularly intensive contact with blood and other body fluids during surgical and obstetrical procedures. It is a matter of debate how high the risk of occupational infection during surgery is and how this risk can be reduced. Especially for surgeons working in areas with a high prevalence of HIV infection, this issue is of greater concern than for surgeons working in areas of low HIV prevalence.

The main risk of infection with HIV is caused by an injury with a needle or a sharp instrument infected with blood or body fluids of HIV-positive patients. Contact with blood when suffering from skin defects or mucous membrane exposure (eyes) might also carry with it a minor infection risk. The risk of acquiring HIV infection by a needle stick or an injury is basically very low: figures given reveal a risk of 0.1% of HIV virus transmission after an isolated exposure through an injury [3, 4, 8].

Observing the actual daily work of a surgeon, a certain quantity of injuries resulting from sharp objects during 1 working year is common. Depending on the amount of injuries per annum and of the prevalence of HIV-positive patients, the cumulative risk should not be underestimated. McKinney and Young assessed the cumulative risk for an average surgeon operating during a 30-year career on patients with an HIV seroprevalence of 0.01 at 1%. Assuming a seroprevalence of 0.1%, the cumulative risk would be as high as 10% over 30 years [1, 2, 5, 6, 7].

Even when applying a different model which calculates a lower rate of the cumulative risk, working in a high-prevalence area of HIV infection (e.g. 10%–20%), the occupational risk is significant and demands utmost attention for prevention of occupational infection.

Studies concerning the risk and prevalence of hepatitis B infections for personnel working in the medical field have demonstrated that staff cleaning the theatre, sterilizing the contaminated instruments after use and working in the laundry actually face a higher risk of acquiring the infection than the surgeon who is operating on the patient.

When thinking of preventive steps to minimize the risk of occupational HIV infection, we should first consider the auxiliary staff, especially in the surgical department; all those coming in contact with blood or body fluids, for instance when mopping the operation theatre, cleaning the instruments after use and preparing them for sterilization as well as workers in the laundry need standard health education about the infection risk, ways of infection and possibilities of prevention.

Adequate, strong gloves to be worn during cleaning of bloody instruments must be made available. Guidelines must be set regarding waste disposal; disinfection and cleaning procedures adapted to the local situation ought to be drafted and discussed with all assistent workers. Regular meetings for advance education at all levels of the health institutions should be held. The Appendix shows the recommendations given by WHO regarding decontamination procedures.

Appendix

The World Health Organization (WHO) [9] gives the following recommendations for safe inactivation of bacteria and viruses (not applicable to spores) [8].

1. Boiling for 20 min
2. Soaking for 20 min in:
   – Sodium hypochlorite 0.5%
   – Chloramine 2%
   – Ethanol/propanol 70%
   – Polyvidone iodine 2.5%
   – Formaldehyde 4 %
   – Gluteraldehyde 2%
   – Hydrogen peroxide 6%

Under normal conditions, chlorite solutions are used as 0.1% solutions and as 0.5% solutions when contaminated with blood or other fluids. Examples are shown in Table 1.

Table 1. Examples of chlorite solutions used in decontamination procedures

Solution	0.1%	0.5%
Sodium hypochlorite solution 5%	20 ml/l	100 ml/l
Calcium hypochlorite 70%	1.4 g/l	7 g/l
NaDCC 60%	1.7 g/l	8.5 g/l
NaDCC tablets (1.5 g)	1 per l	4 per l
Chloramine 25%	20 g/l	20 g/l

Especially the cleaning and disinfection of contaminated towels and garments must be adapted to the existing local conditions – disinfectants used in Europe are often scarce and not available in developing countries, especially in rural areas. Even simple disinfection methods with sodium hypochlorite or chloramine are not always possible. In many rural health institutions, boiling infected materials such as towels, bed sheets or garments is the only feasible method of decontamination, even when HIV is prevalent. In this context work in the laundry needs great attention; perhaps possibilities of heating water by solar energy (in order to save firewood) ought to be taken into consideration.

In particular, the necessity of planned operations should be examined very critically and restrictively in areas with a high seroprevalence of HIV infection; there is a high risk for the operated patient of acquiring HIV infection, e.g. by administration of necessary blood transfusions, even if they are tested by a screening method. There is also a risk for the surgeon through a possible injury while performing the operation or any other intensive blood contact such as contaminating his eye or mouth. Cutting down the number of planned procedures might be the first important and effective step towards prevention.

For emergency cases, e.g. acute abdomen, ileus, obstructed labor requiring Ceasarian, ruptured ectopic pregnancy and injuries, of course, no alternative to surgical treatment exists. Especially during such emergency operations, the risk of an injury by needle stick or a sharp instrument is higher than during routinely scheduled procedures, because of technical difficulties such as inadequate lighting, especially at night, inexperienced assistants and extreme fatigue of the surgeon and his assistants.

The consequence of the above-mentioned dangers is, that smooth operating procedure, even in cases of emergency, is the most important step towards preventing accidental injuries sustained during surgery. In addition, we should enforce technical improvements such as adequate emergency lights in the operation theatre and delivery room. Apart from the well-known kerosine lamps and the petromax, 12- or 24-V battery-operated systems are most helpful to quickly obtain lighting throughout the night. Especially in rural areas lacking regular electric power supply, these small systems can be recharged using solar devices.

Essential steps in the prevention of occupational infections with HIV also include the following:

1. Availability of proper operation gloves. In many rural areas of the so-called developing countries, gloves are washed and sterilized after use. The latex material wears out and thus these gloves are perforated during operations, allowing continuous blood contact during the performance of procedures. It must be ensured that at least the surgeon and his assistants have good-quality gloves, not resterilized ones. The latter could subsequently still be used for small procedures, but not for major surgery.
2. Control and improvement of sterilization. We must ensure that heat sterilization or autoclave functions perfectly. In many cases technical improvement by replacement of the machines is urgently needed. Regular checking of the sterilization process must be initiated and conducted.
3. Proper garments. A plastic apron and protective glasses should be available.
4. Adequate instruments. A well-functioning needle holder in particular can prevent many accidental needle stick injuries. The well-mounted needle, which is easy to handle provides an additional safe method of surgical work. By not guiding the needle with a finger, „safe surgery" can be carried out.
5. Durable multi-use materials. Materials for one-time use only are not a solution for preventing HIV transmission, especially under conditions of limited resources. If an efficient sterilization process is used, there is no danger of spreading HIV, even when multi-use materials are employed.
6. Sufficient number of instruments and multi-use materials. A lack of materials leads to hasty cleaning and sterilization procedures, creating more danger for the working staff and endangering proper sterilization. Slow circulation of the instruments and materials in a standardized working procedure ensures the adherence to the correct hygienic guidelines in the operation theatre and the health institution.

Regular medical meetings should be held and health education provided at all levels. Specific points of interest are:

1. After direct contact with blood or body fluids, the procedure should , whenever possible, be interrupted and the blood or fluids should be wiped off the skin immediately. If blood remains there, potential infectious substances comes in contact with the skin,

causing a higher risk of infection, especially through microinjuries such as fissured skin. It is better to prolong a surgical operation by such an interruption than continuing to operate while looking at the clock and accepting the risk of infection.
2. After a needle stick injury or an injury with a sharp instrument, the wound should be cleaned immediately; blood and fluids must be squeezed out as much as possible and the area must be subsequently disinfected, preferably with alcohol.
3. All types of skin lesions should be prevented. In particular, garden work, automobile repair or other such work should not be performed by personnel working in the operation theatre.
4. When skin lesions are present, no operations should be performed at all. This rule might be difficult to observe, in particular under special emergency situations with a low number of available staff in the operating theatre, but whenever possible, anybody having sustained an injury, especially on the hands, however minor it may be, should not perform any operation procedures.

Health education and well-organized surgical work with adapted, safe methods can be provided by every health care unit. Some technical improvements might possibly be achieved, even under limited conditions, e.g. a simple battery-operated light, using a car battery and bulbs purchased on the local market.

Nevertheless, for many steps towards preventing occupational HIV infection, the active help of countries in Europe is urgently needed. We should be willing to supply at least the minimum of such preventive materials to our colleagues in developing countries, who are often working under extremely difficult conditions in rural areas with very limited resources. They are often operating in areas with high seroprevalence of HIV and thus are much more endangered and exposed, lacking essential materials such as adequate gloves.

Outside help for the prevention of occupational HIV infection is needed mainly for: the supply of adequate gloves of high quality; the improvement of surgical instruments (needleholders, frame etc.), control, repair and replacement of instruments for sterilization (heat sterilization and autoclaves); technical improvements, e.g. water systems, including warm water solar systems for the operation theatre and laundry, improvement of electric power supply (generator) and improvement of emergency lightning (solar systems).

The supplied technical systems should be adapted to the local needs and facilities. For example, autoclaves should not be computerized; the supplied technical improvement should allow easy handling and repair, but it should be of high quality.

The most effective support involves helping those concerned to help themselves. A good example is, a project in Tanzania for the decentralized production of intravenous fluids in rural hospitals. Local initiative and responsibility, coupled with technical support from abroad, has solved the problem of regular supply of intravenous fluids, which are especially needed for surgical patients during and after operations. Efforts are made to include the decentralized production of plasma expanders, which would help to reduce the number of blood transfusions needed, especially in emergency situations.

Summary

Regular and constant contact with blood and body fluids during surgical and obstetrical procedures raises the issue of occupationally aquired HIV-infection, especially in high-endemic areas.

The main risk of infection is caused by needle sticks or injuries with a sharp instrument during the operations. The risk of HIV-transmission by one isolated injury is rather low, however the cumulative risk over a period of years may not be underestimated in high endemic areas.

The respective precautions and improvement of the hygienic conditions must be ensured: The corresponding health education of all workers in health care settings, in particular theatre staff (cleaning and laundry personnel), the wearing of the necessary protective gear (garments, gloves), fixed procedures of waste disposal, adapted to the local situation, reduction of the planned surgical procedures to the utmost minimum possible, risk-free operation methods, also in case of emergency („safe-surgery"), improvement of working conditions, especially during emergencies (lightning/solar systems for 12 volt emergency lights), properly functioning instruments (needle holder), review and improvement of the sterilization process, discussion and guidelines for immediate corrective action after coming in contact with blood and after sustaining injuries.

Many of the required methods can be adapted to the local circumstances, some urgently needed materials for the necessary protection in health units of developing countries will have to be provided in Europe: an adequate quantity of gloves, technical improvement – such as emergency lights and warm water solar systems for a better disinfection process as well as equipment for safe sterilization (autoclaves).

References

1. Geberding JL, Littell C, Tarkington A (1990) Risk of exposure of surgical personnel to patients blood during surgery at San Francisco General Hospital. N Engl J Med 322/25: 1788
2. Hadley WK (1989) Infection of the health care worker by HIV and other blood-borne viruses: risks, protection and education. Am J Hosp Pharm 46/12 [Suppl 3]: S 4
3. Henderson DJ (1988) HIV infection: risks to health care workers and infection control. Nurs Clin North Am 23/4: 767
4. Henderson DK, Fahley BJ, Willy M et al. (1990) The risk for occupational transmission of HIV-1 associated with clinical exposures: A prospective evaluation. Ann Intern Med 113/10: 740–746
5. McKinney WP, Young MJ (1990) The cumulative probability of occupationally-acquired HIV infection: the risk of repeated exposures during a surgical career. Infect Contr Hosp Ep 11: 243
6. Porteous MJ (1990) Operating practises of and precautions taken by orthopaedic surgeons to avoid infection with HIV and hepatitis B virus during surgery. BMJ 301/6744: 167
7. Puro V et al. (1990) Occupational exposures to blood and risk of HIV transmission in a general hospital (1986–1988). Eur J Epidemiol 6/1: 67
8. Schmitz KP (1992) Hygienische Maßnahmen zur Verhütung der Weiterverbreitung von HIV und seiner Sekundärinfektionen im Krankenhaus unter besonderer Berücksichtigung der Arbeit in der Entwicklungshilfe in afrikanischen Ländern. Thesis, Medizinische Fakultät, Bonn
9. WHO (1988) Guidelines on sterilization and high level disinfection methods effective against HIV. WHO Report, Global Program on AIDS, Geneva, 1988

AIDS and Surgery in a Highly Endemic Region – Aspects of Disease Relevant to Surgery

M. Pöllath[1], H. Feustel[1], B. Köhler[2] and K. Fleischer[2]

[1] Department of Surgery, Missionsärztliche Klinik, Salvatorstraße 7, D-97074 Würzburg
[2] Department of Tropical Medicine, Missionsärztliche Klinik, Salvatorstraße 7, D-97074 Würzburg

Introduction

Aspects of disease relevant to surgery are frequent in human immunodeficiency virus (HIV)-infected subjects. This is because the acquired immunodeficiency syndrome (AIDS) is a multi-infectious phenomenon, in the course of which various infectious agents systemically harm the human body as a result of the immunodeficiency caused by the virus. Therefore, the therapeutic principle of surgery, which per se can only have local effects, is a somewhat blunt instrument against this syndrome. However, situations occur in which complications of infectious diseases (perforations, abscesses, peritonitis etc.) make surgical interventions indispensable. The surgeon has to consider three problems (Fig. 1):

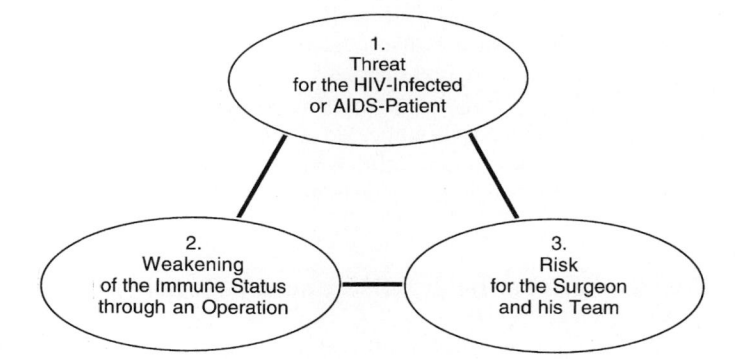

Fig. 1. Problems in establishing indications for operations in HIV-infected persons

1. Threat for the HIV-Infected or AIDS-Patient
2. Weakening of the Immune Status through an Operation
3. Risk for the Surgeon and his Team

1. The vital threat for the HIV-infected subject or the AIDS patient that arises from a disease requiring operation.
2. The additional weakening of a patient's immunity status by an operation
3. The risk a surgeon and his team are running when operating on such a patient

The third problem is answered by the fact that it is the ethical duty of any physician and his co-workers to help as far as they can. To be at the patient's service has always included and will always include personal risks. In a low endemic area, however, the danger of dying of AIDS acquired in an operating theatre is considerably lower than losing one's life in a car accident or dying of AIDS acquired through one's own promiscuity [3]. The situation in a highly endemic area is different. The cumulative infectious risk for someone performing surgery there has to be classified higher. Figures quantifying this risk do not exist.

As for the second problem mentioned above, for the time being it is still unclear to what extent a surgical intervention and anaesthesia might entail negative immunomodulating effects on HIV patients, i.e. initiate the onset of the final stage, AIDS. It is known, however, that major surgical operations lead to exacerbations of co-existing infections, especially of *Pneumocystis carinii* pneumonia (PCP) [5].

With regards to the first problem, aspects of disease relevant to surgery which pose a threat for an HIV-infected person or an AIDS patient in a highly endemic area are considered in this paper.

AIDS Manifestations Relevant to Surgery in Europe

For European situations, Schumpelick and Braun have listed the following AIDS manifestations relevant to surgery:

– Abdominal
– Anorectal
– Pulmonal
– Central nervous
– Haematological

Among the abdominal manifestations they listed cholecystitis, appendicitis, splenomegaly, intussusception, intestinal Kaposi's sarcoma and intestinal perforations caused by infestations with cytomegaly virus.

Anorectally, perianal abscesses, fistulas of the anus, proctitis, fissures, condylomas and malignomas could be treated surgically.

Pulmonarily, persistent bronchial fistulas due to PCP occasionally require pleurodesis. Biopsies of the brain may be indicated, and epidural haematoma or abscesses of the brain require craniotomies. Immunothrombocytopenic purpura, abscesses and infarcts of the spleen eventually require splenectomies [5].

The Situation in a Highly AIDS-Endemic Region in Africa

The above-mentioned list and its consequences is not transferrable to countries in the developing world with high HIV prevalence. Therefore, the aspects of disease relevant to surgery in a highly endemic region in Africa should be more closely investigated. These statements are based on the experience Pöllath gained as a medical officer in a rural hospital in Northwest Tanzania from 1984 to 1987. This area is part of the very centre of the East African AIDS epidemic, which is also made clear by recent figures presented by WHO on the global situation [8]. In the first half of 1985 four patients were suspected of having AIDS, and in August 1985 further suspected cases were serologically confirmed for the first time in our hospital. Since then we have started to strictly register all cases. In the following 2-year period until 1987, we registered 230 AIDS cases in our hospital alone. They showed the typical age distribution (Fig. 2).

There were a few paediatric cases and no patients between 5 and 15 years of age (except one patient infected through blood transfusion), with patients between 20 and 40 years forming the largest group. Diagnosis was made by clinical criteria (Bangui definition from

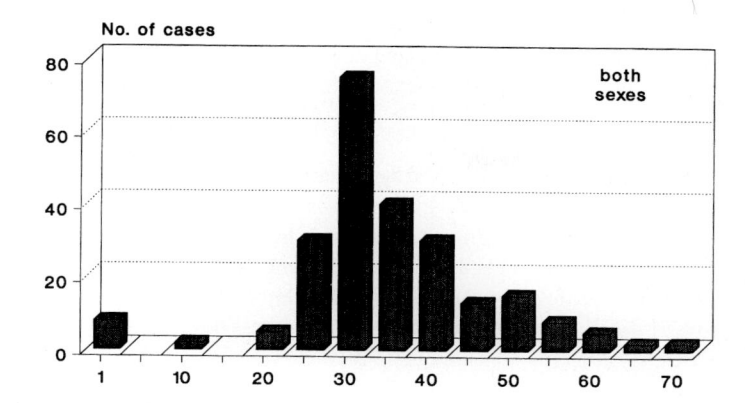

Fig. 2. Typical age distribution of 230 cases of AIDS in a peripheral hospital of East Africa

1985) [7]. In 1984, the epidemic in Northwest Tanzania was still at an early stage. In 1986, 20% of all deaths among adults in our hospital were due to AIDS. In 1988, however, AIDS was already number one in the hospital's overall mortality statistics. These data highlight the rapid progress of the epidemic in this region [2].

Most Frequent Operations in a Peripheral Hospital of East Africa

A classification of the most frequent operations of a hospital in East Africa will help to answer the question as to which aspects of disease relevant to surgery exist in HIV-infected subjects or AIDS patients in an epidemic. The most frequent elective surgical interventions in 1984, before the so-called AIDS-era, were herniotomies, followed by adnexal operations and hysterectomies. This spectrum did not essentially vary from that of similar hospitals in Central or East Africa.

Among emergency interventions, obstetrical operations had the lead (almost exclusively Caeserian sections), followed by acute non-inflammatory lower abdomina (ectopic pregnancies). Third came, quantitatively, intestinal obstruction, immediately followed by acute inflammatory abdomen in women, the so-called pelvic inflammatory disease, PID; this was followed by the acute abdomen due to peritonitis caused by non-gynaecological diseases [4].

This spectrum has not changed, if the annual reports of 1987 and 1990 are compared under the aspect of increasing numbers of AIDS patients. Only the figures of serious female peritonitis, mostly due to ruptured, suppurated fallopian tubes or due to progressing PID, seem to have increased. Those figures, however, are not statistically significant. Accordingly, the spectrum of the most frequent „minor procedures" has not changed either, despite drastically increased numbers of AIDS patients and AIDS deaths, if the figures from 1983 are compared to the those from 1990.

We conclude that AIDS patients in this highly endemic region have not been of surgical relevance in everyday work.

It might be argued that AIDS patients with a surgical indication have deliberately not been operated because of the unfavourable prognosis of the underlying disease.

In Africa, life expectancy after the outbreak of so-called full-blown AIDS is less than 12 months. Moreover, it is surely justified to discuss restrictive surgical indications and even total surgical abstinence concerning patients with full-blown AIDS. As shown above, the necessity of operating on patients in the final stage of an HIV infection is extremely rare. Mainly anogenital ulcerations and destructions require surgical intervention.

Surgery Appropriate to Staging in HIV Infection

There are several staging classifications in HIV infection. For African countries, the one with stages A–D is used most frequently. It is closely related to the staging classification of the Center for Diseases Control in Atlanta (CDC I–IV). The stages are as follows:

- Acute seroconversion illness (A)
- Asymptomatic carrier (B)
- AIDS-related diseases (C)
- AIDS (D)

Stage A is hardly be seen because of its transitoriness. Surgery cannot have an effect on the symptoms of stage C (lymphadenopathy, skin conditions such as herpes zoster, herpes simplex, prurigo, tinea infection and molluscum contagiosum, and oropharyngeal candidiasis).

Correspondingly, diseases of the last stage, D, are normally not relevant to surgery in Africa. This is my personal experience, which is based on the care of some hundred AIDS patients, a care that consisted more of psychological support of pre-final patients than of medical therapy.

This means that HIV-infected patients in Africa are relevant to surgery almost exclusively in stage B, i.e. as asymptomatic carriers. Since they do not differ from the ordinary surgical patient, except for their HIV infection, they show the total spectrum of surgical

Table 1. Indication for surgery in human immunodeficiency virus (HIV) infection appropriate to staging in a highly endemic area

Stage	Surgically relevant aspects of disease		Indication for surgery
A. Acute seroconversion illness	None		None
B. Asymptomatic HIV carrier	Identical spectrum of surgical diseases as general population	HIV positivity unknown	el — More restrictive if high HIV prevalence em — Surgery is a must
		HIV positivity known	em — Surgery is a must el — Very restrictive
C. AIDS-related diseases (ARC, pre-AIDS)	Rare		Only emergencies
D. AIDS	Very rare		–

ARC, AIDS-related complex; el, elective; em, emergency.

diseases of the region. AIDS relevant are all those surgical interventions in which the patient is also HIV positive. Because of the weakening of the immune system through a major surgical intervention, it must be postulated for regions with high HIV prevalence that indications for elective surgery should be established more restrictively still than they have been up to now.

The situation is different with emergency surgery. Here, medical ethics demand action irrespective of the patients' HIV status and of the personal risk for the operation team. This rule is questionable for patients in the final stage of HIV infection [1]. Fortunately, surgical emergencies in stages C and D are extremely rare (incidence of abdominal operations in AIDS patients in Europe, 2.1%–4.5%) [5].

Thus in emergencies, too, it is again stage B in which the HIV carrier who has been healthy up to then comes to see the surgeon (Table 1).

Up to this day, the spectrum of emergency operations has not changed in the AIDS-epidemic region of Northwest Tanzania. Thus, it includes HIV-negative and HIV-positive patients to an extent that corresponds to the prevalence of the infection in the population of that region.

Without doubt, emergency operations in gynaecology and obstetrics are of greatest surgical relevance with regard to additional HIV infection. Caesarian sections are most frequent in women between 15 and 30 years. At the same time, this age-group also holds the highest rate of HIV infections and AIDS cases. Additionally, acute non-inflammatory lower abdomen (mostly ruptured ectopic pregnancy) and acute, inflammatory lower abdomen caused by ruptured pyosalpingitis with subsequent PID up to generalized peritonitis are mostly the consequences of ascending veneral diseases. Indeed, 47% of the women who attended the outpatient department in 1987 because of a veneral disease were HIV positive, as were 44% of the women admitted because of PID [6].

Among the so-called minor procedures, it is mostly abscess incisions and tooth extractions in communities with high HIV prevalence which most likely make one come across an asymptomatic HIV carrier.

Conclusively it can be said that in an HIV-positive patient (the so called asymptomatic carrier (B)) all typical and most frequent surgical diseases can be met that are to be expected in a certain population. After the evaluation of operating statistics from an HIV-endemic region in Africa and including personal experiences, no typical, surgical diseases could be found, either in HIV-infected persons or in patients with full-blown AIDS (C and D).

Summary

After presenting the problems in establishing indications for elective operations in HIV-infected persons, AIDS-manifestations relevant to surgery in European patients are listed up. From the situation in a highly AIDS-endemic region in Africa and the most frequent indications for operation in a peripheral hospital in Tanzania the aspects of disease relevant to surgery are resulting, such as: acute non-inflammatory and acute inflammatory lower abdomen in women, obstetrical diseases, acute abdomen with main symptom „peritonitis", abscesses and dental illness that lead to tooth extraction. Surgery appropriate to staging is demanded, though it is beyond doubt that emergencies in HIV-infected persons compel to surgical interventions. This principle, however, can be questioned in the final stage of an HIV-infection! Generally, it must be recommended that indications for elective surgical operations in a highly endemic area should be established more restrictivly than before the epidemic.

References

1. Burach JH, Mandes MS, Bizer LS (1989) Emergency abdominal operations in the patient with AIDS. Arch Surg 124: 285
2. Kagondo Hospital, Catholic Diocese of Bukoba, Kagera Region Tanzanzia (1984–1990) Annual Reports
3. King M (1987) Primary surgery – non trauma, 1st ed. Oxford University Press, Oxford, p 493
4. Köhler B (1986) Chirurgie an einer Akutklinik im tropischen Afrika. Dissertation, Würzburg, pp 43, 44, 54
5. Schumpelick V, Braun J (1991) HIV in der Chirurgie. Mitteil Dtsch Ges Chir Grundlagen Chir 3: G50
6. Ter Meulen J, Wittkowski KM, Kidenya JJ, Poellath M, Doerries R, Fleischer K, Ter Meulen V (1989) Evaluation of seroepidemiological associations between HIV-infection, hepatitis B and other sexually transmitted diseases in African patients. Eur J Epidemiol: 158–163
7. WHO (1986) AIDS. Wkly Epidemiol Rec 61: 69
8. WHO (1992) AIDS – global data. Wkly Epidemiol Rec 3: 9

Safe Blood Transfusions in Developing Countries

H. JÄGER

Deutscher Entwicklungsdienst, Kladower Damm 299, D-14089 Berlin

The demand for blood transfusion is high in developing countries. Nevertheless, blood transfusions are an important factor in the transmission of human immunodeficiency virus (HIV) and other infectious agents in these countries. Compared to the situation in developed countries, blood transfusion in many developing countries carries an even higher risk to the recipient of acquiring infection with HIV and other blood-transmitted infections such as hepatitis B, hepatitis C, syphilis, and malaria.

Blood transfusion in Africa is the third most important mode of HIV transmission, heterosexual transmision and use of not properly sterilized instruments being the two most frequent. Nearly all recipients of HIV-infected blood become seropositive. The risk of transmitting HIV and other infectious diseases may vary considerably depending on prevalence rates among the blood donor population. Seroprevalence rates for anti-HIV-1, hepatitis B surface antigen (HB_sAg), and *Treponema pallidum* hemagglutination assay (TPHA) in a large Central African blood bank are reported to be 4.8%, 13.1%, and 13.3%, respectively [6], compared to 0.004%, 0.03%, and 0.06% in volunteer donations in various American blood banks [15].

Despite the great benefit of, and urgent need for blood transfusion, this practice often remains hazardous [12]. In addition, the general hygiene is often poor [13] and essential tests such as major cross-matching are often not done on a regular basis.

Since stored blood is not usually available, transfusions are very often given with the blood of any donor available, with blood being transfused to the recipient within hours. This leaves very little time to determine the „quality" of the blood through routine screening for blood-borne pathogens.

Medical institutions often lack a reliable system for recruitment of voluntary blood donors. Donors belong to groups usually avoided by blood transfusion services in developed countries such as family donors and paid donors. Both groups of donors in Africa belong to low socioeconomic classes with a poor general health status.

The incidence of all transfusion reactions in European blood banks is estimated to be 2% and that of severe hemolytic reactions two out of 10 000 [16]. In contrast, incidence of complications after blood transfusion was found to be 15.5% in a Central African blood bank [7].

In Nairobi, survival of children with severe anemia – hemoglobin (Hb) <5.0 g/dl – who received blood transfusions did not differ from the survival of children who did not receive transfusions [10]. The poor clinical outcome may be partly caused by insufficient quality in laboratory work. Other factors might be the already poor health status of the children transfused and acute heart failure due to excessive transfusion of whole blood.

In pediatrics, a strong positive association between transfusions and HIV seropositivity was demonstrated [5]. Among patients with sickle cell anemia, frequently requiring repeated transfusions, a 20% HIV seroprevalence rate has been reported [4].

Because of the high incidence of malaria and the subsequently high prevalence of anemia, reported in over 50% of preschool children in different surveys in tropical Africa, children are the highest risk group when given blood transfusions. Coinfection with more than one organism is common in poor countries; most infants and children dying in Africa suffer from a combination of malnutrition, malaria, multiple intestinal helminths, diarrhea, and respiratory disease. The demand for blood transfusion in the pediatric age-group increased dramatically because of the appearance of chloroquine-resistant falciparum malaria [3].

Pregnant women are the second highest risk group when given transfusions, as they are often anemic. The anemia is mostly attributable to malaria and iron and folate deficiency. In addition, acute blood loss accounts for an important number of transfusions among pregnant women only.

Malnutrition, hookworm anemia, and existing socioeconomic conditions in Africa are common causes for poor health status of the general population and severe chronic anemia.

In cases of acute drug-resistant malaria or parturition-related hemorrhage, patients are often brought to medical facilities in serious conditions.

Strategies proved to be highly effective in secure safe blood supply in developed countries have not been implemented in many developing countries, where blood banking is not technically or economically feasible. Most oft these countries lack sufficiently trained staff and depend largely on international donor organizations. Assuring safe blood supplies in developing countries means more than HIV testing. It requires a many-sided approach, including efforts to avoid unnecessary transfusions [1, 9, 17].

The major strategies to be considered in the control of blood transfusion-associated infections, acquired immunodeficiency syndrome (AIDS) in developing countries are:

- Reduction in number of blood transfusions
- Primary health care program designed to improve general health status, guaranteeing vaccination, supervising mother and child health care services, and focusing on preventive health care and eradication of malaria
- Encouraging voluntary blood donors and excluding high-risk blood donors such as paid donors
- Improvement of blood transfusion services, including screening of all donations for HIV antibodies

Lack of blood banking facilities, equipment, and financial resources all contribute to the limited screening of donated blood in developing countries. Special attention has been given to the use of rapid HIV-screening assays designed for third world countries, where the availability of sufficiently equipped laboratories is limited [14] and standards of trained staff are low, demanding tests which are easy to carry out and interpret. These tests have proved to be very sensitive and highly specific and can be used at a health district level when proper quality control is assured [11]. However, even these tests demand proper supervision and should be carried out by well-trained primary health care personnel [8], guaranteeing the strict confidentiality of test results.

While screening for HIV antibodies can greatly reduce the risk of transfusion-related transmission of HIV, it cannot detect all infected samples of blood. Therefore, other approaches should complement screening activities. Encouraging autologous blood transfusion for selected patients is in developed countries a medically sound procedure to eliminate the risk of disease transmission, but it may not be practicable in many developing countries, where most transfusions are carried out as emergencies and proper blood bank facilities are often nonexistent.

Considering the high incidence of transfusion-related complications and the fact that blood transfusion will remain an important factor for the transmission of HIV and other infections in many developing countries, it is essential to limit transfusions to life-saving situations.

Because of the lack of easily defined high-risk groups for HIV seropositivity, self-deferral of donors at risk and clinical evaluation of blood donors have proved to be of limited use. However, implementation of strict transfusion guidelines appears to be highly effective in preventing HIV transmission.

In most African countries, blood transfusion is only indicated when the life of the patient is at serious risk such as from severe anemia leading to incipient cardiac failure, profound hypovolemic shock, when the blood pressure and oxygenation cannot be maintained by plasma expanders, and severe neonatal jaundice.

The following example presents principles for blood transfusions adopted in a Central African country [7]:

– A laboratory test (Hb or hematocrit, HCT) to establish the presence of severe anemia is indispensable prior to any blood transfusion. The critical threshold value under which a transfusion should be considered was defined as 6.0 g% Hb or 20% HCT. For patients with sickle cell anemia, 5.0 g% Hb and for surgical patients 10 g% Hb were accepted.
– For pediatric patients (children under 12 years of age), a transfusion is not indicated when a patient presents without clinical signs of severe anemia (defined as pulse over 120/min, presence of dyspnea, disturbed consciousness).
– In adults, transfusion is not indicated when a patient presents without clinical signs of severe anemia (defined as pulse over 100/min, presence of dyspnea, disturbed consciousness, systolic blood pressure less than 100 mmHg).

Application of such severe guidelines for the indication of blood transfusion reduced the number of blood transfusions in the pediatric ward of a large Central African hospital from 16 352 in 1986 to 3 981 in 1989 without observing an increase in mortality [2].

Each blood transfusion service should reexamine its transfusion practice. A reappraisal of the necessity for blood transfusion is mandatory. Blood transfusion committees should be created and blood transfusion practice reviewed on a monthly basis. Strict application of already established guidelines should be encouraged and guidelines for counseling HIV-seropositive donors should be developed.

Every country must develop its own national blood transfusion policy. Concrete, realistic, and comprehensive transfusion guidelines have to be formulated and implemented. These strategies to minimize the problem of blood transfusion-associated AIDS in developing countries should take sustainability into consideration, concentrate on improvement of general health, and strengthen efforts to further develop primary health care.

Efforts should be undertaken to increase the knowledge of practising physicians about transfusion medicine, and recipients should be adequately informed about the risks of blood transfusion. All possible steps should be taken to avoid unnecessary blood transfusion in order to see what alternative treatments, such as employment of plasma expanders and albumin solutions for acute hypovolemia, are applicable.

Examination of blood donors and self-deferral were found to be of limited value in selecting high-risk donors. Emphasis was, therefore, placed on increased replacement of paid donors by voluntary donors whenever possible.

Blood donor recruitment is a useful vehicle for disseminating information on HIV infection. Furthermore, a greater proportion of voluntary donors means more supplies of stored blood, which allows time for more extensive screening of the blood to detect infections. Since the treponemal spirochete cannot survive longer than 72 h at 4°C, the benefit of using stored blood for transfusions is obvious. In addition, syphilis screening may not be cost-efficient, since a positive test for anti-treponemal antibodies does not necessarily indicate that the blood can transmit syphilis through transfusion. Deferring donors who were positive for TPHA, in addition to those either positive for at least one anti-HIV-1 screening assay or Hb_sAg would exclude 29.3% of the potential donors from a Central African blood bank [6]. This compares with 18.2% of donors who would be excluded because of their positive screening test result for anti-HIV-1 and/or Hb_sAg. Finally, blood given by voluntary blood donors may involve a lower risk of transmission of HIV-1, hepatitis B virus, and syphilis than blood from paid donors. Although payment does not affect the „safety" of the blood, it may attract donors with higher rates of viral hepatitis and HIV infection. Voluntary blood donor recruitment is therefore essential for the provision of safe blood supplies. In addition, more effective control of malaria, improved child health, and antenatal/obstetric care could reduce the demand for blood transfusions dramatically.

AIDS control programs and programs designed to limit the risk of blood tranfusion should be integrated in primary health care, both in the education of the public and in measures to prevent general causes of chronic anemia in children and during pregnancy, hereby reducing the need for blood transfusion. Acute obstetrical hemorrhage can often be prevented by giving special attention to women at risk during pregnancy. Services at primary health care clinics, antenatal clinics, under fives' clinics, sickle cell clinics, and vaccination programs should be improved.

All programs directed at improving general living conditions, nutritional status, and socioeconomic status might have a considerable impact on the need for blood transfusions. Special attention should be given to malaria as one of the major reasons for blood transfusion during childhood.

Blood banks and decentralized screening programs are often only feasible when supported by international donor organization [11]. At the blood transfusion service at Nakasero (Kampala, Uganda), the cost of each unit of HIV-negative, HB_sAg-negative blood was 21.5 ECU (US$ 25) in 1989 [18].

Programs of international organizations should concentrate on the sustainability of any intervention. Continuous evaluation should be carried out and proven systems of quality control should be integrated in all programs.

The World Health Organization (WHO) has elaborated a strategy for developing countries which is designed to improve laboratory conditions and thus reduce transmission of HIV and other infections by blood transfusion. Information on this program, including equipment lists, recommendations, and guidelines for blood banks in developing countries, is available from through WHO (Blood Transfusion Systems, General Programme on AIDS, 1211 Geneva 27).

Summary

Despite the great benefit of, and urgent need for blood transfusion, this practice often remains hazardous in many developing countries. Assuring safe blood supplies means more than HIV testing and requires a many-sided approach. The major strategies in the control of blood transfusion-associated infections including AIDS in developing countries are:

- Reduction in number of blood transfusions.
- Primary health-care programs designed to improve general health status, guaranteeing vaccination, supervising mother and child health care services and focusing on preventive health care and eradication of malaria.
- Encouraging voluntary blood donors and excluding high-risk blood donors such as paid donors.
- Improvement of blood transfusion services including screening of all donations for HIV antibodies.

Considering the high incidence of transfusion-related complications, and that blood transfusion will remain an important factor for the transmission of HIV and other infections in many developing countries, it is essential to limit transfusions to lifesaving situations.

References

1. Beal RW, Brünger W, Delaporte E, Devillé L, Emmanuel JC, Fontaine P, Fournel JJ, Fransen L, Jäger H, Laso P, Lockyer J, Sondag D, Van der Veen F, Watson Williams EJ (1992) Safe blood in developing countries – a report of the EEC's expert meeting, Printing House Ltd. Erasmus for the EEC Task Force, Brussel
2. Davachi F, Bongo L, Nseka M et al. (1988) Are all blood transfusions necessary? Third International Symposium on AIDS and Associated Cancers in Africa, Arusha, 1988 (abstract FP13) 1.–6. June 1988
3. Davachi F, Nseka M, N'Galy B, Mann JM (1989) Effects of an educational campaign to reduce blood transfusions in children in Kinshasa, Zaire. Fifth International Conference on AIDS, Montreal, June 1989 (abstract E.666)
4. Fleming AF (1988) AIDS in Africa, an update. AIDS Forsch 3: 116–138
5. Greenberg AE, Phuc ND, Mann JM et al. (1988) The association between malaria, blood transfusions and HIV seropositivity in a pediatric population in Kinshasa, Zaïre. JAMA 259: 545–549
6. Jäger H, Nseka K, Goussard B, Kabeya MC, Peyerl G, Salaun JJ, Korte R (1990) Voluntary blood donor recruitment: a strategy to reduce transmission of HIV-1, hepatitis-B and syphilis in Kinshasa-Zaïre. Infusionstherapie 17: 224–226
7. Jäger H, N'Galy B, Perriens J, Nseka K, Davachi F, Kabeya MC, Rauhaus G, Peyerl G, Ryder RW, Rehle T (1990) Prevention of transfusion-associated HIV transmission in Kinshasa, Zaïre: HIV screening is not enough. AIDS 4: 571–574
8. Jäger H, Mbayo K, Nseka K, Rauhaus G, Peyerl G, Rehle T, Korte R (1991) Evaluierung des HIV-Screenings zweier Blutbanken in Kinshasa, Zaïre. 1. Deutscher Kongress für Infektions- und Tropenmedizin, Berlin, 21.–23.3.1991 (abstr 217)
9. Jäger H, Jersild C, Emmanuel J (1991) Safe blood transfusions in Africa. AIDS [Suppl 1]: S 163–168
10. Lackritz E, Campbell C, Hightower A, Ruebush T, Were J (1990) Is the cure worse than the disease: anemia, malaria, blood transfusion and child mortality in western Kenya. Sixth International Conference on AIDS, San Francisco, 1990 (abstr Th.C. 595)

11. Laleman G, Magazani K, Perriens JH, Badibanga N, Kapila N, Konde M, Selemani U, Piot P (1992) Prevention of blood-borne HIV transmission using a decentralized approach in Shaba, Zaire. AIDS 6: 1353–1358
12. N'tita I, Mulanga K, Dulat C, Lusamba D, Rehle T, Korte R, Jäger H (1991) Risk of transfusion-associated HIV transmission in Kinshasa, Zaire, AIDS 5: 437–440
13. Scheiber P, Kleinfeld V, Mutwewingabo, Mukamutara J, Heist M, Grupe S (1991) Hygieneprobleme in afrikanischen Landkrankenhäusern. Mitt Oesterr Ges Tropenmed Parasitol 13: 85–100
14. Spielberg F, Ryder RW, Harris J, Heyward W, Kabeya CM, Kifuani NK, Bender TR, Quinn TC (1989) Field testing and comparative evaluation of rapid, visually read screening assays for antibody to human immunodeficiency virus. Lancet I: 580–584
15. Starkey JM, MacPherson JL, Bolgiano DC, Simon ER, Zuck TF, Sayers MH (1989) Markers for transfusion-transmitted disease in different groups of blood donors. Jama 262/4: 3452–3454
16. Sugg U, Van Deyk K (1982) Erkennung und Behandlung von hämolytischen und nicht hämolytischen Transfusionsreaktionen. In: Schneider W, Schorer R (eds) Klinische Transfusionsmedizin. Verlag Chemie, Weinheim p 321
17. Ryder W (1992) Difficulties associated with providing an HIV-free blood supply in tropical Africa. AIDS 6: 1395–1397
18. Watson-Williams EJ, Kataaha P (1990) Revival of the Ugandan blood transfusion system 1989: an example of international cooperation. Transfus Sci 11: 179–184

Action After Accidental Exposure to Infectious Material

L. G. GÜRTLER

Max-von-Pettenkofer-Institut, University of Munich, Pettenkoferstraße 9a, D-80336 München

All lesions, which are most frequently caused by needle sticks, can transfer contaminated material to the wound and therefore necessitate immediate action (within 1 min). All stick lesions penetrate the protective glove. Every effort should be taken to avoid stick-lesions and accidents under all circumstances. In this respect, heads of departments have a special responsibility in terms of supervision. Unplanned and hasty work entails a high risk of accident. Those concerned need to be trained in the action to be taken after a stick-lesion. All medical staff must be vaccinated against hepatitis B virus (HBV). The employer or hospital is obliged to have available all necessary drugs and materials for the protection of health care workers.

Action

The necessary action to be taken includes:

1. Induce bleeding to remove all incorporated material out of the lesion (duration, 1–2 min). The efficiency of a blood flow stop by a tourniquet has not been proven.
2. Disinfection (duration, 2–3 min). Enlarge the entrance of the lesion first in order to facilitate the penetration of disinfectant to deeper-lying regions. When necessary, seek the assistance of another person. Choose disinfectants that have an alcoholic basis (the efficiency of penetration to deeper regions can be measured only by the pain).
3. Make an estimation of the real risk of transmitting the infectious agent according to the anamnesis and history of the index patient, according to origin and quantity of the inoculated material.

Viruses

Viruses relevant for transmission by blood are HBV, hepatitis C virus (HCV), and human immunodeficiency virus (HIV).

HIV. A protecting hyperimmunoglobulin is not available. It is not absolutely sure that AZT (azidothymidine) can prevent the threat of HIV infection, but it can possibly reduce the risk. In the case of taking AZT, it should be ascertained whether the index patient really HIV infected? Pregnancy has to be excluded and prevented for a further 6 months.

AZT should be administered within the first 30 min after the accident; AZT administration longer than 6 h after the accident seems to be ineffective.

The schedule after the disinfection is as follows: one 250-mg capsule AZT or an infusion of 200 mg for about 1 h; then one 250-mg capsule at 8, 12, 16, 20, and 24 hours, i.e. five 250-mg capsules per day, for a total of 14 days.

HBV. When there is insufficient protection by vaccination, for example the last vaccination was longer than 5 years ago, a new dose of vaccine has to be administered. In a doubtful case, determine the anti-HB. In nonvaccinees, start with active vaccination and application of HBV hyperimmunoglobulin immediately after the accident.

HCV. A HCV hyperimmunoglobulin is not available. The efficiency of administrating HBV hyperimmunoglobulin has not been proven.

Concerning all three viruses, blood taken on the day of the accident has to be tested to certify nonexposure to an infectious agent and nonimmunity. One, 2, 3, and 6 months after the accident, testing has to be repeated to monitor an ongoing infection. A report must be written and signed. Remind the exposed health care worker to take protective precautions in his or her private life.

Bacteria

Most bacteria are not relevant for transmission by blood. Potential agents are mycobacteria, borrelia and treponema (check patients' history).

Mycobacteria. If bacteremia is found in AIDS patients, start with prophylaxis for 14 days: isonicotic acid hydracid (IHN), etambutol, rifampicin for typical mycobacteria; rifampicin, clarithromycine and clofazimine for atypical mycobacteria.

Fungi. Most fungi are irrelevant for transmission by blood. The exception is cryptococcemia of the index patient. After the inoculation of liquid containing *Crytococcus neoformans*, start with 0.5 mg/kg amphotericin B and 150 mg/kg fluocytosine or 400 mg fluconazole per day for up to 6 days.

Conclusion

The best we can do is to learn from each accident and to draw the consequences, so that it does not happen again.

Teil III. Frakturbehandlung

Indikationen zur operativen Frakturbehandlung in tropischen Ländern

Indications for Operative Fracture Treatment in Tropical Countries

W. Strecker[1], W. Fleischmann[1], M. Beyer[2] und L. Kinzl[1]

Einleitung

Indikationen und Technik der operativen Frakturbehandlung gelten mittlerweile in vielen Industrieländern als weitgehend standardisiert. In Entwicklungsländern ist die Frakturbehandlung dahingegen prinzipiell konservativ. Allgemein anerkannte Strategien der operativen Frakturbehandlung, die sich in gemäßigten Klimazonen bewähren, können mitunter zu katastrophalen Ergebnissen in den Tropen führen. Die Vorteile der operativen Frakturbehandlung bestehen in der anatomiegerechten Reposition und einem frühzeitigen Wiedererlangen der physiologischen Funktion des Bewegungsapparates durch Frühmobilisierung und beschleunigte Belastungsfähigkeit der betroffenen Gliedmaße. Darüber hinaus vermindern übungsstabile Osteosynthesen durch die mögliche Frühmobilisierung das Risiko von Thrombose, Lungenembolie und Pneumonie.

Weitere Argumente, die die Indikation zur operativen Frakturbehandlung in Industrieländern unterstützen, sind ökonomischer Natur. Eine Verkürzung der stationären und ambulanten Behandlungsdauer ist aus Kostengründen ebenso zu begrüßen wie eine frühere Arbeitsaufnahme der Patienten.

Die Ausgangslage in Entwicklungsländern unterscheidet sich davon ganz wesentlich. Zeit als Wirtschaftsfaktor ist von untergeordneter Bedeutung und die Morbidität an Thrombosen und Lungenembolien ist zu vernachlässigen [1]. Zusätzlich stellen die hohen Kosten für technische Ausstattung, Implantate und Instrumente für die operative Frakturbehandlung eine erhebliche wirtschaftliche Belastung dar. Eine entsprechende Infrastruktur als Voraussetzung für die operative Frakturbehandlung ist nur in wenigen Kliniken der Dritten Welt gegeben. Die hygienischen Zustände sind oft ungenügend. Eine entsprechende unfallchirurgische Ausbildung für Chirurgen, Allgemeinärzte, Krankenpfleger und Schwestern ist häufig nicht vorhanden.

Andererseits scheint die Morbidität an postoperativer Osteitis in tropischen Klimabereichen erhöht zu sein. Die Folgen der chronischen Osteitis sind gut bekannt und zu Recht gefürchtet. Für den betroffenen Patienten verbleibt meistens eine lebenslängliche Behinderung. Die Amputation ist nicht selten die einzig mögliche und effektive Behandlung.

Es liegen jedoch derzeit keine schlüssigen Ergebnisse vor, die eine Analyse und Validisierung einer operativen Frakturbehandlung unter tropischen Bedingungen erlauben.

---

[1] Abteilung für Unfallchirurgie, Hand-, Plastische und Wiederherstellungschirurgie (Direktor: Prof. Dr. L. Kinzl), Chirurgische Universitätsklinik Ulm, Steinhövelstraße 9, D-89070 Ulm
[2] Abteilung für Herzchirurgie (Direktor: Prof. Dr. A. Hannekum)
Chirurgische Universitätsklinik Ulm, Steinhövelstraße 9, D-89070 Ulm

Materialien und Methoden

Im Zeitraum vom 1.1.1987–30.6.1989 wurden am Referenzkrankenhaus Gbadolite, République du Zaire, 3003 große chirurgische und gynäkologische Eingriffe bei stationären Patienten durchgeführt (Tabelle 1).

Tabelle 1. Operationen am HGR de Gbadolite, Zaire (1.1.1987–30.6.1989)

Hernien	885
Hydrozelen	98
Laparotomien	771
Osteosynthesen	123
Amputationen	27
Thorakotomien	27
Strumaresektionen	32
Abszeßrevisionen	335
Sonstige	735
Gesamt	3003

Davon entfielen 123 Eingriffe auf operative Knochenbruchbehandlungen. Die angewandten internen und externen Osteosyntheseverfahren sind in Tabelle 2 zusammengefaßt.

Tabelle 2. Osteosynthesen am HGR de Gbadolite, Zaire (1.1.1987–30.6.1989)

Intern	Marknagel	8
	Platte	28
	Schraube	22
	Cerclage	7
	Kirschner-Draht	21
	Gesamt	86
Extern	Fixateur	25
	Transfixationsgips	12
	Gesamt	37

In 86 Fällen wurde eine innere operative Stabilisierung angewendet, in 37 Fällen bevorzugten wir die externe Fixation, und zwar bei 25 Patienten durch einen Rohrstangenfixateur externe der AO (Arbeitsgemeinschaft für Osteosynthesefragen) [10], und bei 12 Patienten durch eine Transfixationsgipsbehandlung [8].

Das Durchschnittsalter aller Patienten lag bei 42 (6–81) Jahren. Bei fehlenden offiziellen oder bei unzuverlässigen Angaben wurde das Patientenalter geschätzt. Von den 123 Patienten waren 32 (26%) weiblich und 91 (74%) männlich. Aufgrund der hohen Patiententreue konnte bei über 80% aller Patienten ein Nachuntersuchungszeitraum von mindestens 6 Monaten eingehalten werden. Alle traumatologischen Eingriffe wurden von 2 Operateuren durchgeführt, einem europäischen Chirurgen und einem zairischen Assistenzarzt im Rahmen seiner chirurgischen Facharztausbildung. Die Operationstechnik folgte den bekannten Regeln der Arbeitsgemeinschaft für Osteosynthesefragen [6].

Die Indikation zur autologen Spongiosaplastik wurde bei inneren Osteosyntheseverfahren großzügig gestellt. Bei der Anwendung des Fixateur externe wurde auf ausreichend lange Hautinzisionen von etwa 8–10 mm Länge für den Durchtritt der Schanz-Schrauben geachtet. Die Haut sollte sich anschließend dem Metall spannungsfrei anlegen Bezüglich der Technik des Transfixationsverbandes verweisen wir auf den nachfolgenden Beitrag (S. 103–110).

Eine Möglichkeit zur intraoperativen Röntgenkontrolle bestand nicht. Bohrlöcher wurden entweder mit einer Handbohrmaschine oder mit einer druckluftgetriebenen Bohrmaschine gesetzt. Eine perioperative Antibiotikaprophylaxe wurde lediglich bei Patienten mit offenen Frakturen und/oder schlechten Weichteilverhältnissen mit Ampicillin 3 x 2 g i.v. über 24 h appliziert, in vereinzelten Fällen kombiniert mit Gentamycin 2 x 80 mg i.m.

Eine Thromboseprophylaxe wurde weder medikamentös noch physikalisch durchgeführt. Postoperativ wurde die operierte Extremität hochgelagert. Diuretika kamen nicht zum Einsatz. Als Analgetika verwendeten wir bedarfsweise Diclophenac oder Acetylsalicylsäure. Der 1. Verbandswechsel erfolgte am 2. postoperativen Tag, der Zug der Redon-Drainagen je nach Sekretion und Weichteilbefund. Trockene Wunden wurden anschließend offen behandelt, sezernierende Wunden und Durchtrittsstellen von Schanz-Schrauben wurden wenigstens einmal täglich neu verbunden.

Ergebnisse

2 wichtige Komplikationen spiegeln eine fehlgeschlagene Knochenbruchheilung nach innerer oder äußerer Frakturstabilisierung wider: Pseudarthrosen und Osteitis. Diese beiden Kriterien betrachten wir als Gradmesser für Erfolg und Mißerfolg der eigenen Arbeit bzw. der jeweiligen Osteosyntheseform.

Pseudarthrosen traten in 4.1% aller Osteosynthesen auf (Tabelle 3).

Tabelle 3. Pseudarthrosen nach Osteosynthesen (Gbadolite, Zaire, 1.1.1987–30.6.1989)

	Gesamt	Pseudarthrosen
Marknagel	8	1 (12.5%)
Platte	28	1 (3.6%)
Kirschner-Draht	21	3 (14.3%)

Eine von 8 inneren Stabilisierungen von Femurschaftfrakturen mittels Marknagel endete in einer Pseudarthrose, möglicherweise als Folge einer ungenügenden Markraumbohrung. In unserer Klinik fehlte die adäquate Ausstattung sowohl zur maschinellen Markraumbohrung als auch zur proximalen oder distalen Verriegelung. Die erwähnte – hypertrophe – Pseudarthrose wurde durch Anfrischen der Fraktur und Anlagerung von autologer Spongiosa behandelt. Der Marknagel wurde gegen einen Fixateur externe ausgetauscht (Abb. 1).

Eine von 28 Schraubenosteosynthesen endete in einer Pseudarthrose. Dabei kam es bei einem 5jährigen Mädchen mit Schenkelhalsfraktur zu einer sekundären Dislokation der Fragmente, mutmaßlich als Folge einer aseptischen Nekrose des Femurkopfes. Die Eltern des Kindes verweigerten eine weitere operative Revision und bevorzugten die

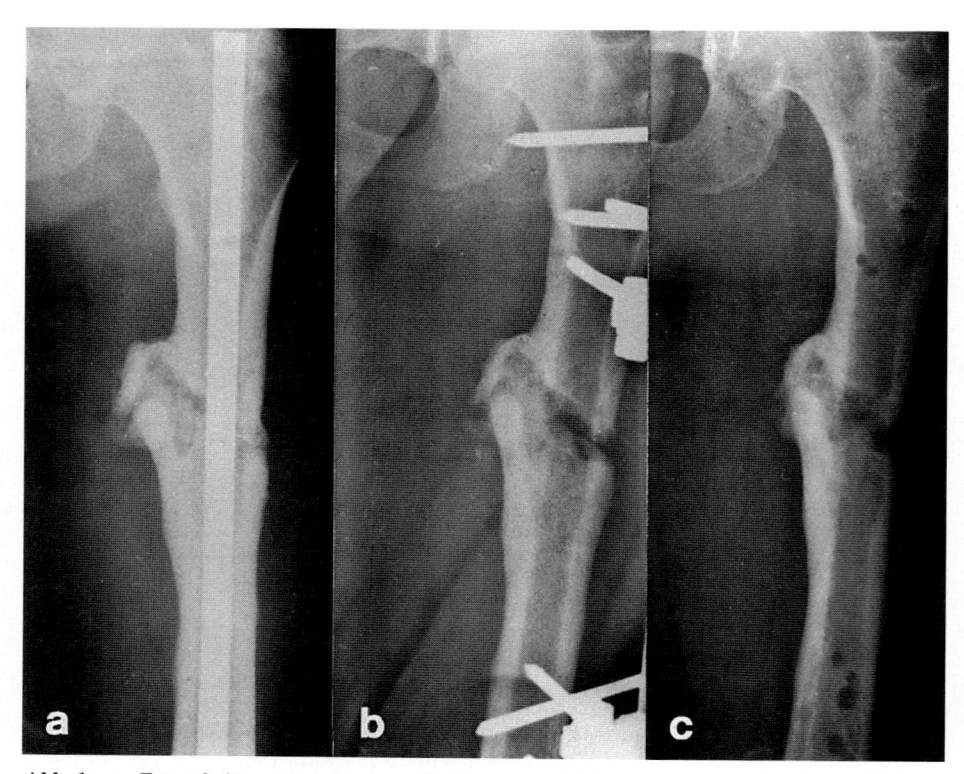

Abb. 1a–c. Femurfraktur. **a** Pseudarthrose 10 Monate nach Marknagelosteosynthese. **b** Postoperatives Bild nach Entfernung des Marknagels, Anfrischen der Fraktur, Anlagerung von autologer Spongiosa und Stabilisierung mittels dreidimensionalem Rohrstangenfixateur. **c** Klinische und radiologische Überbrückung nach 6 Monaten

Betreuung durch einen einheimischen Medizinmann. In 3 von 21 Kirschner-Drahtosteosynthesen blieb eine knöcherne Konsolidierung aus. In allen 3 Fällen handelte es sich um Fingerfrakturen. Eine Pseudarthrose betraf einen Patienten mit Quetschverletzung und querer Mittelgliedfraktur des linken Kleinfingers. Aufgrund einer zusätzlichen therapieresistenten Osteitis mußte schließlich eine Amputation durchgeführt werden. Die beiden anderen Patienten mit Pseudarthrosen nach Fingerfrakturen kamen mit dem Ergebnis zurecht, so daß sich keine weitere Behandlung anschloß.

In 5,7% aller Osteosyntheseverfahren entwickelte sich eine *Osteitis*. Nach externen Fixationsverfahren traten keine zusätzlichen Fälle einer Osteitis auf, so daß die entsprechende Infektrate für die internen Osteosyntheseverfahren allein 8,1% betrug und für Plattenosteosynthesen entsprechend 21,4% (Tabelle 4).

Tabelle 4. Tiefe Infektionen nach Osteosynthesen (Gbadolite, Zaire, 1.1.1987–30.6.1989)

	Gesamt	Infektionen
Platte	28	6 (21,4%)
Kirschner-Draht	21	1 (4,8%)

Die jeweilige Ausgangslage der 6 betroffenen Patienten mit Plattenosteosynthesen, die entsprechende Behandlung und der Verlauf sind in Tabelle 5 zusammengefaßt.

Tabelle 5. Plattenosteosynthesen: Tiefe Infektionen, Behandlungen und Verläufe (*ME* Metallentfernung, *FE* Fixateur externe)

Tiefe Infektionen	Therapie und Verlauf	
HIV 1-AK positiv, asymptomatisch	→ ME + Extension	- - - → chronische Osteitis
HIV 1-AK positiv, asymptomatisch	→ ME + FE/Spongiosa	- - - → Heilung
HIV 1-AK positiv, Bartholini-Abszeß	→ hohe Oberschenkelamputation	$\xrightarrow{11\,\text{Monate}}$ † (AIDS)
Filariose, ungünstige Weichteile	→ Symptomatisch	$\xrightarrow{2\,\text{Monate}}$ † (Kachexie)
Sturz am 12. postoperativen Tag	→ ME + FE/Spongiosa	- - - → Heilung
II° offene Mandibulafraktur	→ offene Behandlung + ME	- - - → Heilung

Bei 5 Patienten trat die postoperative Osteitis nach Plattenosteosynthesen von Femurfrakturen auf. 3 Patienten waren seropositiv gegenüber HIV-1-Antikörpern, eine Frau hatte zusätzlich einen nicht rechtzeitig erkannten Bartholini-Abszeß auf der verletzten Seite und eine weitere ältere Patientin mit einer distalen Femurtrümmerfraktur bot schlechte Weichteilverhältnisse aufgrund einer chronischen Filariasis. Ein Patient stürzte am 12. postoperativen Tag. Dabei kam es neben einer Dehiszenz und Einblutung der Wunde zu einer Lockerung des eingebrachten Osteosynthesematerials. Eine zweitgradig offene Unterkieferfraktur, die mit einer Plattenosteosynthese versorgt wurde und sich perioperativ infizierte, konnte durch offene Wundbehandlung zur Ausheilung gebracht werden. Hier wurde das Osteosynthesematerial erst nach knöcherner Konsolidierung entfernt. (Zur einzigen Osteitis nach Kirschner-Drahtosteosynthese s. oben).

Neben den erwähnten Komplikationen Pseudarthrose und Osteitis, stellen Thrombose und konsekutive Lungenembolie besonders gefürchtete Komplikationen nach Frakturen in Industrieländern dar. Unter den 123 Patienten mit operativer Frakturbehandlung wurde kein Fall einer Thrombose oder Embolie beobachtet. Von allen 3003 operierten Patienten erlitt lediglich ein einziger eine klinisch diagnostizierte tiefe Beinvenenthrombose bei bekanntem Burkitt-Lymphom mit Kompression der gleichseitigen V. iliaca externa.

Diskussion

Bei Frakturen hängt die Wahl der jeweiligen Behandlungsform von einer Vielzahl von Faktoren ab: Frakturtyp, Weichteilschaden, Verfügbarkeit passender Instrumente und Materialien, zufriedenstellende lokale Infrastruktur, adäquate hygienische Bedingungen im Operationssaal, traumatologisch geschultes Personal, Erfahrung in Unfallheilkunde und darüber hinaus die Fähigkeit zur Kritik und Selbstkritik der verantwortlichen Operateure. Diese Kriterien stellen in den meisten Krankenhäusern der dritten Welt eher die Ausnahme als die Regel dar. Dementsprechend hat die Knochenbruchbehandlung prinzipiell konservativ zu sein. Sind jedoch optimale technische und persönliche Voraussetzungen gegeben, so muß die Indikation zur operativen Frakturbehandlung dem Frakturtyp, den Weichteilverhältnissen und dem allgemeinen Gesundheitszustand des Patienten angemessen sein.

Auf der Grundlage unserer Erfahrungen und der gewonnenen Ergebnisse empfehlen wir eine Reihe von *absoluten und relativen Kontraindikationen für innere Osteosynthesen* von geschlossenen Frakturen (Tabelle 6).

Tabelle 6. Kontraindikationen für innere Osteosynthesen

Absolute	Relative
Floride eitrige Infekte	Ungünstige Haut- und Weichteilverhältnisse
Sichelzellenanämie	Metabolische Mangelzustände
Seropositivität HIV 1-AK	Mangelnde Patientencompliance

Absolute Kontraindikationen liegen bei *eitrigen Infektionen* vor. Abszesse jeglicher Lokalisation sind weit verbreitet in den Tropen, und deren Drainage stellt die häufigste chirurgische Operation in der gesamten Dritten Welt dar [5].

Eine Sichelzellenanämie begünstigt ebenso wie eine *HIV-Infektion* pyogene Infektionen. Bei unseren Patienten mit eitrigen Abszessen war die HIV-1-Seropositivitätsrate um den Faktor 2,4 erhöht, im Vergleich zur klinisch asymptomatischen lokalen Bevölkerung, die eine Seropositivitätsrate gegenüber HIV-1-Antikörpern von 8,2% im Jahre 1989 bot [9]. Die Austestung auf HIV-1-Antikörpern erscheint grundsätzlich wünschenswert [7], nicht zuletzt auch zum Schutz von Operations- und Pflegepersonal.

Patienten mit *Sichelzellenanämie* entwickeln spontan häufig eine hämatogene Osteomyelitis, verursacht durch septische Emboli [4]. Die spontane Infektgefährdung wird durch eingebrachte Fremdkörper, wie Osteosynthesematerial, zusätzlich vergrößert.

Jede Indikation zur inneren Frakturstabilisierung verlangt eine besonders gründliche und kritische Beurteilung des individuellen Gesundheitszustandes der betroffenen Patienten. In allen Zweifelsfällen sollte der konservativen Knochenbruchbehandlung der Vorrang eingeräumt werden.

Ungünstige Haut- und Weichteilverhältnisse sind in tropischen Ländern häufig und betreffen bevorzugt die unteren Extremitäten. Filariosen, etwaige Hautläsionen, bedingt durch Insektenstiche und kleine Verletzungen sowie eine verdickte, rissige Haut machen eine ausreichende präoperative Desinfektion häufig unmöglich und begünstigen daher die Entwicklung von Weichteilinfekten und schließlich auch einer Osteitis. Die meisten Sprunggelenkfrakturen sind daher konservativ zu behandeln. Bei einfachen Frakturformen kann eine alleinige Gipsbehandlung ausreichend sein. Bei Trümmerfrakturen, speziell bei Pilon-tibial-Frakturen der unteren Extremität, ist der Transfixationsgipsverband als semiinvasive Methode vorzuziehen.

Metabolische Mangelzustände vermindern die körpereigene Immunabwehr. Die Auswirkungen ähneln häufig denjenigen einer HIV-Infektion. Unter metabolischen Mangelsyndromen werden verschiedene Krankheiten, wie chronische Anämie, Hypoproteinämie und Kwashiorkor, zusammengefaßt. Die zugrundeliegenden Ursachen sind häufig chronische Malaria, Tuberkulose, Bilharziose, Wurminfektionen und chronische Fehl- oder Unterernährung. Eine adäquate Frakturbehandlung muß in allen Fällen eine Behandlung von metabolischen oder infektiösen Grunderkrankungen einschließen. Der

Erfolg einer Behandlung dieser chronischen Erkrankungen wird jedoch häufig erst spät manifest, so daß eine operative Frakturbehandlung meist nicht mehr in Frage kommt.

Innere Osteosyntheseverfahren stellen eine anspruchsvolle chirurgische Technik dar. Für das Gelingen einer derartigen Behandlungsform muß das Verständnis und die Mitarbeit des Patienten, insbesondere in der postoperativen Phase, vorausgesetzt werden. Nur das Zusammenspiel zwischen Operateur, Patient und Personal mit einer entsprechenden postoperativen Nachbehandlung kann die gewünschten Ergebnisse zeitigen. Ein individuell abgestufter Belastungsaufbau mit entsprechender Mobilisierung ist Voraussetzung für das Wiedergewinnen der Funktion der verletzten Extremität. Patienten ohne entsprechende Selbstdisziplin und Kooperationsbereitschaft eignen sich daher kaum für eine operative Frakturbehandlung. In Übereinstimmung mit anderen Tropenchirurgen [3, 5] sind wir der Ansicht, daß die innere Frakturstabilisierung nur solchen Frakturen vorbehalten sein sollte, die mit konservativen Methoden keine funktionelle Wiederherstellung und anatomische Rekonstruktion erwarten lassen. Dies schließt alle Abrißfrakturen, insbesondere bei vorhandener Dehiszenz der Fragmente, ein, wie beispielsweise dislozierte Frakturen von Olekranon und Patella (Abb. 2).

Frakturen mit Begleitverletzungen von Nerven- und Blutgefäßen verlangen eine dringliche Wiederherstellung dieser anatomischen Strukturen nach vorausgegangener innerer oder äußerer Osteosynthese.

Frakturen mit Interposition von Bindegewebe, Sehnen, Periost etc. sind häufig nicht reponibel. Lediglich eine offene Reposition mit nachfolgender Osteosynthese erbringt befriedigende Ergebnisse (Abb. 3).

In tropischen Ländern sind offene Frakturen häufig. Die Wunden sind meist hochgradig kontaminiert, bedingt durch das Fehlen von sterilem Verbandsmaterial und durch das lange Zeitintervall zwischen Unfall und Versorgung. Nach antibiotischer Therapie und gründlicher Wundtoilette mit Débridement des nekrotischen Gewebes erfolgt eine Frakturstabilisierung durch einen *Fixateur externe* [10]. Die große Variabilität der externen Fixationssysteme erlaubt die Stabilisierung von geschlossenen Schaftfrakturen ebenso wie eine befriedigende Ruhigstellung bei vorliegender Osteitis an der oberen oder unteren Extremität. Weitere Vorteile sind einfache Anwendung und günstige ökonomische Gesichtspunkte. Der Fixateur externe ist daher als Basisausstattung in der Tropentraumatologie zu betrachten. Einfachere und wirtschaftlichere Varianten des Standardfixateur externe, wie der Holzfixateur und der Transfixationsgipsverband, stellten ihre Brauchbarkeit für bestimmte Indikationen im tropischen Milieu unter Beweis.

Aufgrund unserer enttäuschenden Ergebnisse mit inneren Osteosyntheseverfahren, speziell mit Plattenosteosynthesen, folgern wir, daß zur Anwendung dieser Technik in tropischen Klimazonen die erwähnten Kontraindikationen für innere Osteosynthesen strikt beachtet werden müssen. Darüber hinaus sind die ökonomischen Vorteile innerer Osteosyntheseverfahren in Industrieländern, wie Reduktion der Behandlungskosten und der Krankenhausverweildauer und die Frühmobilisation mit entsprechender Verminderung thromboembolischer Risiken, von nachrangiger Bedeutung in den meisten tropischen Ländern. Eine Frühmobilisation ist besonders bei älteren Patienten wichtig. Deren Morbidität ist jedoch gerade in den Tropen deutlich geringer. Unabhängig davon kann eine Frühmobilisation durch verschiedene konservative Methoden der Frakturbehandlung erreicht werden, wie etwa der Perkin-Traction im Falle von Oberschenkelfrakturen [2]. Die Thrombose schließlich ist ohne relevante Bedeutung bei stationären Patienten in tropischen Ländern.

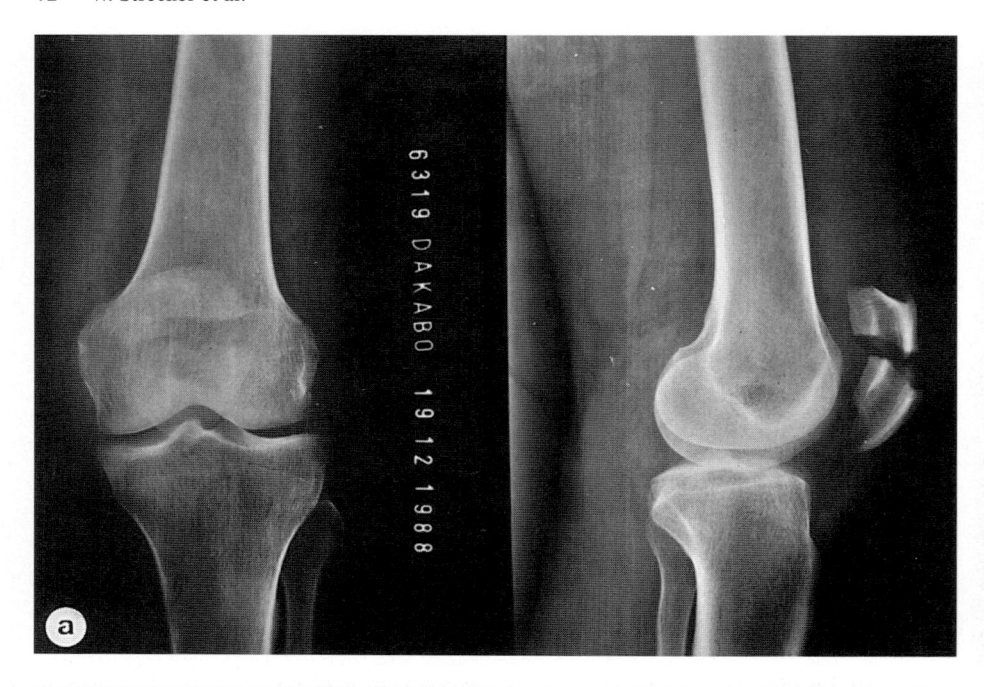

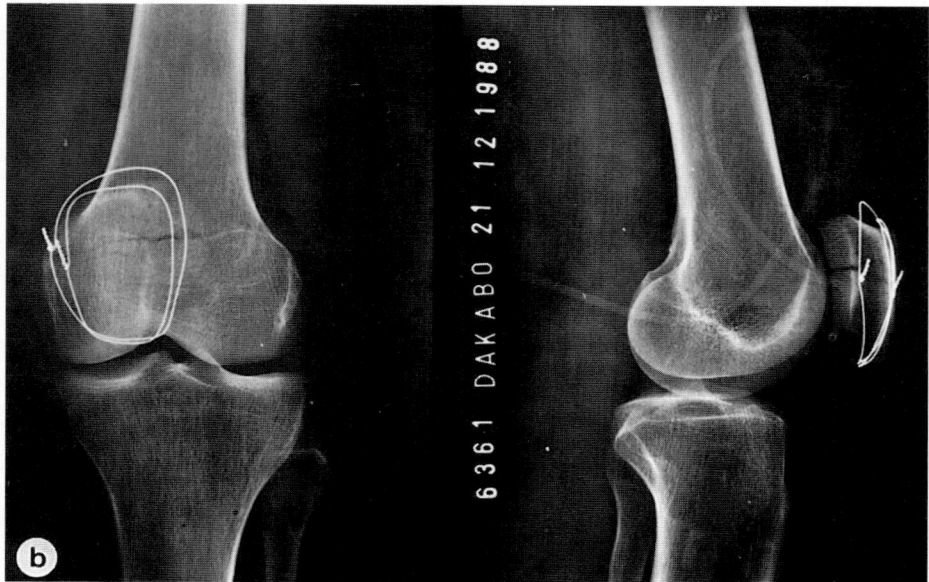

Abb. 2. a Dislozierte Patellaquerfraktur, **b** Osteosynthese mittels Drahtcerclagen

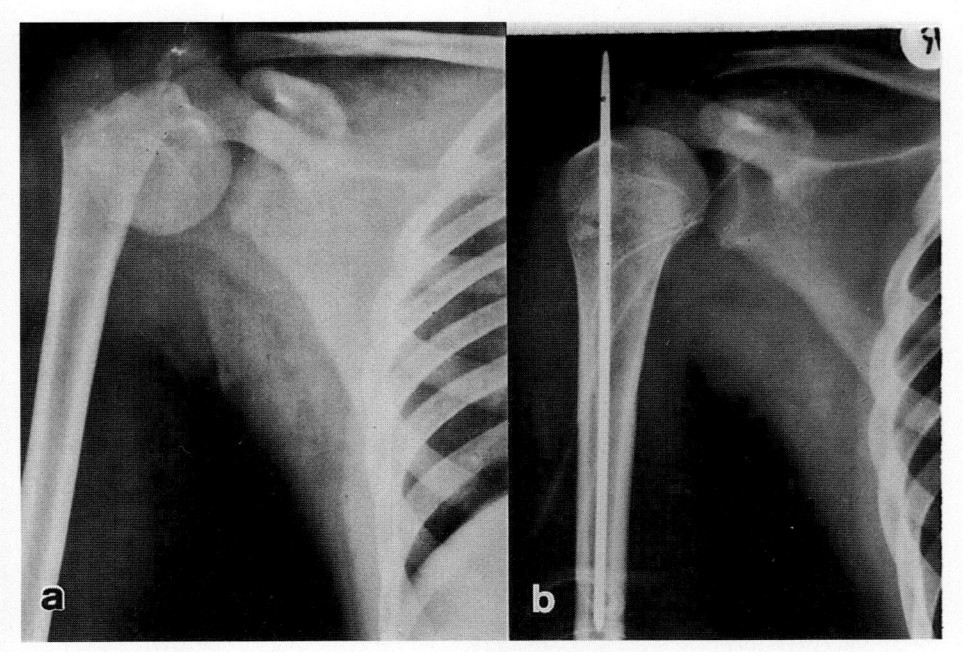

Abb. 3. a Irreponible dislozierte Humeruskopfepiphysenfraktur rechts. b Nach offener Reposition und Stabilisierung mittels intramedullärem Steinmann-Nagel für 2 Wochen

Schlußfolgerungen

1. Die Frakturbehandlung in den Tropen ist grundsätzlich konservativ.
2. Der Fixateur externe ist die Basisausstattung der Tropentraumatologie.
3. Innere Osteosyntheseverfahren sind angezeigt bei Abrißfrakturen (Patella, Olekranon), bei irreponiblen Frakturen und im Falle von Verletzungen von Blutgefäßen und Nerven.
4. Die Indikation zur Osteosynthese muß die jeweilige medizinische Infrastruktur berücksichtigen, insbesondere Hygienestandard, Verfügbarkeit von entsprechenden Materialien, Ausbildungsstand von Operateuren und Personal sowie v. a. den allgemeinen Gesundheitszustand des Patienten.
5. Angepaßte chirurgische Methoden sind nötig, um entsprechende Ergebnisse in der Frakturbehandlung zu erreichen.

Summary

In the period 1.1.1987–30.6.1989 3003 operations were performed at the regional hospital of Gbadolite, northern Zaire. In 123 patients fractures were reduced operatively, in 86 patients by internal fixation and in 37 patients by external fixation. There was no additional bone infection after external fixation but 6 of 28 patients (21.4%) with internal fixtion by plate and screws developed postoperative osteitis. Non-union was observed in 12.5% of cases after intramedullary nailing, in 4.5% after screw fixation alone and in 14.3% after internal fixation by Kirschner wires. Based on this data indications and contraindications for operative fracture treatment in tropical countries are defined.

Literatur

1. Adoh A, Kouame AN, Kouassi YF, N'Dory R, Odi Assambdi M (1992) Facteurs étiologiques des thromboses veineuses profondes des membres chez le sujet noir africain. Méd Trop 52: 131–137
2. Bewes P (1974) Fractures of the femur in a tropical context: a reevaluation of Perkin's traction. Trop Doct 4: 64–68
3. Bewes P (1987) Management of fractures in adverse circumstances. Trop Doct 17: 67–73
4. Gentilini M, Duflo B, Danis M, Lagardere B, Richard-Lenoble D (1982) Médecine tropicale. Flammarion, Paris
5. King M (1990) Primary surgery, vol 1: Non-Trauma. Oxford University Press, Oxford
6. Müller ME, Allgöwer M, Schneider R, Willenegger H (1991) Manual of internal fixation. Springer, Berlin Heidelberg New York Tokyo
7. Strecker K, Gürtler L, Binibangili M, Metzner-Hoffmann I, Strecker W (1991) Comparative evaluation and practical importance of instrument – free HIV 1 antibody screening assays. Ann Soc Belge Méd Trop 71: 237–242
8. Strecker W, Fleischmann W, Thorpe RG (1991) The transfixational plaster cast. Ann Soc Belge Méd Trop 71: 129–137
9. Strecker W, Gürtler L, Binibangili M, Strecker K (1993) Clinical manifestation of HIV infection in Northern Zaire. AIDS 7/4: 597–598
10. Weber BG, Mager F (1985) Fixateur externe. Springer, Berlin Heidelberg New York

Management of Fractures in Adverse Circumstances

P. C. Bewes
Birmingham Accident Hospital, Bath Row, Birmingham B15 INA, England

If we look at the vast amount of writing on the management of fractures today, we see many methods that are expensive and that are unforgiving to the inexperienced surgeon. Someone called upon to manage fractures in an isolated rural hospital in a developing country might be forgiven for thinking that there were no answers to the problems that he faces. This, happily, is not true, and excellent work is being done with simple apparatus in many places throughout the world and by doctors who also have to face problems in specialties other than the management of trauma.

Some Surgical History

Many fractures in animals heal and unite without surgical intervention. Although they often unite faster than in humans treated by doctors, unfortunately they sometimes unite in a bad position. This should not worry us, however, as malposition is something that we can prevent fairly easily.

It is probable that the first rational treatment applied to fractures by man consisted of rest and splintage. Rest helps the pain, and splintage keeps the fracture in fairly good alignment while healing occurs. In some societies, skills have been passed on from father to son over the generations and have remained relatively unchanged, possibly because of the success that has followed their use. Thus a traditional practitioner who used to deal with fracture patients outside Kampala, Uganda, wove basketwork splints for his patients so that the fracture would be held in reasonably good alignment, and he took the fractures out of the splints each day, in ordert ot put the joint above and the joint below through a full range of movement, before putting the limb back in the splint. Interestingly, he also put the fracture itself through quite a range of movement at the same time. People used to go to him with all sorts of fractures, in preference to attending the University Hospital a few miles away, largely because they had great faith in his methods. Similar forms of treatment have been practised in China over the centuries, and some practitioners there still use bamboo splints in much the same way as the Ugandan used basketwork.

Splints, however, improved over the years, and the coming of plaster of Paris made it possible to fashion splints that would hold most fractures in far better alignment than was possible with bamboo or basketwork. The early plaster of Paris bandages were very rough and ready, but the modern ones are far easier to use, and it is possible to obtain a good rigid splint with far less weight of plaster than previously.

The development of antiseptic surgery made it possible for Arbuthnot Lane to introduce the plating of fractures. In its day this was hailed as a great advance. Unfortunately, the plates that Arbuthnot Lane used were extremely weak compared with modern plates, and the results obtained by his disciples left much to be desired. In recent decades, the emphasis has been more and more upon rigid methods of internal fixation with increasingly complicated and robust plates and screws.

With the advent of these rigid plates came complications that had not been envisaged. Thus it could be shown that rigid plating abolished the normal callus response following a fracture, and if plating was not done perfectly and in continuous compression, the incidence of non-union became a significant disadvantage. So it was realized that use of these sophisticated methods was best restricted to practitioners specially trained and experienced in the method, working in highly sterile and well-equipped modern operating theatres. The emphasis in recent years has been on experimenting with more flexible plates that do not completely damp down the callus response.

The use of external fixators has gone through the same process. At first, very rigid fixators were used, but in recent years, fixators which allow a moderate amount of movement have been introduced, with a lessening of the incidence of delayed and non-union. Indeed, some groups are now experimenting with fixators that actively generate movement at the fracture site, using a small motor.

Each new advance seems to bring in its train more complications and more expense, and it ist therefore up to the isolated rural practitioner to find his own compromise in the management of each fracture. There are two books which, between them, outline some of the methods which are more appropriate to the rural hospital [1, 2]. Those who have participated in the preparation of these books believe that some of the methods described will open up the science of fracture surgery to the isolated rural practitioner in a way that much of Western literature cannot hope to do.

Choosing Appropriate Methods

The isolated fracture surgeon should choose methods that are likely to give a good result under the existing circumstances; they will not necessarily be methods that would be chosen in the Mayo Clinic. Some considerations to bear in mind are:

1. The experience of the doctor most concerned: if he has been trained in internal fixation, then such methods could be used. If he has not, they should hardly ever be used.
2. If the operating theatre never contains flies and if sepsis is almost never seen as a complication of clean operations carried out in the theatre, then again operative treatment might be considered. Otherwise not.
3. If money is very limited, then methods should be chosen which do not use too much complicated apparatus or expensive plaster of Paris.
4. An open fracture should hardly ever be plated or treated by internal fixation in the rural hospital.
5. How much prolonged and demanding treatment can the patient tolerate? The less sophisticated the patient, the less likely he is to accept a regime involving repeated operations.
6. The expectations of the patient. In the West many patients demand perfection, even if there is a certain attendant risk. This is not so for all patients, however, even in the West: some would prefer a greater margin of safety, even if it means that their fracture will end up a little short or a little „lumpy".

All these points should be considered before making any choice. After 11 years' work in various hospitals in Africa, I obtained experience with non-operative methods that have stood the test of time, and I offer these methods as possible alternatives for the isolated practitioner. There is not sufficient space here to explain fully the management of each fracture, but the details will be readily available in the reference text [2].

Upper Limb

Clavicle

When clavicle fractures are treated in a sling, they very rarely develop non-union. They unite in about 2 weeks, but often with a bulky and rather noticcable callus. It used to be the practice to recommend a „figure-of-eight" bandage to help reduce these fractures, but this is not strictly necessary, and some studies have suggested that it may delay union. The bandage can also be quite uncomfortable. It is therefore my preference to treat these fractures by early movements in a full-arm sling. The patient is usually fit to discharge from the outpatients clinic within 3 weeks of the fracture.

Humerus

Fractures of the humerus respond exceedingly well to early supervised elbow exercises in a half-arm sling, which supports only the distal half of the radius and ulna (Fig. 1).

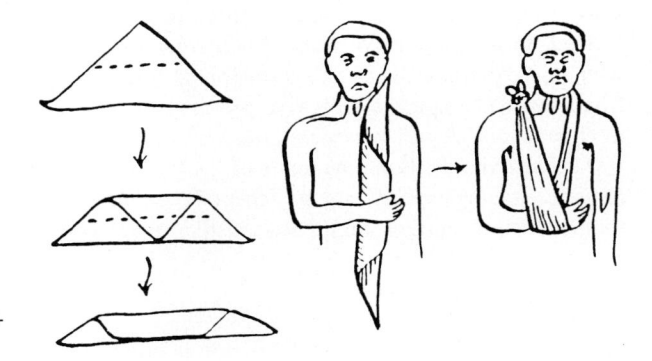

Fig. 1. Making and using a half-arm sling

It should definitely not support the point of the elbow. The reason for this is to allow gravity to pull the fracture out straight. The first day or two following the fracture may be quite uncomfortable, and it is kind to apply some form of splintage to the upper arm during the first 4 days or so. A rolled-up glossy magazine or a segment of banana leaf may suffice if plaster of Paris is hard to come by. The splint is discarded at 4 days and the patient is encouraged to exercise the elbow within the confines of the sling and to practise „pendulum" exercises of the shoulder (Fig. 2) until the fracture is solidly united.

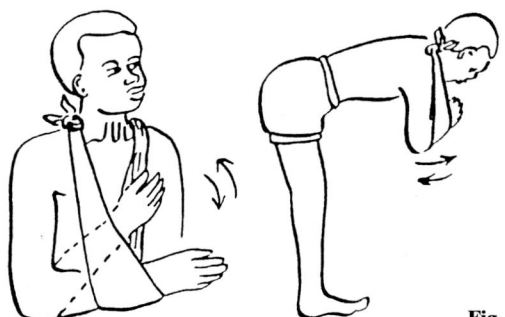

Fig. 2. Elbow and pendulum exercises

This usually takes about 8 weeks. The patient should not be allowed out of the sling until there is undeniable solid union.

Out of several hundreds of humerus fractures, I have seen this method fail in only two cases – one of them an 86-year-old lady who could not do her exercises properly. Over the same time I have seen five cases treated by open operation which went on to non-union. Fractures of the neck of the humerus are treated in very much the same way, as are supracondylar fractures of the lower end of the humerus.

Occasionally, a patient is seen in whom the lower end of the humerus is so smashed up („bag of bones" fracture) as to render operative reconstruction impossible. Closed manipulation cannot be expected to restore the normal anatomy. In such cases, a simple arm sling and early active exercises will often produce a result that is surprisingly effective. Indeed, in inexperienced hands this method is greatly preferable to internal fixation, which nearly always leads to a disastrously stiff elbow. It is surprising how the smashed fragments will adapt themselves to produce a joint with a useful range of movement. In only about 5% of patients treated this way will complete fusion of the elbow threaten; in this event a choice should be made of the best angle, usually after consultation with the patient – an angle of 90° may be acceptable – and if the joint is threatening to ankylose then probably the sling should be adjusted to produce the appropriate angle.

Radius and Ulna

Fractures of the radius and ulna are not as difficult to reduce as some people imagine. However, there must be a proper attention to detail. Where there is much swelling it is obviously unwise to apply a complete plaster in the early stages, and a U-slab should be used to get rough and ready reduction. This U-slab should not be bandaged in place with a rigid bandage, like the usual white cotton bandage, but with a more elastic one, such as a crepe bandage. This is to allow for possible swelling.

After the first 48 h, when swelling is less, it is possible to achieve more accurate reduction. For this the patient, under general anaesthesia, lies on the operating table with his arm suspended from a drip pole, using bandages tied round the thumb and middle finger. The drip pole height is adjusted until the elbow is at a right angle (Fig. 3).

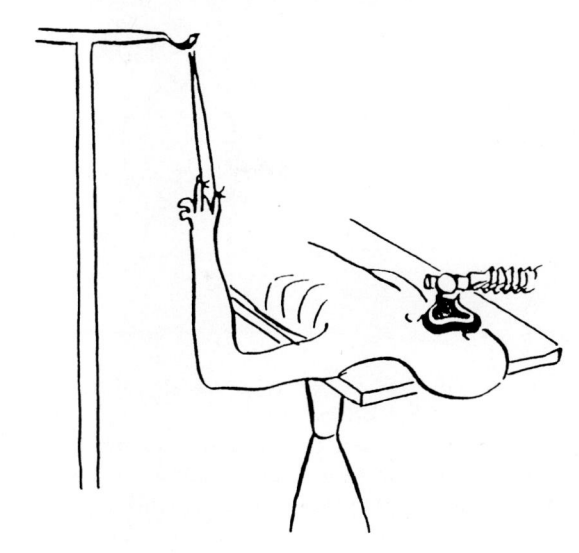

Fig. 3. Suspending the fractured arm from a drip pole

Gravity pulls the fractured bones out straight. It is emphasized that the whole of the arm should be hanging free over the side of the table. Once a reasonable position has been obtained, a full encircling plaster of Paris cast is applied from just below the armpit to the bases of the knuckles of the hand, making sure that the fingers can fully flex, at least to 90°. (The plaster should therefore not extend beyond the distal palmar crease.) While the plaster is setting, it should be very gently compressed between the palms of the two hands, in order to produce an oval cross-section, rather than a cylindrical one. A cylindrical plaster presses the two bones together, whereas a more oval plaster allows restoration of normal anatomy (Fig. 4).

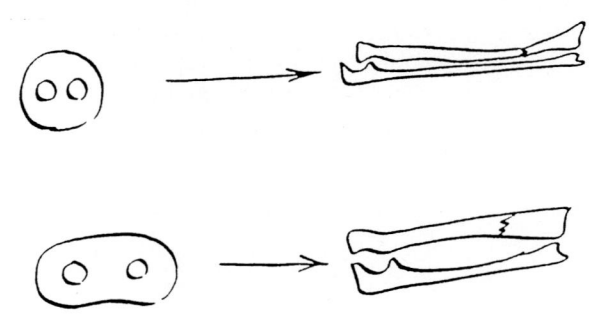

Fig. 4. An oval cross-sectioned plaster restores the normal anatomy

The wrist should be in slight extension and in a position midway between supination and pronation, unless the fracture is a high one, in which case it should be slightly supinated; if the fracture is a low one, then there should be more pronation.

The postoperative management of this fracture is important. The weight of the plaster must not be allowed to push downwards on the fracture. Therefore, the plaster should either be supported in a full-arm sling or (perhaps better) a plaster loop should be incor-

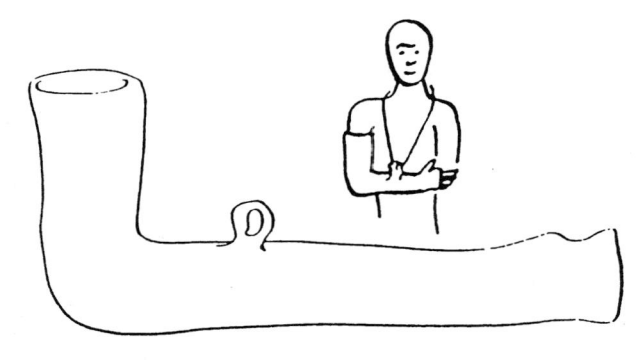

Fig. 5. Incorporating a loop in the plaster to help support it from the neck

porated in the cast, so that a sling can pass through it and around the neck, thus taking the weight of the cast off the arm (Fig. 5).

The patient must be encouraged to use his fingers as much as possible and to keep the elbow and wrist moving inside the plaster, even though the plaster will restrict the movements considerably. One of the reasons for delayed union in this fracture is the encouragement of „rest", which so many practitioners advocate. A positive attitude towards the use of the limb, and exercise of all joints, whether in or outside the plaster, can be a great help in promoting fracture union.

If the plaster cast becomes too loose, it should be replaced, and the limb should be kept in plaster until undeniable signs of fracture union are present.

Olecranon

Fractures of the olecranon have usually been considered to require internal fixation in nearly every case, and this can be a very satisfactory method of treatment. However, it is not essential: I and many of my colleagues have seen some remarkably good results following the use of a sling and early active movements. Indeed, some of the results so obtained have been better than results in some of the cases treated operatively.

Separation of the olecranon is not in itself an absolute indication for operative treatment. If, when the patient is first examined, any power of the triceps can be demonstrated to be getting through to the forearm (i.e. if active extension, however weak, is possible), then non-operative methods of treatment, with early active movements, can bw expected to produce a reasonable result. Only in those cases where no triceps power is getting through is operative treatment mandatory.

Colles' Fracture

This fracture can be treated very satisfactorily by conventional methods.

Bennett's Fracture

One variety of fracture of the proximal end of the thumb metacarpal is important, in that it is usually considered to require operative treatment. This is Bennett's fracture, in which a triangular fragment of the proximal pole of the thumb metacarpal is detached, so that the base of the thumb metacarpal can telescope backwards and dislocate from off the carpal bone (the trapezium) that normally supports it. Happily, this fracture responds exceedingly well to early active movements, and the patient is encouraged, as soon as the pain allows, to use his thumb as normally as possible. Many patients achieve a completely asymptomatic thumb as a result. The more elaborate methods of treatment can only achieve superior results in the hands of the very experienced.

Shaft of Fifth Metacarpal

The fifth metacarpal is often fractured when someone punches a firm object fairly hard. The metacarpal usually fractures through its neck, and there is usually some posterior bowing, amounting to about 40°. It is now common practice to ignore the bowing and to treat these fractures with strapping for a day or two and early active movements. The results so obtained are often far better than from the application of splints by the inexperienced. The patient should be told that there will be a lump on the back of his hand, but that this is unimportant, and that it is preferable to have a lump than a stiff finger. I have never seen one of these fractures go on to non-union.

Proximal Phalanx of the Fingers

These are important fractures, and it is particularly important to obtain a good reduction. Possibly the simplest and best method is to apply traction using clastoplast over a roll of bandage in the palm of the hand. This form of splintage (Fig. 6) should not be kept in place for longer than about 12 days, when it should be cautiously removed, and the finger exercised.

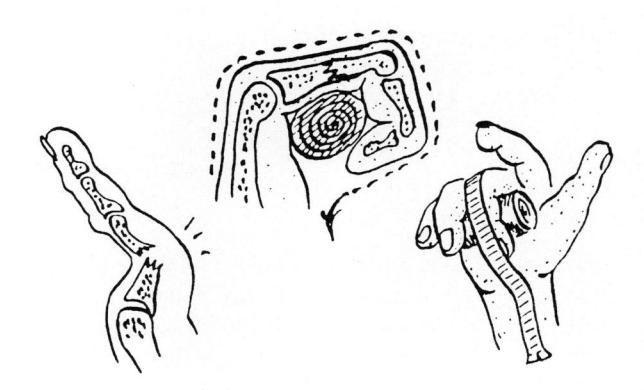

Fig. 6. Strapping a finger round a roll of bandage

This method of treatment is well illustrated in Maurice King's book [2]. One method of treatment that should not be adopted is immobilization over a rigid splint in extension (as by the now condemned wooden tongue depressor).

Lower Limb

Femur

One method of treating femoral fractures that has been extensively used in mission hospitals and small district hospitals over the last 20–30 years has been the balanced skeletal traction known as Perkins' traction [1]. No splints are employed, but a stout metal pin is passed through the tibial tubercle, and strings are attached to each end of this, with weights over the end of the bed. Early movement of the knee is encouraged, and the result is that nearly always a massive callus develops and produces early femoral fracture union (Fig. 7).

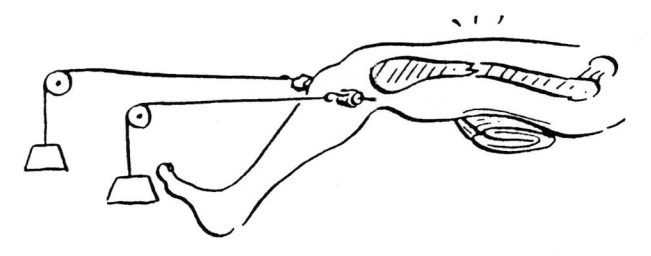

Fig. 7. Perkins' traction

There is no need to have an elaborate set of Thomas splints for this form of treatment, and severe complications are few. It is very helpful if the springs can be removed from the lower half of the bed (Fig. 8), so that knee exercises can be started early.

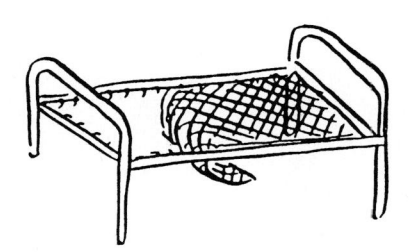

Fig. 8. Springs removed in lower half of bed

Twice a day the patient is encouraged to flex the knee into the „hole" in the lower half of the bed. This prevents knee stiffness, and also encourages early fracture union. In-between such periods of exercise, the lower half of the bed is restored with fracture boards under the mattress. The details of this method of treatment are fully explained in Maurice King's book [2].

Tibia

The proper method of treatment of fractures of the tibia under adverse circumstances is early weight bearing in full-length plaster of Paris cast, with a proper walking heel. This should be the definitive method of treatment in nearly all cases.

However, some cases will require a different form of treatment in the early days or weeks, i.e. those with severe compounding (more than just „compound from within") and also those fractures in which gross swelling would make it unwise to put on a completely encircling plaster in the early days. For these fractures a method has been devised, which might be described as „provisional treatment", because it is only applicable in the early days or weeks after injury. The provisional treatment consists of skeletal traction through the os calcis, with a stout Steinmann pin passed through the os calcis with its ends attached to weights passed over the end of the bed. A light gutter splint can support the limb while traction is in progress. It is important that this splint should be bandaged on with a moderately elastic bandage, such as a crepe bandage, rather than with a rigid bandage, which can cause unnecessary compression of the limb. The snag about this method is that as a definitive treatment it leads to an unacceptable amount of delayed union, and it is preferable, as soon as the fracture is „sticky" and as soon as the wound is no longer a problem, to revert to the standard method of treatment – early weight bearing in a full-length plaster.

A walking heel is often difficult to obtain, but one can easily be made (Fig. 9) from a small square of motorcar tyre rubber, a few pieces of wood and four nails; this will usually suffice to protect the bottom of the plaster from damp, mud etc.

Where there is a severe compound wound over the tibia, it is very important that, under general anaesthesia, as soon as the patient is fit, the wound be thoroughly explored, all dead tissue cut away, the interior of the wound thoroughly syringed with normal saline

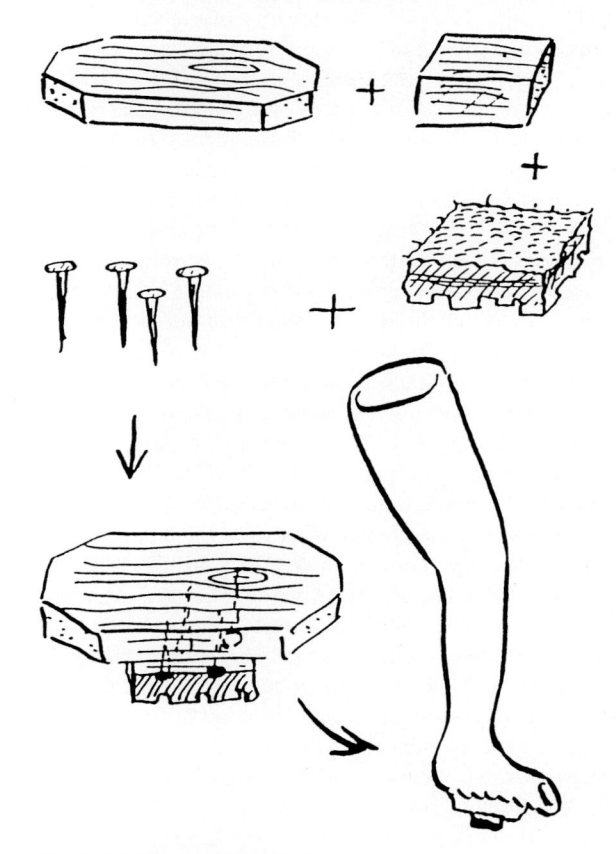

Fig. 9. Making a walking heel

under pressure and all tight compartments released by incising the overlying fascia. It is probably unwise to close such wounds on the day of injury, and it is the usual practice to reanaesthetize the patient 3 or perhaps 4 days later and cover the exposed tissues with a skin graft as a form of delayed primary closure. It is not necessary to achieve complete wound healing before weight bearing in plaster is instigated; a small area can usually be trusted to epithelialize while in plaster.

There is a strong temptation nowadays to use some sort of external fixator in the management of these injuries, but this temptation should probably be resisted, as there is an undeniable incidence of delayed union following external fixation, and a considerable amount of experience and care is needed in the use of such devices. It is probably better to accept a shortening, even of as much as 1.5 inches (4 cm), in preference to delayed or non-union.

Fracture Subluxations of the Ankle

Today's literature tends to suggest that all these fractures (formerly grouped together as Pott's fracture) should be treated by internal fixation. Unfortunately, internal fixation of these fractures is often extremely difficult, and in inexperienced hands can often give very bad results. Happily, the majority of such fractures can be treated very adequately by closed methods, and these methods are fully explored in Maurice King's book [2].

There will of course be some exceptions: those fractures which it has been impossible to reduce, despite careful attention to detail. Such fractures will probably include trimalleolar fractures, though some of these can be treated conservatively. The method involves the use of three-point fixation following reduction. It is difficult to reduce a fracture surrounded by sloppy, wet plaster, and it is important, therefore, to rehearse the movement of reduction of the fracture long before the plaster is applied. Possibly the best description of the managament of these fractures by conservative methods that is at present available to those people who cannot find Maurice King's book lies in the late Sir John Charnley's book [1], which should probably be on the shelves of all who have an active interest in the management of fractures.

When a Pott's fracture has been successfully reduced, it tends to slip as the swelling goes down. It is therefore important to keep a strict eye on the patient in the first fortnight after reduction. If there is any tendency to loosening of the plaster or to slipping of the position (and the important position is that of the talus in the ankle mortice), then the fracture should be remanipulated, perhaps under general anaesthesia, and a new, more tightly fitting plaster applied, again with three-point fixation. In all cases where there has been significant displacement, early weight bearing is forbidden, but the patient is encouraged to exercise the ankle within the confines of the plaster. Where external rotation has been part of the deformity, then it is probably important in the first 3 weeks or so that the plaster should be taken above the knee to prevent further occurence of the rotation. In such cases the knee should be flexed through approximately 15°.

These fractures are among the most difficult to treat by closed methods, but they are also difficult to treat by open methods. Closed methods will almost certainly produce a better result in the hands of the general duties doctor who has access to a suitable text [2, 4]. Where closed methods fail, a very early decision should be taken about operative treatment, because operative treatment is much more likely to be successful if undertaken within 48 h of the original injury.

Os Calcis

It is perhaps in fractures of the os calcis that conservative treatment is seen at its best. Even where there is severe displacement, no attempt is made to obtain accurate anatomical reduction. Instead, after a few days of elevation and treatment of pain, early active movements are encouraged. By the end of the first week the patient should be able to put his floot flat on the ground with the ankle at 90°. By the end of the second week he should be bearing part of his bodyweight on the foot and walking with crutches with a gait resembling as early as possible the gait of normal walking. By the end of 4 weeks he should be walking and bearing nearly the whole of his bodyweight on the affected limb and starting to walk both uphill and downhill and along slopes to both the left and right, so as to encourage eversion and inversion of the ankle.

All this exercise will often increase the deformity, but strangely enough, it seems to produce a subtalar joint that suffers much less pain than the subtalar joint in patients treated with plaster of Paris and with „kindness". In my experience, every single patient with this fracture under the age of 60 has go back to his original work in a surprisingly short time, whereas many of those treated by operative methods or with plaster of Paris have proved in the long run to be permanently unemployable.

Conclusion

I have outlined above some of the more controversial methods of fracture treatment. Many other fractures are perfectly adequately dealt with by methods that are acceptable in centres all over the world. There is no question that many fractures of the neck of the femur are best treated by operative fixation or perhaps even by replacement of the femoral head. The alternative (which may prove necessary for the isolated doctor) is that of accepting non-union and severe displacement and encouraging early weight bearing in the hope that a pseudarthrosis may develop. If possible, however, it is probably best to refer these patients to a centre that has facilities for radiography on the operating table and the insertion of some form of internal fixation device. Again, there is no doubt that fractures of the patella with separation are best dealt with by internal fixation to restore the normal shape of the patella or, where there is much comminution, by the removal of the patella and restoration of continuity in the quadriceps expansion.

The vast majority of common fractures can be treated by simple methods that do not involve operative treatment. However, considerable attention to detail is required, and the patient must be encouraged to move all joints that are not splinted as much as possible during the days of convalescences, so that joint stiffness does not occur. Indeed, even those joints that are splinted should be moved as far as the splintage will allow, so that the muscles do not become flabby and the joints do not seize up. Perhaps as important is the attitude of mind: if the patient is constantly using and exercising the limb, he is much more likely to be able to return to normal active life once the fracture has united; if he is encouraged to rest the part, he may develop a mental attitude that makes it very difficult to rehabilitate him later. Conservative treatment is not „neglect", but active attention to important details, just as much as in operative forms of treatment.

Acknowledgement. I was privileged to have been taught by the late George Perkins, whose book *Fractures and Dislocations*, while now sadly out of print, remains a classic on the subject [5].

References

1. Bewes P (1984) Surgery: a manual for rural health workers. African Medical Research Foundation, Nairobi (From AMREF, PO Box 30125, Nairobi, Kenya, and from Institute of Accident Surgery, Birmingham Accident Hospital, Bath Row, Birmingham B15 INA)
2. King M (ed) Primary surgery, 2. Trauma. Oxford University Press, Oxford
3. Bewes P (1974) Fractures of the femur in a tropical context: a reevaluation of Perkins' traction. Trop Doct 4: 64–68
4. Charnley J (1961) The closed treatment of common fractures, 3rd edn. Churchill Livingstone, Edinburgh
5. Perkins G (1958) Fractures and dislocations. Athlone, London

Konservative Frakturbehandlung nach chinesischer Art

Traditional Chinese Fracture Treatment

J. Bachmann und Yang Shu Hua

[1] Klinik und Poliklinik für Orthopädie, Universitätsklinikum Essen (Direktor: Prof. Dr. F. Löer)
[2] Vestische Orthopädische Klinik, (Chefarzt: PD Dr. med. H. Konermann), Am Schloßpark 3, D-45699 Herten

Einleitung

Die Frakturbehandlung chinesischer Art fußt auf dem politisch motivierten [1] und sachlich erzwungenen Versuch einer Synthese moderner medizinischer Therapie und traditioneller Medizin (Abb. 1) in der Volksrepublik China seit den 50er Jahren.

Abb. 1. Manuelle Reposition einer Sprunggelenkluxationsfraktur

Ihre Entwicklung ist geprägt von den Bedürfnissen und Bedingungen eines Landes der Dritten Welt:

– Stärkung des Nationalgefühls,
– Bewahrung einer eigenständigen Tradition
– knappe operative Ressourcen,
– technisch beschränkte professionelle Kommunikation
– keine ausgereifte Kontrolle der Langzeitergebnisse
– gering entwickelte Tradition der Gipsruhigstellung,
– Versorgungsorientierung am finanzierbaren Optimum

Der Kanon der Frakturbehandlungsmethoden betont die konservative Therapie mit äußerer Ruhigstellung und verwendet Mittel mit weiter Verbreitung. Dies macht die Methodik unter dem Gesichtspunkt der äußeren Fixation als Leitlinie für andere Entwicklungsländer interessant. Sie bedient sich einfacher, häufig effektiver Methoden und kommt weitgehend ohne kulturspezifische Krankheitsdeutungen im Sinne der traditionellen Medizin aus [5]. Politische Erfolgsvorgaben schmälern allerdings den Wert der bisher vorliegenden langfristigen Evaluationen.

Die chinesische Frakturbehandlung hat eine über 30jährige Geschichte. Technische Details unterliegen Abwandlungen. Auf der Grundlage der Prinzipien

- Frühmobilisierung [2],
- minimale, funktionelle Ruhigstellung,
- Redression über Papierpolster unter kleinen Schienen,
- funktionelle Bewegungstherapie,
- Präferenz für äußere Fixationen,

ist auch für problematische Indikationen ein erweitertes Spektrum von Schienen, äußeren Fixateuren, Klammern (Olekranonfraktur, Patellafraktur) und Apparaten (Kalkaneusfraktur) entwickelt worden, die Techniken der Transfixation und der distrahierenden Transfixation insbesondere bei den Frakturen im Bereich des Ober- und Unterschenkels einschließt [7].

Die folgende Darstellung soll charakteristische Prinzipien der klassisch-chinesischen Frakturbehandlung mit kleinen Schienen herausarbeiten und einige Indikationen aus chinesischer Sicht darstellen. Dies wird um Hinweise zu Komplikationen, Schwierigkeiten und Alternativen ergänzt werden müssen.

Indikationen

Prinzipiell können die meisten geschlossenen Extremitätenfrakturen so behandelt werden [6]. Zu Frakturtypen, die unbefriedigende Resultate zeigen, s. unten. Die Behandlung intraartikulärer Frakturen ist möglich, zeigt jedoch vermutlich schlechtere Langzeitergebnisse als nach offener, anatomischer Reposition und innerer Fixation. Verläßliche Studien zu dieser Frage fehlen allerdings.

Stabile Wirbelsäulenfrakturen können nach den Prinzipien der von chinesischer Seite als spezifisch chinesisch erachteten funktionellen Frakturbehandlung therapiert werden, die analog zu der Methode nach Böhler gehandhabt werden. Ähnlichkeiten des Indikationsspektrums und der Behandlungsprinzipien bestehen mit der funktionellen Gipsbehandlungsmethode nach Sarmiento, Überschneidungen mit der üblichen konservativen Frakturbehandlung nach Böhler, hier jedoch unter Verwendung einfacher, überall vorhandener Materialien wie Holz oder Papier und Verlassen des Prinzips der übergreifenden Ruhigstellung der beiden benachbarten Gelenke.

Offene Frakturen können nach Abschluß der Wundheilung in analoger Weise angegangen werden, nur erstgradig offene Frakturen erlauben eine alsbaldige Verwendung der kleinen Schienen nach Wundversorgung.

Kontraindikationen

1. Offene Frakturen (relative Kontraindikation)
2. Trümmerbruch mit starker Dislokation
3. Intraartikuläre, dislozierte Frakturen mit Repositionshindernis
4. Frakturen mit disloziertem Weichteilzug, also z. B.
   - quere Patellafraktur

- Olekranonfraktur
- intrakondyläre Femurfraktur
5. Gegenüber Schwerkraft instabile Frakturen
- kondyläre Tibiafraktur
- instabile Wirbelfrakturen
- Schenkelhalsfrakturen

Prinzipien der chinesischen Frakturbehandlung

Grundsätze

Im Gegensatz zur konservativen Frakturbehandlung nach Böhler werden die benachbarten Gelenke nicht grundsätzlich ruhiggestellt, sondern je nach Frakturtypus eine auf die Dislokation und Redislokationsgefahr abgestimmte einfache äußere Fixation angelegt. Diese besteht in sog. kleinen Schienen, die aus verschiedenen, lokal verfügbaren Materialien gefertigt sind. Unter den Schienen sind redressierende Polster plaziert, die einen fixierenden und bei Restdislokationen auch andauernd redressierenden Druck ausüben. Dieser wird verstärkt durch die Muskelkontraktionen im Rahmen der Übungstherapie. Die Ruhigstellung ist begleitet von einer frühestmöglichen Bewegungstherapie unter Ausschluß potentiell schädlicher Bewegungsrichtungen. Damit soll nicht nur eine Atrophie der Muskeln und Kontrakturbildung in den umgebenden Weichteilstrukturen vermieden, sondern auch eine Anregung der Blutzirkulation mit entsprechender Förderung der reparativen Prozesse erreicht werden. Die Konstruktion der kleinen Schienen und der hohe Stellenwert der Bewegungstherapie machen eine enge Zusammenarbeit zwischen dem behandelnden Arzt und dem Patienten im Sinne einer motivierten Mitarbeit notwendig. Physiotherapeuten gibt es in der VR China praktisch nicht. In der chinesischen und maoistischen Betrachtungsweise geht es bei der Frakturbehandlung dieser Art um die Bearbeitung und Lösung der Widersprüche zwischen Ruhe versus Bewegung, Knochen- versus Weichteilbehandlung, lokaler versus ganzheitlicher Behandlung und inneren versus äußeren Faktoren.

Die Frakturdislokation wurde in traditioneller Weise durch Ertasten festgestellt. Die Anwendung der Röntgenuntersuchungstechnik hat hier Erleichterungen gebracht, aber auch haptische Erfahrungsmöglichkeiten verschüttet. Sie sind von besonderem Interesse, da sich die manuelle Reposition von der Fraktursituation und auch vom Zustand der umgebenden Weichteilgewebe als den begrenzenden Bedingungen des Repositionsweges leiten lassen muß.

Anästhesie

Im allgemeinen ist die Leitungsanästhesie adäquat. Für die obere Extremität daher Blokkade des Plexus brachialis, bei distalen Frakturen auch des Plexus axillaris, für die untere Extremität spinale Anästhesie. Alternativ auch Bruchspaltanästhesie. Die persönliche Beobachtung von Frakturrepositionen ohne Anästhesie verweist auf die Frage kulturell unterschiedlicher Bewertung von Schmerzempfindungen.

Manuelle Reposition

Manuelle Techniken können in schriftlicher Form nicht zureichend vermittelt werden und lassen sich nur durch Anwendung und Erfahrung verfeinern. Unter den Bedingungen fehlender röntgendiagnostischer Möglichkeiten entstand in China ein facettenreicher Erfahrungsschatz.

Die manuelle Reposition folgt grundsätzlich dem umgekehrten Weg der Verletzung. Die dabei angebrachten Kräfte sind normalerweise aus mehreren Vektoren zusammengesetzt. Bei Repositionshindernissen kann es notwendig sein, diese komplexen Kräfte in ihre einzelnen Komponenten zu zerlegen und auf mehrere Repositeure zu verteilen oder sequentiell anzusetzen. Aus den Hebelgesetzen folgt, daß große Kräfte, feine Bewegungen und Korrekturen am besten über lange Hebel ausgeübt werden. Dem distalen Fragment kommt bei der Reposition aus diesem Grund und wegen der größeren Freiheitsgrade die führende Rolle zu. Bei erheblichem Muskeltonus Extension über längere Zeit. Fixation in kleinen Schienen, sie lassen im weiteren Verlauf fortgesetzt korrigierende Maßnahmen zu. Klassischerweise werden folgende 8 Schritte des Ablaufs einer Reposition unterschieden [8].

Palpation und Erfassen. Röntgenbilder, palpatorische Erfassung der lokalen Verhältnisse und Verletzungsmechanismus laut Anamnese führen zu einem mentalen Entwurf des Weges in die dislozierte Situation, woraus sich der Weg der Reposition ergibt.

Traktion. Jede Reposition erfolgt unter kontinuierlichem Zug und Gegenzug durch einen oder mehrere Assistenten bzw. gegen ein festes Widerlager zur Überwindung der verkürzenden Kräfte der Muskulatur zur Wiederherstellung der Länge der Extremität. Dies kann erhebliche Anforderungen an die körperliche Kraft stellen, übermäßige Traktion birgt Risiken für die Weichteilstrukturen, insbesondere Nerven- und Gefäßbahnen.

Derotation und Zirkumduktion. Zunächst werden rotatorische Dislokationen ausgeglichen, insbesondere auch dann, wenn es durch eine überdrehte Stellung zu einem Aneinanderliegen der prominenten Frakturenden gekommen ist.

Flexion, Extension, Abduktion, Adduktion. Nun kann der Versuch gemacht werden, unter Umkehrung des Dislokationsweges die übrigen Fehlstellungen auszugleichen, die zwischen proximalem und distalem Frakturende bestehen. Bei kurzen Fragmenten bedient man sich des längeren Hebels, der von der gesamten Extremität gebildet wird.

Überkorrigieren. Manchmal bedarf es bei verhakten Frakturenden einer vorübergehenden Verstärkung der Fehlstellung, um die Frakturenden zu befreien. Gleiches gilt für die Lösung interponierter Weichteilstrukturen. Am Unterarm ist die dorsovolare Bewegungsrichtung günstiger als die radioulnare.

Heben und Drücken. Durch vorsichtiges Hin- und Herbewegen in gleichsinniger und gegensinniger Richtung werden die Frakturenden ineinander gebracht.

Separation und Schienung finden bei Frakturen an parallelen Knochen Anwendung. Am Unterarm kann durch Distraktion der Elle und Speiche eine Spannung der Membrana interossea erreicht werden, die zu einer inneren Schienung führt, so daß sich der Unterarm funktionell als eine Einheit verhält. Analog wird zwischen Tibia und Fibula verfahren.

Schütteln. Nach Reposition in den wesentlichen Dislokationsrichtungen erfolgt hiermit die tiefe Einstellung einzelner prominenter Strukturen der Bruchflächen.

Pressen und Kneten. Bei Trümmerfrakturen erfolgt hierdurch eine weitgehende Annäherung der verstreuten Fragmente.

Massieren und Reiben. Als letzter Handgriff zielt dies auf die Ausrichtung der die Fraktur umgebenden Weichteilgewebe. Eine Restdislokation wird unter funktionellen Kriterien beurteilt. Eine problemlose Durchbauung und Gebrauchsfunktion können Versetzungen ad axim um weniger als 1/3 der Schaftbreite, bei kindlichen Frakturen auch leichtere Achsenknicke und Verkürzungen erlauben. Rotationsfehlstellungen müssen wegen der funktionellen Auswirkungen strengeren Maßstäben genügen.

Fixation

Fixationsmaterial. Mull oder Trikotschlauch, fakultativ, als eine unterste Schicht direkt auf der Haut. Polster, die redressierenden Druck ausüben und eine Redislokation verhindern sollen. Papier kann durch Falten und Schneiden den lokalen anatomischen Gegebenheiten und dem gewünschten Redressionsmoment entsprechend gestaltet werden.

Kleine Schienen aus festem, leicht elastischem Material, wie z. B. Holz, Rinde, starker Pappe oder mehreren Lagen kräftigen Papiers. Die Dicke sollte je nach Material etwa 5 mm betragen, ein Bezug und leichte Polsterung aus Stoff oder eine Umwickelung mit Watte und Mull ist vorteilhaft. Die Größe entspricht der Länge und Dicke des Extremitätenabschnittes und soll sich prominenten anatomischen Strukturen, wie z.b. den Malleolen, anpassen. Bei gelenkübergreifenden Formen sind Befestigungsstellen bzw. Aussparungen für Verschnürungen vorzusehen. Bänder aus Stoff oder verdrilltem Mull dienen zur Befestigung der kleinen Schienen. Das Material soll nicht zu elastisch sein.

Fixation. Je nach Dicke der hautnahen Mullschicht kann diese schon vor der manuellen Reposition angelegt werden, ohne an Griffsicherheit zu verlieren. Ansonsten wird das Repositionsergebnis von den Assistenten weiter gehalten und der Mull von einer weiteren Hilfsperson, bei sicherer Repositionsstellung auch vom Repositeur, angelegt. Die Lokalisation der redressierenden Polster wird am Körper unter probeweisem Anhalten der kleinen Schienen festgelegt. Die Polster werden vorteilhaft an den Schienen befestigt und sind somit gegen Verrutschen besser geschützt. Die Einheit aus kleinen Schienen und Polstern wird sodann auf den 4 Seiten des Extremitätenabschnittes angelegt und zunächst provisorisch im medianen Abschnitt mit einem Band befestigt. Dann erfolgt von den Enden her die Plazierung der übrigen, im Regelfall 4 Bänder. Der Druck auf Frakturspalt und umgebende Weichteile sollte erfahrungsgemäß dann ausreichend sein, ohne Druckschäden an der Haut zu setzen, wenn die Zugkraft am Band etwa so stark ist, daß eine seitliche Auslenkbarkeit von +/- 0,5 cm besteht. Im Verlauf der Behandlung müssen die Bänder des öfteren nachjustiert werden, da die Spannung nachlassen, das Gewebe an- oder abschwellen oder die Durchblutung beeinträchtigt sein kann.

Hinweise und Komplikationen. Bei drittgradig offenen Frakturen besteht keine Indikation zu der hier genannten Methode. Kleinere oberflächliche Hautwunden stellen keine Kontraindikation dar, wenn kein direkter Druck auf die Wunde erfolgt. Prinzipiell sollten Wunden erst zur Abheilung gebracht werden, bevor eine Ruhigstellung mit kleinen Schienen erfolgt. Diese verzögerte Anwendung der Methode kann jedoch trotzdem sinnvoll sein, da die funktionelle Bewegungsbehandlung früher einsetzen kann.

Druckgeschwüre und Kompression von Nerven und Gefäßstrukturen stellen die wesentlichen Komplikationen dar. Sitz der Schienen und Zug der Bänder sind regelmäßig zu überpüfen, der Patient entsprechend aufzuklären.

Die Frakturstellung ist radiologisch zu kontrollieren. Dies sollte nach der Reposition und Fixation zum 1. Mal, dann routinemäßig nach 1 Woche geschehen, da zu diesem Zeitpunkt noch relativ günstige Verhältnisse für eine wiederholte manuelle Reposition verbliebener oder rezidivierte Fehlstellung bestehen. Die Indikation zur erneuten Reposition ist eng zu stellen, da wiederholte Repositionen algodystrophe Reaktionen provozieren können.

Übungsbehandlung. In der Initialphase ist durch Hochlagerung der verletzten Extremität starken Schwellungen vorzubeugen bzw. entgegenzuwirken.

Frakturfern kann unter Berücksichtigung des übrigen Zustandes sofort mit Bewegungsübungen begonnen werden. Die Muskelpumpe trägt zur Reduktion der posttraumatischen Schwellung, die angeregte Zirkulation zur Frakturheilung bei. Die Übungen sollen schmerzfrei sein.

Mit Abschluß der ersten Frakturstabilisation besteht unter dem Schutz der kleinen Schienen auch Übungsstabilität für leichte Biegebelastungen. Für axiale Belastung ist eine Belastbarkeit dann gegeben, wenn die Frakturlinie quer zur Belastung läuft. Im allgemeinen erreichen die kleinen Schienen keine Ruhigstellung im rotatorischen Sinn; dies ist bei der Übungsbehandlung zu berücksichtigen, um keine Scherkräfte auf den Frakturspalt wirken zu lassen.

Patientenaufklärung und Kooperation sind sowohl für die Durchführung der Übungen als auch die Pflege der Fixation (s. oben) von besonderer Wichtigkeit.

Weitere Methoden konservativer Frakturbehandlung

Die Kombination der Fixation mit kleinen Schienen mit anderen Methoden kann sinnvoll sein, wenn
– aufgrund starker muskulärer Kräfte auf die Frakturzone eine Reposition schwierig oder die Stabilisierung des Repositionsergebnisses gefährdet und eine Nagelextension indiziert ist;
– aufgrund von Weichteilverletzungen eine temporäre Gipsruhigstellung gewünscht ist, die eine sichere Fixation und geringere Weichteilbeanspruchung bietet, bis die Wundheilung fortgeschritten ist und eine funktionelle Behandlung eingeleitet werden soll.

Spezielle Methoden in der chinesischen Frakturbehandlung: Obere Extremität

Humerusschaftfraktur

Klassifikation. Nach Frakturspalthöhe. Mittleres Drittel proximales Fragment zeigt nach lateral (M. deltoideus). Oberes Drittel medialseitige Fehlstellung des proximalen Fragmentes (M. pectoralis). Unteres Drittel häufig Spiralbrüche durch indirekten Muskelzug.

Reposition und Fixation. Patient liegend oder sitzend. Plexus- oder Bruchspaltanästhesie. Vorsichtige Traktion wie bei proximaler Oberarmfraktur. Häufig sekundäre Innenrotation des distalen Fragmentes, diese ggf. zunächst korrigieren. Direkte Reposition zwischen Daumen und übrigen Fingern. Kompression über Schulter- und Ellenbogengelenk. Fixation mit kleinen Schienen und Polsterung, Abstützen des Unterarmes mit Aufhebung der Rotation (Abb. 2).

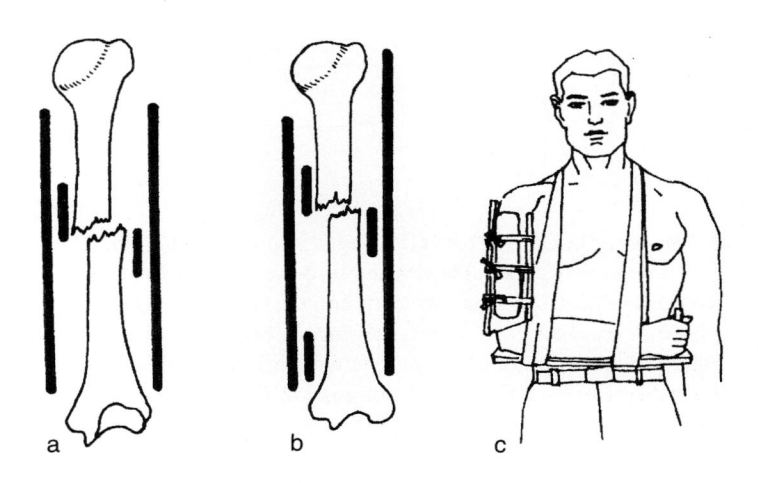

Abb. 2a–c. Redressement und äußere Fixation bei Humerusschaftfraktur

Nachbehandlung und Rehabilitation. Ab der 1. Woche Bewegungsübungen der Hand, ab der 2. Woche Heben des Unterarmes und der Schulter in der Frontalebene, ab der 3. Woche Kreisen des Schultergelenkes unter vorsichtiger Reposition. Operative Nervenrevision oder Abwarten einer spontanen Erholung innerhalb von 6 Wochen möglich. Bei sekundär zunehmender N.radialis-Symptomatik oder ausbleibender Erholung operative Revision.

Distale Humerusfraktur

Klassifikation. Komplexe Einteilung nach Mechanismus und Frakturlinie. Cave: Verletzung von A. brachialis und N. medianus.

Reposition und Fixation. Dringlich wegen möglicher Gefäß- und Nervenschädigung. Rückenlage. Plexusanästhesie. Reposition durch Traktion, Korrektur der Seitverschiebung, einer eventuellen Fragmentdislokation durch direkten Druck und (hier bei Extensionsfrakturen) Reposition des distalen Fragmentes nach ventral durch Druck beider Daumen unter Gegenhalt mit den übrigen Fingern am Humerus (Abb. 3) mit anschließender Beugung des Unterarmes.

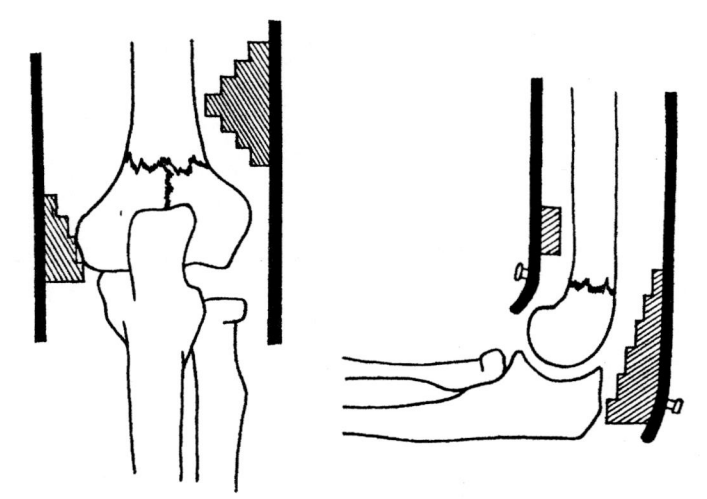

Abb. 3. Repositionssitus bei suprakondylärer Humerusfraktur

Bei Beugefrakturen (seltener) analoges Repositionsprinzip, jedoch drücken die Daumen von ventral in Repositionsrichtung und die abschließende Beugung entfällt. Nach der Reposition Kontrolle der nervalen und vaskulären Situation, im ungünstigen Fall Anlegen einer Traktion [3], ansonsten Anlage der Fixation. Fixation mit kleinen Schienen und reponierend wirkenden Polstern, je nach primärer Dislokationsrichtung. Distales Ende der Schienen mit Knopf zur Kompression über kreuzweise liegende Bänder. Röntgenkontrolle, ggf. wiederholte Reposition.

Nachbehandlung und Rehabilitation. Kontrolle von Sensibilität und Durchblutung, Schwellung. Initial Hochlagerung! Ruhigstellung für 4–6 Wochen. Mit Bewegungsübungen beginnen im Bereich der Hand sofort, ab der 2. Woche in der Schulter und ab der 4. Woche auch im Ellbogengelenk.

Komplikationen und Hinweise. Volkmann-Kontraktur. Varusfehlstellung im Ellbogen nach ulnaren Frakturen, Fixation in leichter Überkorrektur. Frakturen bei Erwachsenen häufig als T- oder Y-Frakturen mit Gelenkbeteiligung, hier primär zusätzliche Extensionsbehandlung über das Olekranon (Kirschner-Draht-Bügel) für 2 Wochen (Abb. 4).

Auch aus Sicht der kosmopolitischen Medizin eine der schwieriger zu behandelnden Frakturen mit sowohl operativen als auch konservativen Verfahrensmöglichkeiten.

Abb. 4. Olekranon-Extensionsrahmen

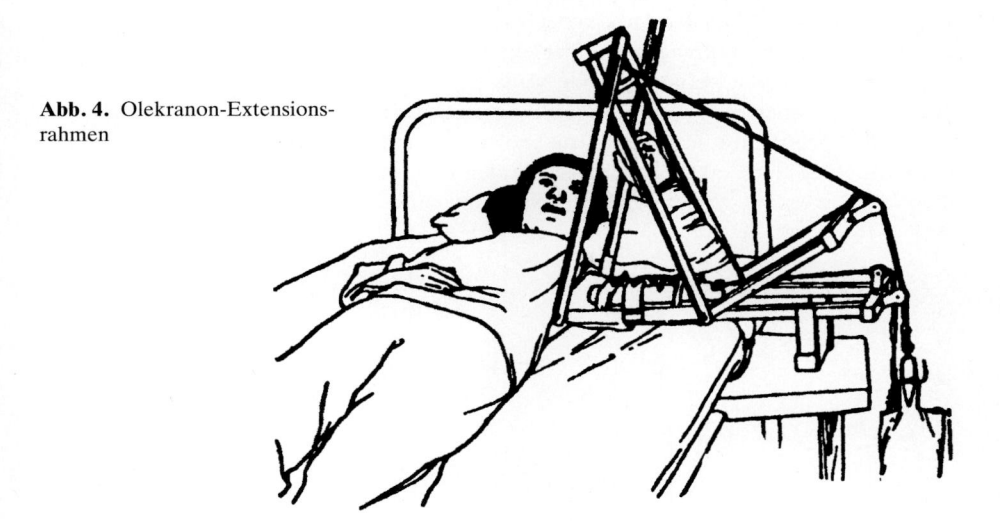

Komplette Unterarmfrakturen

Klassifikation. Unterscheidung nach Mechanismus in direkte und indirekte Gewalteinwirkung. Bei direktem Trauma häufig ausgeprägter Weichteilschaden, der die primäre Versorgung bestimmt, wie auch bei offenen Frakturen. Unterscheidung nach Dislokationsform und Frakturspaltlokalisation in rotatorische Formen (Spalt auf unterschiedlicher Ebene) und Abknickungsrichtungen. Voraussetzung für die Anwendung der genannten Ruhigstellung ist eine weitgehend intakte Membrana interossea, ein Auseinanderweichen der Frakturenden läßt auf eine Verletzung derselben schließen.

Reposition und Fixation. Rückenlage, Plexusanästhesie. Traktion bei 90° gebeugtem Ellbogengelenk (ohne Rotation!), die evtl. über mehr als 15 min gehalten werden muß, bevor die verkürzende Muskelspannung der kräftigen Unterarmmuskulatur nachläßt. Distrahierender Griff zwischen Ulna und Radius auf Höhe des Frakturspaltes, dieser muß gehalten werden. Im Regelfall jetzt noch keine vollständige Korrektur der Verkür-

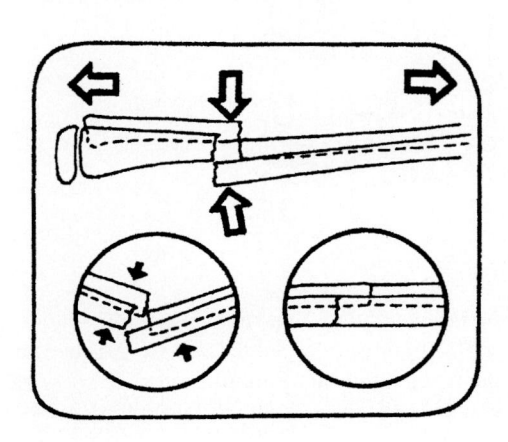

Abb. 5. Verstärken der Dislokation durch dorsales Aufklappen zur Überwindung eines Repositionshindernisses

zung, so daß durch dorsales Aufklappen (geringere Gefahr der Weichteilverletzung als nach ventral) die Frakturenden geöffnet und bei der Rückführung in die Ausgangslage ineinander geschoben werden können, wenn sie unter kontinuierlichem reponierendem Druck der Daumen gegen die übrigen Finger gehalten werden (Abb. 5). Fixation mit kleinen Schienen und trennenden Druckpolstern zur Anspannung der Membrana interossea auf Höhe der Fraktur bzw. zwischen den Frakturlinien (Abb. 6). Kleine Schiene ulnar bis V. metacarpea mit palmarem Stab, der eine Pronation/Supination verhindert (Abb. 7).

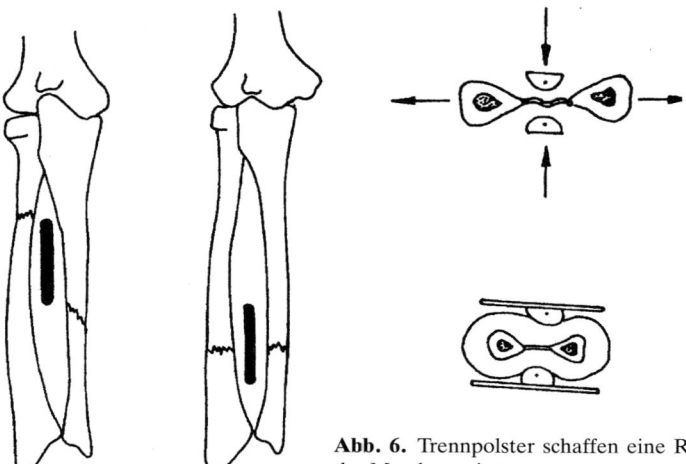

Abb. 6. Trennpolster schaffen eine Redression über den Zug der Membrana interossea

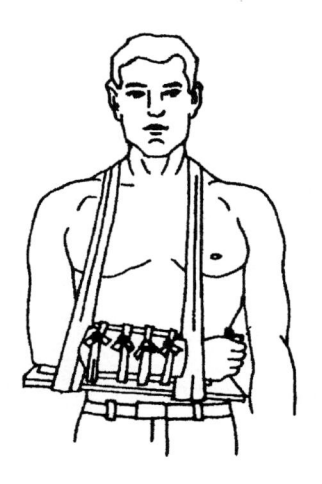

Abb. 7. Unterarmruhigstellung mit Ausschalten der Pro- und Supination

Nachbehandlung und Rehabilitation. Hochlagern. Fingerbewegungen, Faustschluß nach Abklingen der Schmerzen freigegeben, Ellbogenbewegungen zunächst assistiv. Da die Bizepssehne am Radius rotatorisch wirkt, ist die aktive Beugung des Ellenbogens erst ab der 3. Woche erlaubt. Ruhigstellung für 4–6 Wochen.

Komplikationen und Hinweise. Hautdruckschäden. Repositionsverlust wegen der komplexen Bruchform nicht ungewöhnlich, Röntgenkontrolle! Wegen der relativ hohen Rate pseudarthrotischer, in Fehlstellung verheilter oder synostotisch veränderter Bezirke wird im westlichen Ausland die operative Behandlung favorisiert.

Distale Radiusfraktur

Reposition und Fixation. Rückenlage, Plexusanästhesie, bei geringer Dislokation evt. Bruchspaltanästhesie. Traktion über den Daumen. Zunächst Korrektur der lateralen, radialen bzw. ulnaren Verschiebung. Dann direkte frakturnahe Reposition der dorsopalmaren Fehlstellung. Fixation mittels kleinen Schienen im distalen Unterarm, bei ulnarem Typ radialseitig, bei radialem Typ ulnarseitig bis auf die Handwurzel reichend und redressierend gepolstert (Abb. 8).

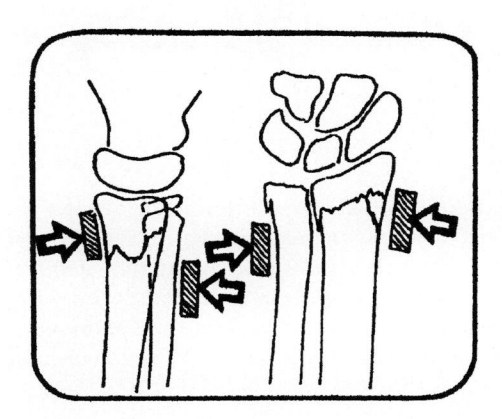

Abb. 8. Redressionsprinzip bei Colles-Fraktur

Nachbehandlung und Rehabilitation. Sofortige Übungsbehandlung, Fixation für 3 bis 4 Wochen

Komplikationen und Hinweise. Insbesondere bei Smith-Fraktur Tendenz zur Redislokation.

Spezielle Methoden: Untere Extremität

Per- und subtrochantäre Frakturen

Während Schenkelhalsfrakturen keine Indikation zur Anwendung der Chinesischen Frakturbehandlung darstellen, können per- und subtrochantäre Frakturen mit der folgenden, im Verlauf der letzten Jahe modifizierten Methode angegangen werden.

Klassifikation. Nach chinesischer Auffassung ist zu unterscheiden in die meist verkeilte relativ stabile Außenrotationsform zwischen Trochanter major und minor verlaufend. Wenn die Frakturlinie etwas weiter proximal verläuft, spricht man von der Varusform. Letztlich die Innenrotationsform mit umgekehrtem Frakturverlauf vom Trochanter minor abwärts zur Außenseite des Femurs, häufiger mit Fragmentbrüchen verbunden und höchst instabil.

Reposition und Fixation. Hauptziel der Reposition ist die Korrektur der Parallelverschiebung unter Vermeidung einer varischen Fehlstellung. Dies ist bei der Außenrotationsform häufig durch die Verkeilung der Frakturenden bereits in stabiler Weise gegeben, so daß hier lediglich eine Schuhversorgung mit querer Stange erfolgt, die in Bettruhe rotatorische Bewegungen verunmöglicht (Abb. 9).

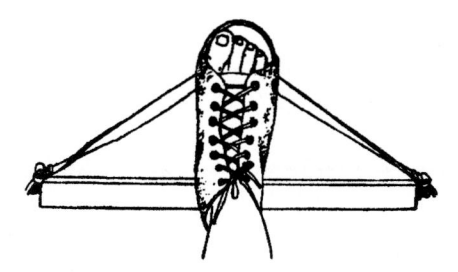

Abb. 9. Einfacher Schutz vor rotatorischen Bewegungen des Beines bei Bettruhe

Bei den übrigen Frakturformen wird unter Bruchspaltanästhesie eine Extension in Form einer Hautextension oder einem suprakondylären Steinmann-Nagel angelegt. Während früher diese Extension in Abduktionsstellung für mehrere Wochen unter Bettruhe gehalten wurde, ist man in neuerer Zeit unter Verwendung eines speziellen Abduktionsrahmens [4] mit Beckenfassung und Hüftscharniergelenk in Abduktionsstellung zur direkten Anwendung der äußeren Fixation übergegangen (Abb. 10).

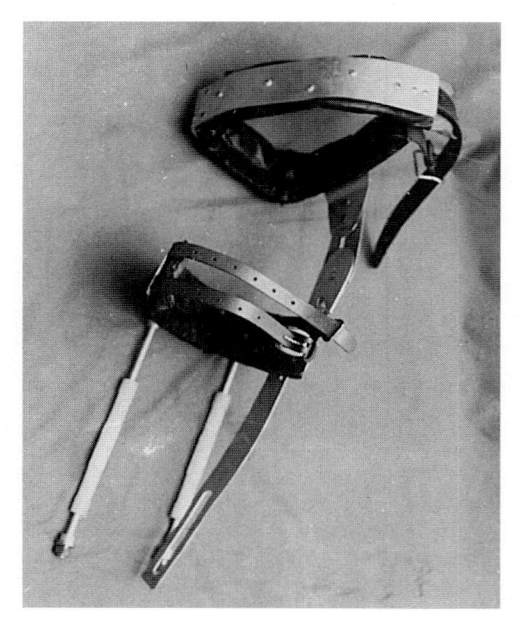

Abb. 10. Abduktionstraktionsrahmen

Dieser Rahmen wird zusätzlich zu den üblichen kleinen Schienen, wie sie bei Oberschenkelfrakturen (s. unten) benutzt werden, angelegt. Hierdurch kann die Schienung, die Distraktion und gleichzeitig die Abduktionsstellung aufrecht erhalten werden.

Nachbehandlung und Rehabilitation. Unmittelbar postoperativ isometrische Übungen, ab dem 3. Tag Beugung des Knies erlaubt, nach 1 Woche Mobilisation unter Scheinschritt an 2 Unterarmgehstützen. Röntgenkontrolle nach 1 Woche: Cave: Varusfehlstellung, anschließend in 2wöchentlichen Abständen Konsolidierung der Fraktur im Regelfall nach 6–8 Wochen bei der Außenrotationsform, 12 Wochen bei der Innenrotationsform.

Komplikationen und Hinweise. Wegen der mit längerer Bettruhe verbundenen Komplikationen hat der oben erwähnte Rahmen gegenüber einer langdauernden Nagelextension Vorteile. Diese kann jedoch als Vorbehandlung notwendig werden, wenn bei erheblicher Dislokation sich aufgrund des Muskelzuges eine Reposition primär nicht oder nur unvollständig erreichen läßt.

Insgesamt erscheint aus westlicher Sicht die konservative Behandlung von Femurfrakturen mit größeren Risiken behaftet zu sein als durch die operative Therapie.

Unterschenkelfrakturen

Klassifikation. Nach Höhe der Fraktur wird zwischen Frakturen im oberen, mittleren und unteren Drittel unterschieden. Knienahe Tibiakopffrakturen kommen für diese Behandlungsmethode wie sämtliche knienahen Frakturen nicht in Betracht. Weiterhin Unterscheidung in stabile und instabile Frakturen (Quer- und Sägezahnfrakturen).

Reposition und Fixation. Rückenlage, Lumbalanästhesie. Bei den meisten Frakturen, abgesehen von den stabilen und leicht zu reponierenden, Vorbehandlung mit kalkanealer Steinmann-Nagelextension. Dann je nach Frakursituation manuelle Reposition und Fixation in kleinen Schienen. Bei primärer Weichteilverletzung oder evtl. auch erstgradig

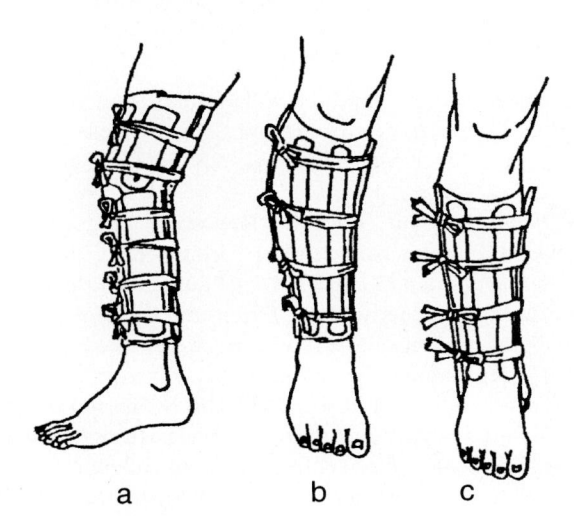

Abb. 11a–c. Fixationsprinzipien bei Unterschenkelfrakturen im proximalen (**a**), mittleren (**b**), distalen (**c**) Drittel

offenen Frakturen zunächst Behandlung der Weichteilverletzung, Anlegen der kleinen Schienen nach Abheilung. Wegen der Neigung des proximalen Fragments zur Verschiebung nach ventral/medial entsprechende redressierende Polster und analog zur Unterarmfraktur (s. oben) trennende Polster zwischen Fibula und Tibia. Im übrigen Polsterung nach Dreipunktprinzip.

Die kleinen Schienen erstrecken sich bei Frakturen im oberen Drittel bis über das Kniegelenk, bei Frakturen im unteren Drittel im Bereich der beiden lateralen kleinen Schienen bis über das Sprunggelenk. Ventralseitig werden statt einer großen Schiene 2 getrennte, schmalere Schienen verwendet. Fixation mit 4 Bändern analog der Versorgung von Unterarmfrakturen (Abb. 11).

Nachbehandlung und Rehabilitation. Die Extension ist meist nur für 10–14 Tage notwendig, dann tritt eine primäre fibröse Stabilität im Bereich der Fraktur ein. In der Extension isometrische Anspannungsübungen des Oberschenkels und Bewegung des Sprunggelenkes. Nach Abnahme der Extension und ca. 2 Wochen kann nach radiologischer Kontrolle Kniebeugung und Hüftextension des gestreckten Beines durchgeführt werden. Mobilisation unter vollständiger Entlastung an 2 Unterarmgehstützen unter Belassen der kleinen Schienen, nach 2 Wochen bei stabiler, und 3–4 Wochen nach primär instabiler Fraktursituation. Belassen der kleinen Schienen bis ca. zur 8. Woche, nach Röntgenkontrolle zunehmende Belastung und schließlich Entfernen der Fixation.

Komplikationen und Hinweise. Geschlossene Unterschenkelfrakturen stellen die Domäne der chinesischen Frakturbehandlung dar.

Röntgendiagnostik des proximalen Unterschenkels, um hochliegende Fibulafrakturen nicht zu übersehen, evtl. mit Peronäusläsion! Mehrfachfrakturen oder Trümmerfrakturen sind relativ leicht zu reponieren und in kleinen Schienen ausreichend ruhigzustellen, erfordern jedoch eine längere Konsolidierungszeit. Mit 2 Kirschnerdrähten, die in den kleinen Schienen fixiert sind, ist Distraktion möglich (Transfixation). Die Prinzipien der Behandlung von Tibiaschaftfrakturen gleichen denen kompletter Unterschenkelfrakturen.

Sprunggelenkfrakturen

Klassifikation. Frakturmechanismus: Außenrotationsbruch, Pro- bzw. Supinationsfraktur. Grad der Zerstörung von Seitenbändern, Malleolen und Syndesmose. Fraktur des gegenseitigen Malleolus sowie des hinteren Schienbeinrandes.

Reposition und Fixation. Reposition entgegengesetzt dem Verletzungsmechanismus unter Traktion, zunächst Reposition der pro- und supinatorischen bzw. rotatorischen Verschiebung dann Zentrieren des Talus durch Druck auf beide Malleolen. Ruhigstellung mit kleinen Schienen und ggf. Extension. Bei trimalleolären Sprunggelenkfrakturen wird der hintere Anteil zuletzt reponiert, wobei eine Extension zu unterlassen ist, wenn mehr als 1/3 der hinteren Gelenkfläche betroffen ist, da dann die Extension zu einer verstärkten Dislokation führt. Insbesondere bei Syndesmosensprengung ist auf die komprimierenden Handgriffe und entsprechende von lateral und medial komprimierende Redression durch kleine Schienen zu achten. In jedem Fall umgreifen die kleinen Schienen das Sprunggelenk und reichen über dieses hinaus, und werden unterhalb der Fußsohle durch Bänder auf komprimierende Spannung gebracht. Auf redressierende Abpolsterung ober- und unterhalb der Malleolen durch entsprechende Papiereinlagen ist zu achten.

Nachbehandlung und Rehabilitation. Nach chinesischer Auffassung ist bei Sprunggelenkfrakturen die frühzeitige Bewegung des Sprunggelenkes ein remodellierender Faktor für die Gelenkflächen. Daher geben die kleinen Schienen die Dorsal-/Plantarflexion auch bei Sprunggelenkfrakturen frei.

Hochlagerung für 1–2 Wochen, frühzeitige Bewegung der Zehen und Dorsalflexion des Fußes. Ab der 2. Woche Dorsal-/Plantarflexion, evtl. auch assistiv unter Vermeidung von Rotations-, Supinations- und Pronationsbewegungen. Mobilisation ab der 4. Woche bzw. der 5. Woche bei trimalleolären Frakturen. Äußere Fixation für 5–6 Wochen.

Komplikationen und Hinweise. Frakturen des medialen Malleolus, häufig Weichteilinterponate, die manuelle Reposition verhindern und offene Reposition notwendig machen. Aus westlicher Sicht ermöglicht die Ruhigstellung im Gips eine sicherere Fixation und eine frühere Belastbarkeit im Gips.

Ausblick

Die chinesische Frakturbehandlung ist eine landes- und kulturspezifisch geprägte Methodik. Nationaler Stolz, begrenzte Ressourcen und besondere Traditionen spielen eine Rolle. So liegt zum Beispiel nach Meinung der chinesischen Kollegen ein wesentlicher Vorteil der Methode in der unter Bewegung und funktioneller Fixation schnell wiedererlangten Funktionsfähigkeit. Die Ruhigstellung im Gips hat geringen Rückhalt in der Tradition und wird als aufwendiger hinsichtlich der Mobilisation nach Gipsabnahme empfunden. Diese Einschätzung wird vor dem Hintergrund verständlicher, daß in der VR China kein ausgebautes System physiotherapeutischer Nachbehandlung existiert, so daß entsprechende Leistungen von ärztlicher Seite erbracht werden müssen.

Der Einsatz angepaßter Technologien in der traumatologischen Versorgung in anderen Ländern der sog. Dritten Welt kann an diesem Beispiel interessante und wertvolle Anregungen erfahren. Welche Elemente sich interkulturell transferieren lassen, wird wesentlich davon abhängen, ob eine Kongruenz der Bedingungen, Zielsetzungen und Prioritäten vorliegt.

Summary

The treatment of fractures in the Peoples's Republic of China is a hybrid of modern and outdated techniques. Based on a couple of years orthopaedic and traumatological training in China the principles, indications and contraindications of fracture management by chinese splint treatment are described. The principles of treatment are manual reduction, fixation in chinese splints with redressment by pads and early functional exercises. By chinese standards indications are seen in fractures of humerus and different types of forearm fractures. In the lower extremity the lower limb and ankle fractures can be treated.

Literatur

1. Autorenkollektiv (1974) Kombiniert chinesisch westliche Frakturbehandlung (zhongxiyi jiehe zhiliao guzhe). Volksgesundheitsverlag (renmin weisheng chubanshe), Beijing
(Maoistisch nationalistisch geprägte Veröffentlichung mit Kurzlehrbuchcharakter)
2. Bachmann J (1988) Die Kleinen Schienen – Immobilisation und Bewegung in der chinesischen Traumatologie. Orthop Prax 24: 651–652
3. Bachmann J (1988) Konservative Frakturenbehandlung in der VR China – am Beispiel einer diakondylären Humerustrümmerfraktur. Orthop Prax 24: 463–465
4. Bachmann J (in press) An abduction-traction frame for the treatment of intertrochanteric fracture of femur. Arch Orthop Traum Surg (in press)
5. Bachmann J (1991) Orthopädie und Traumatologie in der VR China: Die Kombination traditionell chinesischer und westlicher Medizin – ein Modell angepaßter Technologie? In: Wiedersheim R (Hrsg) Traditionelle Heilsysteme und Religionen: ihre Bedeutung für die Gesundheitsversorgung in Asien, Afrika und Lateinamerika. Dadder, Saarbrücken-Scheidt
(Ethnomedizinische Implikationen, auch der Traumatologie)
6. Krösl W, Meng CL (1982) Die konservative chinesische Frakturbehandlung. Enke, Stuttgart (Bearbeitete Übersetzung von [1]. Veraltet!)
7. Shang Tian Yu, Gu YW (1983) Sammlung der klinischen Erfahrungen mit der kombiniert chinesisch westlichen Frakturbehandlung (zhongxiyi jiehe zhiliao guzhe linchuang jingyan ji). Verlag für Wissenschaft und Technologie Tianjin (tianjin kexue jishu chubanshe), Tianjin
(Umfangreiche Sammlung klinischer Studien zur chinesischen Frakturbehandlung, nicht uneingeschränkt glaubwürdig)
8. Shang Tian Yu (1993) Die neue kombiniert chinesisch-westliche Methode der Frakturbehandlung (zhongxiyi jiehe guzhe xin liaofa). Vorabdruck. Akademie für Traditionelle Chinesische Medizin, Institut für Orthopädie und Traumatologie, Beijing
(Neuere Entwicklungen und Konzepte)
9. Yuan Fang (1989) Farbatlas der manuellen Frakturreposition (shoufa zhiliao guzhe caise tupu). Volksgesundheitsverlag (renim weisheng chubanshe), Beijing
(Hervorragend illustrierter Atlas)

Der Transfixationsgipsverband

The Transfixational Plaster Cast Technique

W. Strecker[1], W. Fleischmann[1] und R. G. Thorpe[2]

Einleitung

In tropischen Ländern ist die Frakturbehandlung grundsätzlich konservativ. Ein operatives Vorgehen ist lediglich angezeigt, wenn mit einer konservativen Behandlung keine sichere Knochenbruchheilung erwartet werden kann. Folgende Faktoren schränken die Anwendung einer offenen Knochenbruchbehandlung ein:

1. Unzureichende unfallchirurgische Ausbildung von Ärzten und medizinischem Personal
2. Fehlen von Infrastruktur, Material und Instrumenten für eine offene Knochenbruchbehandlung
3. Erhöhtes perioperatives Infektionsrisiko in tropischen Klimazonen

Aufgrund dieser Rahmenbedingungen bietet der Transfixationsgipsverband eine einfache, preisgünstige und komplikationsarme Alternative.

Das Grundprinzip und die Technik des Transfixationsgipsverbandes werden vorgestellt.

Materialien und Methoden

Im Zeitraum vom 1.1.1987 bis 30.6.1989 wurden am Referenzkrankenhaus Gbadolite, République du Zaire, 123 Frakturen operativ behandelt. Die angewandten inneren und äußeren Osteosyntheseverfahren, die Lokalisation der Frakturen und die jeweiligen Komplikationen sind in Strecker et al. [1] zusammengefaßt. 37 Frakturen wurden mit äußeren Fixationssystemen stabilisiert – in 25 Fällen mittels Fixateur interne der AO (Arbeitsgemeinschaft für Osteosynthesefragen) und in 12 Fällen durch einen Transfixationsgipsverband.

Eine Analyse unserer Ergebnisse nach operativer Frakturbehandlung erbrachte eine postoperative Osteitisrate nach inneren Osteosynthesen von 8,1%. Die höchste Infektionsrate wurde dabei nach Plattenosteosynthesen mit 21,4% beobachtet sowie nach Kirschner-Drahtosteosynthesen in einem (4,8%) von 21 Fällen. Eine aseptische Frakturheilung konnte mit allen anderen Osteosynthesetechniken erreicht werden.

---

[1] Abteilung für Unfallchirurgie, Hand-, Plastische und Wiederherstellungschirurgie (Direktor: Prof. Dr. L. Kinzl), Chirurgische Universitätsklinik Ulm, Steinhövelstraße 9, D-89070 Ulm
[2] Hôpital Général de Référence, Karawa/C.E.U.M., Equateur, République du Zaïre

Besonders günstig schnitten die äußeren Fixationssysteme ab. Angewandte Techniken, Frakturlokalisationen und Indikationen sind in Tabelle 1 zusammengefaßt.

Tabelle 1. Äußere Frakturstabilisierung: Frakturlokalisationen und Indikationen. In keinem Fall wurden postoperative Pseudarthrosen oder neu hinzugekommene tiefe Infektionen beobachtet

Osteosynthe-setechnik	Frakturloka-lisation	n	Umstellungsosteotomien	Pseudarthrosen	Mehrgradig offene Frakturen	Primär schlechte Weichteilverhältnisse	Arthrodesen
Fixateur externe	Humerus	1	–	–	1	–	–
	Femur proximal	3	1	1	–	1	–
	Femur diaphysär	5	2	2	1	–	–
	Tibia	13	2	1	8	2	–
	Sprunggelenk	3	–	–	2	–	1
Transfixationsgips	Obere Extremität	9					
	Unterschenkel	3					
Gesamt		37					

Der Fixateur externe in seinen verschiedenen Ausführungen ist in erster Linie indiziert für mehrgradig offene Frakturen, für infizierte Frakturen oder für Frakturen des Unterschenkels, die von einer Infektion bedroht werden. Die Anwendung eines Fixateur externe ist nur ausnahmsweise für den Oberschenkel oder Oberarm angezeigt. Kleinere Modelle des Fixateur externe, wie der Midifixateur der AO, können jedoch zusätzlich gute Dienste leisten, insbesondere bei Unterarmfrakturen.

Indikation für den Fixateur externe

– Zweit- und drittgradig offene Frakturen
– Infizierte ältere Frakturen, insbesondere Infektionspseudarthrosen
– Umstellungsosteotomien
– Arthrodesen von Knie und Sprunggelenk

Der Transfixationsgipsverband als alternative Methode einer äußeren Frakturstabilisierung bietet sich in besonderem Maße für die Behandlung von instabilen komplexen Frakturen des Unterarms oder von Kombinationsfrakturen des Ellbogengelenkes mit oder ohne zusätzliche Frakturen von Ober- oder Unterarm an (Abb. 1a–d). Er leistet ebenfalls sehr gute Dienste für die Ruhigstellung von komplexen Unterschenkelfrakturen, insbesondere von Pilon-tibial-Frakturen (Abb. 1e).

Der Transfixationsgipsverband 105

Abb. 1a–e. Beispiele für die Anwendung des Transfixationsgipsverbandes.

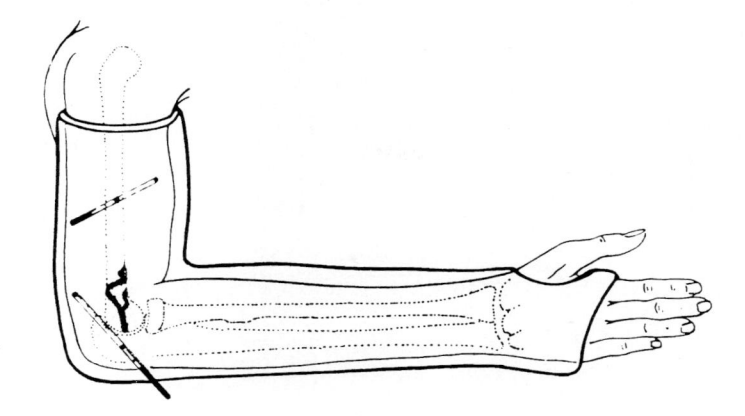

a Distale Humerusfraktur mit Gelenkbeteiligung.

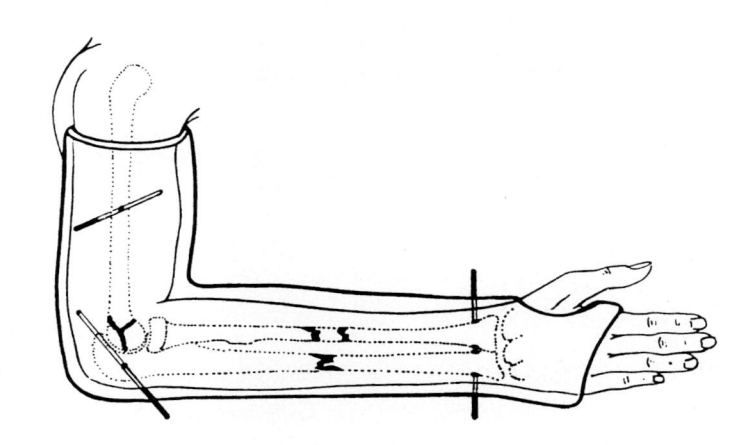

b Kombinationsfrakturen von distalem Humerus und Unterarmschaft.

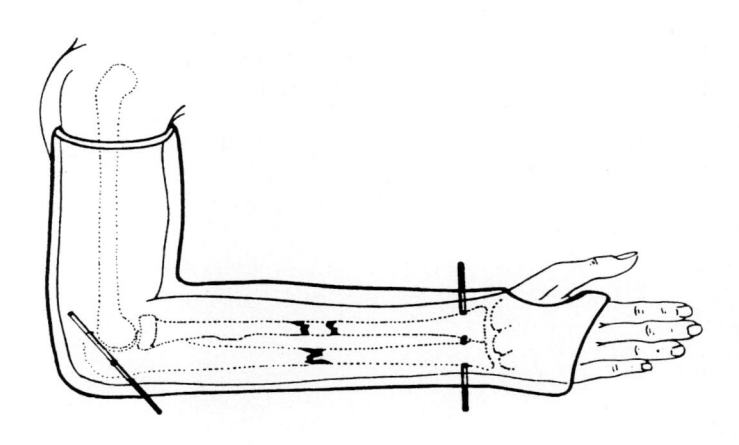

c Instabile Unterarmschaftfraktur.

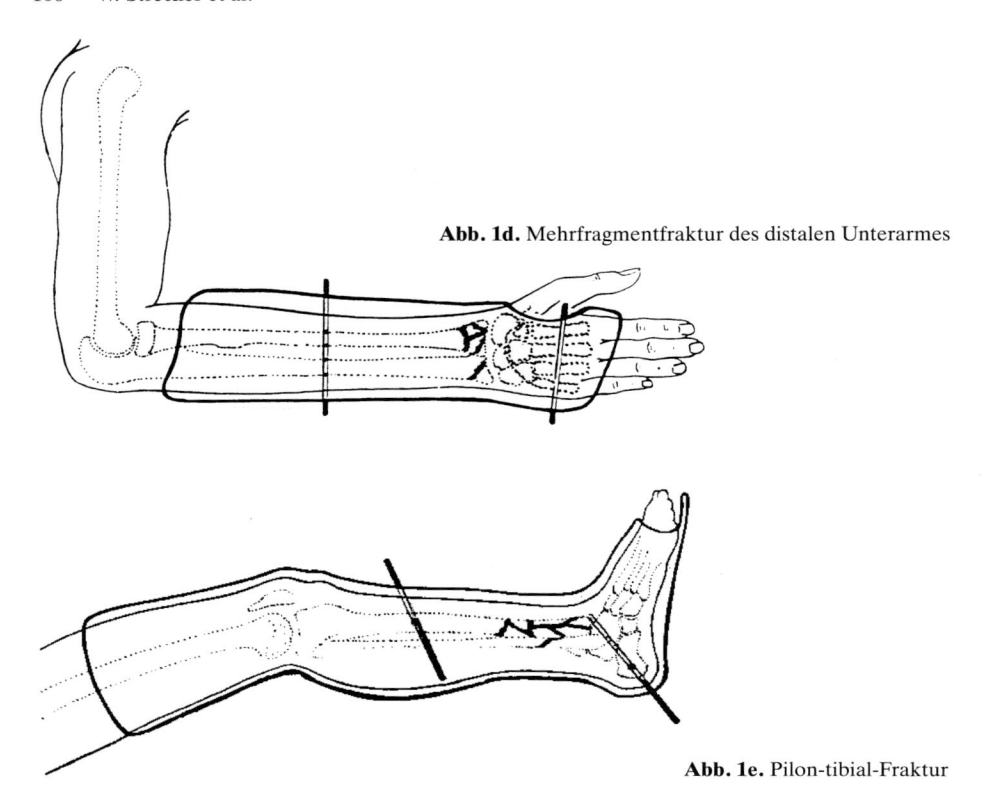

Abb. 1d. Mehrfragmentfraktur des distalen Unterarmes

Abb. 1e. Pilon-tibial-Fraktur

Indikation für den Transfixationsgipsverband

– Instabile komplexe Frakturen von Unterarm oder Ellbogengelenk mit oder ohne Begleitfrakturen an Ober- und Unterarm
– Distale Unterschenkelfrakturen, insbesondere Pilon-tibial-Frakturen

Die Anwendung des Transfixationsgipsverbandes beschränkt sich auf geschlossene oder ausnahmsweise auf erstgradig offene Frakturen. Im letzteren Falle ist eine Fensterung des Gipses zur Wundinspektion unabdingbar. Im Rahmen der beschränkten Möglichkeiten für operative Osteosynthesen in Entwicklungsländern bietet der Transfixationsgips folgende Vorteile:

1. einfache Technik,
2. geringe Kosten,
3. geringes Infektionsrisiko.

Technik

Die äußere Stabilisierung einer geschlossenen, instabilen distalen Unterarmfraktur vom Typ Colles soll das Grundprinzip und die Technik des Transfixationsgipsverbandes veranschaulichen. Es handelt sich um eine Mehrfragmentfraktur des distalen Radius mit Gelenkbeteiligung, einer dorsalen Dislokation und Abkippung des distalen Fragmentes um etwa 50° und einen relativen Ulnavorschub von 9 mm. Eine Stückfraktur des Processus styloideus ulnae mit volarer Subluxation vervollständigt das Bild.

Nach Setzen einer subaxillären Plexusanästhesie wird der betroffene Arm lateral ausgelagert. In Rechtwinkelstellung des Ellbogengelenkes wird die Hand mit Hilfe von Mädchenfängern aufgehängt (Abb. 2a). Über einen Gegenzug am Oberarm wird die Fraktur extendiert. Hierbei bietet sich ein Eimer mit Wasser als einfaches und variables Gegengewicht an (Abb. 2b).

Die Größe des Gegengewichtes hängt hierbei vom jeweiligen Frakturtyp und dem individuellen muskulären und ligamentären Gegenzug ab. Ein Gegenzug von 2–3 kg kann für eine frische distale Unterarmfraktur empfohlen werden. Im allgemeinen wird nach einer Extensionszeit von 10–20 min eine befriedigende spontane Reposition der Fragmente erreicht. Die Einstellung der Frakturfragmente folgt dabei dem Prinzip der Ligamentotaxis. Eine zusätzliche manuelle Reposition ist ggf. jederzeit möglich. Eine Röntgenkontrolle mittels Bildverstärker erscheint wünschenswert, ist jedoch nicht obligat.

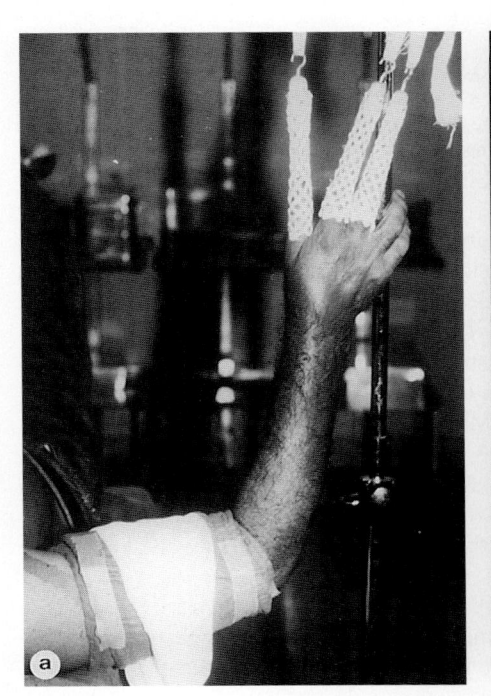

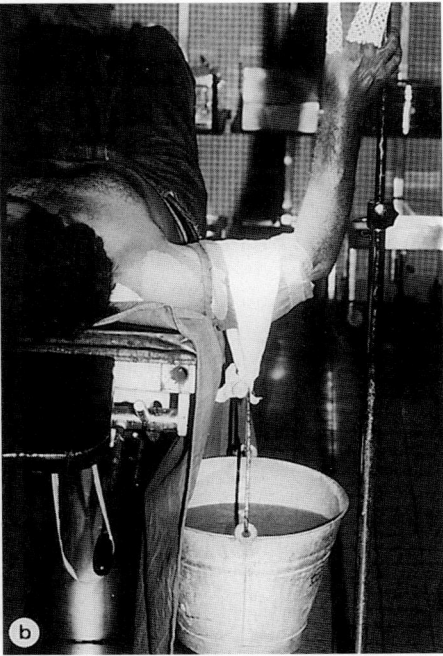

Abb. 2a–d. Anwendung des Transfixationsgipsverbandes bei einer instabilen distalen Unterarmfraktur. **a** Aufhängung des rechten Armes in 90°-Abduktion im Schultergelenk und 90°-Flexion im Ellbogengelenk. Fixierung der ersten 3 Finger mittels Mädchenfänger. **b** Gegenzug am Oberarm durch einen Eimer mit Wasser von 2–4 kg Gewicht.

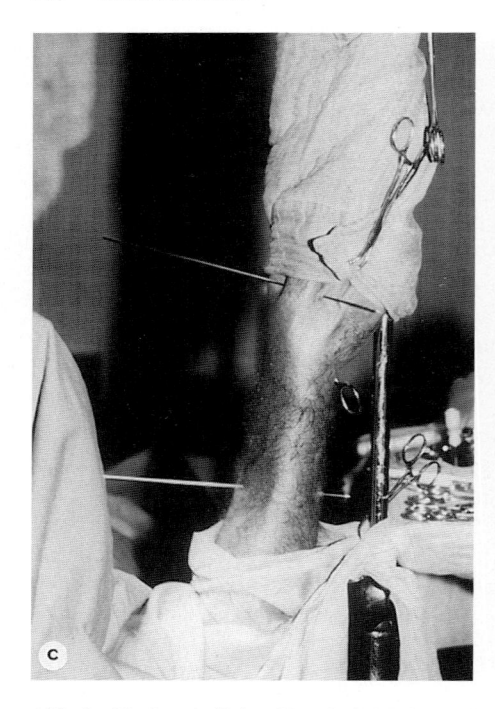

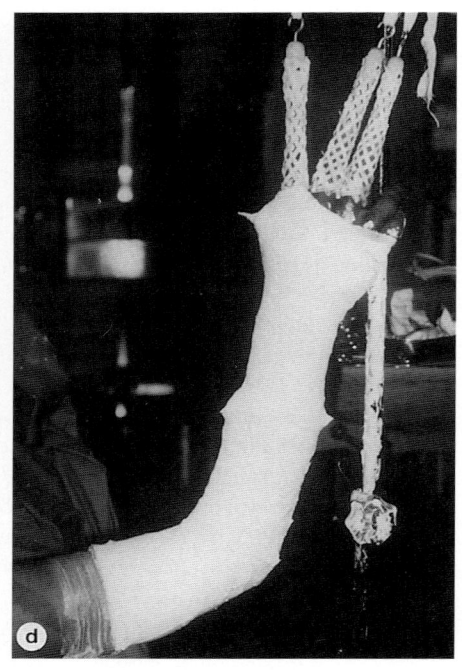

Abb. 2c. Nach gründlicher Hautdesinfektion und sterilem Abdecken Einbringen von je einem Kirschner-Draht proximal und distal der Frakturzonen. **d** Anlage eines Gipsverbandes unter Einbeziehung der beiden Kirschner-Drähte. Aufheben der Extension nach Aushärten des Gipses. In diesem Fall wurde der Gipsverband zunächst am Unterarm angelegt und schließlich am Oberarm weitergeführt

Die vorgestellte Lagerung mit abduziertem Oberarm und flektiertem Unterarm erlaubt einen guten Zugang im Frakturbereich. Nach gründlicher Hautdesinfektion und entsprechender Abdeckung mit sterilen Tüchern werden Kirschner-Drähte von etwa 2 mm Durchmesser proximal und distal der Fraktur transossär eingebracht.

Im Fall der beschriebenen komplexen distalen Unterarmfraktur wurde der proximale Kirschner-Draht durch Ulna und Radius in Unterarmmitte plaziert. Der distale Kirschner-Draht wurde durch die Diaphysen der Metacarpalia II und III gebohrt (Abb. 2c).

Die Ein- und Austrittstellen der Kirschner-Drähte durch die Haut sind jeweils sparsam zu inzidieren. Nach Verbinden mit sterilen Mullkompressen und adäquater Polsterung von druckgefährdeten Stellen wird der Gipsverband angelegt. Hierbei werden die Kirschner-Drähte stabil im Gips fixiert. Nach Aushärten des Gipses kann die initial angelegte Extension aufgehoben werden (Abb. 2d).

Postoperativ wird die Extremität erhöht gelagert oder hochgehängt. Die klinische Überwachung von Motorik, Sensibilität und Durchblutung ist anfänglich engmaschig durchzuführen. Im Zweifelsfall sind Gips und darunterliegende Polsterschichten unbedingt zu spalten. Ansonsten gelten für die weiteren Kontrollen die entsprechenden Regeln einer üblichen Gipsbehandlung. Dies betrifft ebenso die Zeit der Immobilisierung. Hierbei ist die Immobilisierungszeit bei fehlender Möglichkeit zur Röntgenkontrolle ggf. um bis zu 20% zu verlängern.

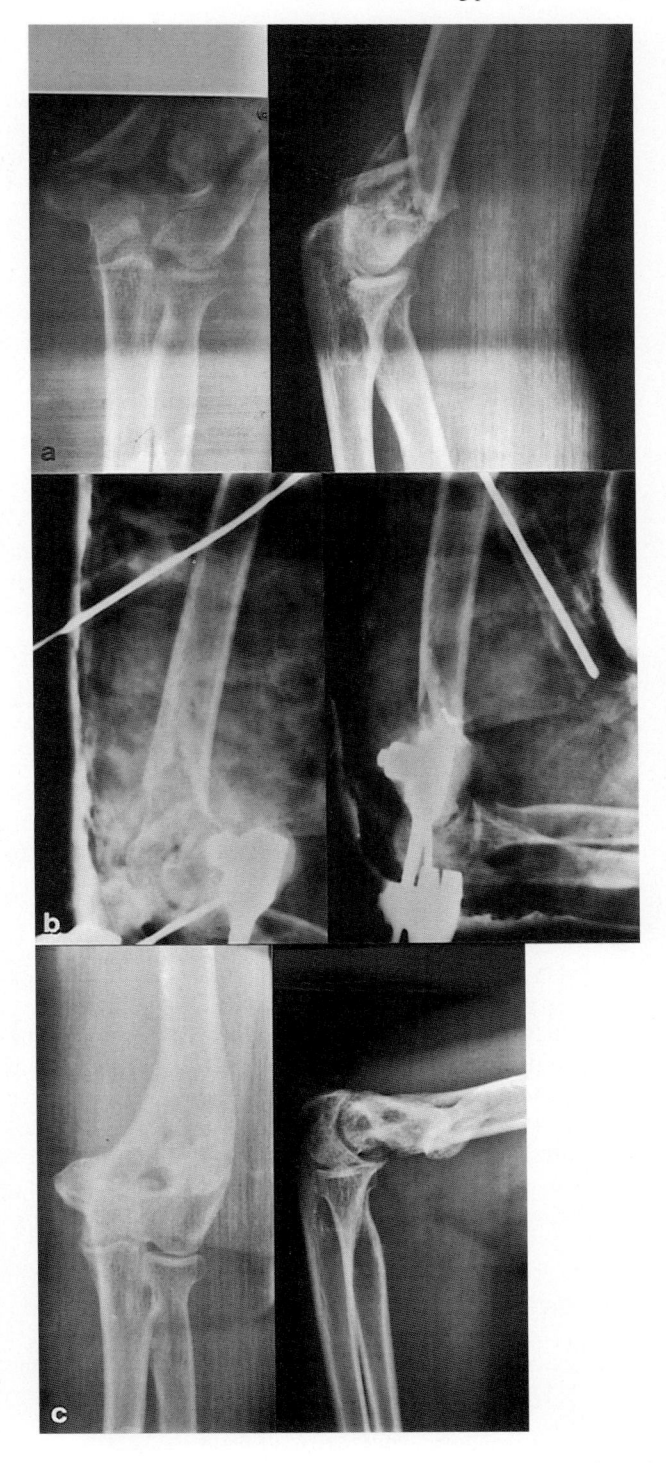

Abb. 3. a Supra- und diakondyläre Trümmerfraktur des rechten Humerus. b Bohren eines transossären Kirschner-Drahtes durch das Olekranon und nachfolgende Reposition mittels Extension und Ligamentotaxis, Setzen eines 2. Kirschner-Drahtes durch den Humerusschaft und Anlage eines Oberarmgipsverbandes unter beibehaltener Extension. c Regelrechte Frakturheilung mit kongruenten Gelenkoberflächen bei Radialversetzung des Humerusschaftes von etwa halber Schaftbreite. Bewegungsumfang Extension/Flexion 0/10/130° und Supination/Pronation 60/0/50°. Die 32jährige Patientin ist beschwerdefrei und kann ihren Arm normal einsetzen

Komplexe Frakturen von Oberarm und Ellbogen (Abb. 3a) werden dementsprechend über einen transossären Kirschner-Draht durch das Olekranon extendiert. Das Repositionsergebnis wird gehalten durch einen 2. proximalen Kirschner-Draht durch den Humerusschaft und entsprechende Anlage eines Oberarmgipses unter Einbeziehung der eingebrachten Kirschner-Drähte (Abb. 3b). Das röntgenologische Ausheilungsergebnis zeigt hier kongruente Gelenkflächen (Abb. 3c).

Es resultierte eine befriedigende Funktion mit geringfügigen Einschränkungen der Drehbeweglichkeit im Seitenvergleich.

Komplexe Unterschenkelfrakturen, insbesondere Pilon-tibial-Frakturen, lassen sich am besten über einen transossären Kirschner-Draht durch den Kalkaneus extendieren. Der proximale Gegendraht wird dabei in die Tibia eingebracht, wobei ein Mindestabstand von 5 cm zur Fraktur einzuhalten ist. Die definitive Stabilisierung erfolgt schließlich in einem Oberschenkelgipsverband (Abb. 1e).

Ergebnisse

Die Knochenbruchbehandlung in den Tropen ist grundsätzlich konservativ. Bei verschiedenen Frakturtypen bieten jedoch operative Osteosyntheseverfahren deutliche Vorteile gegenüber konservativen Techniken. Besonders bewährt haben sich hierbei äußere Osteosynthesetechniken. Von 123 operativ versorgten Frakturen wurden 37 mit äußeren Fixationssystemen versorgt.

25 Patienten erhielten dabei einen Fixateur externe der AO, weitere 12 Patienten einen Transfixationsgipsverband. Von diesen 12 Patienten wurden in jeweils 9 Fällen Mehrfragmentfrakturen der oberen Extremität und in 3 Fällen der unteren Extremität behandelt. Dabei kam es weder zu Nerven- oder Gefäßläsionen, noch zu Infekten im Bereich der Frakturen oder der eingebrachten Kirschner-Drähte. Algodystrophien wurden nicht beobachtet. Bei allen 12 Patienten heilten die Frakturen regelrecht knöchern aus.

Summary

Unstable fractures of the forearm and leg as well as combined fractures of the arm and forearm are often difficult to treat adequately by closed reduction and plaster fixation. In tropical countries, however, open reduction is relatively contra-indicated because of increased risk of peri-operative infection, inadequate training of medical personnel, and lack of adequate equipment. Given these conditions, the use of the transfixational plaster cast offers an alternative which is simple, inexpensive, and with few complications. The principle and technique of the transfixation plaster cast are presented.

Literatur

1. Strecker W, Elanga M, Fleischmann W (1992) Operative Frakturbehandlung in tropischen Ländern. Unfallchirurg 95: 431–438

Der Fixateur externe – Grundlage der operativen Knochenbruchbehandlung in den Tropen

External Fixator – Basis of Operative Fracture Treatment in Tropical Countries

W. FLEISCHMANN, W. STRECKER und L. KINZL

Abteilung für Unfallchirurgie, Hand-, Plastische und Wiederherstellungschirurgie (Ärztlicher Direktor: Prof. Dr. L. Kinzl), Chirurgische Universitätsklinik Ulm/Donau, Steinhövelstraße 9, D-89070 Ulm

Einleitung

Der Fixateur externe eignet sich für die operative Knochenbruchbehandlung unter ungünstigen Tropenbedingungen. Es handelt sich um ein kostengünstiges Osteosyntheseverfahren, das relativ geringe Spezialkenntnisse voraussetzt, günstige Behandlungsergebnisse aufweist und einen weiten Anwendungsbereich abdeckt.

Als minimalinvasives Verfahren mit frakturfernem Einbringen der Steinmann-Nägel oder der Schanz-Schrauben hält es den iatrogenen Anteil an Weichteilschädigung und Wundkontamination relativ gering.

Dennoch darf nicht der Eindruck entstehen, als sei der „Stein des Weisen" der Frakturbehandlung unter tropischen Bedingungen gefunden. Mittel der ersten Wahl ist nach wie vor die konservative Behandlung mit ihren einfachen Ergänzungen, der Drahtextension und dem Transfixationsgips [4].

Die Qualität der Frakturbehandlung beruht ganz wesentlich auf der richtigen Einschätzung des individuell und lokal Machbaren, d. h. auf der richtigen Indikationsstellung: Welche Ergebnisse sind erfahrungsgemäß unter Ausschöpfung der konservativen Möglichkeiten zu erreichen, wann ist ein invasives operatives Vorgehen angezeigt?

Indikation zur Fixateur-externe-Behandlung

Der Fixateur externe ist indiziert bei der Fraktur mit begleitendem Weichteilschaden in der offenen (O II/III) und geschlossenen (G III) Form [5], beim instabilen Becken sowie bei tiefen Wundinfekten mit knöcherner Instabilität.

Die richtige Beurteilung des Weichteilschadens erfordert viel Erfahrung. Während offene Frakturen durch bakterielle Kontamination und einen primär traumatischen Geweberverlust Probleme aufwerfen, liegt die Gefahr der durch äußere oder innere Kontusion bedingten geschlossenen Form der Gewebeschädigung in einem progredienten ischämischen Gewebeuntergang durch schwellungsbedingte Drucksteigerung in den noch intakten Kompartments, wozu im weiteren Sinne auch der epifasziale Mantel von Subkutangewebe und Haut gerechnet werden muß. Die Fixateur-externe-Behandlung erlaubt im Gegensatz zur externen Fixation im Gipsverband die laufende Beurteilung und Therapie des Weichteilschadens bei stabilisierter Fraktur.

Bei Sprengungen des dorsalen und ventralen Beckenrings, dem instabilen Becken, treten profuse retroperitoneale Blutungen aus spongiösen Frakturflächen und sakralen Venenplexus auf. Die Stabilisierung mit dem Fixateur externe ist eine lebensnotwendige Maßnahme zur Blutstillung bzw. Reduzierung des Blutverlustes in die Beckenweichteile.

Tritt im Rahmen der Frakturbehandlung ein tiefer Wundinfekt auf, so erlaubt der Fixateur externe durch Skelettstabilisierung und freie Zugänglichkeit des Entzündungsbereichs die Prophylaxe oder differenzierte Therapie der Osteitis.

Weitere Indikationen sind Korrekturen bei Fehlstellungen unter konservativer Behandlung, Pseudarthrosen sowie Gelenkinfekte, die eine Arthrodese erforderlich machen. Bei letztgenannten Indikationen ist die Stabilisierung nur ein Bestandteil komplexer Behandlungsmaßnahmen, die biomechanisches Verständnis voraussetzen und somit traumatologisch-orthopädische Spezialkenntnisse erforderlich machen. Der Fixateur externe tritt konkurrierend zu anderen Osteosyntheseverfahren. Beispielhaft gilt dies für die hämatogen oder posttraumatisch entstandene chronische Knochenentzündung, die infolge ihrer hohen Inzidenz und Schwierigkeit der Behandlung eine besondere Herausforderung für den Tropenchirurgen darstellt. Der Skelettstabilisierung durch Fixateur externe folgt die vollständige Ausräumung des chronischen Infektherds und schließlich die Rekonstruktion des Knochenweichteildefektes. Der unilateral oder V-förmig montierte Fixateur externe wird als Alternative zum Ringfixateur nach Ilizarov angesehen, der sich ebenfalls durch universelle Anwendbarkeit und die Möglichkeit auszeichnet, Knochen- und Weichteildefekte durch Segmenttransport aufzufüllen.

AO-Standardfixateur

Der Fixateur externe besteht aus 3 Konstruktionselementen (Abb. 1):

1. Schanz-Schrauben (unilaterale/V-förmige Montagen) oder Steinmann-Nägel mit zentralem Gewinde (Rahmenkonstruktionen) zur Fixierung der knöchernen Fragmente
2. Verbindungsrohre zum Aufbau des äußeren Rahmens
3. Gelenkbacken
   a) zur festen Verbindung von Schanz-Schrauben oder Steinmann-Nägel mit den Rahmenrohren (Universalbacke)
   b) zur Verbindung der Rahmenrohre untereinander (Universal-, Tube-tube-Gelenk)

Neben wenigen chirurgischen Standardinstrumenten werden zur Montage eines Fixateur externe folgende Zusatzinstrumente benötigt:

1. Bohrmaschine mit Universalbohrfutter (Handbohrmaschinen sind ausreichend)
2. Bohrer (3,5 mm Durchmesser)
3. Bohrbüchse zum Gewebeschutz (5 mm Innendurchmesser)
4. Handgriff zum Eindrehen der Implantate
5. Gabelschlüssel SW 11 mm

Biomechanische Prinzipien der Fixateur-externe-Montage: Größte Stabilität des Systems wird erreicht, wenn die frakturfernen Schanz-Schrauben eine möglichst große, die frakturnahen Schrauben dagegen eine sehr kurze Distanz zur Frakturzone aufweisen. Die Verbindungsrohre sollten möglichst knochennah montiert werden, ohne die darunterliegenden Weichteile zu kompromittieren oder die Beweglichkeit in den angrenzenden

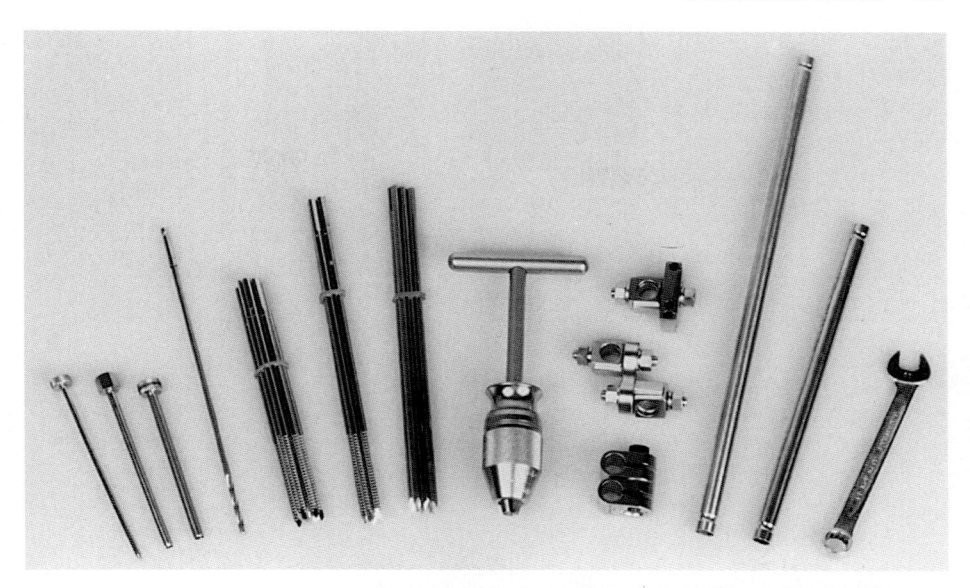

Abb. 1. Grundausstattung: Trokar, Bohrhülsen, 3,5-mm-Bohrer, Schanz-Schrauben, Steinmann-Nägel, Handbohrfutter, Verbindungsgelenke, Längsröhre, 11-mm-Verbindungsrohre, 11-mm-Schlüssel

Gelenken einzuschränken. Die durch beide Kortikales geführten Schanz-Schrauben werden angespannt, indem sie leicht aufeinander zubewegt werden. Die Vorspannung vermindert die Lockerungs- und damit auch die Pininfektionsrate.

Operationstechnik am Beispiel des Unterschenkels: Die Lagerung der unteren Extremitäten erfolgt in Rechtwinkelstellung des Kniegelenks zur erleichterten Rotationskontrolle durch Vergleich der Stellung des verletzten mit dem des unverletzten Fußes. Das Operationsgebiet wird steril abgewaschen, die verletzte Extremität reponiert. Über Hautinzisionen von ca. 10 mm Länge erfolgt möglichst frakturfern das Einbringen der ersten beiden Schanz-Schrauben im proximalen und distalen Hauptfragment. Dazu wird unter Verwendung des Gewebeschutzes ein 3,5 mm Bohrer von medial her durch beide Kortikales geführt [2]. Beim Eindrehen der Schanz-Schraube ist das Eintauchen des Gewindes in die Gegenkortikalis an einem vermehrten Widerstand spürbar, so daß eine vorherige Längenmessung nicht unbedingt notwendig ist. Nun werden die beiden frakturnahen Schanz-Schrauben in gleicher Weise eingebracht. In Abhängigkeit vom Repositionsergebnis wird eine der 3 einfachen Montageformen gewählt [3].

1. Die unilaterale Doppelrohrmontage (Abb. 2) erlaubt bei guter Frakturreposition die spätere Dynamisierung des Systems (Abb. 3). Die axiale Belastung beschleunigt die Frakturheilung. Ein axiales Gleiten ist jedoch nur möglich, wenn alle Steinmann-Nägel in einer Flucht liegen. Nach Setzen der frakturfernen Schanz-Schrauben erfolgt deshalb bereits jetzt die Verbindung mit einem langen Rohr, auf das 2 oder mehr Verbindungsbakken aufgeschoben werden, die als Ziele für das Einbringen der beiden frakturnahen Schrauben dienen. Zur Erhöhung der Rigidität des Systems wird ein 2. Verbindungsrohr

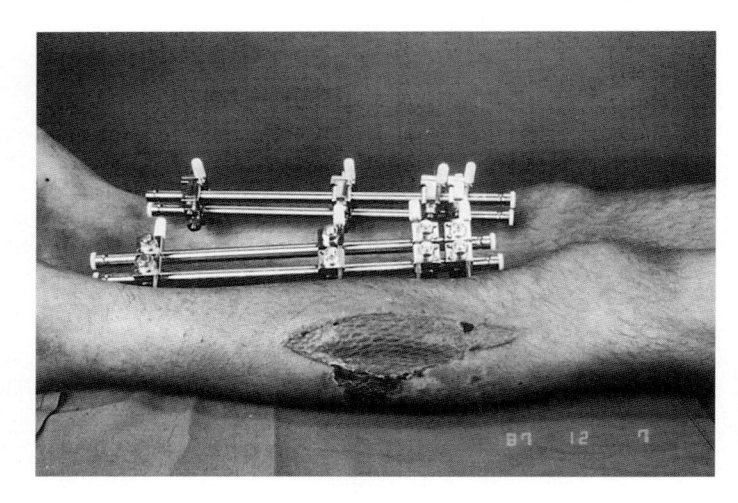

Abb. 2. Unilateraler Fixateur externe an beiden Unterschenkeln, Hauttransplantation links

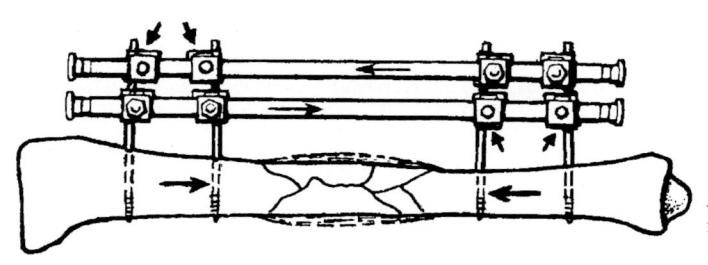

Abb. 3. „Dynamisierung" (AO-Manual [3])

auf die Steinmann-Nägel aufgesetzt und mit den Klemmbacken befestigt. Die Dynamisierung zu einem frühen Zeitpunkt der Knochenbruchheilung (z. B. nach 3 Wochen) setzt eine radiologische Kontrollmöglichkeit voraus. Treten unter der Dynamisierung belastungsabhängige Schmerzen im Frakturbereich auf, so kann davon ausgegangen werden, daß noch keine stabilen Verhältnisse vorliegen. Die Behandlung muß jeweils um weitere 2 Wochen verlängert werden. Eine Metallentfernung darf auf keinen Fall erfolgen.

2. Sollte eine ausgedehnte Trümmerzone vorliegen, die Zweifel an der Stabilität des unilateralen Doppelrohrsystems aufkommen läßt, so wird ein 2. Set von Schanz-Schrauben in einem Winkel von ca. 90° zu der Erstmontage von medial her eingebracht, und die beiden V-förmig zueinander verlaufenden einfachen axialen Rohrsysteme werden über Steinmann-Nägel und Universalbacken miteinander verbunden (Abb. 4).

3. Dreirohrmodulartechnik: Auch hier handelt es sich um ein unilateral montierbares System (Abb. 5). Der Vorteil liegt in dem großen Freiheitsgrad bei der Reposition nach Setzen der Schanz-Schrauben. Es handelt sich um das Standardverfahren zur Fixateurexterne-Behandlung unter ungünstigen Bedingungen, insbesondere wenn Röntgenkontrollen erst zu einem späteren Zeitpunkt erfolgen und nachträgliche Stellungskorrekturen zu erwarten sind [1].

Die Schanz-Schrauben im proximalen und distalen Hauptfragment werden mit je

Der Fixateur externe 115

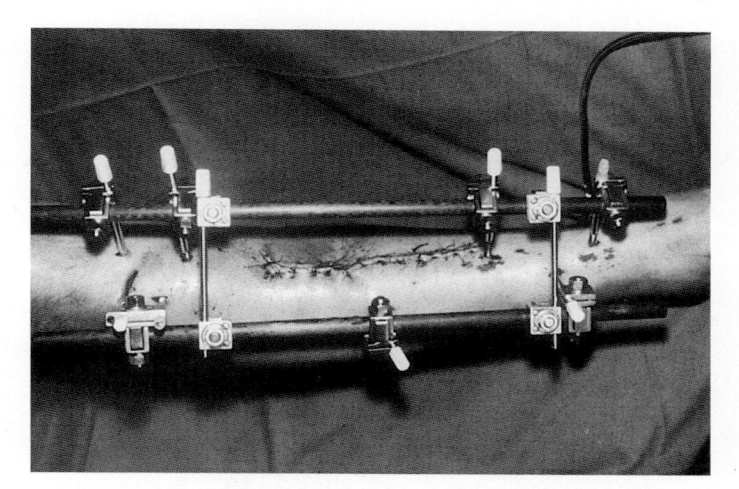

Abb. 4. V-förmig montierter Fixateur externe

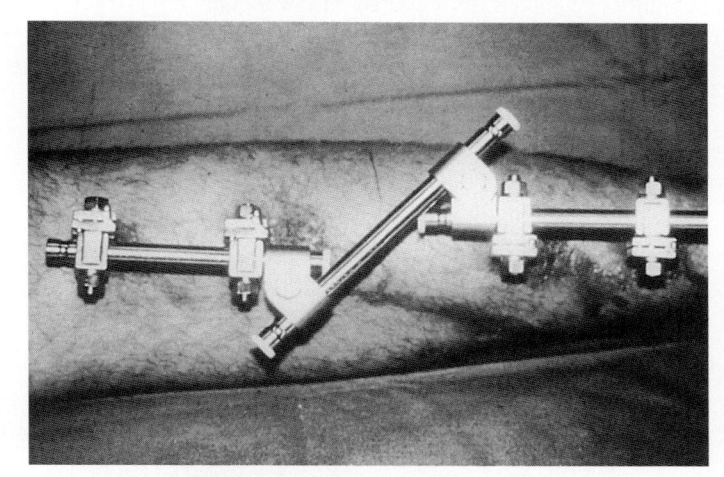

Abb. 5. 3-Rohr-Modul-System (Fernandez [1])

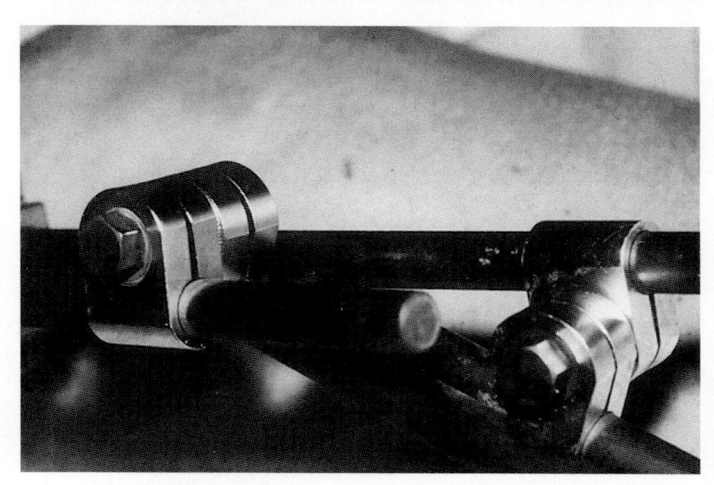

Abb. 6. Rohrverbindung mit 2 Tube-tube-Backen

einem kurzen Verbindungsstab besetzt. Ein 3. Rohr verbindet über das Universal- oder Tube-tube-Gelenk (Abb. 6) die kurzen Rohre.

Eine Nachreposition mit großem Bewegungsumfang in allen 3 Ebenen ist möglich. Sollten größere Kräfte zur Reposition notwendig werden, besteht zusätzlich die Möglichkeit, jeweils ein langes Rohr vorübergehend an dem proximalen und distalen Schanz-Schraubenpaar zu befestigen und als Repositionshebel zu verwenden. Diese Hilfe ist insbesondere am Oberschenkel nützlich. Nach Abschluß der Repositionsmanöver erfolgt das Anziehen der Universalgelenke, wodurch das Repositionsergebnis gehalten wird. Obwohl die Tube-tube-Gelenke eine relativ hohe Rutschfestigkeit aufweisen, ist die Absicherung der Montage durch Verbindung der proximalen und distalen Gruppe der Schanz-Schrauben durch ein 2. Verbindungsrohr empfehlenswert.

Beckenfixateur

Bei instabilem Beckenring erfolgt das V-förmige Einbringen von jeweils 2 Schanz-Schrauben in beiden Beckenschaufeln, wobei bei fettleibigen Patienten das sichere Einbringen durch kurzstreckiges subperiostales Freilegen erleichtert wird. Um keine Kompression des Abdomens zu verursachen, werden die Verbindungsrohre dachförmig über Universal- oder Tube-tube-Gelenke verbunden und zusätzlich über Steinmann-Nägel und Universalbacken in Längsrichtung untereinander stabilisiert (Abb. 6, 7).

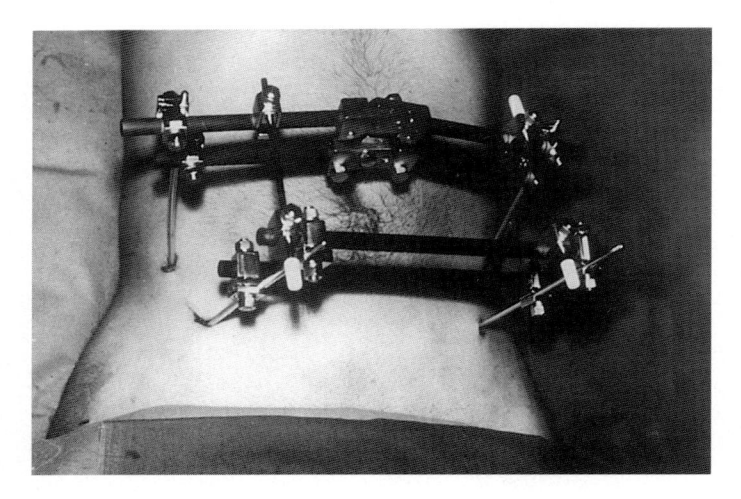

Abb. 7. Beckenfixateur

Nachbehandlung

Entscheidende Bedeutung für die Komplikationsrate des Fixateur externe hat die Pinpflege, die zunächst durch das medizinische Personal, später nach Anleitung durch den Patienten selbst erfolgt. Die Haut muß den eingebrachten Pins, auch bei Bewegung, spannungsfrei anliegen, ggf. ist eine Erweiterung durch Stichinzision erforderlich. Die Austrittstellen werden in der ersten postoperativen Phase durch Kompressen abgedeckt. Später erfolgt die lokale Anwendung antiseptischer Lösungen, z. B. Mercurochrom. Die Pins werden regelmäßig mit Alkoholkompressen gereinigt. Die Mobilität der angrenzenden Gelenke bleibt nur erhalten, wenn auf regelmäßiges Durchbewegen geachtet wird.

Problematisch sind Aussagen zum Belastungsaufbau bei Fixateur-externe-Behandlung. Hier spielt die Art und Lokalisation der Fraktur neben Weichteilverhältnissen und Stabilität der Fixateurmontage eine große Rolle. Eine Teilbelastung von 20 kg sollte jedoch nach 3 Wochen in den meisten Fällen möglich sein, nach 6 Wochen sollten weitgehend stabile Verhältnisse vorliegen.

Das Röntgenbild liefert gute Aussagen zu dem Fortschreiten der Frakturheilung und damit der Möglichkeit des Belastungsaufbaus. Liegt ein solches nicht vor, so ist der belastungsabhängige Schmerz im Frakturbereich ein Hinweis auf noch unvollständige Frakturkonsolidation. Treten nach Dynamisierung des Fixateur externe keine belastungsabhängigen Schmerzen im Verletzungsbereich mehr auf, so kann bei entsprechender Heilungsdauer davon ausgegangen werden, daß der Bruch verheilt ist, und die Montage entfernt werden kann.

Das Herausdrehen der Schanz-Schrauben ist ohne großen Aufwand meist ambulant durchführbar.

Diskussion

Vom Blickwinkel der Kosten-Nutzen-Relation aus betrachtet, nimmt in der Frakturbehandlung die konservative Therapie eine Spitzenposition ein, gefolgt vom Fixateur externe und dem Schlußlicht der inneren Osteosynthese. Entscheidend für eine Aussage bezüglich des Behandlungserfolgs ist das Ausheilungsergebnis. Dieses jedoch ist abhängig von der Erfahrung des Chirurgen mit der jeweils erforderlichen Behandlungsmethode, der medizinischen Infrastruktur und einer Vielfalt sozioökonomischer Grundbedingungen. Das Tropenspektrum reicht nun einmal von dem „First class, high tech Krankenhaus" in Singapur bis zu den mühsam am Leben gehaltenen Ruinen eines ehemaligen Missionskrankenhauses im tropischen Regenwald des vom blutigen Bürgerkrieg geschlagenen Liberia. Die verfügbaren Statistiken zu Behandlungsergebnissen spiegeln vorwiegend Einzelerfahrungen in medizinischen Enklaven wider, ein standardisiertes Behandlungskonzept, ausreichend hohe Patientenzahlen und ein genügen langer Tätigkeitszeitraum liegen meist nicht vor. Somit ist Vorsicht geboten bei der verallgemeinernden Bewertung von Behandlungsmethoden.

Wenn wir den Fixateur externe als Grundlage der operativen Knochenbruchbehandlung in den Tropen empfehlen, so geschieht dies mit der größten Zurückhaltung. Der Chirurg muß über Basiskenntnisse in der operativen Knochenbruchbehandlung verfügen. Eine zu rigide Fixateurmontage führt ebenso zur Störung der Knochenheilung wie die allzu instabile Konstruktion oder die Überdistraktion der Knochenfragmente mit zu weitem Frakturspalt. Die Korrektur der Pseudarthrose, insbesondere der Infektpseudarthrose, erfordert ein hohes Maß an Spezialkenntnissen.

Auf der anderen Seite gibt es Situationen, in denen das der operativen Osteosynthese inhärente Risiko gegenüber dem Risiko der konservativen Behandlung in den Hintergrund tritt. Hier bietet sich mit dem Fixateur externe ein System an, das keine hohe Präzision im Detail verlangt (im Gegensatz zu inneren Instrumentationen) und bei logistischen Engpässen Spielraum für Improvisationen läßt. Gleichzeitig ist es ein Bindeglied zwischen konservativer und operativer Knochenbruchbehandlung: Nach Ausheilung des Weichteilschadens besteht je nach lokalen Gegebenheiten die Möglichkeit der konservativen Weiterbehandlung im Gipsverband, des Umsteigens auf eine interne Osteosynthesemethode oder aber das Ausbehandeln der Knochen- und Weichteilverletzung mit dem Fixateur externe.

Viel wichtiger aber als das Fokussieren auf irgendein spezielles Verfahren der Knochenbruchbehandlung scheint uns der weitere Ausbau von Ausbildungsstätten zur Vermittlung einer umfassenden tropenadaptierten Chirurgie. Die multifokale Einrichtung von Referenzzentren in den unterschiedlichen Regionen der Entwicklungsländer scheint am besten geeignet, um die den jeweiligen lokalen Bedürfnissen angepaßten Therapiemodalitäten regional zu vermitteln.

Summary

The most important indication for the use of the external fixator in fracture treatment is the concomitant damage to the soft tissues. It is relatively easy to get acquainted with basic operative techniques, but it should be kept in mind that the fixator represents only a part of the often complex and dynamic course of fracture treatment.

Good results may be expected if special training is offered in surgical workshops dealing with indication, operative technique, and after treatment of trauma patients under tropical conditions. The establishment of regional centers of reference in the respective tropical countries are regarded as most useful. Thus, climatic and socioeconomic peculiarities can best be taken into account in the setting-up of concepts of treatment.

Literatur

1. Fernandez Dell'Oca AA (1989) Modular external fixation in emergency with the A.O. tubular system. Intergraf, Montevideo, Uruguay
2. Faure C, Merloz P (1987) Zugänge für die Fixateur externe-Osteosynthese. Springer, Berlin Heidelberg New York Tokyo
3. Müller ME, Allgwöer M, Schneider R, Willenegger H (1991) Manual of internal Fixation. Springer, Berlin Heidelberg New York Tokyo
4. Strecker W, Fleischmann W, Thorpe RG (1991) The transfixational plaster cast technique. Ann Soc Belge Méd Trop 71: 129
5. Tscherne H, Gotzen L (1983) Fraktur und Weichteilschaden. Springer, Berlin Heidelberg New York (Hefte zur Unfallheilkunde 162)

Der Holzfixateur: Herstellung, Montage, Erfahrungen

The Wooden External Fixator: Manufacture, Instrumentation, Experiences

B. DOMRES, B. BOUAKKEZ und S. DOMRES
Chirurgische Universitätsklinik Tübingen, Hoppe-Seyler-Straße 3, D-72076 Tübingen

Einleitung

Um die Jahrhundertwende entwickelte Lambotte [4] den äußeren Festhalter. Nachfolgend fast vergessen, fand er erst im letzten Jahrzehnt, technisch vervollkommnet, Einzug in die Frakturbehandlung. Heute sind die folgenden Indikationen allgemein anerkannt für die Anwendung des Fixateurs externe:

- Frakturen mit schweren Weichteilverletzungen und Verbrennungen (offene Frakturen)
- Trümmerfrakturen
- Infizierte Frakturen und Pseudarthrosen
- Osteotomien bei ungünstigen Weichteilverhältnissen
- Arthrodesen
- Instabile Beckenfrakturen
- Fixation der Extremitäten bei Hautlappenplastiken (nach „cross leg flaps")
- Bein- und Armverlängerungsoperationen

Insbesondere in außergewöhnlichen Situationen mit vereinfachten Bedingungen der medizinischen Hilfeleistung, wie sie in der Katastrophen- oder Kriegsmedizin anzutreffen sind, hat sich die Anwendung des externen Fixateurs bewährt [2, 5]. Seine Überlegenheit gegenüber anderen operativen Behandlungsverfahren resultiert vor allem daraus, daß sich hier interne Osteosyntheseverfahren aufgrund mangelhafter hygienischer und technischer Gegebenheiten verbieten.

Bei chirurgischen Einsätzen in Entwicklungsländern wie Nigeria und bei der Erdbebenkatastrophe 1980 in Algerien, sowie bei kriegschirurgischen Einsätzen im Libanon 1982 und in Kambodscha 1980 und 1983 mußte jedoch immer wieder festgestellt werden, daß das Instrumentarium des Fixateur externe gerade unter diesen Bedingungen aus logistischen oder finanziellen Gründen nicht oder nur in unzureichender Stückzahl verfügbar war. Aus dieser Notsituation heraus wurde 1983 im Feldhospital Khao I Dang des Internationalen Komitees vom Roten Kreuz die Idee zur Herstellung, Montage und Anwendung eines Fixateur externe aus Holz geboren [1].

Erfahrungen und Ergebnisse der Anwendung des Holzfixateurs

Während des chirurgischen Einsatzes im Feldhospital Khao I Dang fand der Holzfixateur erstmalig Anwendung bei der Behandlung von 25 kambodschanischen Verwundeten mit offenen Frakturen: 1 des Unterkiefers, 3 des Ober- und 21 des Unterschenkels.

120   B. Domres et al.

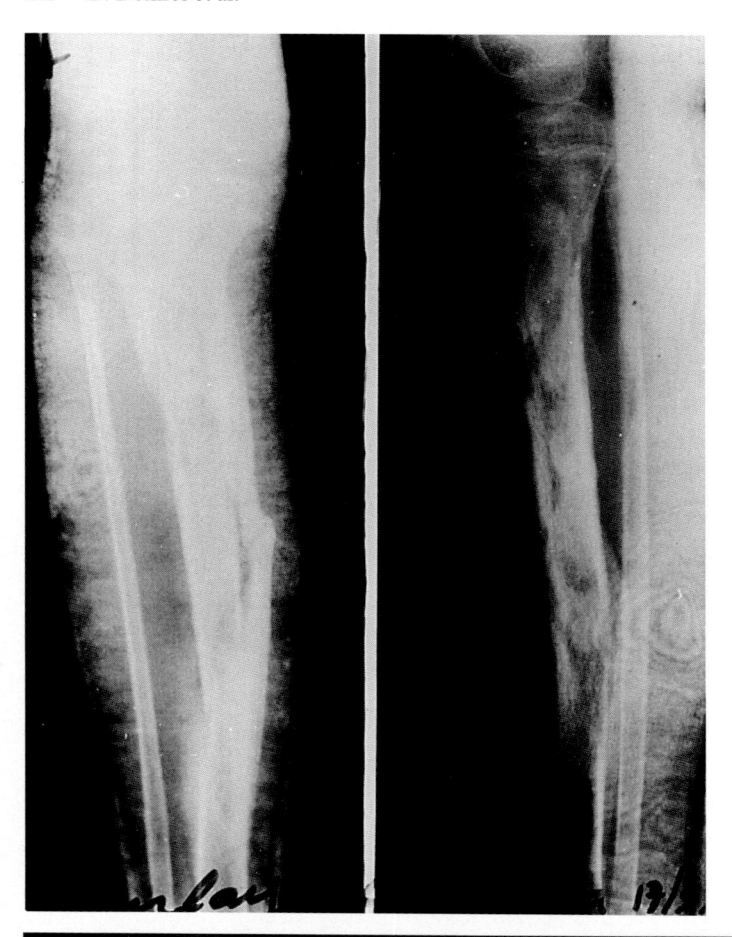

Abb. 1a–c. Falldarstellung eines mit Holzfixateur behandelten 10jährigen Jouruba-Mädchens am Sacred Heart Hospitals in Abeokuta, Nigeria.

a Osteomyelitis mit Destruktion des Schienbeins.

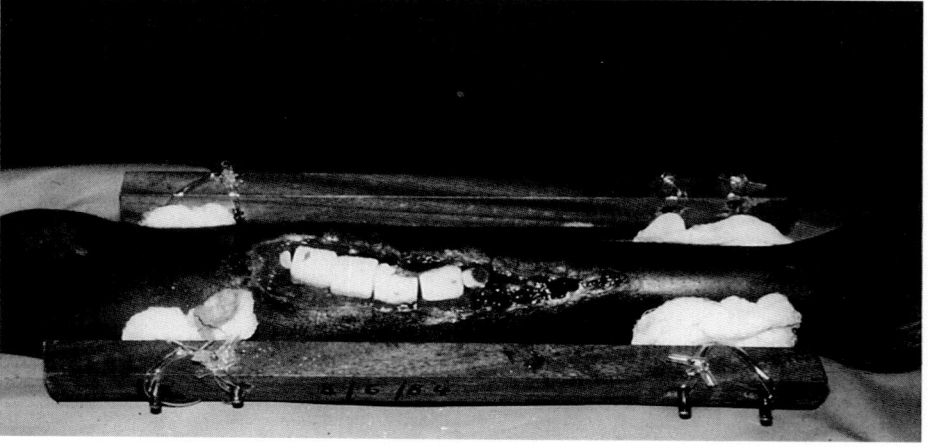

b Sequestrotomie, Lokalbehandlung mit Zuckerwürfeln und Septokalkette. Anbringen der Steinmann-Nägel für den Holzfixateur.

Der Holzfixateur 121

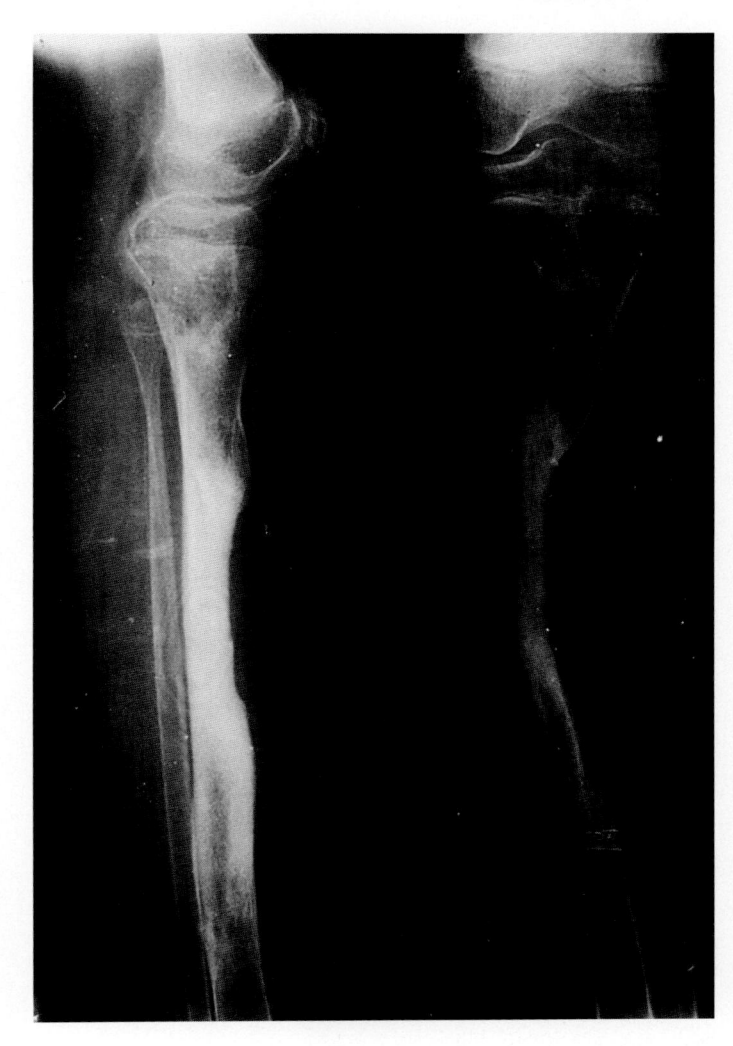

c Nach Spongiosa-
transplantation und
Hautübertragung
zeigt das Röntgenbild
nach 2 Jahren eine
stabile Ausheilung
des Schienbeins

    Dazu wurden aus dem grobfasrigen Holz des Gummibaumes Ficus elastica Rundhölzer von 1,5 bzw. 2,0 cm Dicke und in verschiedenen Längen (20, 30, 40 cm), mit Säge, Hobel und Schnitzmesser angefertigt und in diesen für die Steinmann-Nägel proximal und distal jeweils im Abstand von 4 cm 2 Bohrungen mit einem Durchmesser von 3,2 mm angebracht. Die Hölzer wurden desinfiziert und sterilisiert in Plastiktüten verpackt. Die Montage des Holzfixateurs erfolgte in den Arbeitsschritten: Bohren der Kanäle in den Knochen für die Steinmann-Nägel mit Handbohrer (ohne Air- oder Elektrodrill); Einbringen der Steinmann-Nägel; Aufsetzen der vorgebohrten Rundhölzer; Befestigung der Rundhölzer.

    Durch entsprechende Montage konnten auch vom Holzfixateur die verschiedenen Funktionen des Metallfixateurs übernommen werden, nämlich Neutralisation, Distraktion oder Kompression des Frakturbereiches. Gilt es z. B. die Kompression aufrechtzuer-

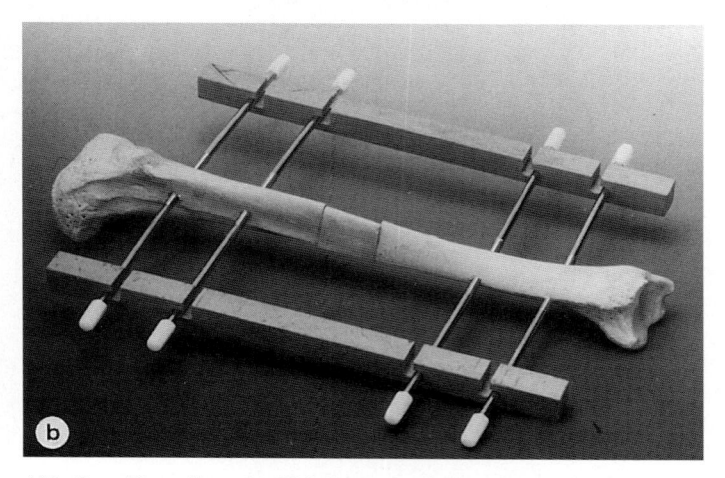

Abb. 2. a Herstellung des Holzfixateurs mit einfachen Werkzeugen im Lazarett während des kambodschanischen Bürgerkrieges. **b** Montage des Holzfixateurs mit einfachen Handwerkszeugen entsprechend dem im Manual [3] angegebenen Instrumentarium der Fa. Aesculap. **c** Holzfixateur im Rahmenaufbau am Unterschenkel. **d** Angepaßte Techniken: Holzfixateur, Prothese und Sitzwagen hergestellt aus einfachen vor Ort vorhandenen Materialien

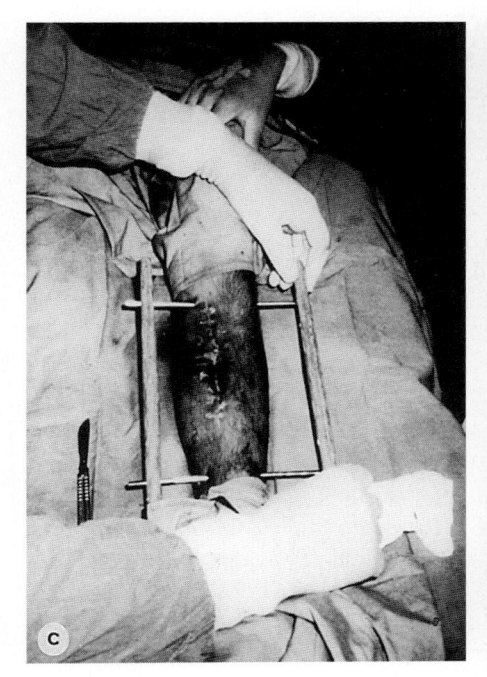

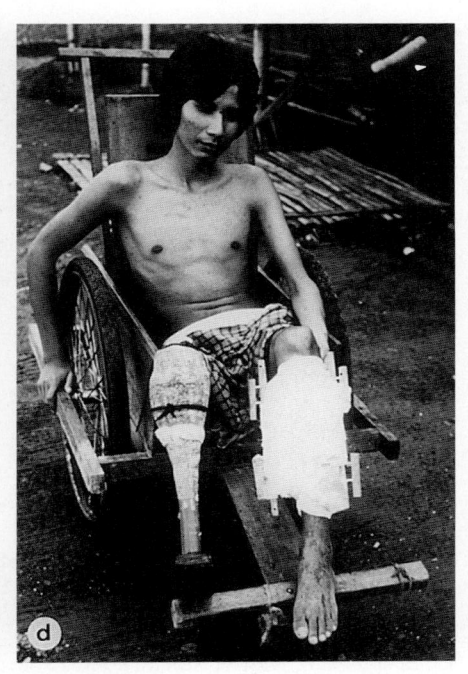

Abb. 2c, d

halten, wurde der Abstand der beiden proximalen zu den beiden distalen Bohrkanälen am Knochen um 0,5–1,0 cm weiter gewählt als der entsprechende Abstand der Bohrungen an den Rundhölzern.

Der Holzfixateur erlaubte darüber hinaus auch weitere Montageformen wie Klammerfixation des Oberschenkels oder den dreidimensionalen Rahmenaufbau zur Überbrückung des Kniegelenks.

Inzwischen wurde der Holzfixateur bei über 600 Verwundeten mit offenen Frakturen in Kambodscha, Nigeria, Tansania, Indien, Afghanistan, Bangladesch, Thailand und Saudi-Arabien angelegt. Bereits an einem Teil der mit einem Metallfixateur versorgten Verwundeten erfolgte der Austausch der Metallstangen und Backen durch Rundhölzer, wodurch das zurückgewonnene Material zur erneuten Verwendung zur Verfügung stand.

Die Vorteile des Holzfixateurs sind:

- Kurze Montagezeit,
- Röntgentransparenz,
- Entfallen logistischer Probleme bei der Beschaffung,
- günstige Preislage (nur 2–4% der Kosten eines Metallfixateurs).

Die Vorteile wiegen durchaus die festgestellten Nachteile auf:

- Handhabung der Montage ohne jede Schwierigkeit nur durch geübte Operateure,
- geringere Stabilität des Holzaufbaus gegenüber einem Metallfixateur.

Das begründet auch die zunehmende internationale Anwendung des Holzfixateurs (z. B. in Krankenhäusern von Tansania, Nigeria, Saudi-Arabien, Bangladesch und anderen Ländern), sowie die industrielle Fertigung des für die Herstellung und Montage notwendigen Instrumentariums als Set.

Herstellung und Montage des Holzfixateurs

Die häufigste Indikation für die Anwendung des Holzfixateurs ist die Unterschenkelfraktur. Die typischen Montagearten hierbei sind:
- der einfache Rahmenaufbau,
- die unilaterale Klammerfixation.

Materialien und Instrumente

Das für die Herstellung des Holzfixateurs benötigte Material und die erforderlichen Instrumente stehen heute in einem Materialkoffer gleichen Namens der Firma „Aesculap" zur Verfügung. Anstelle der vorgesehenen Holzstäbe können im Notfall auch feste Besen und andere Stiele, Bretter oder sonstige Holzstücke verwendet werden.

Instrumente und Materialien:

a) Besenstiele, Bretter, sonstige Holzstücke
b) Materialkoffer „Holzfixateur" von Aesculap:
   I. Sterilcontainer (ohne Wundversorgung):
   T-Griff 1x
   Bohrer 4.5 mm Durchmesser, 150 mm lang 2x
   Gewebeschutzhülse 1x
   Steinmann-Nägel 8x
   Schanz-Schrauben 4x
   Container 1x
   Steriltuch 1x
   II. Set „Unsteril":
   Bohrer 5,0 mm Durchmesser, kurz 2x
   Handsäge 1x
   Einfaches Bohrgerät 1x
   Holzstäbe 20 mm Durchmesser, 300 mm Länge 6x

Vorfertigung der Hölzer

Die Hölzer für die Montage des Holzfixateurs werden nach dem in Abbildung 2b wiedergegebenen Muster vorgefertigt.

   Stehen keine vorgefertigten Holzstäbe aus dem Materialkoffer mehr zur Verfügung, sind feste Besen, Stiele und sonstige Hölzer zu verwenden und als Rundhölzer entsprechender Länge vorzubereiten.

Vorfertigung der Hölzer nach folgendem Muster:

- Besenstiele oder sonstiges vorhandenes Holzstück auf 30 cm Länge sägen.
- Anbringen von je 2 Löchern mit 5 mm Durchmesser proximal und distal im Abstand von 4 cm zueinander; proximal und distal 4 cm entfernt vom Holzende. Im mittleren Drittel Abstand der proximalen von den distalen Bohrlöchern: 12 cm.

Provisorische Reposition

Möglichkeiten:

1. Extension an der Ferse.
2. Repositionsklemme bei offener Fraktur.
3. Manueller Zug durch Assistent.
4. Mit Hilfe von 2 sagittalen Schanz-Schrauben, eine in jedem Fragment. Die beiden Schrauben müssen so frakturnah, wie es die Weichteile zulassen, angebracht werden.

Einfacher Rahmenaufbau

1. Ankörnen des kniegelenk- und sprunggelenknahen Bohrloches im Abstand von 21,5 cm.
2. Paralleles Bohren dieser beiden Löcher mit 4,5 mm Durchmesser.
3. Einbohren von 2 Steinmann-Nägeln in diese beiden Löcher.
4. Aufsetzen der beiden vorgebohrten Fixateurstäbe.
5. Ankörnen der beiden frakturnahen Bohrlöcher jeweils im Abstand von 4,5 cm von den frakturfernen Löchern, wobei die provisorisch aufgesetzten Fixateurstäbe als Zielhilfe dienen.
6. Paralleles Bohren der beiden frakturnahen Steinmann-Nägel.
7. Insertion der beiden Steinmann-Nägel.
8. Befestigung der Fixateurstäbe.

Unilaterale Klammerfixation

1. Ankörnen der beiden frakturnahen Bohrlöcher im Abstand von 12,5 cm.
2. Paralleles Bohren dieser beiden Löcher mit 4,5 mm Durchmesser.
3. Insertion von 2 Schanz-Schrauben in diese beiden Löcher.
4. Provisorische Reposition und Aufsetzen des vorgebohrten Fixateurstabes.
5. Ankörnen des kniegelenk- und sprunggelenknahen Bohrloches, jeweils im Abstand von 4,5 cm von den frakturnahen Löchern, wobei der provisorisch aufgesetzte Fixateurstab als Zielhilfe dient.
6. Paralleles Bohren dieser beiden Löcher mit 4,5 mm Durchmesser.
7. Insertion der beiden Schanz-Schrauben.
8. Befestigung des Fixateurstabes.

Individuelle Anpassung

Die individuelle Anpassung des Holzfixateurs wird notwendig sein, wenn:

- die vorgefertigten Hölzer nicht passen oder
- die Fraktur in das distale oder proximale Drittel des Knochens reicht.

In diesen Fällen ergeben sich folgende Arbeitsschritte „unmittelbar am Arbeitstisch":

- Kennzeichnen (Anzeichnen) der Bohrlöcher am sterilen Holz entsprechend den unregelmäßigen Abständen der plazierten Steinmann-Nägel oder Schanz-Schrauben.
- Anbringen der Bohrlöcher in den Holzstäben.
- Aufsetzen und Befestigen der gebohrten Hölzer.

Verhütung von Nagelinfektionen

Die Nagelinfektion stellt eine der häufigsten Infektionen nach der externen Fixation in der Knochenchirurgie dar.

Die Behandlung der Pintractinfektion ist das Entfernen der Nägel und deren Ersetzen durch neue Nägel in einem Abstand von einigen Zentimetern. Selten scheint eine antibiotische Behandlung notwendig zu sein und wenn ja, dann (gezielt oder je) nach Abstrich und bakteriologischem Kulturergebnis.

1. Eine Kontamination mit Bakterien aufgrund von ungenügender Beachtung der grundlegenden Infektionskontrollregeln. Besonders während der ersten 2 Wochen sollte täglich eine Desinfektion mit Polyviniliodin (PVJ) und einem trockenen Gazeverband gemacht werden. Alle Arten von Salben sind kontraindiziert, da sie ein feuchtes Milieu fördern, das wiederum das Bakterienwachstum intensiviert.
2. Der zweite und wichtigere Faktor bei Pininfektionen ist jegliche Art von Instabilität der Spannungskräfte zwischen den Nägeln und dem Knochen. Die Knocheninstabilität ermöglicht Mikrobewegungen der Nägel, die zu einem Abbau der umliegenden Knochenmasse führen, so daß die Instabilität sogar zunimmt und eine lokale Infektion verursacht.
    a) Im allgemeinen sind um so weniger Mikrobewegungen der Nägel in dem Knochen möglich, je stabiler die Kompression ist.
    b) Beim Einführen von Nägeln sollen die Bohrkanäle nur manuell mit einem Handbohrer angebracht werden. Das Bohren mittels einer elektrischen oder mit Luft angetriebenen Bohrmaschine von hoher Rotationsgeschwindigkeit verursacht Hitzeschäden des Knochengewebes. Es sollte auch hervorgehoben werden, daß „sanfte Behandlungsweisen" des Gewebes und Knochens und das vorsichtige Einführen einer Gewebeschutzhülse bis zum Knochen eine wichtige Infektionsprophylaxe ist.
    c) Die Steinmann-Transfixationsnägel haften besser am Knochen, wenn sie mit einem zentralen Gewinde ausgerüstet sind. Diese Nägel müssen durch Drehen und nicht mittels eines Hammers eingebracht werden.
    d) Trümmerfrakturen und Defektfrakturen lassen keine Kompression zur Frakturseite hin zu. In diesen Fällen sollten die Nägel auf jedem Fragment gespannt werden.

Ergebnisse

Fehlt in außergewöhnlichen Situationen mit stark eingeschränkten Bedingungen der medizinischen Hilfeleistung das Material des Fixateur externe, leistet der Holzfixateur einen gleichwertigen Ersatz.
Seine Vorteile sind:
- Entfallen logistischer Probleme der Beschaffung
- Geringe Kosten (nur 2–4% der Kosten des Metallfixateurs)
- Kurze Montagezeit
- Bessere Röntgentransparenz

Die Erfahrungen und Ergebnisse der bisherigen Anwendungen des Holzfixateurs bei über 600 Verletzten mit offenen Frakturen in Kambodscha, Afghanistan, Indien, Bangladesch, Saudi-Arabien, Tansania und Nigeria bestätigen die Eignung als operative Behandlungsmethode allgemein und insbesondere bei Unterschenkelfrakturen (provisorische Reposition; einfacher Rahmenaufbau; unilaterale Klammerfixation). Die Verfügbarkeit des erforderlichen Instrumentariums und Materials in einem Materialkoffer „Holzfixateur" der Firma „Aesculap" haben zu einer Verbesserung der Herstellung und Montage des Holzfixateurs geführt und das internationale Interesse an seiner Anwendung vergrößert. Der Holzfixateur nimmt zunehmend einen festen Platz in der chirurgischen Praxis der Katastrophenmedizin ein, insbesondere bei der operativen Versorgung von offenen Frakturen der unteren Extremitäten in außergewöhnlichen Situationen mit erschwerten Bedingungen der medizinischen Behandlung, wie sie aber auch noch in Entwicklungsländern anzutreffen sind.

Die Methode wird in Workshops gelehrt. Seit 1980 veranstalten wir in Zusammenarbeit mit der Vereinigung zur Förderung der Chirurgie in Entwicklungsländern (V.F.C.E) ein jährliches Symposium über die Traumatologie in Entwicklungsländern einen Workshop, in dem Herstellung, Montage und Anbringen des Fixateur externe unter einfachen Bedingungen gelehrt werden. Unsere Erfahrungen zeigen, daß nach einem zweitägigen Kurs die Herstellung und Montage behrrscht werden. Ein Videofilm wurde von Perimed Puls hergestellt und ist auf Anfrage erhältlich.

Summary

Whenever there are exceptional situations, entailing severely limited conditions for medical intervention, the external fixator provides an adequate substitute.

It's advantages are: absence of logistic problems regarding the provision of material, low costs (only 2–4% of the metal fixator), short montage time, low weight, no warmth transduction as well as improved x-ray transparency.

They positively outweigh well-known disadvantages such as:

- lower stability of the wooden structure compared to the metal one
- execution of montage only possible by experienced surgeons.

The wooden fixator had been applied for the first time in the field hospital of Khao I Dang with 25 injured cambodian soldiers suffering from open fracture: 1 of the lower jaw, 3 of the thigh bones, 21 of the calves.

In the meantime the external fixator has been applied to more than 600 casualties with open fractures in Cambodia, Afghanistan, India, Bangladesh, Saudi Arabia, Tanzania and Nigeria.

The experience made in all those instances confirms its applicability to fractures of the calves in particular (provisional reposition, simple assembling of frame and unilateral clamp fixation).

The wooden fixator has gained a firm place in the surgical practice in the treatment of injured persons, in particular in exceptional situations such as prevailing in developing countries.

Literatur

1. Domres B, Klöss T (1984) Fixateur externe aus Holz als Beispiel angepaßter Technik. Langenbecks Arch Chir: 331–334
2. Stuhler T, Domres B, Klöss T, Lenz G (1989) Kriegs- und unfallchirurgische Erfahrungen mit dem Metallfixateur nach Stuhler-Heise und dem Holzfixateur nach Domres. In: Stuhler T (Hrsg) Fixateur externe – Fixateur interne. Springer, Berlin Heidelberg New York Tokyo
3. Domres B, Hagelmayer A (1991) Manual zur Herstellung und Montage des Holzfixateurs. Chirurgische Universitätsklinik Tübingen
4. Lambotte A (1907) L'intervention opératoire dans les fractures. Lamertin, Bruxelles
5. Wedel K (1980) Bedeutung des Fixateur externe für die Katastrophenchirurgie. Wehrmed Monatsschr 11: 342–343

Externe Fixationssysteme in der operativen Therapie in Entwicklungsländern: Der Ilizarov-Ringfixateur

External Fixators in Traumatology and Orthopedic Surgery in Developing Countries: The Ilizarov External Fixator

G. Suger[1], S. Ramez[2], W. Fleischmann[1], M. Bombelli[1] und M. Beyer[3]

Einleitung

Die traumatologische und orthopädische Versorgung in Entwicklungsländern erfordert neben einer adäquaten chirurgischen Ausbildung der dort tätigen Kollegen eine entsprechende Bereitstellung von Osteosynthesematerialien, angepaßt an die hygienischen und ökonomischen Möglichkeiten der jeweiligen Klinik. Die unkritische Übernahme von operativen Techniken der internen Frakturstabilisierung vermag unter den speziellen Gegebenheiten häufig keine vergleichbaren Resultate erbringen, sondern vielmehr die Rate der gefürchteten posttraumatischen Osteitiden erhöhen. Unter den hygienischen Bedingungen können lediglich mittels externer Fixationssysteme komplikationsarme Knochenstabilisierungen durchgeführt werden [3, 20]. Unilaterale Systeme können diesen Anforderungen genügen, solange überwiegend Fixationsaufgaben zu erfüllen sind. Für die Anforderungen der rekonstruktiven Chirurgie nach Frakturen oder Korrekturen von angeborenen Fehlstellungen, insbesondere bei Vorliegen von Knochendefekten, steht mit der Kallusdistraktion in der Ausführung mit dem Ringfixateur ein vielseitiges Therapieverfahren zur Verfügung, mit dem auch komplexe Behandlungsprobleme lösbar werden.

Kallusdistraktion

Die Kallusdistraktion ist ein Verfahren, das bereits von Codivilla 1903 erstmals erwähnt und von Ilizarov wissenschaftlich weiterentwickelt wurde [4, 7]. Ilizarov erkannte den fördernden Einfluß einer konstanten Zugspannung auf das Wachstumsverhalten von Knochen- und Weichteilgewebe, d. h. die echte Zellvermehrung aller unter Zugspannung stehenden Gewebestrukturen [8, 9].

Damit eröffnen sich Möglichkeiten, die sich nicht nur auf die Behandlung von Knochendefekten, Exremitätenverkürzungen und angeborene oder erworbene Deformitäten, sondern auch auf die Therapie von Weichteildefekten ertrecken.

Initial wird bei der Kallusdistraktion in einem gesunden Knochenabschnitt eine Kortikotomie bzw. Osteotomie auf möglichst schonende Weise mit einem Meißel durchgeführt. Durch Distraktion der beiden Knochenenden mit einer Geschwindigkeit von

---

[1] Abteilung für Unfallchirurgie, Hand-, Plastische- und Wiederherstellungschirurgie der Universität Ulm (Ärztlicher Direktor: Prof. Dr. L. Kinzl), Steinhövelstraße 9, D-89070 Ulm
[2] Department of Orthopedics and Traumatology, Wazir Akbar Khan Hospital, Kabul (Afghanistan)
[3] Abteilung für Kardiochirurgie der Universität Ulm, Steinhövelstraße 9, D-89070 Ulm

1 mm/Tag wird eine den Osteotomiespalt überbrückende Kallusneubildung induziert [14, 18, 19, 22]. Dieser Effekt wird einerseits zur Extremitätenverlängerung, andererseits zur Verschiebung einzelner Knochensegmente genutzt.

Gerade in Verbindung mit dem Ringfixateur und seinen zahlreichen Variationsmöglichkeiten sind hierdurch insbesondere in der Therapie der chronischen Osteitis die geforderten radikalen Débridements ohne Rücksicht auf die Ausdehnung des entstehenden Defekts möglich geworden [11, 13–16, 18, 19, 21, 22).

Indikation für die Verwendung des Ringfixateurs

Legt man die von Ilizarov angegebenen Techniken für den Einsatz des Ringsystems zugrunde, so läßt sich damit eine Vielzahl von orthopädischen und unfallchirurgischen Anwendungen verwirklichen. In industrialisierten Ländern, in denen für die meisten Versorgungsanforderungen bereits erprobte Systeme vorliegen, wird der Ringfixateur überwiegend bei ungünstigen biologischen Ausgangsbedingungen eingesetzt. In solchen problematischen Versorgungssituationen erweist sich die minimal invasive Technik der Knochenfixation in Verbindung mit einer breiten Variationsmöglichkeit des externen Fixationssystems als besonders vorteilhaft.

Indikationen:
1. Geschlossene und offen Frakturen
2. Angeborene und offene Frakturen
3. Pseudarthrosen
4. Extremitätenverlängerungen
5. Angeborene oder erworbene Knochendefekte
6. Kontrakturen
7. Osteitis/Osteomyelitis

Prinzipien des Ringfixateursystems

Das System besteht aus folgenden Hauptkomponenten (Abb. 1).

1. Drähte zur Knochenfixation
2. Vollringe oder Halbringe
3. Längsverbindungen
   – Gewindestangen
   – Platten
4. Zusatzelemente
   – Gelenkverbindungen
   – Schrauben, Muttern, Unterlagscheiben, Verbindungsstücke, Abstandhalter

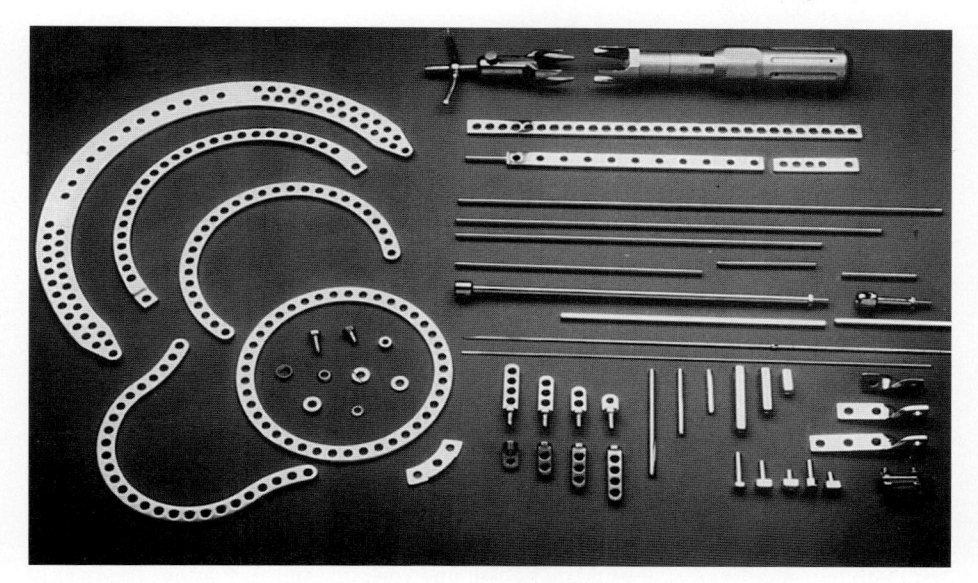

Abb. 1. Komponenten des Ilizarov-Ringfixateurs

Drähte

Die Fixationsdrähte liegen in verschiedenen Durchmessern, Längen und unterschiedlichem Schliff der Spitze vor. Je nach Lokalisation kommen Drähte von 0,5–2 mm Durchmesser zur Anwendung. Für handchirurgische Stabilisationen empfehlen sich Drahtstärken von 0,5–1 mm, für lange Röhrenknochen Durchmesser von 1,5–2 mm. Die Länge der Drähte variiert zwischen 200 und 430 mm, wobei kurze Drähte im wesentlichen nur für die Anwendung an der oberen Extremität von Erwachsenen und an der unteren Extremität bei Kindern vorgesehen sind. Je nach Knochenqualität (Kortikalis oder Spongiosa) des zu transfixierenden Knochens kann zwischen unterschiedlich geschliffenen Drahtspitzen gewählt werden.

Zur Erhöhung der Biege- und Torsionssteifigkeit des Systems werden Drähte mit Oliven eingesetzt.

Drahtfixation

Zur Drahtfixation werden spezielle Klemmschrauben verwendet, wobei der Draht in einer Nut auf den Ring geklemmt wird. Die Spannung der Drähte kann in der von Ilizarov vorgeschlagenen Weise durch Wickeln des Drahtes um den Schraubenkern oder mit speziellen Spannzangen durchgeführt werden, mit denen definierte Vorspannungen zwischen 60 und 130 kp applizierbar sind.

Ringe, Halbringe und Bögen

Die Ringe liegen als Halb- oder Vollringe mit verschiedenen Innendurchmessern von 90–240 mm vor. Jeweils 2 Halbringe werden durch Schrauben und Muttern zu einem Vollring zusammengefügt. Gelenknahe Fixationen können aus anatomischen Gründen lediglich mit Halb- oder Viertelringen (Bögen) erfolgen. Die Drahtvorspannung muß der reduzierten Stabilität dieser offenen Ringe angepaßt werden. Es werden hier in der Regel reduzierte Drahtvorspannungen von 60–90 kp appliziert. Gerade an gelenknahen Ringebenen werden vermehrt auch unilaterale Schanz-Schrauben zur Knochenfixation verwendet. Durch diese sog. „Halbpins" wird die Transfixation der Weichteile reduziert. Dies ist gerade in gelenknahen Extremitätenabschnitten von Bedeutung, da hier der Weichteilmantel bewegungsabhängig größeren Verschiebungen unterliegt.

Längsverbindungen

Die Längsverbindungen zwischen den verschiedenen Ringebenen erfolgt durch Gewindestangen oder Lochplatten. Diese liegen in Längen von 60–300 mm vor und erlauben eine stabile Verbindung der einzelnen Ringebenen untereinander. Um Neigungen der Ringebenen zueinander auszugleichen, stehen außerdem verschiedene Gelenkverbindungen zur Verfügung, die wiederum aus Einzelteilen zusammengesetzt werden.

Zusatzelemente

Mit Platten in gerader oder gewundener Form und von verschiedener Länge lassen sich unterschiedliche Ringdurchmesser ausgleichen.

Sonstige Verbindungsstücke, Abstandshalter und Unterlagscheiben verschiedener Dicke erhöhen darüber hinaus die Variabilität des Systems.

Operationstechnik

Apparative Voraussetzungen

Wesentliche Bedingung für die Anwendung des Systems ist eine Bohrmaschine für die Einbringung der Knochenfixationsdrähte. Neben Druckluft- und Elektrobohrmaschinen können prinzipiell auch Handbohrmaschinen eingesetzt werden. Eine intraoperative Durchleuchtungsmöglichkeit ist aus Gründen der Einsparung von Operationszeit vorteilhaft, jedoch nicht absolut notwendig. Aufgrund der zirkulären Knochenfixation können Fehlstellungen auch noch postoperativ durch Veränderungen an den Ringen in allen Ebenen korrigiert werden.

Vormontage

Der Fixateur wird soweit als möglich anhand der Röntgenbilder oder am Patienten bereits vor dem geplanten Eingriff in groben Zügen vormontiert, so daß während der Operation lediglich noch die Drähte gebohrt und die Reposition durchgeführt werden müssen. Dies kann die notwendigen Operationszeiten drastisch senken. Die Ringgrößen sollten etwa 2 cm größer gewählt werden als der jeweilige Extremitätendurchmesser, damit durch mögliche postoperative Weichteilschwellungen keine Druckstellen entstehen können. Pro Knochensegment sollten möglichst 2 Ringebenen plaziert werden, um die Führung des Knochensegmentes zu erhöhen. Ist dies aus Platzgründen z. B. bei gelenknahen Frakturen nicht möglich, so wird die zweite Fixationsebene über sog. Ausleger erreicht, auf die weitere Drähte gespannt werden. Für die Reposition von Frakturen und die Fixation von einzelnen Fragmenten können zusätzliche Olivendrähte eingebracht werden. Mit diesen sog. Stopperdrähten werden Einzelfragmente adaptiert.

Lagerung

Die Lagerung zur Operation muß einen allseitigen Zugang zur Extremität gewährleisten. In der Regel muß hierzu der Rumpf mit entsprechenden Unterlagen erhöht gelagert werden. Bei Frakturen an der unteren Extremität empfiehlt sich ggf. die Anbringung einer Drahtextension.

Knochenfixation

Der Knochen wird durch mindestens 2 gekreuzte Drähte pro Ring transfixiert. Hierbei ist, wenn möglich, ein Schnittwinkel der Drähte von 90° anzustreben. Pro Knochensegment sollten 2 Ringebenen angebracht werden, wobei mit steigendem Ringabstand die Stabilität der Knochenführung zunimmt.

Die gekreuzten Drähte werden unter einer Vorspannung von 90–130 kp mittels spezieller Fixationsschrauben auf die Ringe aufgespannt. Die einzelnen Ringe werden über starre oder gelenkige Längsträger untereinander verbunden.

Bei der Insertion der Drähte sind selbstverständlich die jeweiligen anatomischen Strukturen zu berücksichtigen, d. h. genaue Kenntnisse der Topographie sind absolute Voraussetzung bei der Verwendung dieses Verfahrens. Um einer möglichen Überhitzung der Drähte vorzubeugen, sollte entsprechend gekühlt werden, ggf. muß der Bohrvorgang in Etappen durchgeführt werden. Die Weichteile werden mit dem Draht lediglich durchstoßen, um die Möglichkeit des Ausweichens für Nerven und Gefäße zu gewährleisten.

In der unmittelbaren postoperativen Phase wird die operierte Extremität hochgelagert und eine adäquate Analgesie verabreicht. Die Mobilisation kann ab dem 3. postoperativen Tag beginnen. Prinzipiell ist dann bereits die Möglichkeit der Vollbelastung der operierten Extremität gegeben. Zur Verhinderung von Weichteilkontrakturen, insbesondere bei ausgedehnteren Extremitätenverlängerungen, ist eine krankengymnastische Behandlung unbedingt erforderlich. Bei einer Kallusdistraktionsbehandlung wird ab dem 5. postoperativen Tag mit 4 x 0.25 mm/Tag (entspricht 1 mm/Tag) die Knochenverschiebung bzw. Knochenverlängerung durchgeführt. Sowohl die Pflege der Fixateurpins als auch die Distraktionsschritte sind nach entsprechender Unterweisung überwiegend vom Patienten selbst durchzuführen. In Abhängigkeit von den Wundverhältnissen und der Compliance des Patienten ist mit einer stationären Aufenthaltsdauer zwischen 10 und 15 Tagen zu rechnen. Der überwiegende Teil der Behandlung erfolgt ambulant, wobei sich die Intervalle zwischen den Kontrollterminen je nach dem jeweiligen Behandlungsverfahren richten. Komplexe Fehlstellungskorrekturen müssen kurzfristiger kontrolliert werden, da sie häufigere Veränderungen am Fixateur erfordern. Bei einfachen Stabilisationen, z. B. von Frakturen, sind 4wöchentliche Kontrollen ausreichend.

Der Zeitpunkt der Metallentfernung wird anhand klinischer und röntgenologischer Kriterien festgelegt. Während bei Frakturen hier kaum Unsicherheiten bestehen, ist die Entscheidung bei Kallusregeneraten nach Distraktion schwieriger, zumal auch hinsichtlich der Konsolidierungszeiten gelegentlich erhebliche Unterschiede zwischen einzelnen Patienten bestehen. Als röntgenologisches Kriterium gilt der Nachweis einer homogenen Kallusbildung mit Kortikalisierung in 2 Ebenen. Klinisch entspricht eine schmerzfreie

Belastung bei gelockerten Längsverbindungen einer ausreichenden Festigkeit des Regeneratkallus. Die Metallentfernung selbst kann meist ohne weitere Narkose durchgeführt werden.

Prinzipien der Knochenwiederherstellung nach primären Knochendefekten oder nach Segmentresektionen in der Behandlung chronisch rezidivierender Osteitiden

1. Gleichzeitige bifokale Kompressions-/Distraktionsosteosynthese (Abb. 2): Nach Resektion des Infektherdes im Gesunden wird der betroffene Extremitätenabschnitt im Resektionsbereich verkürzt und komprimiert. Durch eine gleichzeitige herdferne metaphysäre Osteotomie mit nachfolgender Kallusdistraktion wird die Ausgangslänge wiederhergestellt. (Indikation: Unterschenkeldefekte bis 3 cm, Oberschenkeldefekte bis max. 5 cm.)

2. Segmenttransport (Abb. 3, 4): Nach Resektion des Infektherdes im Gesunden erfolgt in gleicher Sitzung eine herdferne metaphysäre Osteotomie mit Bildung eines Verschiebesegmentes. Durch den Transport des Knochensegmentes in den Resektionsbereich wird im Bereich der Osteotomie eine Knochenneubildung induziert, die den Knochendefekt überbrückt. Der Längstransport des Knochensegmentes erfolgt entweder über Längsdrähte mit Olive oder über einen zusätzlichen Transportring, an dem das Verschiebesegment fixiert wird. Nach Kontakt der beiden Knochenenden („Docking") erfolgt die zum Durchbau notwendige Kompression über Ringe, was eine nochmalige operative Intervention erforderlich macht. In gleicher Sitzung kann eine Spongiosaanlagerung erfolgen, mit der sich die Heilungszeiten an der Dockingstelle erfahrungsgemäß abkürzen lassen.

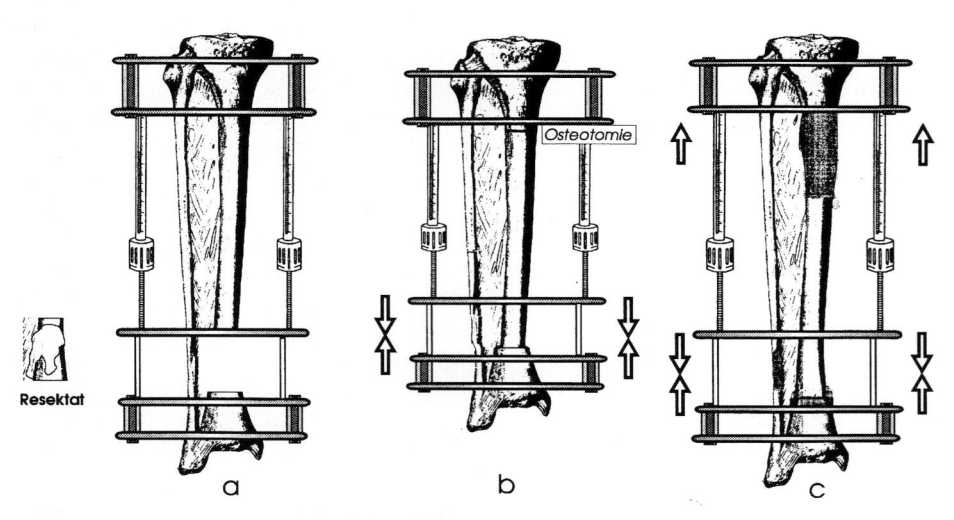

Abb. 2a–c. Schema einer Kompressions-/Distraktionsosteosynthese. **a** Montage des Ringfixateurs (5 Ringe) und Resektion des infekttragenden Knochen- und Weichteilsegmentes. **b** Verkürzung und Kompression der Extremität im Resektionsbereich. **c** Längenwiederherstellung durch Kallusdistraktion

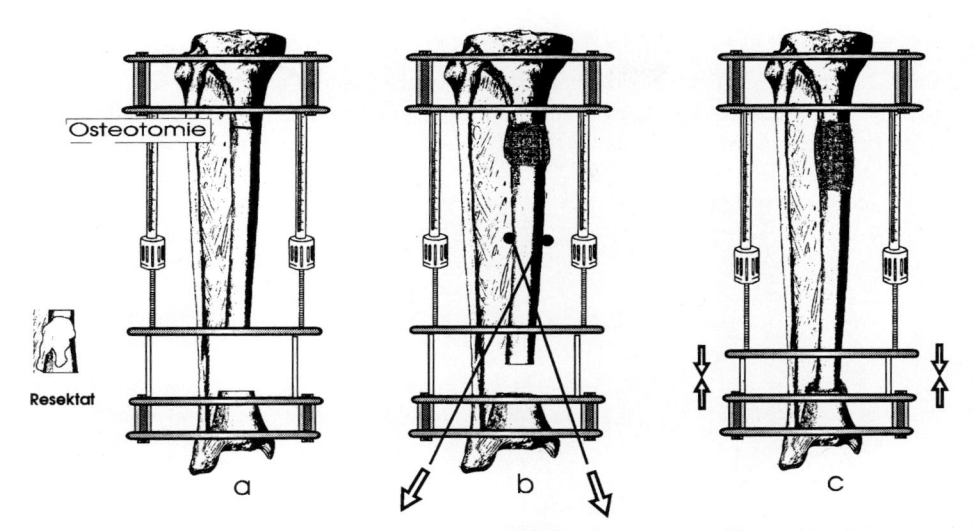

Abb. 3a–c. Segmenttransport. **a** Montage des Ringfixateurs (5 Ringe) und Resektion des infekttragenden Knochen- und Weichteilsegmentes, proximale metaphysäre Osteotomie. **b** Segmentverschiebung über Lenkdrähte. **c** Segmentdocking und Kompression über Ringe, evtl. gleichzeitig Anfrischen der Segmentenden und autologe Spongiosaplastik

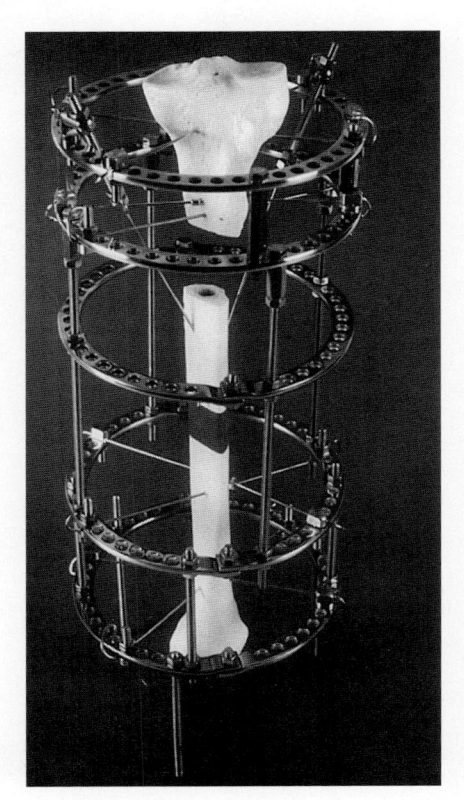

Abb. 4. Modell einer Ringmontage für den Segmenttransport von distal nach proximal

Der Ringfixateur in seiner klinischen Anwendung

Im Rahmen der primären Frakturversorgung erweist sich die minimal invasive Technik bei der Stabilisierung von komplexen Frakturen mit geschlossenem Weichteilschaden oder von offenen Frakturen als vorteilhaft. Hierbei bietet der Ringfixateur neben der

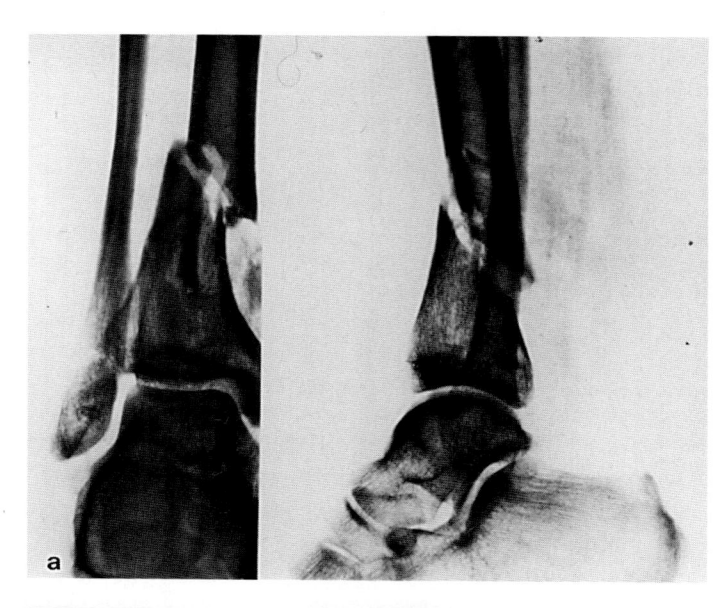

Abb. 5a–d. Pat. 32 Jahre, III° offen distale Unterschenkelfraktur nach Arbeitsunfall.
a Mehrfragmentfraktur der distalen Tibia.
b Quetschverletzung der Weichteile.
c Reposition und Stabilisation im Ringfixateur sowie sekundäre Spalthauttransplantation.
d Ausheilungsergebnis

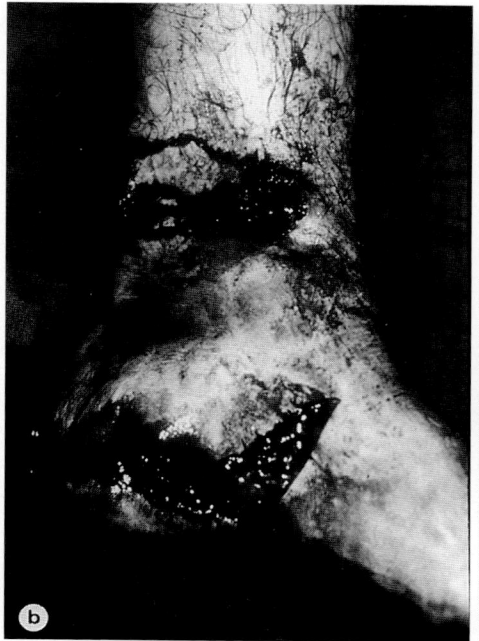

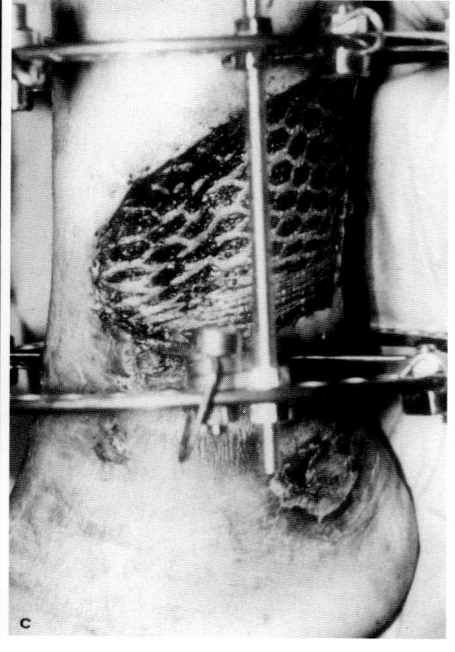

Der Ilizarov-Ringfixateur 137

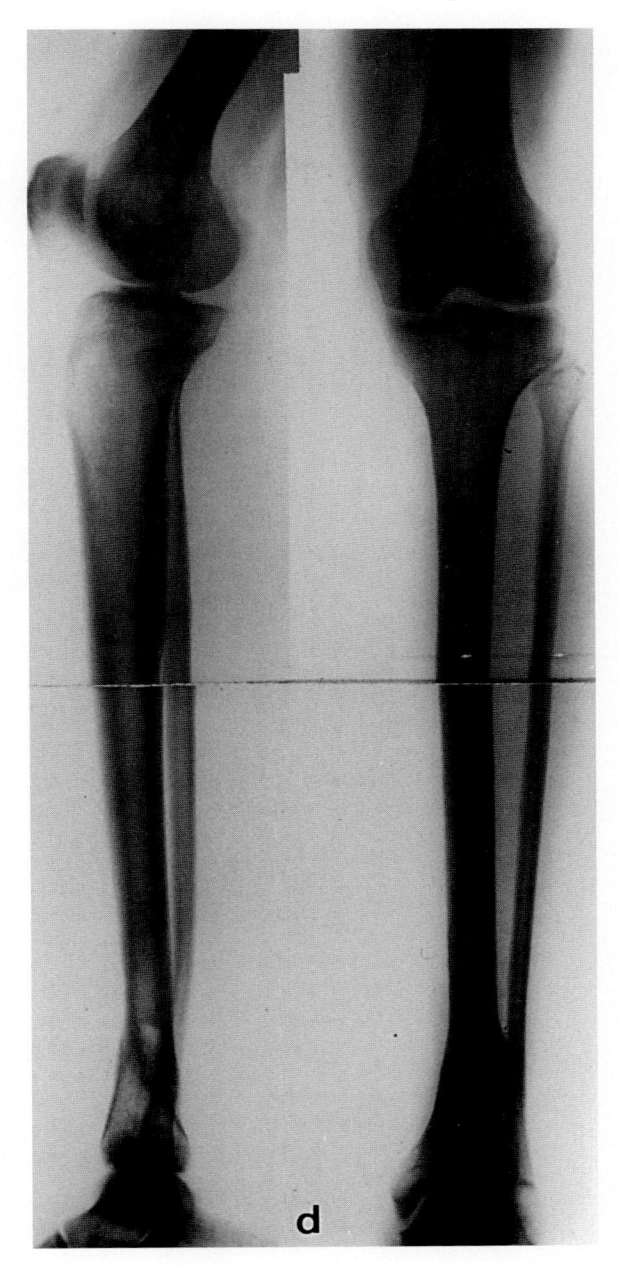

Abb. 5d

Möglichkeit einer primär belastungsstabilen Knochenfixation durch seine dynamischen Komponenten eine Fülle von intraoperativen Repositions- und postoperativen Korrekturmöglichkeiten. Durch die zirkuläre Fixation des Knochens sind diese Korrekturen im Gegensatz zu unilateralen Fixateuren in allen Ebenen möglich (Abb. 5).

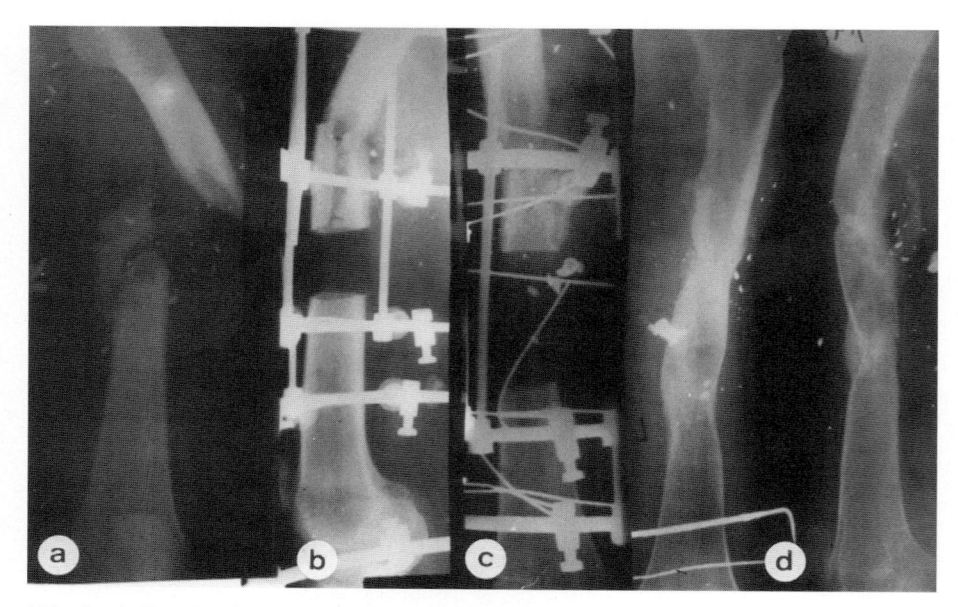

Abb. 6a–d. Pat. 48 Jahre, Schußverletzung des Oberschenkels im Afghanistankrieg (Wazir Akbar Khan Hospital, Kabul, Afghanistan). **a** Ausgedehnter Weichteilschaden mit primärem Substanzdefekt des Femurs. **b** Resektionsdébridement und Segmentverschiebung mit initialer Verkürzung des Femurs. **c** Längenwiederherstellung durch Kallusdistraktion nach proximalem Segmentanschluß. **d** Ausheilungsbild nach 9 Monaten

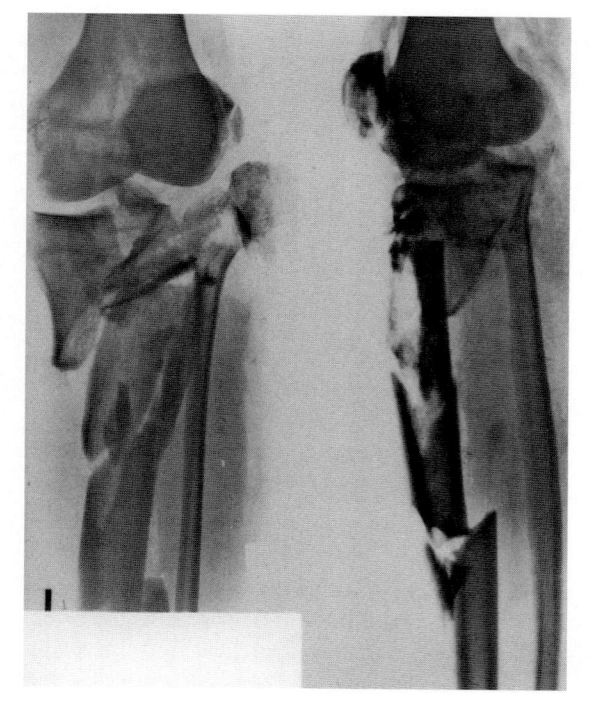

Abb. 7a–g. Pat. 24 Jahre, III° offene Kniegelenksfraktur nach Motorradunfall.

a III° offene Kniegelenksfraktur (Weichteil- und Knochendefekt 20 cm).

Bei der Versorgung III° offener Defektfrakturen, wie sie im Rahmen von schweren Verkehrsunfällen oder durch Schuß- und Explosionsverletzungen auftreten, kann nach radikalem Débridement bereits frühzeitig die Defektauffüllung durch Segmentverschiebung und Kallusdistraktion erfolgen.

Gerade bei diesen Verletzungen ist ein radikales Vorgehen, ohne Rücksicht auf den entstehenden Weichteil- oder Knochendefekt, von entscheidender Bedeutung (Abb. 6). Große Knochendefekte bei problematischer Weichteilsituation machten bisher die Wiederherstellung der Knochenkontinuität äußerst schwierig, da in der Regel aufwendige plastische Maßnahmen im Vorfeld notwendig waren. Durch das Verfahren des offenen Segmenttransportes können Knochen- und Weichteildefekte simultan saniert werden (Abb. 7).

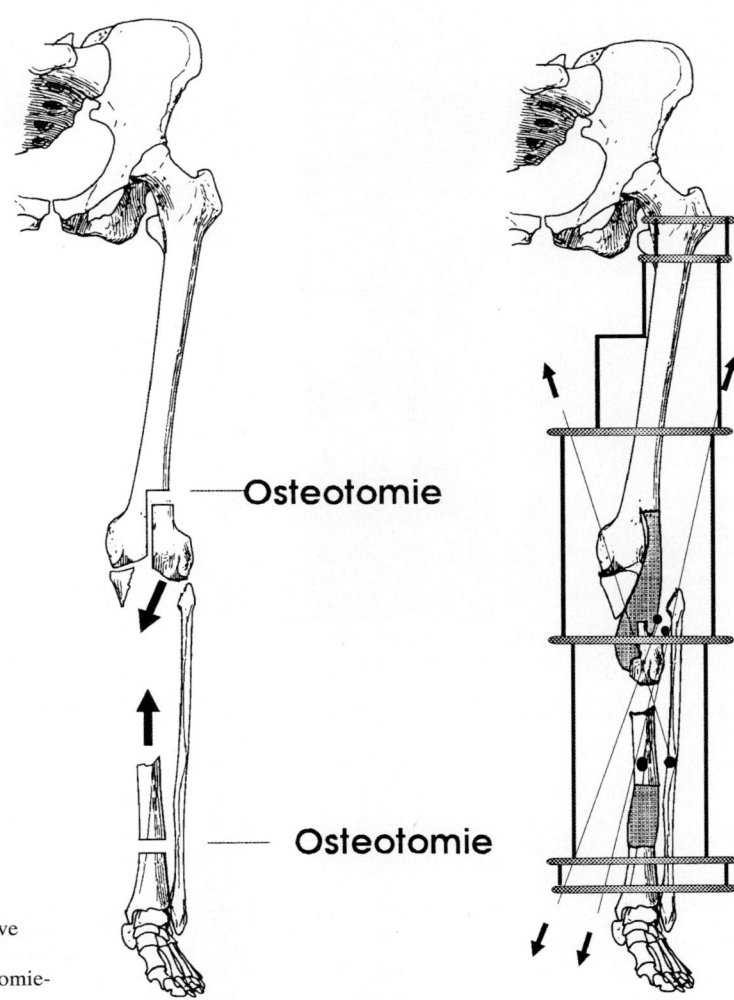

Abb. 7b. Präoperative Planung der Ringmontage und Osteotomielokalisation.

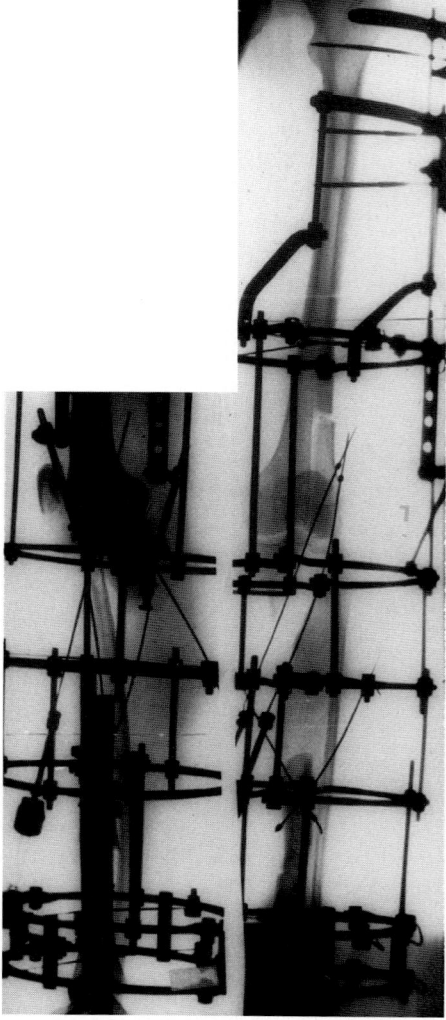

Abb. 7c. Ringfixateurmontage, bifokale Osteotomie zur Bildung von 2 Verschiebesegmenten.

d Offener Segmenttransport.

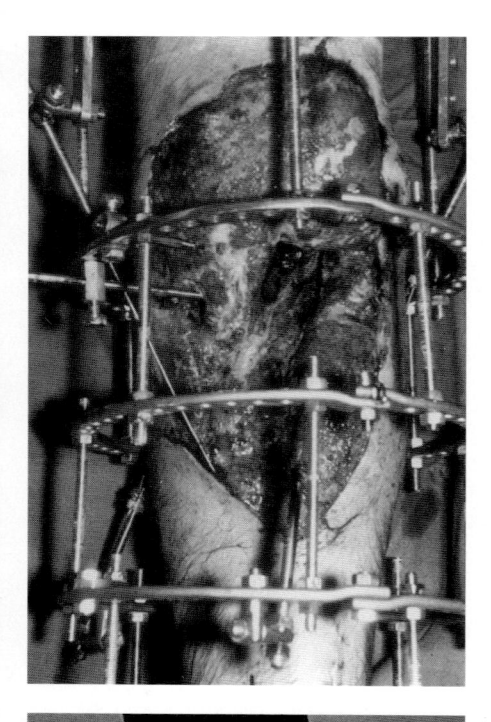

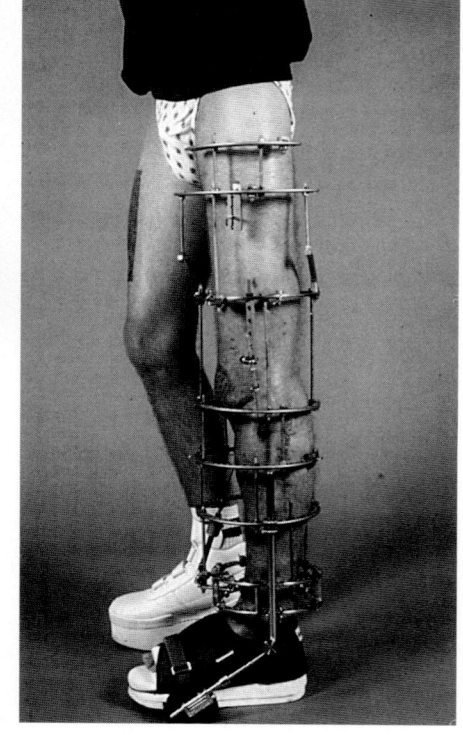

e Klinisches Bild während der Behandlung.

Der Ilizarov-Ringfixateur 141

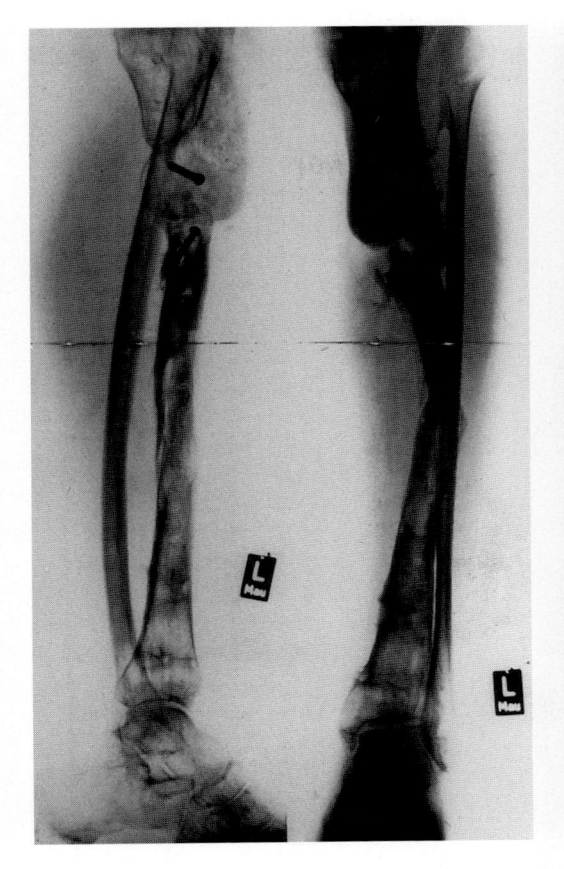

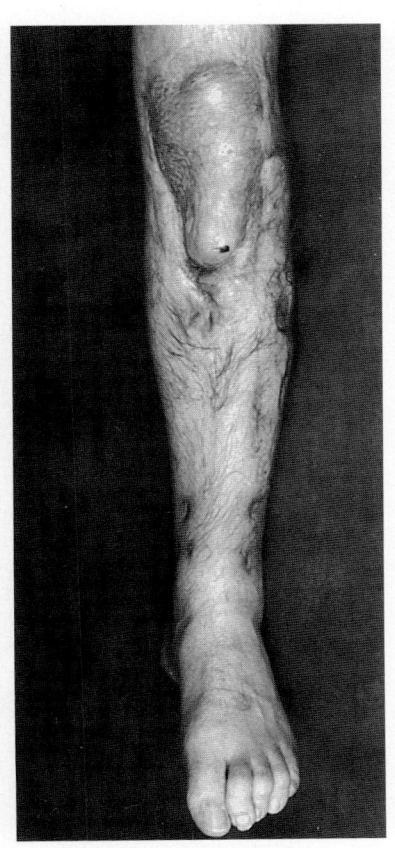

Abb. 7f. Röntgenologische Situation nach Defektauffüllung und kortikospongiöser Spananlagerung an der Dockingstelle. **g** Weichteilaufnahme nach Metallentfernung.

In der Behandlung angeborener oder erworbener Pseudarthrosen werden hypertrophe Formen lediglich stabilisiert und komprimiert. Hypotrophe oder atrophe Formen werden reseziert und Knochendefekte durch Osteotomie und nachfolgende Kallusdistraktion aufgefüllt (Abb. 8).

Die Korrektur von angeborenen oder posttraumatischen Extremitätenfehlstellungen durch Osteotomie bzw. Kortikotomie und kontinuierliche Distraktion sind weitere schonende Verfahren (Abb. 6).

Einen hohen Stellenwert hat das Verfahren in der Therapie der chronisch rezidivierenden Osteitis gewonnen. Gerade die Forderung nach einem ausgedehntem Débridement des Knochens und der Weichteile ist in letzter Konsequenz nur vor dem Hintergrund zuverlässiger Rekonstruktionsverfahren hinreichend sicher zu erfüllen [1, 5, 6, 10]. Nach den klassischen Vorgehensweisen ist vor der Knochenwiederherstellung die Schaffung eines gut durchbluteten Weichteillagers unabdinglich. Hierzu bedarf es lokaler Gewebetransfers oder technisch aufwendiger freier mikrovaskulärer Lappen. Mit der Ilizarov-Technik wird nach der Resektion von entzündlichen Knochen und Weichteilen die

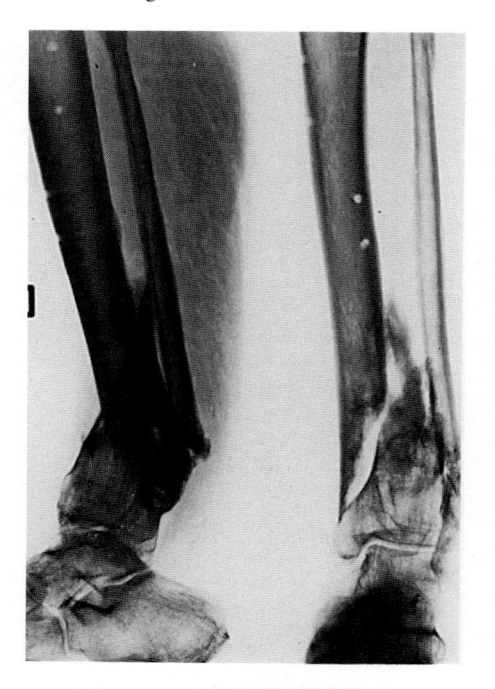

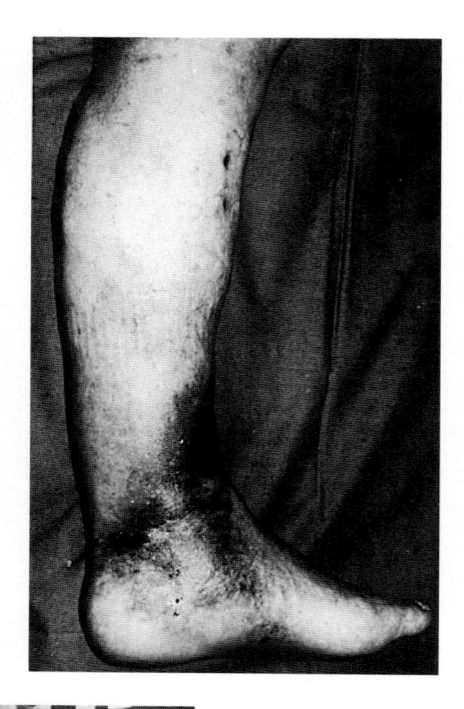

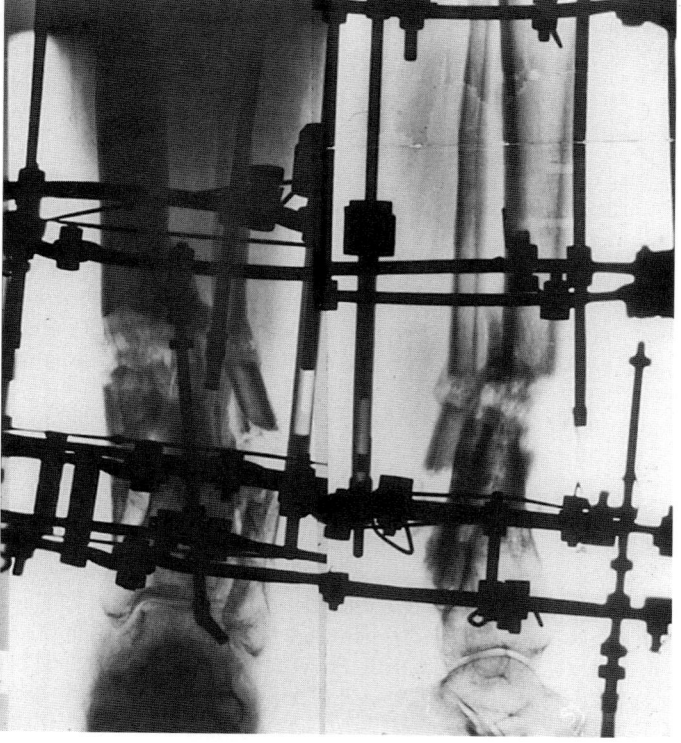

Abb. 8a–d. Pat. 56 Jahre, Zustand nach distaler Unterschenkelfraktur.
a Atrophe Pseudarthrose mit Beinverkürzung,
b Weichteilsituation bei chronischer venöser Insuffizienz,
c Osteotomie und Kallusdistraktion,

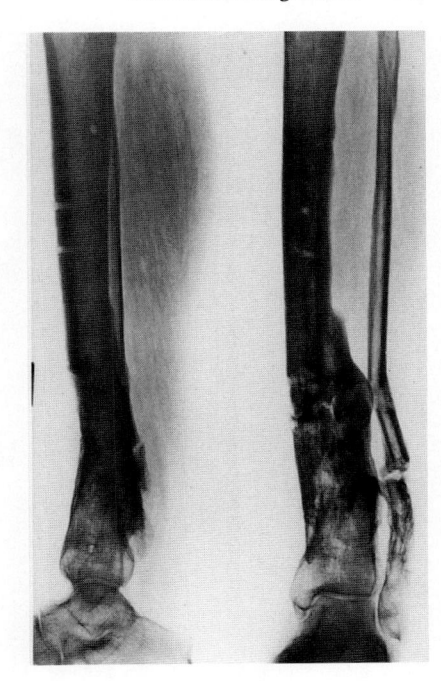

Abb. 8d. Ausheilungsergebnis

Abb. 9a–e. Pat. 58 Jahre, chronisch rezidivierende Osteitis des Unterschenkels nach II° offener Unterschenkelfraktur.

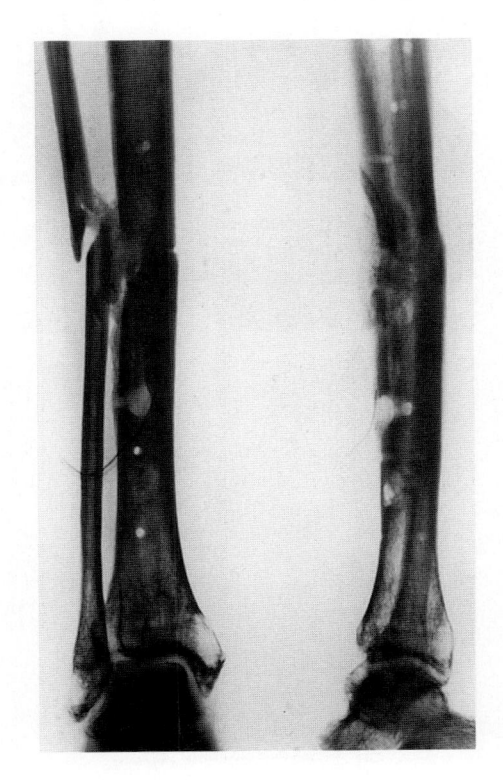

a Zustand nach multiplen lokalen Revisionen und mikrovaskulärem Lappen.

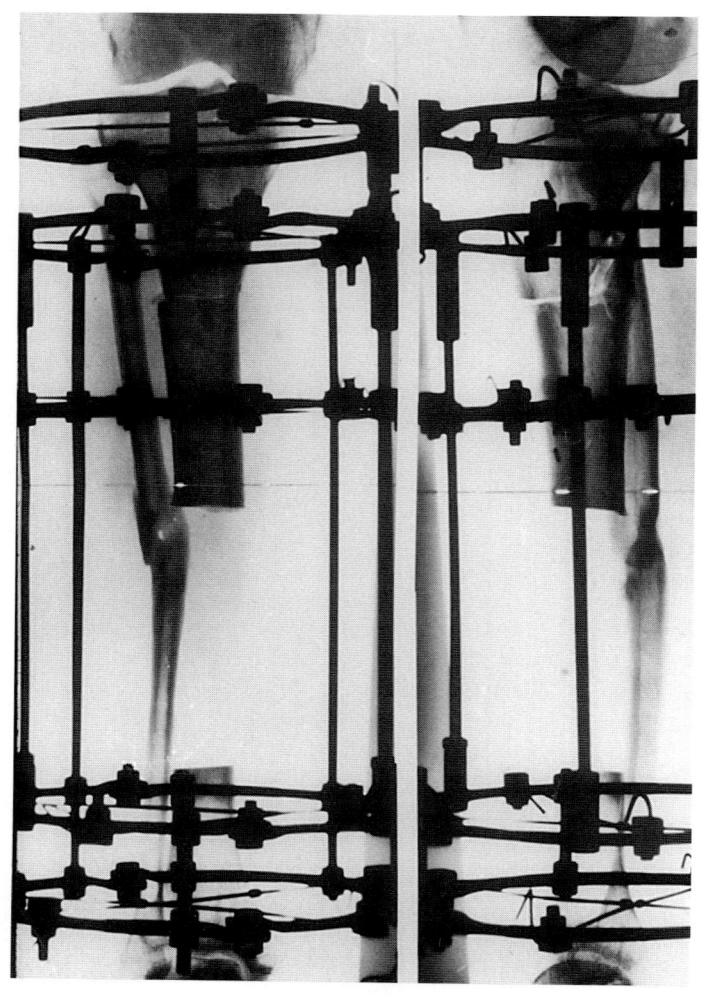

Abb. 9b. Röntgenkontrolle nach Resektion von 11 cm Tibiaschaft sowie proximaler metaphysärer Osteotomie.

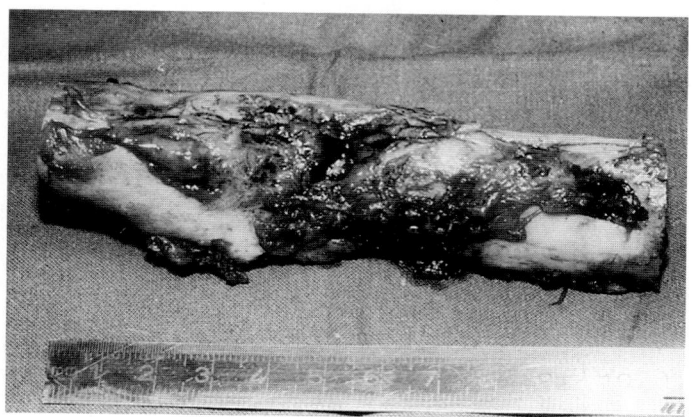

c Resektat

Rekonstruktion in gleicher Operation durch Osteotomie eines gesunden Knochenareals und nachfolgender langsamer Verschiebung eines Knochensegmentes in den entstandenen Defekt eingeleitet. Das distrahierte Knochensegment bleibt in seiner Weichteilverbindung erhalten und transportiert bei der Verschiebung seiner Durchblutung über die Weichteile und den sich bildenden Kallus mit in den Defekt hinein. In besonderen Fällen kann der gesamte Knochentransport auch durch eine nicht geschlossene Wunde erfolgen. Die Distraktion führt zu einer Erhöhung der lokalen Durchblutung mit starker Granulationsbildung. Erfahrungsgemäß schließen sich die Weichteile mit Anschluß des Verschiebesegmentes an der Gegenseite spontan (Abb. 9).

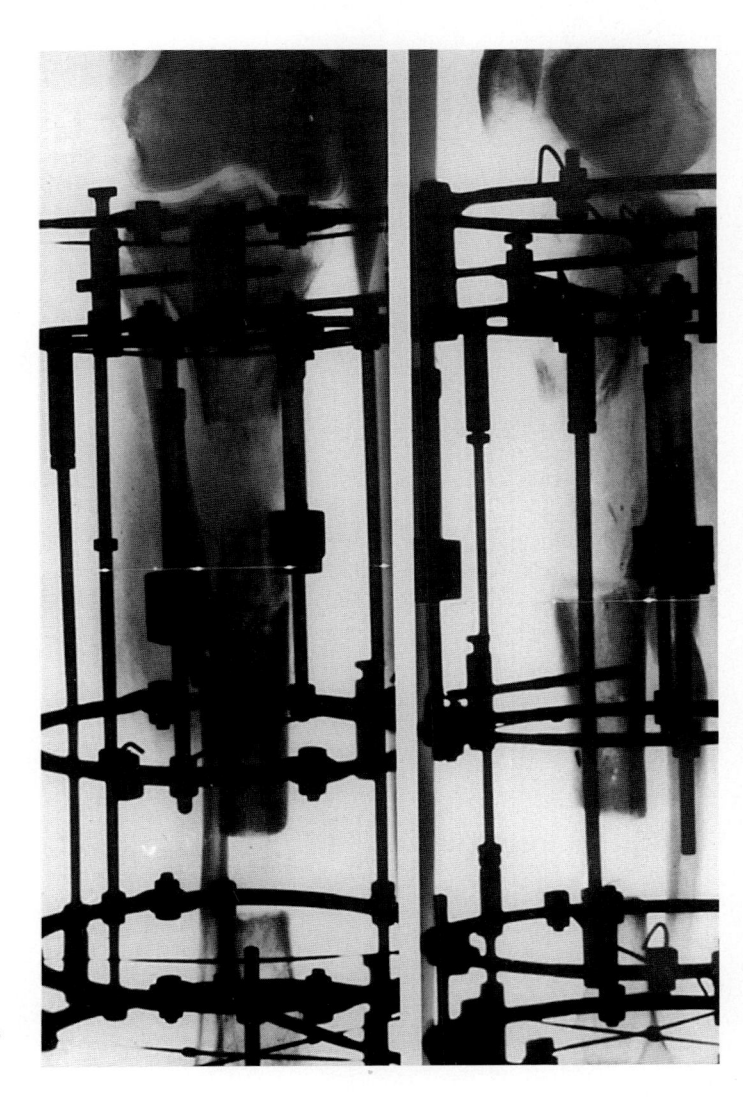

Abb. 9d. während des Segmenttransportes,

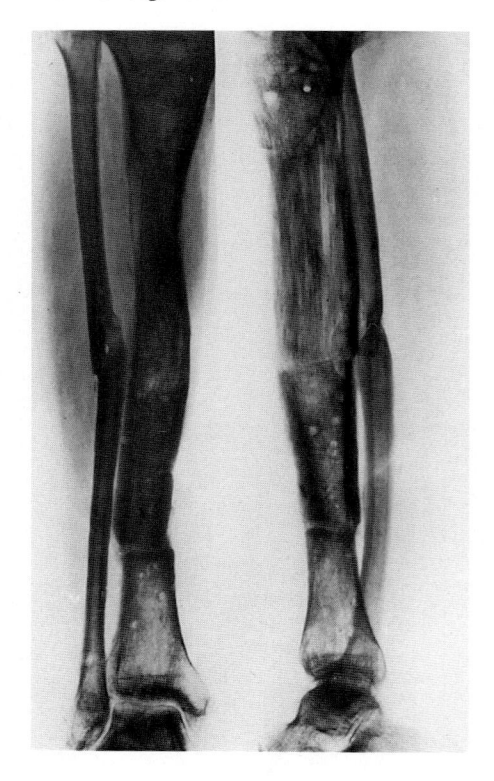

Abb. 9e. Ausheilungsbild bei Vollbelastung

Vorteile des Ringfixateurs gegenüber anderen externen Fixationssystemen

1. Gewebeschonende Operationstechnik als Folge der geringen Durchmesser der verwendeten Implantate (Drahtdurchmesser: 1–2 mm)
2. Zentrale Fixation der Knochen und biomechanisch günstiges Steifigkeitsverhalten mit überwiegend axialer Spaltbewegung
3. Möglichkeit der frühzeitigen Vollbelastung
4. Universelle Einsetzbarkeit
5. Postoperative Korrekturmöglichkeit in allen Ebenen
6. Niedrige Kosten

Nachteile des Ringfixateurs

1. Hoher intraoperativer Zeitaufwand
2. Geringer Tragekomfort für den Patienten
3. Technisch schwierige Montage

Intraoperative und postoperative Komplikationen

Intraoperative Komplikationen

– Drahtfehllage
– Gefäß-Nerven-Verletzung

Postoperative Komplikationen

– Weichteilinfekte
– Bohrlochosteitiden
– Nervenirritationen
– Gelenkkontrakturen
– Materialbrüche

Intraoperative Komplikationen sind in der Regel technisch bedingt und nur durch intensive Schulung und Beschäftigung mit dem Verfahren zu vermeiden.

Inwieweit postoperativ auftretende Probleme das angestrebte Behandlungsziel zu beeinträchtigen vermögen, hängt wiederum von der Erkennung und richtigen Behandlung der Komplikationen ab [12]. Nervenirritationen und Drahtbruch haben den Ersatz der jeweiligen Drähte zur Folge. Bewegungseinschränkungen der benachbarten Gelenke können durch entsprechende Lagerung und Redressionshilfen sowie intensive krankengymnastische Behandlung ausgeglichen werden.

Die weitaus überwiegende Zahl der Probleme dieses Verfahrens ist direkt oder indirekt mit den weichteiltransfixierenden Drähten verbunden. Bei nicht korrekter Einbringtechnik kommt es zu Hitzeschäden mit nachfolgender Infektion oder Bohrlochsequestrierung oder lokalem Druck der Weichteile am Draht. Die Nichtbeachtung einer spannungsfreien Penetration der Weichteile führt zu Irritationen und lokalen Schmerzen, die die Belastungsfähigkeit der Extremität einschränken und das Bewegungsausmaß der benachbarten Gelenke reduzieren. Entsprechende Folgen treten nach unbemerkten Drahtlockerungen auf. Durch konsequente Pinpflege, evtl. in Verbindung mit passagerer oraler Antibiose, lassen sich „Pininfekte" meist beherrschen. Bei anhaltender Infektion und Nichtansprechen lokaler Maßnahmen müssen solche Drähte entfernt werden.

Diskussion

Während in den industrialisierten Ländern für die meisten Anforderungen der traumatologischen und orthopädischen Therapie eine Vielzahl von Verfahren zur Verfügung steht, kann die Übertragung solcher Lösungen auf die Belange und Möglichkeiten von Entwicklungsländern fatale Folgen haben. Zum einen sind diese Länder aufgrund ihrer ökonomischen Möglichkeiten nicht in der Lage, eine entsprechende Palette an verschiedenen Implantaten vorzuhalten, zum anderen führen eine mangelnde Auswahl an Implantaten zu Kompromißlösungen in der Versorgung, die letztlich unter den gegebenen hygienischen Bedingungen Mißerfolge bewirken können. Ganz besonders zeigen sich Auswirkungen solcher Mangelzustände bei der Verwendung innerer Kraftträger in einer gesteigerten Rate posttraumatischer Osteitiden.

Unter Berücksichtigung solcher Gegebenheiten bieten sich externe Fixationsverfahren als weniger komplikationsträchtige Verfahren an. Soweit es die Stabilisation einer Extremität betrifft, sind die bekannten externen Fixationssysteme geeignet, die gewünschten Anforderungen zu erfüllen. Mit der Einführung der Ilizarov-Technik in das Spektrum traumatologischer und orthopädischer Versorgungsstrategien sind neue therapeutische Möglichkeiten eröffnet worden.

Besonders die Verwendung des Ringfixateurs in Verbindung mit einem dynamischen Verfahren zur Knochenrekonstruktion, wie es die Kallusdistraktion darstellt, hat viele Problembereiche der rekonstruktiven Chirurgie revolutioniert.

Während der Ringfixateur in industrialisierten Ländern aufgrund seiner minimal invasiven Fixationstechnik im Rahmen der Akutversorgung überwiegend bei biologisch ungünstigen Ausgangsbedingungen zur Anwendung kommt, könnte er in Entwicklungsländern in vielen Bereichen eine einfache universelle Lösung bieten, die bei entsprechender Schulung der behandelnden Kollegen vor Ort, eine den hygienischen und ökonomischen Möglichkeiten angepaßte Versorgung erlaubt.

Für die Frakturversorgung bietet er neben der Möglichkeit der belastungsstabilen Knochenfixation eine Fülle von intraoperativen Repositionsmöglichkeiten [2, 17]. Daneben bestehen auch postoperativ aufgrund der dynamischen Komponenten des Systems noch Möglichkeiten der Stellungskorrektur ohne erneute Narkose. Dieser Umstand gewinnt besonders dann an Bedeutung, wenn die apparative Ausstattung der versorgenden Klinik die intraoperative röntgenologische Stellungskontrolle mittels Durchleuchtung nicht zuläßt.

Die Durchführung einer Kallusdistraktion mit dem Ringfixateur versetzt den behandelnden Kollegen in die Lage, nahezu sämtliche angeborene oder erworbene Fehlstellungen zu korrigieren. Neben der Applikation des Ringfixateurs sind operativ lediglich minimale Gewebeeröffnungen erforderlich, die die Durchführung einer Osteotomie erlauben. Die weiteren Korrekturen erfolgen dann durch stetige Distraktion, wobei Korrekturen der Länge und der Achsen durch Veränderungen auf dem Ringsystem erfolgen.

Die größten Fortschritte durch das Ilizarov-Verfahren sind jedoch in der Therapie der chronischen Osteitis erkennbar. Bislang galt als Voraussetzung für die Durchführung ausgedehnter Knochenrekonstruktionen durch Knochentransplantationen nach Infektdébridement ein durchblutungsstarkes Weichteillager. Dies ist jedoch oft nur durch den Einsatz aufwendiger mikrovaskulärer Techniken erreichbar, eine Bedingung, die derzeit in kaum einem Entwicklungsland erfüllt ist. Hinsichtlich der Defektrekonstruktion von Weichteilen und Knochen steht mit der Kallusdistraktion, insbesondere durch den Segmenttransport, ein relativ sicheres Verfahren zur Verfügung, welches ein radikales Weichteil- und Knochendébridement erlaubt. Damit sind die Voraussetzungen für eine dauerhafte Infektsanierung bei der chronischen Osteitis gegeben. Da mit der Knochenverschiebung gleichzeitig eine Weichteilverschiebung erfolgt, kann der Knochentransport offen durchgeführt werden, wodurch meist keine weiteren plastischen Maßnahmen, mit Ausnahme von Spalthautdeckungen, erforderlich werden.

Längerfristig wird durch die Beschränkung auf ein derart universelles System für viele Problemstellungen der Traumatologie und Orthopädie ein hoher Trainingsstand der damit befaßten Kollegen erreicht werden. Konsekutiv ist mit einem Zugewinn an indikatorischer Sicherheit und technischer Erfahrung zu rechnen.

Die bereits vorhandenen Erfahrungen von Kollegen in vielen Entwicklungsländern unterstützen diese Feststellung. Dies spiegelte sich besonders deutlich in den Erfahrungsberichten dieser Kollegen auf dem Kongreß anläßlich des 70. Geburtstages von Prof. Ilizarov in Kurgan wider.

Nicht zuletzt die Kostenfrage entscheidet über Einführung und Anwendung eines Systems in Entwicklungsländern. Hier ist der Ringfixateur sicherlich in den meisten Fällen den bekannten externen Systemen ebenbürtig, je nach Bezugsquelle ist er sogar deutlich kostengünstiger. Bei der Einfachheit der Einzelkomponenten des Systems erscheint eine Herstellung zumindest großer Teile des Ringfixateurs in den betroffenen Ländern selbst durchaus praktikabel.

Summary

Under the specific conditions in operative traumatology and orthopedic surgery in developing countries external fixators represent a reliable and low risky way of treatment. Beside fixation tasks the possibility of extended use of external fixator systems even in dynamic reconstructive procedures has been opened by the Ilizarov-Ringfixator. In industrialized countries, the ringfixator has become a favourable procedure in poor biological conditions, because of his minimal-invasive technique. In developing countries, however, beside its advantages in acute fracture treatment, the benefit of this system may result from the possibility of simultaneous use as a device in reconstructive surgery and orthopedics. An external system of this variety may offer a solution to the problem of trauma and orthopedic surgery in regard of the frequent disappointing results of internal bone fixation in developing countries.

Literatur

1. Aronson J, Johnson E, Harp JH (1989) Local bone transportation for treatment of intercalary defects by the Ilizarov technique. Biomechanical and clinical considerations. Clin Orthop 243: 71–79
2. Calhoun JH, Li F, Ledbetter BR, Gill CA (1991) Biomechanics of Ilizarov for fracture fixation. Trans Orthop Res Soc 16/2: 439
3. Chambon M, Galvani JL, Bahaud J, Ferro R (1982) Le fixateur externe du service de santé des armées et son interêt en traumatologie courante sous tropiques. Med Trop 42:151–154
4. Codivilla A (1905) On the means of lengthening in lower limbs on the muscles and tissues which are shortened through deformity. Am J Orthop Surg 2:353
5. Golyakhovsky V, Frankel VH (1991) Ilizarov bone transport in large bone loss and in servere osteomyelitis. Bull Hosp Jt Dis Orthop Inst 51: 63–73
6. Green SA (1991) Osteomyelitis. The Ilizarov perspective. Orthop Clin North Am 22: 515–521
7. Ilizarov GA (1989) The tension-stress effect on the genesis and growth of tissues, part II: The influence of the rate and frequency of distraction. Clin Orthop 239: 263–285
8. Ilizarov GA (1989) The tension-stress effect on the genesis and growth of tissues, part I: The influence of stability of fixation and soft-tissue preservation. Clin Orthop 238: 249–281
9. Ilizarov GA (1990) Clinical application of the tension-stress effect for limb lengthening. Clin Orthop 8–26
10. Ilizarov GA (1991) Behandlungsmöglichkeiten der infizierten Pseudarthrosen mit Defekt und Eiterhöhlenbildung unter Kontinuitätserhaltung des Knochens. In: Wolter D, Zimmer W (Hrsg) Die Plattenosteosynthesen und ihre Konkurrenzverfahren, Springer, Berlin Heidelberg New York Tokyo, S 297–331
11. Ilizarov GA (1992) The treatment of pseudarthrosis complicated by osteomyelitis and the elemination of purulent cavities. In: Ilizarov GA (ed) Transosseous osteosynthesis. Springer, Berlin Heidelberg New York Tokyo, pp 495–546

12. Paley D (1990) Problems, obstacles, and complications of limb lengthening by the Ilizarov technique. Clin Orthop 250: 81–104
13. Paley D, Catagni MA, Argnani F, Villa A, Benedetti GB, Cattaneo R (1989) Ilizarov treatment of tibial nonunions with bone loss. Clin Orthop 146–165
14. Peltonen J, Karaharju E, Aalto K, Alitalo I, Hietaniemi K (1988) Leg lengthening by osteotomy and gradual distraction: an experimental study. J Pediatr. Orthop 8: 509–512
15. Schmidt HGK, Wittek F, Faschingbauer M, Fink B (1992) Die Behandlung der chronischen Osteitis am Oberschenkel. Unfallchirurg 95: 562–565
16. Schmidt HGK, Wittek F, Fink B Buck-Gramcko U (1992) Die Behandlung der chronischen Osteitis am Unterschenkel. Unfallchirurg 95: 566–573
17. Schultz JH, Wolter D, Ortel G, Fink B (1992) Die Frakturbehandlung im Unterschenkelbereich. Unfallchirurg 95: 537–540
18. Steen H, Fjeld TO (1989) Lengthening osteotomy in the metaphysis and diaphysis. An experimental study in the ovine tibia. Clin Orthop 247: 297–305
19. Steen H, Fjeld TO, Miller JAA, Ludvigson P (1990) Biomechanical factors in the metaphyseal- and diaphyseal-lengthening osteotomy. Clin Orthop 259: 282–294
20. Strecker W, Elanga M, Fleischmann W (1992) Operative Frakturbehandlung in tropischen Ländern. Unfallchirurg 95: 431–438
21. Tucker HL, Kendra JC, Kinnebrew TE (1990) Tibial defects. Reconstruction using the method of Ilizarov as an alternative. Orthop Clin North Am 21: 629–637
22. White SH, Kenwright J (1990) The timing of distraction of an osteotomy. J Bone Joint Surg [Br] 72: 356–361

Sachverzeichnis

Abszeß   32, 53
AIDS   17, 27, 52
Akutes Abdomen   51
Anämie   56
Anästhesie   89

Bangui-Klassifikation   32f, 39ff, 50
Blutbank   56f
Bluttransfusion   55ff

Candidiasis   34, 52
CDC-Klassifikation   20, 32
Chinese Splint   75, 88
Chinesische Frakturbehandlung   87ff
Condylomata accuminata   38

Desinfektion   45

Extension   95, 107ff

Fehlstellung   148
Fixateur externe   67, 71, 104, 111ff, 119
– Holzfixateur   119ff
– Modulartechnik   114f
– Ringfixateur   129ff
– Unilaterale Montage   113, 125
Frakturbehandlung
– Funktionell 77
– **Konservativ**   69, 73, 75ff, 117
– **Operativ**   65ff

Gipsbehandlung   76, 78ff, 83, 85, 92

Hepatitis B   40, 44, 62
Herpes zoster   33ff, 52

HIV-Infektion
– Altersverteilung   39f, 51
– Chirurgische Krankheitsbilder   50
– Diagnostik   21f, 27, 32, 39, 56
– **Epidemiologie**   23f, 25ff
– Grundlagen   17ff
– **Immunologie**   17ff
– **Kofaktoren**   23f
– **Operationsindikation**   46, 49ff
– Opportunistische Infektionen   19, 40
– **Prophylaxe**   28, 44ff, 61f
– **Symptome**   20f, 31ff
– Übertragungswege   23f, 28, 42, 55
Holzfixateur   71, 119ff

Kallusdistraktion   129, 134, 145, 148
Kaposi-Syndrom   33, 35f
Kirschner-Draht   66f, 108
Kleine Schienen   88, 91, 93, 100

Lentiviren   25

Malaria   56, 70

Operationsindikation
– bei HIV-Infektion   46, 49
– bei Notfällen   51
Osteitis   68f, 141, 148
Osteosynthesen
– Externe   66
– Interne   66ff
– Kontraindikationen   70
Osteotomie   139

Papilloma-Virus   37f

Peritonitis 51, 53
Perkin-Traction 71, 82
Pin-Tract-Infektion 126
Plattenosteosynthese 66ff, 76
Pseudarthrose 67, 76, 141
Pyomyositis 34

Retroviren 17
Ringfixateur 129ff

Segmenttransport 134, 145
Sichelzellenanämie 56f, 70

Spongiosaplastik 67, 134
STD 23f, 53
Surrogat-Marker 20
Syphilis 40, 42

Thrombose 65, 67 69
T-Lymphozyten 18ff
Transfixationsgipsverband 66, 71, 103ff
Transfusion 55ff
Tuberkulose 31, 34, 36, 41f, 62, 70

Weichteilschaden 111, 118, 136

Hefte zur Unfallheilkunde

Beihefte zur Zeitschrift "Der Unfallchirurg"
Herausgeber: J. Rehn, L. Schweiberer, H. Tscherne

Heft 232

56. Jahrestagung der Deutschen Gesellschaft für Unfallchirurgie e.V.
18.-21. November 1992, Berlin
Zusammengestellt von **K.E. Rehm**
Präsident:**R. Rahmanzadeh**
1993. XLVI, 845 S. 149 Abb. Brosch. **DM 148,-**;
öS 1154,40; sFr 148,- ISBN 3-540-56782-8

Heft 233

K. Wenda, G. Ritter (Hrsg.)
Neue Aspekte der Marknagelung.
Akutversorgung von Wirbelsäulenverletzungen
Mainzer Symposium in Zusammenarbeit mit der Arbeitsgemeinschaft für Osteosynthesefragen am 7. und 8. Februar 1992
1993. XIV, 103 S. 1 Abb., 1 Tab. Brosch. **DM 68,-**;
öS 530,40; sFr 68,- ISBN 3-540-57099-3

Heft 235

H. Knaepler, T.v. Garrel, L. Gotzen
Untersuchungen zur Desinfektion und Sterilisation allogener Knochentransplantate
1994. Etwa 115 S. 41 Abb., 17 Tab. Brosch.
DM 68,-; öS 530,40; sFr 68,- ISBN 3-540-57522-7

Heft 238

G.E. Wozasek
Gefahren der Marknagelung im Schock
1994. Etwa 100 S. 23 Abb., 2 Tab. Brosch. **DM 68,-**;
öS 530,40; sFr 68,- ISBN 3-540-57512-X

Heft 227

B.-D. Partecke
Arteriovenöse Anastomosen am arteriellen Durchstromlappen
Eine experimentelle und klinische Studie
Geleitwort von **D. Wolter**
1993. XIII, 172 S. 101 Abb., 47 Tab. Brosch.
DM 136,-; öS 1060,80; sFr 136,-
ISBN 3-540-56230-3

Heft 228

W. Schlickewei (Hrsg.)
Behandlungskonzept bei Schenkelhalsfrakturen
Geleitwort von **M. Allgöwer**
1993. XII, 138 S. 63 Abb., 31 Tab. Brosch. **DM 78,-**;
öS 608,40; sFr 78,-; ISBN 3-540-56268-0

Heft 229

M. Börner, E. Soldner (Hrsg.)
20 Jahre Verriegelungsnagelung - Eine Standortbestimmung
1993. XVIII, 359 S. 279 Abb., 62 Tab. Brosch.
DM 126,-; öS 982,80; sFr 126,-
ISBN 3-540-56557-4

Hefte zur Unfallheilkunde

Heft 231

U.H. Brunner

Überbrückung von langstreckigen Tibiaschaftdefekten durch Segmentverschiebung entlang einem Marknagel

Biologische Grundlagen, tierexperimentelle Ergebnisse, klinische Relevanz

Geleitwort von **L. Schweiberer**
1994. Etwa 155 S. 34 Abb., 16 Tab. Brosch.
DM 98,-; öS 764,40; sFr 98,-
ISBN 3-540-58167-7

Heft 234

L. Claes (Hrsg.)

Die wissenschaftlichen Grundlagen des Bandersatzes

1994. IX, 212 S. 104 Abb., 36 Tab. Brosch.
DM 126,-; öS 982,80; sFr 126,-
ISBN 3-540-57361-5

Heft 236

H.-W. Ulrich

Knieorthesen bei Kreuzbandverletzungen

1994. VIII, 76 S. 60 Abb. Brosch. **DM 56,-**;
öS 436,80; sFr 56,- ISBN 3-540-57358-5

Heft 239

W. Buchinger (Hrsg.)

Das Bauchtrauma

26. Jahrestagung der Österreichischen Gesellschaft für Unfallchirurgie,
4.-6. Oktober 1990, Salzburg
1994. Etwa 300 S. 103 Abb., 141 Tab. Brosch.
DM 149,-; öS 1162,20; sFr 149,-
ISBN 3-540-57820-X

Heft 240

U. Obertacke, H. Redl, K.P. Schmit-Neuerburg, G. Schlag

Lokale und systemische Reaktionen nach Lungenkontusion

Eine experimentelle und klinische Studie
1994. Etwa 80 S. 46 Abb., 10 Tab. Brosch. **DM 68,-**;
öS 530,40; sFr 68,- ISBN 3-540-58168-5

Heft 241

57. Jahrestagung der Deutschen Gesellschaft für Unfallchirurgie e.V.

17.-20. November 1993, Berlin
Zusammengestellt von **K.E. Rehm**
Präsident: **U. Holz**
1994. Etwa 800 S. Brosch. **DM 148,-**; öS 1154,40;
sFr 148,- ISBN 3-540-57889-7

Springer